D1741325

Kinder, Kindheiten und Kindheitsforschung

Band 31

Reihe herausgegeben von

Sabine Andresen, Fachbereich Erziehungswissenschaften, Institut für Sozialpädagogik und Erwachsenenbildung, Goethe-Universität Frankfurt am Main, Frankfurt am Main, Deutschland

Isabell Diehm, Fachbereich Erziehungswissenschaften, Institut für Allgemeine Erziehungswissenschaft, Goethe-Universität Frankfurt am Main, Frankfurt am Main, Deutschland

Christine Hunner-Kreisel, Institut für Soziale Arbeit, Bildungs- und Sportwissenschaften, Universität Vechta, Vechta, Deutschland

Claudia Machold, Institut für Erziehungswissenschaft, Bergische Universität Wuppertal, Wuppertal, Deutschland

Die aktuellen Entwicklungen in der Kinder- und Kindheitsforschung sind ungeheuer vielfältig und innovativ. Hier schließt die Buchreihe an, um dem Wissenszuwachs sowie den teilweise kontroversen Ansichten und Diskussionen einen angemessenen Publikationsort und breit gefächertes -forum zu geben. Gegenstandsbereiche der Buchreihe sind die aktuelle Kinderforschung mit ihrem stärkeren Akzent auf Perspektiven und Äußerungsformen der Kinder selbst als auch die neuere Kindheitsforschung und ihr Anliegen, historische, soziale und politische Bedingungen des Aufwachsens von Kindern zu beschreiben wie auch Theorien zu Kindheit zu analysieren und zu rekonstruieren.

Die beteiligten Wissenschaftlerinnen sind mit unterschiedlichen Schwerpunkten in der Kinder- und Kindheitsforschung verankert und tragen zur aktuellen Entwicklung bei. Insofern versteht sich die Reihe auch als ein neues wissenschaftlich anregendes Kommunikationsnetzwerk im nationalen, aber auch im internationalen Zusammenhang. Letzterer wird durch eine größere Forschungsinitiative über Kinder und ihre Vorstellungen vom guten Leben aufgebaut.

Entlang der beiden Forschungsperspektiven – Kinder- und Kindheitsforschung – geht es den Herausgeberinnen der Reihe „Kinder, Kindheiten und Kindheitsforschung" darum, aussagekräftigen und innovativen theoretischen, historischen wie empirischen Zugängen aus Sozial- und Erziehungswissenschaften zur Veröffentlichung zu verhelfen. Dabei sollen sich die herausgegebenen Arbeiten durch teildisziplinäre, interdisziplinäre, internationale oder international vergleichende Schwerpunktsetzungen auszeichnen.

Reihe herausgegeben von
Sabine Andresen
Goethe-Universität
Frankfurt am Main, Deutschland
Isabell Diehm
Goethe-Universität
Frankfurt am Main, Deutschland
Christine Hunner-Kreisel
Universität Vechta
Deutschland
Claudia Machold
Bergische Universität Wuppertal
Deutschland

Carmen Yong-Ae Wienand

Die Herstellung einer Begabungskultur in der Kindheit

Eine ethnographische Studie in der Grundschule

 Springer VS

Carmen Yong-Ae Wienand
Wuppertal, Deutschland

Bei der vorliegenden Veröffentlichung handelt es sich um die überarbeitete Fassung einer von der Fakultät für Human- und Sozialwissenschaften der Bergischen Universität Wuppertal angenommenen Dissertation.

ISSN 2512-0964 ISSN 2512-0972 (electronic)
Kinder, Kindheiten und Kindheitsforschung
ISBN 978-3-658-39013-6 ISBN 978-3-658-39014-3 (eBook)
https://doi.org/10.1007/978-3-658-39014-3

Die Deutsche Nationalbibliothek verzeichnet diese Publikation in der Deutschen Nationalbibliografie; detaillierte bibliografische Daten sind im Internet über http://dnb.d-nb.de abrufbar.

Planung/Lektorat: Stefanie Eggert
Springer VS ist ein Imprint der eingetragenen Gesellschaft Springer Fachmedien Wiesbaden GmbH und ist ein Teil von Springer Nature.
Die Anschrift der Gesellschaft ist: Abraham-Lincoln-Str. 46, 65189 Wiesbaden, Germany

Geleitwort

Dass Bildungserfolg letztlich nicht von der individuellen Leistung abhängt, mag für die* eine* ein viel besprochenes Thema sein, das im Hinblick auf den Abbau von Bildungsungleichheit allerdings nach wie vor zu keinen tiefgreifenden Strukturveränderungen geführt hat. Für den* anderen* ist es möglicherweise überraschend, dass das Selbstverständliche, nämlich *meines Glückes Schmied*in* zu sein, befragbar ist. Zu beiden Aspekten ermöglicht die vorliegende Studie hervorragende und für die erziehungswissenschaftliche Diskussion weiterführende Einblicke in die Herstellung dieser Selbstverständlichkeit in der Grundschule: Sehr gut nachvollziehbar wird sowohl, *wie* diese Vorstellung erzeugt wird, als auch, dass es sich um das Ergebnis sozialer und kultureller Prozesse handelt.

Kulturanalytisch kommt dabei *Begabung* in den Blick. Wenngleich diese nicht in Leistung aufgeht, so ist es doch die Annahme, Individuen verfügten oder verfügten nicht über spezifische Begabungen, die leistungsrelevant werden. In ihrem Essentialismus ist die auch als Begabungs*ideologie* zu bezeichnende Wesensannahme in der Lage, Bildungsungleichheit zu legitimieren. Sie trägt dazu bei, dass die Verteilung der Meriten als an das Grundschulkind (in diesem Fall seine Begabung) gebunden, verstanden werden kann. Es ist dann nicht nur die Anstrengungsbereitschaft, sondern gleichsam die *Fähigkeit*, die Leistung erzeugt und so zu Bildungserfolg oder -misserfolg führt.

Ethnographisch exponiert wird *Begabung* hier in einer Form, die die feinen, alltäglichen und durchaus vertrauten, selbstverständlichen Praktiken so beschreibt, dass die *praktische Funktionalität* einer Könnensordnung, von biographisierenden Festschreibungen und reflexivem Wissen zu Begabung sichtbar wird. Im Kern liegt diese Funktionalität darin, die Akteur*innen (Kinder, Lehrkräfte

V

und Eltern) zum Teil einer Begabungskultur zu machen, die im Alltäglichen der Grundschule, Bildungsungleichheit individualisiert, die*den Einzelnen
responsibilisiert und dies schlussendlich normalisiert.

Pointiert ausdifferenziert wird damit Kindheit als Schulkindheit, für die die
Begabungskultur konstitutiv ist und an deren Erzeugung das Kind selbst betei-
ligt ist. Die Studie inspiriert insofern sowohl gesellschafts- und schulkritische
Perspektivierungen, als auch die Frage nach dem Subjekt Kind.

für die Herausgeberinnen im Juni 2022   Claudia Machold

Danksagung

Mein erster Dank gilt Claudia Machold, die mir einerseits viel Unterstützung, wertvolle Hinweise und Gelegenheiten zum Austausch zukommen ließ, andererseits auch das zurückgezogene alleinige Nachdenken gewährt hat und mir so ermöglichte, diese Studie entstehen zu lassen. Des Weiteren gebührt Astrid Messerschmidt ebenfalls mein Dank für die Erstellung des Zweitgutachtens und das Angebot zum Austausch in der Schlussphase der Entstehungszeit meiner Arbeit. Danke für das in mich gesetzte Vertrauen.

Den Schüler*innen, ihren Eltern/Familien und Lehrer*innen sowie den weiteren Teilnehmenden des Forschungsprojekts „Ethnische Heterogenität und die Genese von Ungleichheit in Bildungseinrichtungen der (frühen) Kindheit" möchte ich an dieser Stelle erneut für ihre Bereitschaft zur Teilnahme und ihr Vertrauen in das Forschungsprojekt danken, womit sie auch diese Studie erst möglich gemacht haben.

Selbstverständlich danke ich auch den Kolleginnen des Forschungsprojekts herzlich für die produktive Zusammenarbeit, anregende Diskussionen sowie für die Erhebung reichhaltiger ethnographischer Daten, das Verfassen dichter Beobachtungsprotokolle, das Anfertigen detaillierter Transkripte, die auch die Grundlage der vorliegenden Studie bilden: Jennifer Carnin, Claudia Machold, Mira Püschel, Luisa Stein und Katharina Sufryd. Hier schließe ich zudem einen herzlichen Dank an die Kolleg*innen aus den vorangegangenen Projektphasen an.

Für die persönliche und fachliche Unterstützung, die mir über die Jahre auf freundschaftlich-kollegialer Ebene zukam, bin ich besonders dankbar. Hier gebührt insbesondere Brigitte Hasenjürgen mein Dank. Auch Kristina Rubarth, Raphael Bak und Katharina Sufryd sowie Sabine Hoffmann, Stefan Jagla, Kardo Kaldewey und Philipp Müller danke ich von Herzen und insbesondere für die Motivation und liebevolle Bereitschaft zur teils sehr spontanen Unterstützung auf den letzten Metern.

Inhaltsverzeichnis

Einleitung

„Die Fähigkeiten und Neigungen des jungen Menschen sowie der Wille der Eltern bestimmen seinen Bildungsweg" (§ 1 Abs. 2 SchulG NRW). Wie dieser Ausschnitt aus dem Schulgesetz NRW nahelegt, sind Bildungswege ungleich. Die Orientierung an Begabungen, bzw. an „Fähigkeiten und Neigungen" (ebd.), wird dabei in einem meritokratischen Selektionsparadigma strukturiert. ‚Meritokratisch' bedeutet dabei, dass der ungleiche Zugang zu schulischer Bildung und die ungleiche Verteilung von Schulabschlüssen auf einem Gerechtigkeitsverständnis beruht, in dem das Erbringen einer Leistung ein Verdienst nach sich zieht (vgl. Machold/Wienand 2021, S. 88; Solga 2013, S. 19). Nach diesem Prinzip ist sowohl der Nicht-Erhalt des eigentlich Verdienten ungerecht, als auch der Erhalt von etwas ohne vorausgegangene Leistung als unverdient angesehen wird. Ebenso deutlich wird am einleitenden Zitat: Begabung wird bereits in der Kindheit als legitime Unterscheidungskategorie angewendet, wenn auch nicht notwendigerweise unter Nutzung des Begabungsbegriffs an sich.

Der Begabungsbegriff scheint in der Erziehungswissenschaft vor allem dann von Bedeutung zu sein, wenn es um die Erforschung von begünstigenden Faktoren geht, um Schüler*innen zu ‚begaben' oder Hochbegabung zu fördern (vgl. exempl. Weigand/Müller-Oppliger 2021, S. 11 ff.). In einer bildungsökonomischen Perspektive (vgl. Hummelsheim/Timmermann 2018, S. 103), die mit einem solchen Interesse einhergeht und hinter der spezifische Interessen der Nutzbarmachung von Begabungen stehen, wird die Begabungsidee reifiziert und gegenstandsbezogen als Beschreibung von Virtuosität bzw. herausragenden Fähigkeiten behandelt. Eine solche Begriffsnutzung, Begabung wie einen existenten Gegenstand zu behandeln, ist auch im Alltagsverständnis anzutreffen. Vor allem aus einem wirtschaftlichen Interesse heraus erweist sich die Förderung oder auch die Hervorbringung bzw. das Auffinden von besonderen Begabungen – und von

C. Y. Wienand, *Die Herstellung einer Begabungskultur in der Kindheit*, Kinder, Kindheiten und Kindheitsforschung 31, https://doi.org/10.1007/978-3-658-39014-3_1

Begabten, im Sinne von besonders vielversprechenden zukünftigen Leistungsträger*innen – als attraktiv. Mit diesem Interesse wird etwa versucht, den Ursprung von Begabung zu erforschen. Eine Schwierigkeit bei der Ergründung von Begabung liegt in der überwiegend mentalistischen Ausrichtung des Konzepts. Das heißt, Begabung wird in den Köpfen verortet, also dort, wo empirische Nachforschungen nur unter sehr voraussetzungsvollen Bedingungen erfolgen können. Aus diesem Grund wird häufig mit dem gut beforschten Konstrukt Intelligenz eine ‚Brücke‘ eingesetzt, um Begabung darüber messbar zu machen: Begründet wird dies durch eine nachweisbare Korrelation von hohem IQ und Hochleistung (vgl. Rost et al. 2006, S. 196 f.).

Hingegen tendiert eine eher kritisch auf Begabung gerichtete erziehungswissenschaftliche Perspektive dazu, den (wissenschaftlichen) Nutzen des Begabungsbegriffs bzw. das Begabungskonstrukt an sich zu hinterfragen (vgl. Kincheloe/Sünker 2004; Klafki 2007, S. 217 ff.). So sieht etwa Klafki in seinen Überlegungen zum Leistungsprinzip in der Erziehung einen Zusammenhang zwischen der Kategorie der Leistung und einem statischen Begabungsverständnis, mit dem die gesellschaftliche Auslesefunktion der Schule als „durch die Natur gerechtfertigt" (Klafki 2007, S. 219) begründet werde.

Breidenstein (2020) analysiert diesbezüglich und im Hinblick auf Schulformempfehlungen im Übergang von der Grundschule in die Sekundarstufe die Notwendigkeit der *„Fiktion einer egalitären Primarstufe* […]: Die Grundschule muss systematisch allen Kindern die gleichen Chancen geboten haben, damit Selektionsentscheidungen an deren Ende als gerechtfertigt gelten können" (Breidenstein 2020, S. 297, Hervorhebung im Original). Der Verwirklichung dieses Anspruchs steht die empirische Einsicht entgegen, dass „[p]ädagogische Institutionen und Organisationen, mehr noch: das Bildungssystem im Gesamt, maßgeblich beteiligt [sind, C.W.] an der Re-Produktion von ungleichheitsrelevanter Differenz, mithin auch von Ungleichheit" (Diehm et al. 2017, S. 1). Über die Unterscheidung nach Leistung und Leistungsfähigkeit werden Kinder bereits früh institutionell sortiert: Wenn davon ausgegangen wird, dass Schüler*innen das Gleiche gelernt haben, können sie „als Gleiche geprüft und in ihrer ‚Leistung‘ unterschieden werden" (Kalthoff 2014, S. 867).

Prengel (2019, S. 14 ff.) diskutiert das Konzept der Chancengleichheit als Modell sozialer Mobilität und findet dabei Begabungsvorstellungen vor, die vor allem als genetisches Potenzial, das in kompensatorischen Ausgleichsmaßnahmen in Bezug auf ungünstige Bedingungen gefördert werden solle, gedacht werden. Unter Verweis auf Nunner-Winkler (1971) führt sie eine solche Auffassung von Chancengleichheit darauf zurück, dass die individuelle genetische Begabungsausstattung letztlich als die „einzig als legitim erachtete[…] Basis für Statuserwerb" (Nunner-Winkler 1971, S. 122, zitiert nach Prengel 2019, S. 15) erachtet werde. Durch die Arbeiten von Bourdieu und Passeron (1971) sowie Jencks (1973) wurde schließlich auch gesellschaftliche Schichtung in ihrer Bedeutung für das Bildungswesen in den Fokus gerückt, mit der (der Wettbewerb um) Privilegierung erst Funktionalität erlangt. Die Bedeutung kultureller Affinität für de-/privilegierte Positionierungen wurde fortan im erziehungswissenschaftlichen Diskurs rezipiert, indem Schulerfolg beispielsweise auf die Formel gebracht wurde, dass Schule „eine ‚monokulturelle' Mittelschichteinrichtung" (Prengel 2019, S. 17) darstelle, die eine Akkulturation der Mehrheit der Kinder an die Kultur der Schule erforderlich mache. Diese Erkenntnis habe jedoch keine bildungspolitischen Konsequenzen nach sich gezogen (vgl. ebd.).

In ihrer anhand von Fallstudien vorgenommenen Analyse des Übergangs vom Kind zum Schulkind nehmen auch Deckert-Peaceman und Scholz (2016) die Selektionsfunktion der Grundschule in den Blick. Sie führen die (Duldung der) Produktion von „eindeutigen Verlierern des Selektionswettbewerbs" (ebd., S. 226) darauf zurück, dass die schulische Beurteilung von Kindern am Ende ihrer Grundschulzeit – auf Grundlage der Beobachtung und Beurteilung von Kenntnissen, Fertigkeiten, Motivation usw. – als unvoreingenommen gilt und damit als zuverlässige Prognose ihrer Leistungsfähigkeit behandelt wird. So werde schließlich „[f]ast alltagssprachlich […] die Komplexität der beobachteten Faktoren in einem Wort zusammengefasst: ‚Begabung'" (ebd., S. 227). Trotz der Verwendung von zum Teil anderen Begrifflichkeiten bleibe die im Begabungsbegriff konstruierte Grundfigur erhalten, eine Eigenschaft von Schüler*innen darzustellen. Deckert-Peaceman und Scholz sehen den Begabungsbegriff hingegen vielmehr als Metapher mit Projektionspotenzial, denn als beschreibbare bzw. operationalisierbare Einheit (vgl. ebd.).

Auch Weitkämper (2019) positioniert sich distanziert zum Begabungsbegriff, den er in der Einleitung seiner Studie zunächst mit einem Zitat aus dem baden-württembergischen Schulgesetz einführt. Er weist jedoch sogleich auf die damit einhergehenden „Komplikationen" (ebd., S. 1) hin und bewegt seinen Fokus daher von Begabung weg, richtet ihn stattdessen auf die Spielräume des Lehrer*innenhandelns aus. Mit Hirschauer versteht er den Begabungsbegriff als Interpretationsoption von Leistung und Lernanstrengung.

Merl (2019) vermeidet den Begabungsbegriff in seiner Studie zur Herstellung von Differenz im Unterricht inklusiver Schulklassen gänzlich, untersucht stattdessen die Hervorbringung von sozialer Differenz bzw. Differenzierung entlang normativer Fähigkeitserwartungen (vgl. ebd., S. 164 f.). Zur Bestimmung des Gegenstands reflektiert er das Konstrukt des individuellen Leistungspotenzials, dem eine prognostische Funktion zugeschrieben wird (vgl. ebd., S. 42). Kritisch

resümiert Merl, dass unterrichtliche Praktiken an zugeschriebenen Leistungspo-
tenzialen ausgerichtet seien, was eine Stabilität impliziere (vgl. ebd.) – also
letztlich, wie Deckert-Peaceman und Scholz (2016, S. 227) es auffassen, als
Eigenschaft des betreffenden Individuums hergestellt werde. Mit Fokus auf den
Diskurs um Lernbehinderung wird unter anderem herausgearbeitet, wie eine vermeintlich natürlich bedingte, als ungenügend hervorgebrachte Leistungsfähigkeit
als nicht (oder höchstens begrenzt) beeinflussbare Differenz hervorgebracht wird
(vgl. Merl 2019, S. 154).

Dieser kursorische Überblick dient dazu, eine empirisch begründete erziehungswissenschaftliche Perspektive darzustellen, die dem Konzept Begabung
mindestens skeptisch gegenübersteht und dabei vor allem den engen Zusammenhang zur schulischen Leistungsbewertung hervorhebt. Der Begabungsbegriff wird
vermieden oder distanziert betrachtet. Hingegen stellt die schulische Leistungsbewertung per se einen zentralen Gegenstand der Unterrichtsforschung dar, wobei
das Leistungskonzept im Bewertungs- und Selektionsprinzip der Schule begründet liegt und bezüglich seines Inhalts – was mit „Leistung" bezeichnet wird – ein
Interpretations- und Verhandlungsspielraum besteht (vgl. Kalthoff 2014, S. 877).

Rabenstein et al. (2013) stellen mit Blick auf die meritokratische Logik
der Schule fest, dass Leistung „als proportionaler Zusammenhang von Fähigkeiten einerseits und (Be-)Wertungen andererseits gedacht [wird, C.W.], so
dass unterschiedliche Leistungen bzw. Zuschreibungen von Leistung schließlich
Differenzen unter Schüler_innen als legitime darzustellen erlauben" (Rabenstein et al. 2013, S. 669, Fußnote 1). In ihrer Perspektive stellt Leistung
bzw. ‚Leistungsordnung' den „Kern pädagogischer Ordnungen" (ebd., S. 674)
dar. Die Unbestimmtheit des Leistungsbegriffs bemängelnd, nähern sie sich
subjektivierungstheoretisch an ein relationales Verständnis von Leistung an:

> Bedeutsam dabei ist, dass der oder die Einzelne sich als Leistungs-Erbringer_in zeigt
> und so auch sich selbst verstehen (können) muss (Breidenstein, Rademacher & Men-
> zel, 2013). ‚Leistung' setzt nicht nur Subjekte voraus, die Fähigkeiten besitzen und
> anstrengungsbereit etwas in möglichst guter Form tun, sondern ist selbst – sowohl
> historisch betrachtet wie auch je aktuell – zentraler Bestandteil der Entstehung eines
> spezifischen Selbstverhältnisses, von Subjektivierungsprozessen: Jemand wird – vor
> anderen – durch Zuschreibungen verantwortlich gemacht für ein Geschehen, für das
> er oder sie sich dann verantwortlich fühlt, das ihm oder ihr schließlich als Folge sei-
> ner und ihres Tuns erscheint, indem er und sie sich erlernt als jemand, der nicht nur
> über die zugeschriebenen, die in Frage stehenden Fähigkeiten verfügt oder eben auch
> nicht verfügt, sondern der ein darauf bezogenes sowie sozial ver- und abgeglichenes
> Selbstbild entwickelt (Schäfer, 1998) und dann auch mehr oder weniger (als andere)
> ‚leisten' kann. (Rabenstein et al. 2013, S: 676 f.)

Praxistheoretisch gewendet bedeutet das: Mit Praktiken der Herstellung von Leistung werden Leistungserbringer*innen hervorgebracht sowie Wissen über diese Leistungserbringer*innen und ihre Fähigkeiten.

Das Schließen von Leistung auf Fähigkeiten erscheint naheliegend – in der dieser vorliegenden Studie zugrunde liegenden Perspektive kann diese Deutung bereits als begabungskulturelle Lesart eingeordnet werden. Die darauf aufbauende individuelle Zuschreibung von Leistungsunterschieden rechtfertigt in Deutschland die frühe ungleiche Verteilung von Bildungszugängen ab Klasse 5, die als „systematische hierarchische Stratifikation des Sekundarschulwesens" (Breidenstein 2020, S. 297) beschrieben werden kann. Die legitimatorische Basis dafür bildet ein meritokratisches Gerechtigkeitsverständnis, laut dem ein Zugang zu (höherer) Bildung und den damit einhergehenden sozialen Positionen auf der Grundlage erworbener (anstatt familiär vererbter) Privilegierung ermöglicht wird (vgl. Solga 2013, S. 22): „Bildung dürfe nicht mehr nur den höheren Gesellschaftsgruppen vorbehalten sein; notwendig sei eine Bildung für alle, jedoch in den Grenzen von Talent, Begabung und Intelligenz (Bell 1994: 692)" (ebd.). Legt man dem meritokratischen Gerechtigkeitsprinzip eine Idee von naturgegebener Ungleichverteilung an „Talent, Begabung und Intelligenz" (ebd.) zugrunde, ist bereits darin eine Logik von Ungleichheit angelegt, die auf individuelle Unterschiedlichkeit rekurriert.

Während es sich bei der Begabungsvorstellung nicht selten um eine biologisch-genetische Erklärung von Leistungsunterschieden handelt, richtet sich die vorliegende Arbeit auf die analytische Explikation einer Begabungs*kultur* in der Kindheit aus. Sie befasst sich in kulturanalytischer Perspektive mit dem Alltag der Grundschule und nimmt dabei die alltägliche Produktion der Bedeutung von *Begabung* in den Blick. Die Studie basiert auf einem ethnographischen Forschungsprojekt, das die Herstellung von Differenz und ihre Relevanz für die Genese von (Bildungs-)Ungleichheit in Bildungseinrichtungen mit einem methodenpluralen Forschungsdesign untersucht.[1] Während das Forschungsprojekt unter anderem die breit rezipierten quantitativen Befunde zu ethnisch codierter Bildungsungleichheit im deutschen Schulsystem zum Ausgangspunkt nahm (vgl.

---

[1] Es handelt sich um das Projekt „Ethnische Heterogenität und die Genese von Ungleichheit in Bildungseinrichtungen der (frühen) Kindheit" (gefördert von der DFG – 314127891), das von 2016–2019 unter der Leitung von Claudia Machold durchgeführt wurde. Dieses schloss an das gleichnamige Teilprojekt B1 des DFG-Sonderforschungsbereichs 882 „Von Heterogenitäten zu Ungleichheiten" an, das von 2011–2016 unter der Leitung von Isabell Diehm (im Abschlussjahr von Claudia Machold) umgesetzt wurde. Vgl. Kapitel 3 sowie ausführlich dazu Machold/Wienand 2021.

Autorengruppe Bildungsberichterstattung 2014; Autorengruppe Bildungsberichterstattung 2016), greift es unter einer mikroanalytischen Perspektive empirisch
auf die Herstellung von Differenz zu und konstituiert pädagogische Unterscheidungspraktiken als Gegenstand (vgl. Diehm et al. 2013, Machold 2015b;
Machold 2017; Machold 2018; Machold/Carnin 2018; Machold/Wienand 2018;
Machold 2019; Carnin 2020; Machold/Wienand 2021). So entstanden in diesem Projektkontext bereits zwei Studien: Die Dissertationsstudie von Carnin
(2020) befasst sich mit der Herstellung des Übergangs von der Kindertagesstätte auf die Grundschule und arbeitet den Stellenwert von Körperlichkeit für
institutionelle Entwürfe von Kindheit und Kindern in Kindertagesstätte und
Grundschule heraus. Die Studie von Machold und Wienand (2021) expliziert die
routinisierten Prozesse der Herstellung von Differenz im Alltag der Grundschule
und legt damit Praktiken der Plausibilisierung offen, mit denen im Spannungsfeld von Herkunftsabhängigkeit und Herkunfts*un*abhängigkeit individualisierende
Bildungsbiographien hervorgebracht werden. Gemeinsam ist den Studien die
Verortung an der Schnittstelle von Kindheits- und Ungleichheitsforschung.

   Auch die vorliegende Dissertationsstudie beansprucht die Verortung in dieser disziplinären Konstellation und schließt an das genannte Forschungsprojekt
an, indem die Bedeutsamkeit von Begabung in der Grundschule nicht nur in
ihrer Herstellung nachgezeichnet wird, sondern auch auf ihre Ungleichheitsrelevanz im Bildungskontext hin befragt wird. Zugleich wird auch an eigene
Vorarbeiten zum Thema Begabungsideologie und Begabungsrhetorik im Rahmen
einer qualitativen Interviewstudie mit Jugendlichen und mit pädagogischen Fachkräften angeknüpft (vgl. Wienand/Hasenjürgen 2016; Wienand 2019).[2] In den
Analysen der Interviewstudie konnte unter anderem veranschaulicht werden, dass
Begabungsrhetorik mitunter zur Codierung des prekären gesellschaftlichen Status
der jugendlichen Zielgruppe pädagogischer Maßnahmen verwendet wird. So ist
beispielsweise euphemistisch von größtenteils „handwerklich sehr talentiert[en,
C.W.]" (Wienand/Hasenjürgen 2016, S. 226) Jugendlichen die Rede, wenn es um
Teilnehmende geht, die wenig aussichtsreiche Bildungsverläufe aufweisen (vgl.
ebd., S. 225). Zudem erweist sich gerade eine kulturalisierende Verknüpfung von
Begabung und ethnisch codierten Differenzzuschreibungen als potenziell essenzialistisch (vgl. ebd., S. 230). Diese individualisierende Perspektive kann, etwa

---

[2] Die Studie „Kulturalisierungsprozesse in Bildungskontexten" ist unter der Leitung von Brigitte Hasenjürgen und Martin Spetsmann-Kunkel im Zeitraum 2014–2016 durch das Ministerium für Innovation, Wissenschaft und Forschung NRW gefördert worden und untersucht
die Selbst- und Fremdwahrnehmung der Bildungsaspirationen neuzugewanderter Jugendli-
cher (vgl. den Sammelband zu den Forschungsergebnissen, hrsg. Hasenjürgen/Spetsmann-
Kunkel 2019).

in der Wendung als „Eignung für einen Berufsstand" (Wienand 2019, S. 69), in der Konsequenz als funktional für die Reproduktion von Ungleichheitsverhältnissen betrachtet werden. Wird Begabung als Erklärung bzw. Begründung für Bildungsentscheidungen angeführt, so kann auf einen gewissen Grad an Willkür geschlossen werden. Offen bleibt die Frage nach der Qualität des Bezugspunktes, der einer Referenz auf Begabung unterliegt. Diese bildet daher den Ausgangspunkt der vorliegenden Überlegungen.

Das empirische Material, das im Zuge des dieser Studie zugrunde liegenden Forschungsprojekts erhoben wurde, bietet zudem einen Schlüsselmoment an, der sich in einem Interview mit einer Lehrerin konstituierte. Dort äußert sich die Lehrerin zu einer dilemmatischen Situation, die sich aus einem Anspruch der Berücksichtigung von herkunftsbedingt potenzieller Benachteiligung – es geht um mehrsprachig aufwachsende Kinder, deren Familiensprache nicht Deutsch ist – und einem Verständnis von Leistungsgerechtigkeit als Bewertung des bloßen Outcomes ergibt:

„Muss ich das ja auch negativ bewerten" – M101[3]

Ähm, es gibt auch immer wieder andere Zusammenhänge, wo die Kinder wirklich auch benachteiligt sind. Auch bei Aufsätzen, wenn wir einfach Aufsätze auch, auch noch so intensiv wie wir die einüben. Wir sammeln Wortmaterial, […] wir sammeln da Nomen, wir sammeln Verben und Adjektive. Aber einfach so manches Wortmaterial fehlt eben einfach einigen Kindern. Und das fällt mir immer schwer, wenn ich dann so nen Aufsatz bewerten soll, muss ich das ja auch negativ bewerten. Obwohl das Kind ja überhaupt keine… keine Schuld daran trägt, dass es einfach so nen eingeschränkten Wortschatz zum Beispiel hat. Das find ich immer wieder wirklich schwierig. (DFG_1571)

Von zentralem Interesse ist hier vor allem das Motiv der „Schuld", interpretierbar im Sinne von „Verantwortung". Dies kann etwa im Sinne einer routinisierten Responsibilisierung des Kindes gelesen werden, mit der eine „Norm der Selbststeuerung […] als zentrale Orientierung pädagogischen Handelns sowohl im Elementar- als auch Primarbereich" (Machold 2019, S. 198) geltend gemacht wird. In Bezug auf die Sprachkenntnisse der Kinder erweist sich diese Norm als nicht anwendbar und bringt dementsprechend ein Gerechtigkeitsdilemma hervor, das von der Lehrerin pragmatisch bearbeitet wird, indem, wenn auch mit

---

[3] Die Materialsequenz wird an dieser Stelle angeführt um die Entstehung dieser Studie nachzuzeichnen und wird hier daher nicht ausführlich analysiert. Es handelt sich um einen Interviewausschnitt, der bereits mehrfach Gegenstand von umfassenden Analysen geworden ist (vgl. Machold/Wienand 2021, S. 82 ff. und S. 110 f.).

Widerstreben, eine negative Bewertung erteilt wird. Die im Rahmen der reflexi-ven Bezugnahme auf die eigene Praxis angedeutete Suche der Lehrerin nach der *eigentlich* verantwortlich zu sehenden Ursache der Benachteiligung erschöpft sich an dieser Stelle, weist jedoch über das empirische Material hinaus auf die allge-meinere Frage nach legitim erachteten Ursachen für unterrichtlich feststellbare Fähigkeitsunterschiede von Schulkindern.

Im Folgenden werden die Fragestellung und die Anlage dieser Studie, in Form der zentralen Vorannahmen, Ziele und ihrem Aufbau, dargelegt.

Fragestellung und Erkenntnisinteresse der Studie

Mit der vorliegenden Studie wird der Frage nach der Gestalt und nach der Hervor-bringung einer Begabungskultur der Grundschule nachgegangen. Bearbeitet wird diese zentrale Forschungsfrage in der Auffächerung mehrerer Teilfragen: Wie wird Begabung im Alltag der Grundschule hervorgebracht und relevant gesetzt? Wie wird Begabung in Bezug auf konkrete Kinder als bedeutsam hervorgebracht? Im Verlauf der Studie wird dargelegt werden, wie die Fragestellungen entsprechend der jeweiligen Datengrundlage und des angelegten Analysefokus gegebenenfalls weiter modifiziert werden.

Die potenzielle Relevanz, die den daraus hervorgebrachten Ergebnissen für die Erforschung von Ungleichheit zukommt, kann aus dem folgenden Grund erst im Anschluss an die materialnahen empirischen Rekonstruktionen theoretisch hergeleitet werden:

> Grundsätzlich ist die Ethnographie für die mikronalytische Untersuchung von päd-agogischen Praktiken besonders geeignet. Weil sich Ungleichheit aber auf der makro-strukturellen Ebene als ein Ungleichheitsverhältnis zwischen Gruppen abbildet, stößt sie an ihre Grenzen, wenn diese pädagogischen (Unterscheidung-)Praktiken auf ihre mögliche Ungleichheitsrelevanz hin untersucht werden sollen. (Diehm et al. 2015, S. 345)

Unterscheidungspraktiken, die sich direkt oder indirekt auf Vorstellungen von Bega-bung beziehen, bieten sich deshalb als Untersuchungsfokus an, weil diese potenziell in einem Zusammenhang mit der schulischen Leistungsordnung stehen und dabei, so ist anzunehmen, relativ unterschiedliche Konzeptionen und Ideen von Begabung zutage fördern.

> Im Werdegang der Begabung schlagen sich Vorstellungen von herausragendem Leis-tungsvermögen, personaler Exzellenz und mithin Praktiken sozialer Differenzierung nieder. Die Rekonstruktion dieses Komplexes bringt ans Licht, wie Gesellschaften zu

verschiedenen Zeiten Ungleichheit und Fähigkeitsunterschiede auffassen, konzipieren, und pädagogisch institutionalisieren. (Hoyer et al. 2013, S. 13)

In Bezug auf ethnographische Ungleichheitsforschung kann die Erforschung von
Begabungskultur(en) daher einen Beitrag dazu leisten, die weitgehend über Normalisierung unsichtbar gemachte kulturelle Codierung von De-/Privilegierung offenzulegen und zu zeigen, welche Konsequenzen die Erfahrung von De-/Privilegierung
möglicherweise zeitigt.

Da Kindheit in Deutschland immer auch Schulkindheit ist, Kinder also einen
Großteil ihrer Kindheit in Bildungsinstitutionen verbringen (vgl. etwa Bühler-
Niederberger 2011; Richter 2013), kann eine institutionell verankerte Begabungskultur als Bedingung des Aufwachsens betrachtet werden. Die Bearbeitung der
Frage nach der Gestalt und nach der Hervorbringung dieser Begabungskultur kann
insofern als ein Beitrag zur Kindheits- und Grundschulforschung verstanden werden, als die omnipräsente Vorstellung unterschiedlich begabter Kinder als eine
ideologische Grundlage des mehrgliedrigen Schulsystems in der Bundesrepublik
Deutschland begriffen werden kann. Es geht dabei also nicht darum, die Annahme
unterschiedlicher Begabung zu widerlegen. Ziel der Arbeit ist in erster Linie, die
sozialen Funktionen dieser Annahme zu untersuchen.

Aufbau der Studie
Die vorliegende Studie ist in zwei Teile gegliedert: I. Grundlegungen und II. Empiri-
sche Rekonstruktionen. Zu Beginn dieser beiden Teile wird jeweils ein einführender
Überblick über die zu erwartenden Inhalte gegeben.

In Teil I. wird zunächst eine begriffliche Aufarbeitung des Begabungsbegriffs
mit dem Ziel seiner Operationalisierung für die vorliegende Studie vorgenommen
(Kapitel 2). Daraufhin werden das methodische Vorgehen dieser Studie und die
methodologischen Grundlegungen dargelegt (Kapitel 3.)

In Teil II. erfolgen die empirischen Rekonstruktionen, die in vier Analyseschritte
strukturiert sind. Zunächst wird in einem ersten Schritt ein sich schrittweise ausdif-
ferenzierender Analysefokus auf das Können der Kinder gelegt und darauf, wie in
den untersuchten Praktiken eine Ordnung des Könnens hergestellt wird und Positionierungen hervorgebracht werden (Kapitel 4). Der zweite Analyseschritt befasst
sich, durch die vorangegangene Analyse informiert, mit Positionierungen konkreter
Kinder in der schulischen Könnensordnung (Kapitel 5). Dabei werden die analysierten Praktiken auf ihr biographisierendes Potenzial hin untersucht. Mit dem
dritten Schritt wird anschließend die Hervorbringung von Begabungskonzepten in
reflexiven, auf den eigenen Alltag bzw. die ‚eigene Kultur' bezogenen Darstellungen untersucht (Kapitel 6). Von Interesse sind dabei sowohl die hervorgebrachten

Konzepte, als auch die Praktiken ihrer situativen Herstellung. Der abschließende vierte Schritt schließt die empirischen Rekonstruktionen ab, indem die zentralen Analyseergebnisse in eine Zusammenschau gebracht und dann in differenztheoretischer Perspektive von der konkreten Materialgrundlage auf verallgemeinerbare Perspektiven hin abstrahiert und diskutiert werden (Kapitel 7).

Das letzte Kapitel schließt die Studie mit Reflexionen zum Ertrag der Forschung, zu Herausforderungen im Forschungsverlauf und zu anknüpfenden Überlegungen bzw. Forschungsdesiderata ab (Kapitel 8).

Anmerkung zur Darstellung der Materialsequenzen
Die für diese Studie ausgewählten Materialsequenzen sind jeweils mit einer Überschrift und einer Nummer versehen. Die Überschrift entspricht in der Regel einem vergebenen (In-vivo-)Code. In der Nummerierung folgt auf das M (für Materialsequenz) eine führende Nummer, die sich auf die Kapitelnummer bezieht, sowie die zweistellige laufende Nummer. Beispiel: M101 (siehe oben).

Die im zugrunde liegenden Forschungsprojekt vorgenommene Anonymisierung ist vorliegend nochmals maskiert worden, da es sich mitunter um umfangreiche Material-darstellungen zu einzelnen konkreten Personen handelt. Mit dem Ziel der Verhinderung von Rückschlüssen auf reale Personen sind daher neue Pseudonyme vergeben worden (vgl. Abschnitt 3.3.3). Darüber hinaus sind die Belegnummern der Beobachtungsprotokolle und Transkripte für die Publikation aus dem Text entfernt worden.

Die Sequenzen aus den Transkripten wurden für die vorliegende Studie zum Zwecke der besseren Leserlichkeit geglättet.

Teil I
Grundlegungen

In Teil I dieser Studie werden grundlegende Forschungsbezüge hergestellt und methodisch-methodologische Grundlagen erarbeitet.

Das auf diesen Überblick folgende Kapitel 2 dient zum einen der umfassenden Betrachtung des Begabungsbegriffs in erziehungswissenschaftlicher Perspektive, im Hinblick auf unterschiedliche wissenschaftliche Konzeptualisierungen und auf die historische Bedeutung. Zum anderen werden die erziehungswissenschaftlichen Bezüge des Forschungsgegenstands erörtert, um den Begabungsbegriffs anschließend für die vorliegende Studie nutzbar zu machen. So wird zunächst eine fundierte Begriffsklärung zum Begabungsbegriff erarbeitet, die das Begabungsverständnis der Studie informiert und zur weiteren Ausarbeitung im Forschungsverlauf aufbereitet.

In Kapitel 3 wird die methodische Vorgehensweise mit ihrer methodologischen Grundlegung erläutert. Auf eine praxistheoretische Perspektivierung des Untersuchungsgegenstands folgt eine ausführliche Erarbeitung des vorliegenden Verständnisses einer praxistheoretischen Ethnographie und eines Vorgehens nach Grounded Theory. Daraufhin werden die Schritte des analytischen Vorgehens beschrieben, um mit einer Überleitung zum Teil II der Studie abzuschließen.

Begabung: Konzepte, Begabungsideologie, Begabungskultur

2

Gegenstand des vorliegenden Kapitels ist die Skizzierung des erziehungswissen-schaftlichen Interesses an Begabung mit dem Ziel einer theoretischen Annäherung an den „Mythos Begabung" (Stedtnitz 2008). In der Regel gehen Konzepte von Begabung mit positiven Vorstellungen von individueller Leistungsfähigkeit einher.

> Der Umstand, dass einige Kinder ungewöhnliche Fähigkeiten aufweisen, löst Refle-xionen, Interpretationen, Theorie- und Konzeptbildungen aus, die das Beobachtete deskriptiv zu erfassen, begrifflich verfügbar, denkfähig zu machen versuchen. (Hoyer et al. 2013, S. 13)

Der Stellenwert von Begabungskonzepten in der Pädagogik und Erziehungswis-senschaft lässt sich unter anderem anhand der Frage der angemessenen Förderung von Kindern auf ihrem Bildungsweg bemessen. In den Versuchen, das Bega-bungsphänomen konzeptionell zu fassen, zeigt sich sowohl der damit anhängliche Prozess sozialer Differenzierung, als auch die Bemühung, die Ursache dieser Dif-ferenz herauszufinden – um etwa adäquate Förderung zu gewährleisten, oder um an der Hervorbringung von Begabung gezielt mitwirken zu können. So schreiben die Herausgeber*innen des Tagungsbandes des Münsterschen Bildungskongresses vom Internationalen Centrum für Begabungsforschung (19.–22. September 2018, Universität Münster) im Vorwort:

> Begabungs- und Talentförderung sollen dazu beitragen, dass offensichtliche wie ver-borgene Potenziale auch bei Kindern aus sozial benachteiligten Lagen sowie bei Kin-dern mit Beeinträchtigungen nicht verborgen oder ungenutzt bleiben. (Fischer et al. 2012, S. 11)

Die angemessene Förderung aller Kinder, unabhängig von ihrer Verortung auf „unteren" oder „oberen" Kompetenzstufen, sei eine Frage der Bildungs- und

© Der/die Autor(en), exklusiv lizenziert an Springer Fachmedien Wiesbaden GmbH, ein Teil von Springer Nature 2022
C. Y. Wienand, *Die Herstellung einer Begabungskultur in der Kindheit*, Kinder, Kindheiten und Kindheitsforschung 31, https://doi.org/10.1007/978-3-658-39014-3_2

Chancengerechtigkeit (vgl. ebd.). Nachvollziehbar erscheint das Ideal einer „Begabungsförderung für alle" unter anderem im Hinblick auf das gegliederte Schulsystem der Bundesrepublik Deutschland, deren zugehörige Schulformen, die sich hinsichtlich der zu erreichenden Bildungsabschlüsse und ihrer Wertigkeit unterscheiden (vgl. Breidenstein 2020, S. 297), „nicht selten mit Begabungsunterschieden unter den Schüler/innen gerechtfertigt [werden, C.W.]" (Hoyer et al. 2013, S. 81). So gesehen sind Begabungskonzepte für die Frage nach der Entstehung bzw. Perpetuierung sozialer Ungleichheit aus verschiedenen Gründen von Interesse: Im Allgemeinen, weil auf Grundlage individueller Bildungsleistungen berufliche Positionen zugewiesen werden, welche ihrerseits wiederum entlang ihrer sozialen und ökonomischen Anerkanntheit hierarchisiert sind (vgl. Solga 2013, S. 26). Im Speziellen kann etwa ein deutlicher *Racial Gap* für Programme der (Hoch-)Begabungsförderung festgestellt werden, der für den nordamerikanischen Kontext bereits empirisch herausgearbeitet wurde und bezeugt, dass arme Schüler*innen sowie lateinamerikanische und Schwarze Schüler*innen jeglichen sozioökonomischen Status dort deutlich unterrepräsentiert sind (vgl. exempl. Crabtree et al. 2019). Solche Befunde verweisen auf Mechanismen der Begabungszuschreibung entlang der Differenzkategorien Klasse sowie *Race* und liefern theoretische Hinweise für weitere Kontexte, in denen Begabung relevant gesetzt wird.

Das Begabungsphänomen wird nicht exklusiv mit dem Begabungsbegriff attribuiert, sondern ist unter Anwendung verschiedener, als äquivalent verstandener Begriffe zur Sprache gebracht worden. „Ältere Ausdrücke wie ‚Ingenia', ‚Gabe', ‚Talent' oder ‚Vermögen' und Wendungen wie ‚günstige Natur' oder ‚glückliche Anlage' können ex post als Varianten oder Begriffsäquivalente von ‚Begabung' gedeutet werden" (Hoyer et al. 2013, S. 14). Diese Begriffe teilen ihre theoretische Unschärfe und zugleich auch das intuitive Begriffsverständnis, nach dem sich quasi von selbst verstehe, was damit gemeint sei (vgl. ebd., S. 11). Dies trifft insbesondere auf die alltagstheoretische Aussagekraft des Konzeptes zu. Im Deutschen wie auch im Englischen besteht zwischen dem Begabungsbegriff bzw. dem Begriff der Giftedness eine Verbindung zum Wort Geschenk/Gift. Diese Begriffsnähe kann auf religiös-kulturelle Erklärungstraditionen zurückgeführt werden, denn gerade im Christentum bestand Klarheit, dass es sich bei außergewöhnlichen Fähigkeiten um eine Gabe Gottes bzw. des Heiligen Geistes handeln musste (vgl. Hoyer et al. 2013, S. 23). „Gnadengaben sind Distinktionsmerkmale in einer gottgewollten Welt, den Personen zur sorgsamen Pflege auferlegt wie eine Bestimmung" (ebd.). Eine solche religiöse Auffassung entspricht in mancher Hinsicht gewissermaßen der Idee des genetischen Determinismus. An der Idee, dass Begabung eine Frage von genetischer (Ungleich-)Verteilung sei, hängt auch die Vorstellung, dass die angeborene Begabung im Sinne einer Vorbestimmtheit unveränderlich sei.

Demgegenüber existieren andere oder ergänzende Ideen von Begabung, beispielsweise als flexibles Konzept: Begabung kann sich demnach in einem Menschen entwickeln, entfalten und auch verändern (vgl. Stedtnitz 2008, S. 19). Statische und flexible Begabungsvorstellungen werden in gängigen wissenschaftlichen Theorien und Konzepten häufig in Einklang gebracht, indem etwa eine genetisch disponierte Begabung zum Fundament erklärt wird, woraufhin pädagogische, psychologische und psychosoziale Faktoren Einfluss auf die Begabungsentfaltung nehmen – deren Performance dann anhand von Faktoren gemessen wird, in denen sich gesellschaftliche und kulturelle Werte widerspiegeln (vgl. Subotnik et al. 2011, S. 7). Auch die kulturelle Hervorbringung von Begabung(sverständnissen) wird demnach konzeptionell berücksichtigt.

Der Begriff Begabung legt zunächst nahe, einen statischen Zustand oder Gegenstand zu umschreiben, weckt überdies konzeptionelle Assoziationen zu Begriffen wie Intelligenz, Kreativität, Auffassungsgabe, Potenzial und weiteren. In einem solchen statischen Sinne wird der Begabungsbegriff dann als genetisch determiniertes *Potenzial* definiert, das unabhängig von dessen Realisierung bzw. Übersetzung in Leistungen existiert (vgl. Deiglmayr et al. 2017, S. 2 f.). Aus der Perspektive der Genetik und der kognitiven Neuropsychologie kann Begabung etwa als das individuelle Lernvermögen im Sinne eines Geburtspotenzials verstanden werden (vgl. Stadelmann 2020, S. 126 f.). Wird der genetische Aspekt der Begabungszuschreibung durch den Potenzialbegriff auch abgeschwächt, so verlagert sich die konzeptionelle Bestimmung des Phänomens von den besonderen Fähigkeiten, mit Berücksichtigung der unbekannten Variable des Wahrscheinlichen, auf das Vermögen, solche Fähigkeiten zu entwickeln, und verschiebt so auch das Problem der Unterbestimmtheit lediglich an einen anderen Ort.

Über die Frage der Förderung hinaus mag Begabung für die Erziehungswissenschaft als eher zu vernachlässigendes Thema erscheinen, was unter anderem darauf zurückgeführt werden kann, dass die erziehungswissenschaftliche Brauchbarkeit des Begabungsbegriffs an sich in Frage zu stellen ist (vgl. Hoyer et al. 2013, S. 8). Disziplinen wie die Psychologie, die Neurobiologie oder die Verhaltensgenetik hingegen pflegen ein teilweise weniger skeptisches Verhältnis zu Begabungstheorien – unter anderem in naturalistischer und nativistischer Perspektive (vgl. ebd., S. 8 f.). Mitunter gilt Begabung dabei „als eine genetische oder psychische Veranlagung verknüpft mit messbaren Eigenschaften oder Fähigkeiten" (Wienand/Hasenjürgen 2016, S. 231) – was jedoch keine verallgemeinerbare Definition darstellt, da grundsätzlich kein definitorischer Konsens vorliegt.

Im Folgenden werden anhand ausgewählter wissenschaftlicher Begabungsmodelle zunächst konzeptionelle Einordnungen vorgenommen, um einen Überblick über die gängigen Konzeptionen zu gewinnen (Teilkapitel 2.1.). In einem stilisierten Werdegang von Begabung wird anschließend ein geschichtlicher Abriss vorgenommen, der ein vertieftes Verständnis, wie sich Begabungskonzepte in die soziale Praxis eingeschrieben haben, nahelegen will (Teilkapitel 2.2.). Anschließend wird die vorliegende Forschungsperspektive im Anschluss an Bourdieus (2001) Kritik an der schulsystemimmanenten Begabungsideologie theoretisch informiert (Teilkapitel 2.3.). Daraufhin wird anlässlich der Kategorie der Leistungsheterogenität ein Augenmerk auf den pädagogischen Heterogenitätsdiskurs gelegt (Teilkapitel 2.4.). Abschließend wird auf dieser Grundlage eine Annäherung an eine Operationalisierung des Begabungsbegriffs für die vorliegende Studie vorgenommen (Teilkapitel 2.5.).

2.1   Wissenschaftliche Begabungsmodelle – ein Kurzüberblick

Es existieren mehrere verschiedene Konzepte und Modelle von Begabung, die je nach Fachdisziplin auf unterschiedlichen Annahmen basieren oder in bestimmter Hinsicht akzentuiert sind. Zu unterscheiden sind dabei die Begriffe „Begabung" und „Hochbegabung". Begabung kann als allgemeine bzw. übergeordnete Differenzkategorie verstanden werden, mit der „Menschen […] auf der Grundlage einer Palette von Fähigkeiten, die als Begabungen anerkannt sind, als (Un-)Begabte klassifiziert [werden, C.W.]" (Wienand/Hasenjürgen 2016, S. 231). „Hochbegabung" wird hingegen als Konzept gefasst, mit dem mittels Diagnostik Menschen identifiziert werden, die überdurchschnittliche Fähigkeiten nachweisen, unter anderem bemessen an einem Intelligenzquotienten größer als bzw. gleich 130 (vgl. Stumpf 2020, o.S.). Intelligenz ist als wissenschaftliches Konstrukt zu verstehen, mit dem anhand von festgelegten Anhaltspunkten auf kognitive Fähigkeiten geschlossen wird (vgl. Hoyer et al. 2013, S. 72). Dabei ist jedoch zu beachten, dass ein Kind mit hohem Intelligenzquotienten nicht automatisch als hochbegabt aufgefasst werden kann (vgl. ebd.). Dass der IQ dennoch häufig als „Richtmaß für Hochbegabung" (ebd.) herangezogen wird, wird unter anderem mit der in Tests feststellbaren hohen Korrelation von Intelligenz und Hochleistung begründet (vgl. Rost et al. 2006, S. 196 f.), darüber hinaus in pragmatischer Perspektive mit der quantifizierbaren Abgrenzungsmöglichkeit, die sich auf den Ausprägungsgrad „hoch" bezieht (vgl. ebd.; vgl. Rost 2009, S. 162). Darüber, ob es sich beim IQ um einen Indikator für angeborenes Potenzial handelt, oder ob es sich bei Intelligenz um ein erworbenes Merkmal handelt, bestehen ebenfalls verschiedene Meinungen. Der Naturwissenschaftler und Pädagoge Stadelmann versteht Intelligenz als Ergebnis von Lernprozessen; festgestellte Intelligenz bezieht sich auf Messungen von Erlerntem: „Das, was in Intelligenztests gemessen wird, muss zuerst gelernt worden sein" (Stadelmann 2020, S. 127 f.). In dieser Sichtweise ist die Überlegung impliziert, dass es sich bei Begabung und Intelligenz um Komplexe handelt, die nicht anhand eines IQs fixierbar sind; vielmehr spielen die Gehirn- und Lernentwicklung in einem möglichst anregenden Umfeld und die individuellen Eigenschaften eines Menschen eine zentrale Rolle. Stadelmann stellt seine Position klar: „Es gibt kein Begabungsgen; es gibt kein Intelligenzgen. Menschen werden nicht begabt oder gar intelligent geboren" (ebd., S. 128). Das Bestreiten der Existenz eines „Gens", welches deterministisch für Begabung verantwortlich zu machen sei, setzt jedoch nicht grundsätzlich die Wirkmächtigkeit der Idee außer Kraft, dass manche Menschen qua Geburt zu ‚Höherem' fähig seien als andere.

Die Berücksichtigung von Umweltfaktoren und die Einordnung oder Bedeutungszuschreibung genetischer Faktoren wird in Begabungskonzepten unterschiedlich vorgenommen. Im Folgenden werden einige, mitunter auch in der Pädagogik rezipierte, (Hoch-)Begabungsmodelle skizziert, um daran einen dominanten wissenschaftlichen Umgang mit und Zugriff auf Begabung und Begabungsdiagnostik darzustellen. Diese Modelle werden insbesondere in Bezug auf Hochbegabungsforschung bzw. im Kontext der Hochbegabtenförderung herangezogen. Sie geben dennoch Orientierung hinsichtlich potenzieller Erklärungsgrundlagen für eine soziale Differenzierung entlang der Kategorie Begabung und werden daher in die vorliegenden Überlegungen einbezogen. Beim Münchner Hochbegabungsmodell, das im Folgenden zusammen mit weiteren ausgewählten Modellen kurz vorgestellt wird, handelt es sich beispielsweise um ein in der Bundesrepublik Deutschland und weltweit breit rezipiertes Modell (vgl. Ziegler 2018, S. 58 f.), das sich auf die Münchner Hochbegabungsstudien bezieht (vgl. Heller et al. 1994). Analytisch bietet es Ansatzpunkte, die sich nicht nur auf Hochbegabung beziehen (müssen), sondern auf schulische Lernleistungen allgemein angelegt werden können.

Das Münchner Hochbegabungsmodell

Im Münchner Hochbegabungsmodell wird von dispositionellen Eigenschaften, sogenannten Begabungsfaktoren, ausgegangen, die unter anderem Intelligenz, Kreativität, aber auch weniger (schul-)leistungsbezogene Kategorien, wie soziale Kompetenz, umfassen (vgl. Heller et al. 1994, S. 19). Gemessen werden die Begabungsfaktoren unter anderem mittels des Kognitiven Fähigkeitstests (KFT), der von

Heller und Perleth zur Erfassung von Denkfähigkeiten in den Bereichen Sprache, Mathematik-Logik und Figuralität-Räumlichkeit entwickelt wurde. Dem Modell nach können diese angeborenen Begabungsfaktoren unter bestimmten Bedingungen als Hochleistungen eingelöst werden, welche aus dem Zusammenspiel mit sogenannten nichtkognitiven Persönlichkeitsmerkmalen, wie etwa Stressbewältigung, Motivation oder Prüfungsangst, resultieren. Ebenso würden jedoch auch Umweltmerkmale, also das sogenannte Familien- oder Klassenklima, oder kritische Lebensereignisse mit hineinspielen (vgl. ebd.).

Ein Anliegen des Modells ist das Zerlegen von Begabung in einzelne Komponenten (vgl. Hoyer et al. 2013, S. 71). Unterschieden wird zwischen insgesamt sieben Begabungsausprägungen: Intellektuelle Fähigkeiten, Kreativität, Soziale Kompetenz, Musikalität, Künstlerische Fähigkeiten, Psychomotorik, Praktische Intelligenz (vgl. Ullrich/Strunck 2008, S. 13). Dem Konzept „Intelligenz" wird in diesem Modell also Bedeutung beigemessen, dabei versteht es sich jedoch als ein „multifaktorielles Fähigkeitskonstrukt in einem Netzwerk von nicht-kognitiven und sozialen Moderatoren sowie von mehr oder weniger domänenspezifischen Leistungskriterien" (Ullrich/Strunck 2008, S. 13). Die Entwickler des Münchner Hochbegabungsmodells schließen damit an Howard Gardner (2001) an, der mit seiner Theorie der vielfachen Intelligenzen einen „Abschied vom IQ" (ebd.) fordert. Anstatt sich auf den akademischen Bereich und das damit zusammenhängende gängige Verständnis von Intelligenz zu beschränken, werden im Münchner Model, zusätzlich zu den Begabungsfaktoren, Umweltbedingungen und sogenannte nicht-kognitive Persönlichkeitsmerkmale einbezogen (vgl. Ziegler 2018, S. 58 f.). Nichtsdestotrotz wird an diesem Modell mitunter die Kritik geäußert, dass „die Dynamik und Prozesshaftigkeit von Begabungsprozessen […] nicht ausreichend sichtbar [werden, C.W.]" (Hoyer et al. 2013, S. 70) und dass das Individuum „als entscheidender Akteur jedes Begabungsprozesses" (ebd.) ausgeblendet würde.

Die nun folgend vorgestellten Begabungsmodelle lassen sich als Systemmodelle beschreiben und basieren auf der Idee von Begabungsdomänen; ihr Fokus liegt auf der Erlangung eines Wissensfundaments und der Entwicklung bereichsspezifischer intellektueller Fähigkeiten (vgl. Kaufman/Sternberg 2008, S. 75). Begabung wird dort als System betrachtet, also als Aufeinandertreffen von interagierenden psychologischen Prozessen (vgl. ebd., S. 76). Das Individuum wird dabei in einem Handlungsfeld verortet und entfaltet, abhängig von den jeweils vorfindbaren Bedingungen und Unterstützungssystemen, sein Potenzial, sein Fähigkeitsrepertoire und damit auch seine Leistungen.

Das Drei-Ringe-Modell

Das Drei-Ringe-Modell nach Joseph Renzulli aus den 1970er Jahren kann als das „erste weltweit rezipierte dynamische Begabungskonzept" (Hoyer et al. 2013, S. 94) bezeichnet werden. In diesem Modell wird Begabung als Interaktion der drei Charakteristika „überdurchschnittliche Fähigkeiten" (Above Average Ability), „Engagement" (Task Commitment) und „Kreativität" (Creativity) bestimmt: „it is the interaction among the three clusters that research has shown to be the necessary ingredient for creative/productive accomplishment" (Renzulli 1978, S. 182). Begabung wird damit zu einer dynamischen Bezugsgröße, „die nicht allein in der Person angelegt ist, sondern je nach sozialer Umwelt und Bildung entwickelt werden kann – oder auch unentdeckt und ungefördert bleibt" (Hoyer et al. 2013, S. 94). Deutsche Übersetzungen legen Renzulli bisweilen den Gebrauch des Wortes Intelligenz in den Mund. Dabei grenzt seine Verwendung der Ausdrücke „Above Average Ability" (überdurchschnittliche Fähigkeiten), „Creativity" und „Task Commitment" sich eher ab von der Gebundenheit von Begabung an einen akademischen IQ-Wert (vgl. ebd., S. 95). Dafür wird der Einbezug der vagen Kategorie „Kreativität" kritisch gesehen (vgl. Rost 2008, S. 64) sowie die fehlende Trennung von Potenzial und Performanz (vgl. ebd., S. 65). Kreativität als Qualität ist im jeweiligen kulturellen Kontext zu verstehen und ist damit als Konzept von der Wahrnehmung bzw. Akzeptanz des sozialen Umfelds abhängig. Weitere Kritikpunkte betreffen die Akzentuierung der drei Bereiche (Above Average Ability, Task Commitment, Creativity), die mitunter nicht als Aspekte von Begabung, sondern als Resultate von Entwicklungsprozessen begriffen werden (vgl. Kaufman/Sternberg 2008, S. 76).

WICS-Modell

Die Buchstaben des von Robert J. Sternberg entwickelten Modells stehen für „*w*isdom, *i*ntelligence, and *c*reativity, *s*ynthesized" (Sternberg 2005, S. 191, Hervorhebungen im Original). Dem Modell liegt die Überlegung zugrunde, dass Kreativität für die Entwicklung von Ideen benötigt wird, Intelligenz (kategorisiert als akademische und praktische Intelligenz) für die Auswertung, Umsetzung und Verbreitung von Ideen und Weisheit für die Nutzung von Ideen für das Gemeinwohl, anstatt nur zum eigenen Vorteil (vgl. Kaufman/Sternberg 2008, S. 77). In dieser Perspektive erfüllen begabte (*gifted*) Menschen nicht notwendigerweise alle Aspekte in gleicher Weise, sondern reflektieren idealerweise ihre Stärken und Schwächen, um sich der Umwelt anzupassen und sie mitzugestalten (vgl. ebd.). Neben dem Kreativitätsbegriff, der auch im Drei-Ringe-Modell Verwendung findet, ist in diesem Modell der Begriff der Weisheit zentral. Dieser bezieht sich auf ethische Werte, in der Folge also auf wertbezogenes Handeln (vgl. Hoyer et al. 2013, S. 100). Bei Sternberg umfasst das Begabungsverständnis also sowohl Fähigkeiten als auch Einstellungen, welche über den Einsatz und Nutzen der Fähigkeiten entscheiden (vgl. ebd., S. 99). Im WICS-Modell wird damit in spezifischer Weise die kulturelle Bewertung von Begabung einbezogen, womit es sich von anderen Konzepten durch einen normativen Anspruch einer ‚guten' Verwendung von Begabung abhebt, anstatt sich auf eine, im Sinne von Wertenthaltsamkeit, lediglich deskriptive (und gewissermaßen kulturell neutrale) Geltung zu berufen.

Differentiated Model of Giftedness and Talent (DMGT)

Im Kontrast zu Systemmodellen, wie sie durch das Drei-Ringe- und durch das WICS-Modell repräsentiert werden, rücken sogenannte Entwicklungsmodelle explizit ab von der Idee, Begabung sei im Ursprung (auch) genetisch determiniert (vgl. Kaufman/Sternberg 2008, S. 77). Entwicklungsmodelle von Begabung berücksichtigen oder betonen insbesondere den Einfluss von Umweltbedingungen. Am Beispiel des „Differentiated Model of Giftedness and Talent" kann dies verdeutlicht werden.

Das DMGT wurde von dem kanadischen Forscher Françoys Gagné erarbeitet und betont – unter der Prämisse, dass die Begriffe Begabung und Talent miteinander mehr oder weniger austauschbar seien – den Aspekt der Talent*entwicklung* (vgl. ebd., S. 77 f.). Die Talententwicklung geschieht während des Alltags durch Lernen, Trainieren und Üben (vgl. ebd., S. 78). Vereinfacht formuliert: „Ein Künstler wird sich durch besondere kreative, ein Basketballspieler über sensomotorische und ein Politiker würde sich vorzugsweise durch sozioaffektive Begabungen auszeichnen" (Hoyer et al. 2013, S. 99). Zentral für dieses Modell sind die Umweltfaktoren, die sich förderlich auf die Transformation von „gifts" (also Gaben im Sinne von Begabungen) in konkrete Fähigkeiten bzw. Talente auswirken (vgl. ebd., S. 78). So kann Begabung nach diesem Modell gleichwohl als Potenzial verstanden werden, das sich durch Übung zu Talenten ausarbeiten lässt. Mit Talent ist dabei konkret „die überlegene Beherrschung systematisch entwickelter Fähigkeiten bzw. das überdurchschnittlich hohe Wissen in einer Domäne" (Stumpf 2012, S. 18) gemeint. Der Potenzialbegriff ist hier also bedeutsam, während der Begabungsbegriff an sich etwas in den Hintergrund tritt. Die Frage lässt sich stellen, weshalb der Begabungsbegriff dennoch weiterhin so viel Reiz auszuüben scheint, dass er, trotz seiner schillernden Gebrauchsweise in der Psychologie, nach wie vor und selbst in einem Entwicklungsmodell wie dem DMGT relevant gesetzt wird.

Zusammenführung: Statische vs. dynamische Begabungskonzepte

Die kursorisch vorgestellten Begabungsmodelle verdeutlichen die Vielfalt und Schwerpunktsetzungen solcher Modelle. Die damit zusammenhängenden Begabungstheorien, die in psychologischer Perspektive auf das schlummernde Potenzial bzw. das veranlagte Vermögen eines Menschen abheben, können als vermögen-spsychologische Theorien verschlagwortet werden. In pädagogischer Perspektive können diese auf vielfältige Weise kritisch befragt werden, wie bereits teilweise angedeutet, sie sind trotzdem zugleich dafür zu würdigen, dass sie eine bereits früh erfolgte Aufmerksamkeit und ein Begriffsangebot für die *Individualität* lernender Menschen – in erster Linie Kinder gemeint – aufgegriffen und ausdifferenziert haben.

Begabung wird im und durch das individuelle Können identifiziert, ist aber nicht die Leistung oder die Fähigkeit an sich. Die aktuellen Begabungsmodelle eint, dass sie zwischen angeborenen Begabungsfaktoren und durch die Umwelt beeinflussba-ren Persönlichkeitsfaktoren unterscheiden. Erst durch letztere könne die vorhandene Begabung auch in herausragende Leistung übersetzt werden. Deutlich wurde, dass Intelligenz nicht als einziger Faktor für Hochbegabung gilt. Darüber hinaus ist im Hinblick auf diese Modelle zu berücksichtigen, dass sie vor dem Hintergrund von Möglichkeiten der Begabungsdiagnostik entwickelt wurden (vgl. Stumpf 2012, S. 25). Eine häufig vorzufindende Schwerpunktsetzung auf den Hochbegabungs-begriff als intellektuelle Hochbegabung kann in dieser Hinsicht damit begründet werden, dass er pragmatisch mit dem auf Messbarkeit hin konstruierten Faktor Intelligenz bzw. Intellekt arbeitet; dagegen würde der Einbezug von nichtintellek-tuellen Faktoren die Diagnostik vor nahezu unlösbare Herausforderungen stellen (vgl. ebd., S. 27). Doch entscheidet dieser Einbezug unter anderem darüber, wie statisch das Begabungskonstrukt konzipiert ist. Wo es also nicht um den Anspruch einer Begabungsdiagnostik geht, sondern auf die theoretische Klärung des Bega-bungsphänomens abgehoben wird, erscheint der Einbezug flexiblerer Konzepte naheliegend. So schreiben auch Deiglmayr et al.:

Auf der einen Seite geht man davon aus, dass Menschen über bestimmte geneti-sche Dispositionen verfügen, welche – gemeinsam mit frühen Umwelteinflüssen und Erfahrungen – ihre grundlegende Begabung in bestimmten Bereichen definiert. Ent-scheidend ist jedoch, ob und wie dieses Potenzial tatsächlich umgesetzt wird. Auf der anderen Seite ist gerade in Gebieten, die viel Wissen oder Übung benötigen, eine lang-fristige, intensive und motivierte Auseinandersetzung mit dem Gebiet entscheidender als eine ursprüngliche Begabung. So schreibt man Menschen erst dann Expertise in einem spezifischen Gebiet zu, wenn sie im Lauf einer langen Lerngeschichte relevan-tes Wissen und Kompetenzen erworben haben und auf dieser Basis kreative Lösungen für Probleme in bestimmten Gebieten produzieren können. (Deiglmayr et al. 2017, S. 2)

Abschließend soll eine Bestimmung von Begabung gezeigt werden, wie sie etwa vom International Panel of Experts for Gifted Education vertreten wird. Darin ist zugleich eine, auch außerhalb von Begabungsforschung und Begabtenförderung, relativ gängige Vorstellung von Begabung abgebildet:

> Mit seinem Bildungs-, Entwicklungs- und Lernpotenzial tritt der **Mensch** in Beziehung zu seiner **Umwelt**. Es entsteht eine **lebenslange Wechselwirkung**, in der das Individuum seine Umwelt beeinflusst und verändert und die Umwelt das Individuum beeinflusst. In dieser Wechselwirkung zwischen den Anlagen und der Selbstgestaltungsfähigkeit des Individuums (die auch auf seiner bisherigen Lernbiographie beruht) auf der einen und seiner Umwelt auf der anderen Seite entwickelt sich die Begabung eines Individuums, sein Leistungspotenzial. (iPEGE 2009, S. 17, Hervorhebungen im Original)

Im Hinblick auf zu erbringende Spitzenleistungen in späteren beruflichen Positionen kommt auch die Expertiseforschung[1] zu der Einschätzung, dass kontinuierliche und gezielte Trainingsphasen Voraussetzung für Spitzenleistungen sind (vgl. Baudson 2014, S. 9).

Für die erziehungswissenschaftliche Beschäftigung mit Begabung bildet der Einblick in die Konzepte der Begabungsforschung und Begabtenförderung eine erste Wissensgrundlage. In Bezug auf die Erforschung des Alltags in der Grundschule sind diese Perspektiven nicht zuletzt bedeutsam, als dass eine Aufmerksamkeit dafür ermöglicht wird, inwiefern solche wissenschaftlichen Konzepte fragmentarisch und in heruntergebrochener Form Einzug in Alltagsdiskurse gehalten haben (vgl. Diehm et al. 2010, S. 86). Im Hinblick auf die wissenschaftlichen Konzepte ist dabei vor allem eine eher mentalistische Anlage von Begabungsvorstellungen zu erkennen. Die von Herbart und Humboldt geprägte Redensart, von einer „Verschiedenheit der Köpfe" auszugehen, ist demnach als „klassisches Postulat" der Begabungsdiskussion, etwa in Bezug auf schulisches Lernen, aufzufinden (vgl. Hoyer et al. 2013, S. 81). In ihrem Einführungsband „Begabung" wird demgegenüber eine Bemühung der Autor*innen Hoyer, Weigand und Müller-Oppliger ersichtlich, Begabung aus erziehungswissenschaftlicher Perspektive vornehmlich als ein sozial wirkmächtiges Konstrukt zu begreifen. Teilweise reifizieren sie die Begabungsidee aber auch, indem sie sie gegenstandsbezogen als Beschreibung von Leistungsexzellenz behandeln. Eine solche reifizierende Nutzungsweise spiegelt die Richtung wider, die die

---

[1] Die Expertiseforschung bezieht sich auf die Differenz von Anfänger*innen und Expert*innen im Hinblick auf ihre Kompetenzen und psychologischen Grundlagen mit dem Ziel, den Prozess des Erlangens von Expertise sowie potenzielle Fördermöglichkeiten zu erforschen (vgl. Stangl 2021). Teils wird die Expertiseforschung als Ablösung der Begabungsforschung betrachtet; teils wird sie als Ergänzung oder als ihre Weiterführung rezipiert (vgl. Gruber/Ziegler 1996, S. 7).

Hochbegabungsforschung laut Ziegler – nach dem gescheiterten „Versuch, herauszufinden, was eine Hochbegabung wirklich ist" (Ziegler 2018, S. 17) – eingeschlagen
habe, indem sie sich inzwischen der Beschreibung und Erklärung von Leistungsexzellenz und ihren Bedingungen mit dem Ziel ihrer Förderung widme (vgl. ebd.). Die
Reifizierung der Begabungsidee lässt sich auch im Alltagsverständnis antreffen, wo
Begabung häufig wie ein existenter Gegenstand behandelt wird. Ist alltagssprachlich
oder auch bildungs- bzw. schulpolitisch bis heute häufig noch eine Kausalführung –
wenn nicht gar Synonymsetzung – von Begabung und Intelligenz vorzufinden,
stellt eine enge Kopplung von Hochbegabung und Intelligenz laut Hoyer, Weigand
und Müller-Oppligers Einschätzung im internationalen wissenschaftlichen Diskurs
grundsätzlich keine dominante Position mehr dar (vgl. Hoyer et al. 2013, S. 72).

Im nächsten Abschnitt wird ein historischer Überblick zur Beschäftigung mit
Begabung gegeben, der sich, gerade für den deutschen Kontext, als aufschlussreich
erweist, denn: „Wir lernen Begriffe überhaupt erst verstehen, wenn wir die Art ihrer
Verwendung und die Geschichte ihrer Verwendungsweise, des Sprachgebrauchs,
im Zusammenhang mit der Ereignis-, Kultur- und Sozialgeschichte rekonstruieren"
(Hoyer 2012, S. 14). So wurde dem Begabungsbegriff durch (deutschsprachige)
Pädagog*innen des 19. und 20. Jahrhunderts wissenschaftliches Interesse entge-
gengebracht, da diese Kategorie „auf die in Erziehung und Schule vernachlässigte
Individualität der Kinder aufmerksam machen konnte[…] – aller Kinder, nicht nur
der Leistungsstarken" (Hoyer et al. 2013, S. 59). Pädagogische Perspektiven, die
sich mit Begabung befassten, beriefen sich etwa auf die Vorstellung von inneren
Kräften oder von Genialität. Relevant waren jedoch auch völkische und rassistische
Ideen, die konzeptionell auf Überlegenheit und Vormachtstellung abhoben. Dies
wird im Folgenden näher beleuchtet.

2.2 „Begabung" – Ein (stilisierter) Werdegang

Der Beginn einer Verwendung des Begabungsbegriffs in der deutschen Sprache, um damit „eine vorteilhafte menschliche Eigenschaft oder Beschaffenheit"
(Hoyer et al. 2013, S. 13) zu bezeichnen, lässt sich etwa auf das späte 18. Jahrhundert datieren. Phänomene außergewöhnlichen Könnens, die rückblickend als
Begabungsphänomene gefasst werden können, sind bereits seit der Antike überlie-
fert. Die philosophische Beschäftigung mit dem Begabungsphänomen fokussierte
auch früh die Frage nach angeborenen und vermittelten Wesenszügen und Fähigkeiten. Mit unterschiedlichen Bemühungen und Lernaufwand war aber auch
schon damals nicht jeder Unterschied in Auffassungsschnelligkeit und gelingen-
dem Lernen zu erklären (vgl. ebd., S. 18 f.). Ohnehin hatten diese Überlegungen

zunächst kaum praktische Auswirkungen oder zogen überhaupt kaum pädagogisches Interesse an, schließlich stand das antike Schulwesen im Grunde nur den oberen sozialen Schichten offen (vgl. ebd., S. 19). Zeugnisse aus der Spätantike verweisen jedoch auf die Einführung von Leistungsnachweisen aus der Studienzeit, wenn es um die Verteilung von Beamtenposten ging (vgl. ebd., S. 20). Die im Studium gezeigten Leistungen wurden in dieser Logik zu einem Nachweis für die Eignung für den fraglichen – in der Regel lukrativen – Posten (vgl. ebd.). In der mittelalterlichen Ständegesellschaft ermöglichten Stipendien von Kirche, weltlichen Bildungsträgern oder Mäzenen den Universitätsbesuch der jungen Menschen aus ärmeren Familien und stellten somit eine Form der Nachwuchsförderung dar, die durchaus nicht bedingungslos war (vgl. ebd., S. 25). Darin lässt sich bereits eine Eignungslogik lesen, deren Auswahlverfahren jedoch allem Anschein nach noch nicht systematisch institutionalisiert war (vgl. ebd., S. 26).

Im Zuge reformatorischer Bemühungen kann die Schaffung von Grundlagen der Schulbildung gesehen werden, die im Vorantreiben der Alphabetisierung bestand: Allen Menschen sollte die Möglichkeit zuteilwerden, die Bibel – von Luther in die deutsche Sprache übertragen – selbstständig zu lesen (vgl. Hoyer et al. 2013, S. 27). Darin kann auch ein Grundstein für die zukünftige Definitionsmacht der Institution Schule gesehen werden, bezüglich der Definition, welche Fähigkeiten und Fertigkeiten als gesellschaftlich wichtig erachtet werden (vgl. ebd., S. 28). Auf dieser Grundlage wurden zwei Schulformen unterschieden: niedere und hohe Schulen, oder auch „Deutsche Schulen" und „Lateinschulen" bzw. Gymnasien.

Im deutschen Kontext lassen sich Bezugnahmen auf Begabung vor allem im Zuge der Aufklärungspädagogik ausmachen. So definierte etwa Immanuel Kant (1724–1804) einen Talentbegriff, der von einer zeitgenössisch gängigen Bestimmung als „angeborenes Vermögen mit Seltenheitswert" (Hoyer et al. 2013, S. 42) abwich und im Gegensatz zu dieser stärker auf Intellektualität zielte:

Unter Talent (Naturgabe) versteht man diejenige Vorzüglichkeit des Erkenntnißvermögens, welche nicht von der Unterweisung, sondern der natürlichen Anlage des Subjects abhängt. Sie sind der productive Witz [...], die Sagacität und die Originalität im Denken (das Genie). (Kant 1798, S. 220)

Der hier herausgestellte Fokus auf das Erkenntnis-, bzw. das Denkvermögen des oder der Talentierten lässt Kants bevorzugte Beschäftigung mit moralischen Fragen in seiner Erziehungstheorie deutlich werden. Die Bestimmung als natürliche Veranlagung negiert dabei nicht die behauptet angeborene Begabung, ordnet dieser aber die Intellektualität über. Während sich Kant also erziehungstheoretisch auf Ethik und Moral bezieht, lässt sich für das ausgehende 18. Jahrhundert eine grundsätzliche Tendenz zur *„Erziehung zur Brauchbarkeit"* (Koller 2006, S. 72, Hervorhebung im Original) ausmachen: Überlegungen über die Erziehung der Kinder bezogen sich darauf, „in der entstehenden bürgerlichen Gesellschaft der Zeit ein nützliches Leben zu führen" (ebd.). Entsprechend hält Humboldt (1767–1835) in einer seiner ersten Schriften 1792 fest:

> Der wahre Zweck des Menschen, nicht der, welchen die wechselnde Neigung, sondern welchen die ewig unveränderliche Vernunft ihm vorschreibt – ist die höchste und proportionirlichste Bildung seiner Kräfte zu einem Ganzen. (Humboldt 1851 [1792], S. 9)

Bezugspunkt ist hier das Motiv der Kräftebildung. Diesem Motiv liegt eine Vorstellung zugrunde, dass alle Menschen von Natur aus über ursprüngliche Kräfte – beispielsweise Vernunft, Körperkraft, Einbildungskraft bzw. Phantasie – verfügten. Die Verortung von zu entfaltenden Kräften im Inneren eines Menschen und der Ursprünglichkeitsgedanke sind bis heute im Sprachgebrauch anzutreffen und die Idee einer (angeborenen) Beschaffenheit bzw. eines Grundvermögens spiegelt sich in einigen aktuellen Begabungsmodellen wider. In der Zeit des (langwierigen) Umbruchs von der geburtsständischen Gesellschaft hin zu einer bürgerlichen Leistungsgesellschaft wurde Bildung vermehrt in ihrer Funktion als Status*symbol* wahrgenommen und zu einer – scheinbar – standesunabhängigen Kategorie gesellschaftlichen Ansehens (vgl. Herrlitz et al. 2009, S. 32 ff.). Darüber hinaus blieb Bildung insofern ein Privileg, als sie handfeste ökonomische bzw. materielle Vorteile gegenüber geringer Gebildeten einbrachte (vgl. ebd., S. 35).

Mit der Durchsetzung gesteigerter politischer Gleichberechtigung wurde in Deutschland, etwa im preußischen Schulwesen, nur unwesentlich von einem ständisch gebundenen Bildungssystem abgerückt. Mit ständisch separierten Schulen, konzeptionell als „Bauern-, Bürger- und Gelehrtenschulen" (Hoyer et al. 2013, S. 49) entworfen, wurde die Idee eines sich nach oben zuspitzenden, vertikalen Bildungssystems verfolgt. Durch Eignungsprüfungen wurden Aufwärtsverengungen realisiert und „mit der Abwehr der angeblich Talentlosen begründet" (ebd., S. 50). Solche Maßnahmen dienten letztlich, ebenso wie die Verteuerung von Bildung z. B. anhand erhöhter Schul- und Studiengelder[2], einer kontrollierten Begrenzung der Bildungsbeteiligung, gefährdete der stärker werdende Zulauf zur

---

[2] Dies ordnen Herrlitz et al. (2009) kapitalismuskritisch ein: „In einer krude kapitalistischen Manier, für die besonders die politische Spitze plädierte (Bismarck, Goßler), sollten

höheren Bildung doch die „Privilegienstruktur der Klassengesellschaft" (Herrlitz et al. 2009, S. 73).

Mit dem Aufkommen von Evolutionslehre und Vererbungstheorien im 19. Jahrhundert erhielt auch die Frage neuen Aufwind, ob (erworbene) Fähigkeiten sowie außerordentliches intellektuelles Vermögen vererbbar seien (vgl. Hoyer et al. 2013, S. 57). Dieses veranlagungsorientierte Interesse war anschlussfähig an vererbungs- und entwicklungstheoretische Konzepte, die ihrerseits mit rassistischen bzw. völkischen Ideen kompatibel waren. So war im deutschsprachigen Raum zu Beginn des 20. Jahrhunderts in der zeitgenössischen Erziehungsliteratur zu lesen: „Jedes Kind stellt den Abschluß einer unendlich alten und mannigfaltigen Entwicklung dar; in jedem Kinde prägen sich die ererbten Merkmale seiner Rasse aus [...]" (Gurlitt 1909, S. 242, zitiert nach Hoyer et al. 2013, S. 59 f.). Begabungsunterschiede wurden jedoch nicht nur in Bezug auf die behauptet unterschiedliche menschliche Rassenzugehörigkeit bedeutsam gemacht, sondern auch in Bezug auf Geschlecht. So arbeitete etwa Ellen Key (1849–1926), bis heute in der Erziehungswissenschaft und Kindheitssoziologie als Avantgardistin der Reformpädagogik referenziert, nicht nur ebenfalls mit rassentheoretischen Vererbungslogiken und bekannte sich zur Idee von „Rassenveredlung" (ebd., S. 58), sondern war in ihrem berühmten Essay-Band von 1902 auch der Überzeugung, „daß die Frau durch ihre mütterliche (sic) Funktionen so viel physische und psychische Lebenskraft verbraucht, daß sie auf dem Gebiete der geistigen Produktion minderwertig bleiben muß" (Key 1992 [1902], S. 44). Die Idee von angeborener Höher- und Minderwertigkeit, bzw. der Über- und Unterlegenheit, wird gerade entlang dieser Differenzlinien offenkundig. Die völkisch-rassistische Wendung der individuellen Begabung als Indikator für kollektive Überlegenheit, und damit Legitimation der Idee der Vormachtstellung, befeuerte deutsches Überlegenheitsdenken. Der antisemitische Schriftsteller Julius Langbehn (1851–1907) formulierte die völkische Idee eines deutschen Volksgeistes, der sich in der Masse nur langsam ausbreite, in einzelnen Persönlichkeiten jedoch gebündelt und herausragend zum Vorschein komme. Das Volk wird dabei metaphorisch zu einer Graslandschaft, zwischen der „gelegentlich eine Hyazinthe auftaucht" (Langbehn 1890, S. 257), womit herausragende Individualitäten gemeint sind: „Die tieferen

---

die sozialen Zugangschancen in die akademischen Karriere mit marktwirtschaftlichen Mitteln nach unten abgeschnürt werden. Im Mittelpunkt der strategischen Überlegungen stand eine Verteuerung der berechtigten Bildung, die eine Beteiligung der ärmeren Klassen der Gesellschaft berechenbar ausschloss" (Herrlitz et al. 2009, S. 73). Darin zeigt sich besonders deutlich der überdauernde Reproduktionsmechanismus des Bildungssystems, die von Hause aus Privilegierten als bildungserfolgreich hervorzubringen (vgl. Hoyer et al. 2013, S. 50).

Charaktereigenschaften des Stammes verdichten sich jeweilig zu einem hochbegabten Individuum, das nicht minder überraschend wirkt als eine Blume von seltenem Duft oder ein phosphoreszierendes Tiefseewunder" (ebd.). In der Vorstellung strahlten diese einzelnen Persönlichkeiten, in denen sich der deutsche Volksgeist bündele, ihrerseits wiederum gestaltend auf die Masse zurück und geben dem Volk Anstoß zum weiteren geistigen Wachstum: „Pflanzen wachsen schußweise und Volksindividualitäten auch" (Langbehn 1890, S. 259).[3] Vor diesem Hintergrund, so lässt sich in aller Kürze resümieren, ließen sich (unter anderem) nationalistische Kulturverständnisse – beispielsweise in Redewendungen wie „Land der Dichter und Denker" ausgedrückt – in konkreter Weise auf die unterliegenden kollektivistischen Begabungsvorstellungen und die Konstruktion von Höher- und Minderwertigkeit befragen.

Der Begriff der Hochbegabung ist mit dem ausgehenden 19. Jahrhundert in Quellen vorzufinden und markiert die Bemühung, graduelle Abstufungen zu bezeichnen und damit soziale Differenzierungen vorzunehmen (vgl. Hoyer et al. 2013, S. 60). Der Philologe und Philosoph Friedrich Nietzsche (1844–1900) unterscheidet angeborenes Talent, über das jeder Mensch verfüge, von hervorgebrachtem Talent. Die Begabung sei demnach eine Form früh erfolgten Lernens, das sowohl angeboren als auch anerzogen sei und mit der ein Mensch in der Lage sei, sich selbst zu begaben (vgl. Hoyer et al. 2013, S. 60). Nietzsche erklärte es als zu vereinfachend gedacht, Begabung als Veranlagung und, davon getrennt, Lernen als Prozess zu verstehen – beides spiele vielmehr ineinander. Er legte begabungstheoretische Überlegungen vor, die dem Drei-Ringe-Modell vorgriffen: „Heute erkennen wir die Scharfsinnigkeit dieser Überlegungen, damals erlangte Nietzsches Begabungs- oder Hochbegabungsverständnis keine Breitenwirkung" (ebd., S. 61).

Stattdessen herrschte ein weitgehend unklares Konzept von Begabung vor, das sich auch in der Austauschbarkeit der Begriffe „Begabung" und „Hochbegabung" zeigte. Im ausgehenden Ersten Weltkrieg und anschließend ging es im Zuge eines Rufs nach staatlicher Mobilisierung von zukünftigen Leistungsträgern vordergründig um eine Begabtenförderung und um schulische Auslese, jedoch gaben hintergründig „nicht selten nationalstaatliches Konkurrenzdenken sowie volkswirtschaftliche und revanchistische Motive den Ton an" (Hoyer 2012,

---

[3] Die bis heute pädagogisch rezipierte Anthroposophie von Rudolf Steiner weist zu solchen Vorstellungen Parallelen auf, indem beispielsweise die Entwicklung der gesamten Menschheit im Kontext einer sogenannten kosmischen Evolution gedacht wird. Hierbei wird weniger ein Volksgeist relevant gesetzt, sondern vielmehr zivilisationshierarchisch imaginierte Kulturkreise, die unter anderem als „Rassen", „Wurzelrassen" oder „Kulturepochen" bezeichnet werden (vgl. Zander 2009, S. 146; kritisch Ullrich 2010).

S. 16). In sogenannter „rassenbiologischer" Perspektive wurde unter anderem die These vertreten, Begabung werde generativ vererbt und an dieser Überzeugung wurde in der ersten Hälfte des 20. Jahrhunderts noch von einigen Vertreter*innen der Pädagogik und Bildungspolitik festgehalten (vgl. ebd., S. 16 f.). Der soziale Status sei demnach ein Abbild des intellektuellen Erbes und zugleich ein generativ vorherbestimmtes Los, nachdem man „entweder als Volksschüler geboren [werde, C.W.] oder als Mittelschüler oder als Gymnasiast" (ebd., S. 17).

Der kursorische Überblick bietet Anhaltspunkte für eine Einschätzung der Historie des Begabungskonzepts bzw. von Begabungskonzepten. Deutlich wird eine langwährende Wirkmächtigkeit der Idee, Begabung sei mit angeborenen Aspekten verknüpft, oder sei selbst angeboren. Ob und wie sich dies auch heute noch im Alltag der Grundschule niederschlägt, soll im Verlauf der Arbeit noch herausgearbeitet und diskutiert werden. Hervorzuheben ist jedoch, dass diese Darstellung in dem Sinne ‚stilisiert' vorgenommen wurde, als es immer auch durchaus kritische Wahrnehmungen des Begabungsbegriffs aus der Pädagogik und Erziehungswissenschaft gegeben hat, die zum Zweck der pointierten Darstellung hier marginalisiert worden sind. Es sei darauf verwiesen, dass dem Begabungsbegriff gerade in der kritischen Erziehungstheorie Skepsis und Ablehnung entgegengebracht wurde und wird (vgl. Hoyer 2012, S. 18). So problematisiert z. B. Klafki (2007 [1985]) die Einlassung eines biologistischen Begabungsverständnisses in das pädagogische Leistungsprinzip:

> Erwiesene Schulleistung als Grundvoraussetzung, als Berechtigungsnachweis für den Zugang zu bestimmten Einkommens- und Sozialchancen scheint diesem Begabungsverständnis gemäß primär von ererbten Anlagen abhängig zu sein. Wenn auch gewöhnlich konzediert wurde, daß zur so verstandenen Begabung noch der Leistungswille des Schülers kommen müsse, so wurde auch dieser Leistungswille letztlich entweder wieder indirekt als anlagebedingt gedeutet oder aber als eine nicht weiter begründbare, individuelle Willensentscheidung. (Klafki 2007, S. 217)

Entsprechend sieht er das Leistungsprinzip der Schule als Reproduktionsmotor für undemokratische Gesellschaftsverhältnisse, die sich als „verspätete Ständegesellschaft" (ebd., S. 220) äußerten. Nicht der Leistungsbegriff und pädagogische Leistungsanforderungen sind jedoch per se als ungerechtfertigt anzusehen, sondern deren Engführung auf Begabung und Anlagen (vgl. ebd., S. 218). Auch Hoyer (2012) beleuchtet (Hoch-)Begabungskonstrukte kritisch in Bezug auf vermeintlich objektive und neutrale Leistungsanforderungen. Diese übten, je nach sozialer Schichtzugehörigkeit, eine privilegierende oder benachteiligende Wirkung aus und seien daher gesellschaftliche Instrumente zur Verhältnisstabilisierung (vgl. Hoyer 2012, S. 21).

Das folgende Teilkapitel geht näher auf kritische Betrachtungsweisen des Begabungsdiskurses ein und ist dabei auf kulturanalytische Perspektiven akzentuiert. Als zentraler und gewinnbringender Ansatz erweisen sich Bourdieus Überlegungen, die an sein Konzept des kulturellen Kapitals anknüpfen.

2.3 Meritokratische Illusion und Kritik an der Begabungsideologie

Wie der bereits zitierte Ausschnitt aus dem Schulgesetz NRW aufzeigt, wird die Begabungsvorstellung (unter Vermeidung des Begabungsbegriffs) als legitime Unterscheidungskategorie im Hinblick auf ungleiche Bildungswege angewendet: „Die Fähigkeiten und Neigungen des jungen Menschen sowie der Wille der Eltern bestimmen seinen Bildungsweg" (§ 1 Abs. 2 SchulG NRW). Dabei handelt es sich um eine Vorstellung, die weniger auf eine natürliche bzw. angeborene Begabung abzuheben scheint, als auf die Ausstattung des jeweiligen Kindes, die sich auf das bezieht, was das Kind in die Schule mitbringt (vgl. Machold/Wienand 2021, S. 201). Die Gesetzesformulierung orientiert sich an der institutionell kontrollierten Organisation eines individuellen Bildungswegs. Über die Unterscheidung nach Leistung und Leistungsfähigkeit werden Kinder bereits früh institutionell sortiert, im Hinblick auf verschiedene Schulformen mit verschiedenen Abschlüssen, mitunter auch auf die Jahrgangsstufe (Wiederholen oder Überspringen einer Jahrgangsstufe). Die Sortierung erfolgt hierarchisch und reproduziert dementsprechend auch Bewertungen, selbst wenn dabei nicht explizit eine Höher- und Minderwertigkeit von Lernmilieus, Abschlüssen usw. deklariert wird (vgl. Breidenstein 2020, S. 297). Der ungleiche Zugang zu schulischer Bildung und die ungleiche Verteilung von Schulabschlüssen beruht auf einem Gerechtigkeitsverständnis, in dem das Erbringen einer Leistung ein Verdienst nach sich zieht. Die Orientierung an Begabungen bzw. an „Fähigkeiten und Neigungen" wird also in einem meritokratischen Selektionsparadigma strukturiert, mit dem das bestehende Bildungssystem – das Ungleichheit reproduziert – stabilisiert wird. Prominent hat sich Bourdieu damit kritisch auseinandergesetzt und empirische Beobachtungen in ein Verhältnis zu seinen theoretischen Ausgangsannahmen gesetzt (vgl. Bourdieu 2001). Er formuliert die Annahme:

> Wahrscheinlich ist ein kultureller Trägheitseffekt dafür verantwortlich, dass das Schulsystem, der Ideologie von der ‚befreienden Schule' entsprechend, nach wie vor für einen Faktor sozialer Mobilität gehalten werden kann. Deutet doch im Gegenteil alles darauf hin, dass es einer der wirksamsten Faktoren der Aufrechterhaltung

der bestehenden Ordnung ist, indem es der sozialen Ungleichheit den Anschein von
Legitimität verleiht und dem kulturellen Erbe, dem als natürliche Gabe behandelten
gesellschaftlichen Vermögen, seine Sanktion erteilt. (Bourdieu 2001, S. 25)

Der kulturelle Trägheitseffekt bezieht sich dabei auf einen Modus der Evidenz
(vgl. Barlösius 2006, S. 28), auf Selbstverständlichkeit im Sinne eines bereitliegenden, sozusagen angewöhnten, kulturellen Deutungsmusters. Schule wird
als Inbegriff für Bildung gedeutet und Bildung gilt als emanzipatorische Zielsetzung. Die behauptete Chancengleichheit besteht dabei in der ideologischen
Maxime, dass Lebenschancen von den individuellen Bildungsleistungen abhingen
(vgl. Herrlitz et al. 2009, S. 193).[4] Bezugnehmend auf quantitative Stichproben
zur Untersuchung der Beziehung zwischen Schulerfolg und familialem Bildungs-
niveau, bezeichnet Bourdieu den Einfluss des Einkommens der Familie als eher
schwach und sieht vielmehr Hinweise darauf, „dass der Einfluss des familialen Milieus auf den Schulerfolg fast ausschließlich kultureller Art ist" (Bourdieu
2001, S. 26). Aus diesem Grund liegt sein Augenmerk auf „dem kulturellen
Erbe", das er im Sinne seines Kapitalbegriffs als gesellschaftliches Vermögen
begreift, mit dem manche Schüler*innen bereits beim Eintritt in die Schule ausgestattet sind. Die Bezeichnung „Erbe" ist in der Lage, dieses Vermögen zum
einen als über die Familie vermittelt, zum anderen als Privilegierung zu konno-
tieren. Neben direkter Unterstützung durch die Eltern/Familien[5], die etwa in der
Begleitung der Schulaufgaben gesehen wird, besteht der vorteilhafte Einfluss des
familialen Umfelds in angeeigneten Verhaltensweisen und Gewohnheiten, die im
Bereich der Schule unmittelbar nutzbar sind, in kulturellen Praktiken, Kenntnissen und Neigungen (einem ‚guten Geschmack') sowie sprachlicher Eleganz (vgl.
ebd., S. 29 f.). Dies stellt deshalb einen Vorteil dar, weil die „Kultur der Elite"

---

[4] Herrlitz et al. (2009, S. 193) sehen sogar einen mit der Bildungsexpansion, der Moderni-
sierung und zunehmenden Individualisierung im Bildungssystem auftretenden Wertewandel,
welcher „Schritt für Schritt einer Auslegung von Chancenungleichheit als Benachteiligung
gesellschaftlicher Gruppen die subjektiven Grundlagen [entziehe, C.W.]" (ebd.).

[5] In der vorliegenden Studie wird möglichst das Begriffskonstrukt „Eltern/Familien" oder
„Zuhause" (statt Elternhaus) verwendet, wenn in einem allgemeinen Sinne von ihnen die
Rede ist. Dies begründet sich darin, dass sich die einzelnen Begriffe „Eltern" und „Familie" häufig auf biologisch-deterministische Konzepte in cis-heteronormativer Konstellation beziehen. Wenn es auch problematisch ist, über Begriffskonstrukte Mitgemeintes ausdrücken zu wollen, was oft doch nicht mitgedacht wird, soll mit der Zusammensetzung
„Eltern/Familien" ausgedrückt werden, dass nicht ein einzelner der gängigen Begriffe die
Normalitäten aller Familien abzubilden vermag. Mit der Nennung beider Begriffe soll daher
eine Verlangsamung zum Ausdruck kommen, mit der die Lückenhaftigkeit des Eltern- und
des Familienbegriffs eingeräumt wird.

(ebd., S. 41) der schulischen Kultur ähnelt. Auf dieser Grundlage identifiziert Bourdieu die „formale Gleichheit, die die pädagogische Praxis bestimmt" (ebd., S. 39), als die eigentliche Ungerechtigkeit, da diese in einer Gleichbehandlung von Ungleichen resultiere (vgl. auch Diehm et al. 2015, S. 347). Ein wahrhaft demokratisches Verständnis von Unterricht müsste daher dafür aufmerksam sein, dass allen Kindern bereits in der Grundschule alles beigebracht wird: „Wenn der Lehrer die einfachsten Dinge als bekannt voraussetzt, ist es sehr gut möglich, dass viele Kinder (zumal die Kinder aus den kulturell benachteiligten Milieus) sie nicht kennen, was diese früher oder später zum Scheitern verurteilt" (Bourdieu 2001, S. 24). Damit ist jedoch nicht unbedingt gemeint, dass der Stundenplan Zeit und Platz für noch mehr Inhalte einräumen müsse, sondern es bezieht sich auf die Notwendigkeit der reflexiven Offenlegung des bisher stillschweigend im Unterricht Vorausgesetzten.

Sofern kulturelles Kapital und spezifische Werte und Einstellungen (Ethos) gegenüber Bildungsinstitutionen den Schulerfolg der Kinder beeinflussen (vgl. Bourdieu 2001, S. 26), ist es in Wirklichkeit diese Privilegierung, nicht etwa eine Begabung bzw. „natürliche Gabe", die für die Klassenreproduktion im Bildungssystem verantwortlich zu machen sei. Mit dieser theoretischen Setzung analysiert Bourdieu, dass Lehrkräfte in der Schule vorgeben würden, in ihrer Leistungs- und Begabungsauslese objektiv zu handeln, dabei jedoch tatsächlich das klassen- und milieuspezifische Verhalten von Schüler*innen bewerteten. Dieser Bewertungsvorgang geschehe aber „unter dem Anschein, die ‚natürliche Begabung' zu beurteilen" (ebd., S. 41). Im Ergebnis könnten Bildungsunterschiede damit als Begabungsunterschiede legitimiert werden (vgl. Solga 2013, S. 24). Bourdieu zieht dafür den Begriff „Begabungsideologie" heran. Mit dieser Betrachtungsweise zeigt Bourdieu auf, dass die bestehende Ordnung aufrechterhalten wird, weil sie aufgrund ihrer kulturellen Legitimierung auf kollektive Zustimmung und Reproduktion bauen kann.

> Die wahre Auswahl geschieht vor dem Examen, dessen Funktion gerade noch darin besteht, diese zu bestätigen. Von unten bis ganz nach oben funktioniert das Schulsystem, als bestände seine Funktion nicht darin, auszubilden, sondern zu eliminieren. Besser: in dem Maß, wie es eliminiert, gelingt es ihm, die Verlierer davon zu überzeugen, dass sie selbst für ihre Eliminierung verantwortlich sind. (Bourdieu 2001, S. 21)

Dass etwas als ererbtes Talent erscheint, das im Grunde auf kulturelle Privilegierung zurückzuführen ist, ermöglicht nicht nur die Verschleierung der gesellschaftlichen Dominanzverhältnisse, sondern auch den Anschein von Schicksalhaftigkeit. In den Blick zu nehmen ist, dass es bei der Reproduktion der

gesellschaftlichen Verhältnisse eben auch um die Herstellung von ,Bildungsver-
lierer*innen' und ihrer Überzeugung geht, ihr Status sei auf einer natürlichen
Vorsehung begründet, nach der es einen richtigen bzw. passenden Platz für jede*n
gäbe. Es kommt hier also eine andere Logik zum Tragen als bei der Annahme,
Schulerfolg oder Misserfolg sei eigenverantwortlich herbeigeführt. Die Überzeugung beruht auf Sinngebungsverfahren, die bestehende ungleiche Verhältnisse mit
einer individualisierenden Perspektive auf Schüler*innen in Einklang zu bringen
vermögen. Interessant daran ist: „nicht nur die Schule vertritt diese Ideologie,
sondern auch Eltern orientieren sich an der Begabungsideologie und sehen in
schulischen Leistungen vorrangig die Talente ihrer Kinder" (Ecarius/Wahl 2009,
S 26).

In der langzeitethnographischen Studie „Die Herstellung von Differenz in
der Grundschule" (Machold/Wienand 2021) wird im Hinblick auf die Konstruktion von ,Bildungsbiographien' entlang von leistungs- sowie von *background*bezogener Differenz herausgearbeitet, wie eine Perspektive auf individualisierend hervorgebrachte Leistungsbereitschaft und -fähigkeit für Schüler*innen,
ihre Eltern/Familien und Lehrkräfte die (einzig) logische Lesart bezüglich der
Schulkinder darstellt, um auf dieser Grundlage die Übergangsentscheidung für die
weiterführende Schule (und Schulform) hervorzubringen. Die Übergangsentscheidung und, ihr vorgeschaltet, die Schulformempfehlung werden als Resultate von
Klassifikationsvorgängen in der Zuständigkeit der Grundschule hervorgebracht.
Würde Bourdieus Perspektive hier angelegt, käme die Infragestellung des „Willen[s, C.W.] der Eltern" (Bourdieu 2001, S. 31) hinzu, der ebenfalls auf den
kulturell geprägten Orientierungen und Kenntnissen beruhe und daher höchstens
in einem metaphorischen Sinn als „Wille" bezeichnet werden könne.

Begabungsideologisch kursiert im aktuellen bundesdeutschen Kontext mitunter
eine eher unkritische Annahme:

> [...] die Gymnasien erhalten zunehmend eine Schülerschaft, die deutlicher als vor
> Jahrzehnten als sehr heterogen bezeichnet werden muss. Durch die Stärkung des
> Elternwillens und den Wegfall der Grundschulempfehlung in vielen deutschen Bun-
> desländern entsteht zunehmend die Situation, dass Eltern ihren Kindern eine Schulart
> zumuten, die nicht dem tatsächlichen Leistungsvermögen des Lernenden entspricht.
> (Müller 2014, S. 9)

In meritokratie- und begabungsideologiekritischer Perspektive kann dieses Zitat
als ein Beispiel gelesen werden für die Funktionalität der sich hartnäckig halten-
den Idee der Chancengleichheit. Die Darstellung, eine Schulart entspreche nicht
dem *tatsächlichen Leistungsvermögen* eines Kindes, impliziert eine Verwässerung

des ansonsten eigentlich objektiven, formellen Gerechtigkeitsprinzips der meritokratischen Verteilung. Die ‚Währung' dieses Systems ist das Verdienst, nach dem
Leitprinzip, dass Teilnehmende an diesem System bekommen, was sie verdient
hätten. Die Bezugnahme auf überambitionierte Eltern/Familien, die nicht zu einer
‚richtigen' Einschätzung des Passungsverhältnisses ihres Kindes zur Schulform
in der Lage sind, lässt Anschlussmöglichkeiten an das Vererbungsmotiv zu, das
Bourdieu wichtig ist. Kulturelles Kapital wird nicht vererbt, sondern körperlich
verinnerlicht (vgl. ebd., S. 113). Es wird jedoch als vererbt behandelt, wenn es
als Begabung gedeutet wird. Mit seiner starken Betonung des wörtlich gemeinten begabungsideologischen Vererbungsaspektes hebt sich Bourdieu vor allem
von einer Tendenz ab, soziale Ungleichheit und Klassenreproduktion auf eher
symbolischer Ebene zu verorten. Es geht ihm darum, „die Fundamente der symbolischen Formen von Herrschaft zu analysieren" (ebd., S. 166), wobei er davon
ausgeht, dass die betreffende Macht in den Strukturen – beispielsweise sich in
den Löhnen oder in universitärer Macht widerspiegelnd – enthalten sei: „Diese
Strukturen können nur dank der Komplizenschaft der Akteure funktionieren, die
die Strukturen verinnerlicht haben, nach denen die Welt organisiert ist" (ebd.).

Die hier dargestellte kulturanalytische Perspektive Bourdieus stellt seine
Lesart von Begabung heraus: Ihre Bedeutung besteht in einer auf Vererbung
gründenden Legitimation der Klassenreproduktion. Als zentrale Funktion von
Begabung kann dann die Stabilisierung der bestehenden Machtverhältnisse durch
die Unsichtbarmachung von Chancenungleichheit herausgestellt werden.

In der Erziehungswissenschaft zirkuliert mit der Kategorie der Leistungsheterogenität mitunter ein ähnliches, auf letztlich genetische bzw. vererbungsbe-
zogene Begründungen zurückzuführendes, Verständnis von Begabung, wenn es
um Schulpädagogik und differenzierten Unterricht geht. Im Folgenden werden
daher einige wichtige Gesichtspunkte von kritischen Lesarten des pädagogischen
Heterogenitätsdiskurses skizziert.

2.4   Begabung und Leistung im pädagogischen Heterogenitätsdiskurs

„Heterogenität" hat – als programmatische Bezugnahme auf Verschiedenheit – in
der deutschsprachigen Erziehungswissenschaft und Pädagogik Konjunktur und ist
vor allem in der Schulpädagogik, aber auch in anderen erziehungswissenschaftlichen Teildisziplinen, anzutreffen (vgl. Walgenbach 2017, S. 7; Idel et al. 2017,
S. 139). Der Begriff erweist sich bisweilen als undurchsichtig hinsichtlich dessen,
was darin *mit*gemeint ist (vgl. Messerschmidt 2012, S. 47; vgl. auch Dirim et al.

2018, S. 34). So können einige gängige Begriffsnutzungen unter anderem für ihren unkritischen Aufmerksamkeitsfokus auf essenzialistisch konstruierte, sich unterscheidende Leistungsvoraussetzungen von Schüler*innen bemängelt werden (vgl. Messerschmidt 2012, S. 49). „Heterogenität [...] gilt in den Jahrgangsklassen der Grundschule vor allem dann als ärgerlich und als unzumutbar, wenn sie sich als *zu geringe* Begabung, als *zu schwache* Leistungsfähigkeit darstellt" (Tillmann 2008, S. 36, Hervorhebungen im Original). Das Heterogenitätskonstrukt wird dabei „als quasi-genetische Bestimmung immer schon vorausgesetzt" (Messerschmidt 2012, S. 49) und legt in solchen Betrachtungen seine Problematisierung als (pädagogische) Herausforderung – und damit einhergehend eine Homogenitätssehnsucht – nahe. Zu leicht werde dadurch die Beachtung der sozialen Verhältnisse sowie der Unterscheidungspraktiken marginalisiert, in denen Verschiedenheit hervorgebracht wird, so Messerschmidt. Gerade die problematisierende Thematisierung von Heterogenität in der Schulklasse wird häufig unter Bezugnahme auf den sogenannten PISA-Schock vorgenommen (vgl. Walgenbach 2017, S. 22). Idel et al. bringen die sogenannte PISA-Diagnose auf die Formel: „verhältnismäßig hohe Heterogenität trotz schulformbezogener Homogenisierung, zu wenig Leistung bei zu hoher sozialer Selektivität" (Idel et al. 2017, S. 140). Deutlich wird in dieser Thematisierungsweise ein Ideal von möglichst leistungshomogenen Schulklassen. Dabei wird Leistung „als individuelle Performanz kognitiver, motivationaler und sozialer Kompetenzen definiert" (ebd.).

Bei der Anwendung der Konstrukte Homogenität und Heterogenität ist analytische Vorsicht geboten, da es gilt, zwischen Ungleichheit und Andersartigkeit zu unterscheiden: Fragwürdig ist es daher, wenn Heterogenität im Sinne kategorialer Andersartigkeit als „‚vorgefundene' soziale Wirklichkeit behandelt und mit pädagogischer Relevanz ausgestattet wird" (Emmerich/Hormel 2013, S. 154). Eine solche Herangehensweise birgt das Risiko der reduktionistischen Isolierung bestimmter Differenzlinien, die daraufhin in „Spezialpädagogiken" bearbeitbar gemacht werden sollen (vgl. Mecheril/Vorrink 2012, S. 92). Hingegen wäre es wichtig, sich den sozialen Positionierungen in Ungleichheitsverhältnissen zuzuwenden, die mit diesen Differenzlinien markiert sind (vgl. Emmerich/Hormel 2013, S. 154). Auch die subjektiven Erfahrungen und die identitätsbildende Bedeutsamkeit von Differenz sind zu berücksichtigen, um nicht dem Fehlschluss einer pädagogisch erforderlichen *Colorblindness* aufzusitzen und die soziale Wirklichkeit mit einer Erzählung der formellen Gleichheit zu überschreiben (vgl. auch Mecheril/Vorrink 2012, S. 95; Messerschmidt 2012).

Kritisch-reflexiv gewendet, handelt es sich bei der Idee von leistungshomogenen Schulklassen um eine Fiktion (vgl. Tillmann 2008, S. 38; Emmerich/Hormel 2013, S. 161), die insofern Gefahren birgt, als die vorhandenen Strategien zur

Erreichung von Leistungshomogenität auch die *soziale* Homogenisierung von Schüler*innen zur Folge haben (vgl. Emmerich/Hormel 2013, S. 161). Das Erfordernis, zwischen der Relevanzsetzung von Differenz und ihrer Irrelevanz zu balancieren, sehen Emmerich und Hormel als Aporie an, da ihrer Meinung nach die pädagogische Askription von Leistung – die, als Resultat von Zuschreibungsprozessen, eben keine natürliche Eigenschaft von Kindern darstellt – mit dem Anspruch in Konflikt stehe, eine von sozialen und kollektivistischen Askriptionen unabhängige Leistungsbewertung vorzunehmen (ebd., S. 179). Sie verweisen darauf, dass „die Aufmerksamkeit für ‚Verschiedenheit‘, ‚Differenz‘ und ‚Vielfalt‘ im pädagogischen Kommunikationsprozess ebenso wahrscheinlich zu Formen der Exklusion der AdressatInnen (auch im Modus innerer Differenzierung) führen kann" (ebd., S. 181) und stellen klar: „Heterogenitätssensibilität als solche verhindert noch nicht, dass Lehrkräfte ‚qualitative Differenz‘ mit negativen Wertungsoptionen und Selektionsentscheidungen verbinden" (ebd.). Dieser wichtige Hinweis konstruiert mit dem Anspruch einer ‚Verhinderung‘ jedoch eine Zielperspektive des schlagartigen Verschwindens von ungleichheitsrelevanter Differenz durch singuläre Praxen der Anwendung von Heterogenitätssensibilität.[6] Nicht die diskriminierenden Praxen, denen Legitimierungspraxen von Diskriminierung zugrunde liegen, werden hier adressiert, sondern Verhinderung von potenziell unethischen handlungsrelevanten Deutungsmustern. Die Kritik, die Emmerich und Hormel üben, bezieht sich dabei jedoch nicht auf eine naive Unterstellung, dass dies das Ziel wäre, sondern auf den Umstand, dass Sensibilität für Differenz und Ungleichheitsverhältnisse nicht selten als wohlmeinende Positionierung inszeniert wird und weniger als kritisch-reflexiver Prozess der Organisationsentwicklung. In ihrer Analyse der Leistungsaskription – anhand der Beispiele „Louisa" und „Kevin" aus Thurn 2010 – wird das Problem in den Fokus gerückt, wie eine Unterscheidung zwischen askriptiven und leistungsbezogenen Merkmalen beobachtbar sein könne (vgl. ebd., S. 170 f.). In der Plausibilisierungspraxis von Prognosen für Bildungswege unter Hinziehung einer Herkunftsbedingtheit des Könnens der Schüler*innen kommen letztlich Vorurteile zum Zuge: Argumentativ werde in einer solchen Praxis auf eine pädagogische Evidenz gesetzt, „nach der ‚sichtbare‘ Sozialmerkmale als zuverlässiger Prädiktor für individuelle Lernmerkmale gelten können" (ebd., S. 172).

Intersektionalen Perspektiven muss hier eine hohe Bedeutung zugemessen werden. Eine spezifische Stellung im Heterogenitätsdiskurs nimmt die schulische Inklusion ein, wenn sie – etwa im Hinblick auf die UN-Behindertenrechtskonvention – so verstanden wird, dass in ihrem Kontext bereits

---

[6] Die Argumentation ist angelehnt an Mecheril/Melter 2011, S. 15.

die Differenzierung von Schüler*innen mit und ohne sonderpädagogischem För-
derbedarf angelegt ist (vgl. Merl 2019, S. 11).[7] Nicht zuletzt, da aufgrund der
schulischen Leistungsorientierung Normierungsprozesse wirksam sind, die eine
Sortierung von Kindern als „nicht-inkludierbar" potenziell zulassen, woraufhin
in der Regel eine institutionalisierte Segregation – Überführung in eine Sonderschule – erfolgt (vgl. Amirpur 2021, S. 163). „Das Schulgesetz [des Landes
NRW, C.W.] unterscheidet Schüler*innen, die sonderpädagogischer Unterstützung bedürfen, von Schüler*innen, die dieser Unterstützung nicht bedürfen"
(Merl 2019, S. 147; vgl. §19 Abs. 1 SchulG NRW). Miller und Kottmann (2017)
gehen auch dabei von „widersprüchliche[n, C.W.] Anforderungen" (ebd., S. 223)
an Lehrkräfte aus. Empirisch nähern sie sich den individuellen Begründungen
und Umgangsstrategien der schulischen Akteur*innen mit der Ausgangsannahme,
dass die Zuweisung eines sonderpädagogischen Förderbedarfs „sicherlich als
gravierende Form der Herstellung von Bildungsungleichheit durch die Schule
betrachtet werden" (ebd.) könne. Vor dem Hintergrund, dass die Grundschul-
pädagogik grundsätzlich darauf ausgerichtet sei, der Individualität von Kindern
gerecht zu werden und, entsprechend gesellschaftlicher Entwicklungen, auch sys-
temische bzw. organisationale Veränderungen einzuleiten, wird sich laut den
Autorinnen auch die Grundschule verstärkt kritisch mit der Sonderpädagogik
auseinanderzusetzen haben (vgl. ebd., S. 234 f.).

Eine solche Auseinandersetzung muss sicherlich über einen individuell-
personellen Bezug des ‚guten' oder ‚richtigen' Tuns einzelner Akteur*innen, in
Form von beispielsweise einer wohlwollenden Einstellung, hinausgehen. Denn
„[d]ie Absicht zur Diskriminierung ist keine notwendige Voraussetzung für
das Vorkommen von Diskriminierung; mehr noch: sogar die Absicht, nicht zu
diskriminieren, ist keine Garantin für das Ausbleiben von Diskriminierung"
(Dirim et al. 2018, S. 48). Grundsätzlich ist eine Etablierung von Heterogenitätssensibilität auch außerhalb des Fachdiskurses als wichtige Reflexions- und
Wissensressource für diejenigen zu erachten, die es betrifft (also vor allem Schüler*innen und ihre Eltern/Familien): Zentral für Partizipationsbestrebungen sind
Selbstbildung und Empowerment von Betroffenen (vgl. Walgenbach 2017, S. 58).
Wenn „auch pädagogische Diagnostik und Förderung das Individuum nicht vor
Selektion [schützen, C.W.]" (Emmerich/Hormel 2013, S. 181), so schützt – viel-
leicht im Idealfall und eher langfristig gesehen – doch eine informierte Fürsprache

---

[7] Merl weist im Übrigen darauf hin, dass diese Binäraufteilung von Schüler*innen, vor
allem im Kontext der schulrechtlichen Implementierung von Inklusion, in der pädagogischen Diskussion um inklusiven Unterricht als unangemessene Verkürzung von Inklusion
problematisiert wird (vgl. Merl 2019, S. 11).

und analytische Intervention der Betroffenen selbst möglicherweise davor, dass die Selektionslogik grundsätzlich unhinterfragt bleibt.

Um systematische Kritik (unter anderem aus der Perspektive von Betroffenen) formulieren zu können, stellt die empirische Erforschung der Hintergründe, vor denen sich eine scheinbar unbezwingbare Selektionslogik aufspannt, einen notwendigen Schritt dar. Die vorliegende Studie zur Erforschung einer Begabungskultur in der Grundschule kann in diesem Sinne als ein Beitrag zu der Hervorbringung und Systematisierung von Wissen über Unterscheidungspraktiken und Differenzordnungen verstanden werden, die in der Selektionslogik Anwendung finden. Die Annahme, dass Heterogenität im Klassenzimmer eine Herausforderung für Lehrer*innen, die Organisation Schule und das Bildungssystem darstelle und die damit einhergehende Konsequenz, dass diese Herausforderung „nach methodischen Regulierungen [fragt, C.W.], nach Möglichkeiten der Gestaltung des anderen Körpers, nach Technologien, die das Gegenübergestellte behandelbar machen" (Dirim et al. 2018, S. 36), soll also nicht bereitwillig reproduziert werden. Vielmehr geht es um die Erhellung von Praktiken und Konzepten, die im Diskurs marginalisiert oder in einen ‚toten Winkel' verschoben werden – wie es bei *Begabung* der Fall ist: „Der Begabungsbegriff ist in der Heterogenitätsliteratur allgegenwärtig, er wird dabei bemerkenswerterweise weder begründet, noch kritisiert" (Emmerich/Hormel 2013, S. 150, Fußnote 101). So kann Begabung zunächst als im schulischen Kontext normalisierte Setzung betrachtet werden, die unter anderem unter Thematisierungen von Leistungsheterogenität oder auch von Fähigkeiten zum Tragen kommt. Diesbezüglich ist es weniger ausschlaggebend, ob die Bezeichnungspraktik „Begabung" an sich bemüht wird, oder ob durch Auslassung und Implikation auf einen Begründungszusammenhang etwa für Leistungsbewertung oder die Anwendung spezialisierter Pädagogiken – von Hochbegabungs- bis sonderpädagogischer Förderung – verwiesen wird.

Mit der in diesem Kapitel erfolgten Skizzierung von Begabung aus einem erziehungswissenschaftlichen Blickwinkel und Interesse heraus wurde nun zunächst eine Grundlage geschaffen für die vorliegende Forschungsperspektive, die auf eine Erforschung des Stellenwerts der Begabungsidee im Alltag in der Grundschule gerichtet ist. Im folgenden Abschnitt soll der Begabungsbegriff, wie er auf dieser Grundlage für diese Studie verwendet wird, nun noch einmal zusammenfassend konturiert werden.

2.5 Untersuchung einer Begabungskultur: (Annäherung an eine) Operationalisierung des Begabungsbegriffs für die vorliegende Studie

Im Verlauf dieses Kapitels ist deutlich geworden, dass der Begabungsbegriff schwierig zu fassen ist, da er sich nicht als existenter Gegenstand (vgl. Ziegler 2018, S. 16) oder als psychischer Zustand erweist; stattdessen wird häufig mit einem Begabungsbegriff operiert, der „eine mehr oder weniger gut begründete *Hypothese* [widerspiegelt, C.W.], mit der üblicherweise Aussagen über Fähigkeitsgrade, Lern- und Leistungsvoraussetzungen oder Dispositionen gemacht werden" (Hoyer et al. 2013, S. 7, Hervorhebung im Original).

Bei der Operationalisierung des Begabungsbegriffs für diese Studie erweist sich die Vermittlung zwischen Offenheitsanspruch und Definitionserfordernis als Herausforderung. Qualitative Forschung geht mit ihren Forschungsgegenständen insofern offen um, als sie einer Feldlogik nicht vorgefertigte Konzepte überordnet, sondern Konzepte nach den Relevanzsetzungen und interpretativen Prozessen, wie sie im Feld vorgefunden werden, sukzessive herausarbeitet (vgl. ausführlicher Kapitel 3). Die nichtsdestotrotz bestehende Notwendigkeit, das Begabungsverständnis transparent zu machen, das den Ausgangspunkt der Studie bildet, muss mit dem Umstand umgehen, dass es sich mit dem Begabungsbegriff ähnlich zirkulär verhält, wie mit des Kaisers neuen Kleidern in Andersens Märchen: Wie die – tatsächlich nicht vorhandene – Kleidung des Kaisers von denjenigen als vorhanden hervorgebracht wird, die in das angebliche Geheimnis des unsichtbaren, mit entlarvender Kraft ausgestatteten Textils eingeweiht sind (und nicht als unwürdig und einfältig gelten wollen), scheint auch die Gewissheit, dass das Wort „Begabung" eine Bedeutung haben muss, die Praxis zu legitimieren, dem Wort eine Bedeutung zuzuschreiben.

Dementsprechend ist deutlich zu machen, dass die vorliegende Arbeit *nicht* als Suche nach ‚der richtigen' Bedeutung von Begabung angelegt ist: Ob Begabung ‚objektiv' existiert bzw. ob Feldteilnehmende begabt sind, ist nicht Gegenstand dieser Studie. Der Begabungsbegriff ist für die vorliegende Arbeit als soziales Konstrukt von Interesse, das mit einer alltagstheoretischen, auf tradierten Wissensbeständen beruhenden Gültigkeit ausgestattet ist und reproduziert wird. Begabung wird also *als etwas hervorgebracht*, das es tatsächlich gibt und das sinnstiftend wirkt. Dies wird vorliegend als Hinweis darauf gelesen, dass Sinnorientierungen am Konzept Begabung Ausdruck einer Kultur sein müssen, die daher nicht in erster Linie in Form reflexiv zugänglicher Konzepte in den Köpfen von Menschen vorzufinden ist, sondern in der Praxis, in Praktiken des Alltags.

Dabei wird der Begriff weit gefasst und auf Unterscheidungen nach Können bezogen. Mit einer explorativen Vorgehensweise werden die Praktiken, über die Begabung hervorgebracht wird, zunächst darüber identifiziert, dass mit ihnen Können hergestellt wird. Sofern Explikationen im Feldalltag hervorgebracht werden, werden Begriffe wie Begabung, Fähigkeit, Intelligenz im empirischen Zugriff zunächst als Beschreibungen desselben Konzepts verstanden, das als eine relevante Kategorie in der Differenzordnung der Grundschule begriffen wird. Darüber hinaus wird Begabung nicht im Sinne von Hochbegabung verstanden, sondern als relationales Unterscheidungskonzept, mit dem unterschiedliches Können abgestuft und scheinbar erklärt wird.

Auf Grundlage der hier erfolgten umfassenden Betrachtung der Bedeutung(en) von Begabung und der Erläuterung des im Folgenden verwendeten Arbeitsbegriffs wird im nächsten Kapitel das methodische Vorgehen vor dem Hintergrund der methodologischen Grundlegungen aufgeschlüsselt.

Methodologische Begründungen und methodisches Vorgehen

Wie wird Begabung im Alltag der Grundschule hervorgebracht und relevant gesetzt? Wie wird Begabung in Bezug auf konkrete Kinder als bedeutsam hervorgebracht? Mit diesen Fragen wird mit der vorliegenden Studie eine analytische Rekonstruktion der Gestalt und Hervorbringung einer Begabungskultur der Grundschule angestrebt.

Eine zentrale Grundannahme des interpretativen Forschungsparadigmas lautet, dass die soziale Wirklichkeit nicht positivistisch als gegebene Tatsache, sondern als Gegenstand von Interpretations- bzw. Sinngebungsprozessen begriffen wird. Praxistheoretisch gewendet, wird soziale Wirklichkeit immerzu in kulturellen Praktiken hergestellt – wozu auch wissenschaftliche Praktiken zählen (vgl. Kelle 2013a, S. 65). Wird also die Herstellung einer Begabungskultur in der Grundschule untersucht, sind es die Sinngebungsprozesse bzw. die Praktiken, die dieser Herstellung zugrunde liegen, die forschend in den Blick genommen werden müssen. Mit einem Verständnis der zu untersuchenden Prozesse als routinisierte Elemente des Alltags, erweist sich ein qualitativ-empirischer Zugang als adäquat, um das *Wie* der Herstellung von Kultur deskriptiv und analytisch darzulegen. Das vorliegende Kapitel zeigt die zentralen Prinzipien und Begründungen auf, die der Entscheidung für die in dieser Studie angelegten Erhebungs- und Auswertungsmethoden zugrunde liegen, denn: Insbesondere im Hinblick auf potenzielle Vorstellungen bzw. Unterstellungen von Beliebigkeit oder Anekdotenhaftigkeit sieht sich qualitative Sozialforschung grundsätzlich mit der Anforderung konfrontiert, das wissenschaftlich methodengeleitete Vorgehen und die Aussagekraft der

© Der/die Autor(en), exklusiv lizenziert an Springer Fachmedien Wiesbaden GmbH, ein Teil von Springer Nature 2022
C. Y. Wienand, *Die Herstellung einer Begabungskultur in der Kindheit*,
Kinder, Kindheiten und Kindheitsforschung 31,
https://doi.org/10.1007/978-3-658-39014-3_3

Daten darzulegen und zu legitimieren (vgl. Scherr/Niermann 2015, S. 130).[1] Dies ist unter anderem mit der großen lebensweltlichen Nähe der empirischen Daten zu erklären, also damit, wie Breidenstein et al. (2015, S. 114) es beschreiben, dass sich „[d]er Datenbegriff der Ethnografie [...] einer strengen Trennung zwischen einem objektiv aufgezeichneten Datum und einer nachträglich entwickelten Interpretation [widersetzt, C.W.] [...]". In diesem Sinne beschreibt auch Kruse (2015, S. 46) qualitative Sozialforschung als „dynamisch-offene[n], iterativ-zyklische[n] Forschungsprozess". Erhebungsinstrumente und auch das Datensampling sind im Verlauf des Forschungsprozesses und in der Auseinandersetzung mit den Daten immer wieder zu justieren (vgl. ebd., S. 48).

Für die qualitative Forschung lassen sich einige methodische Standards ausmachen, die jedoch nicht in einem Sinne ‚standardisiert' sind, als sie sich auf ‚die richtige' Methodenanwendung beziehen würden, sondern die vielmehr auf eine gegenstandsangemessene Methodenentwicklung ausgerichtet sind (vgl. Kelle 2013a, S. 60 f.). Diese Standards werden in der methodologischen Literatur unterschiedlich benannt, gewichtet und zusammengefasst, dabei variiert auch die Anzahl der relevant gesetzten Gütekriterien bzw. Leitprinzipien (vgl. exempl. Steinke 1999; Kelle 2013a; Rosenthal 2015, S. 40 ff.; Kruse 2015, S. 44 ff.).[2] Die zentralen Kriterien, auf die hier eingegangen werden soll, um einleitend das hier zugrunde gelegte Verständnis qualitativer Forschung offenzulegen, lauten *Offenheit, Reflexivität* und *Transparenz*.

Offenheit als ein Leitprinzip der Qualitativen Forschung stellt einen wichtigen Unterschied im Vergleich qualitativer mit quantitativen Vorgehensweisen dar. Das Ziel und die Logik qualitativer Vorgehensweisen besteht nicht darin, „mit einem theoretisch vorab ausgearbeiteten Konzept in die Datenerhebung einzusteigen, um dieses im Hinblick auf seine Häufigkeitsverteilung [...] zu untersuchen" (Kruse 2015, S. 45). Stattdessen kann die angelegte Forschungshaltung als „Entdeckungslogik" (Rosenthal 2015, S. 50) beschrieben werden. Das bedeutet etwa, dass der Forschungsgegenstand „weniger vorgefertigt" ist und erst im

---

[1] Demgegenüber kann beobachtet werden, dass, „jedenfalls in der nicht-wissenschaftlichen Öffentlichkeit, ein recht naives Vertrauen in die Validität, Reliabilität und Objektivität quantitativer Daten [besteht, C.W.]" (Scherr/Niermann 2015, S. 130). Die Akzeptanz, dass quantitative Daten, ihre Interpretation sowie die ihnen zugrunde liegenden Erhebungsmethoden Aussagekraft besitzen, scheint im Vergleich zum Verständnis Qualitativer Forschung zum Alltagswissen zu gehören (vgl. ebd.).

[2] Zudem wird mitunter, etwa von Lüders (2006), die Meinung vertreten, dass eine allgemein gültige Formulierung von Kriterien für „die" qualitative Forschung nicht möglich sei, sondern solche Kriterien sich stärker auf die jeweilige Methodologie beziehen müssten (vgl. auch Kelle 2013a, S. 81 f.).

Forschungsprozess ausgearbeitet wird (vgl. Kelle 2013a, S. 66). Seine theoretische Modellierung erfolgt dann mit einem engen alltagsweltlichen Bezug, also in möglichst enger Anlehnung an jene Konzepte und Kategorien, die im Feld und bei den Beforschten ‚vorgefunden' werden können (vgl. ebd., S. 67; Kruse 2015, S. 44). ‚Vorfindbar' sind solche Konzepte jedoch nicht in dem Sinne, dass sie immer schon da seien, sondern sie sind als – in Praktiken – erzeugt zu verstehen (vgl. Kelle 2013a, S. 65). Begabung und Begabungskultur sind folglich auch nicht zwingend als solche im Feld benannt, sondern werden vorliegend in analytischen Praktiken – die in diesem Kapitel beschrieben werden – als theoretisch begründetes Auslegungsangebot des empirisch Vorzufindenden erarbeitet.

Das Kriterium der *Reflexivität* bezieht sich auf diesen Umstand: Bei den Rekonstruktionen sozialer Phänomene handelt es sich um wissenschaftliche Konstruktionen, die sich ihrerseits auf „eine bereits interpretierte Welt" (Rosenthal 2015, S. 40) beziehen. Sozialwissenschaftliches Verstehen ist somit als Rekonstruktion im Sinne einer Auslegung zweiter Ordnung aufzufassen (vgl. Kelle 2013a, S. 65). Der Rekonstruktionsbegriff kann sich damit auf keinen ‚Ursprung' beziehen, sondern bezeichnet eine wissenschaftliche Tätigkeit, die als Ko-Konstruktion gefasst werden kann (vgl. Mecheril 2003, S. 44; Machold 2015, S. 102). Anspruch einer rekonstruktiven Forschung kann also nicht etwa die umfassende Repräsentation von beobachteten Sinnbildungsprozessen sein (vgl. Machold 2015, S. 82). Stattdessen gilt, dass konstruktivistische Erkenntnis darauf gerichtet ist, Denk- und Handlungsmöglichkeiten in Bezug auf soziale Wirklichkeit zu erweitern (vgl. Kelle 2013a, S. 65).

> Qualitative Verfahren unterstellen und zielen nicht auf *eine* gültige, ‚wahre' Lesart; vielmehr ist gerade die Frage, wie es ihnen gelingt mit (vorgefundenen) kulturellen Mehrdeutigkeiten und der prinzipiellen Unabschließbarkeit der Interpretation umzugehen, ein Ausweis ihrer Qualität. (Kelle 2013a, S. 85, Hervorhebung im Original)

Mit diesem Zitat kann übergeleitet werden zum dritten Kriterium, das hier unter *Transparenz* zusammengefasst wird. Damit ist der Anspruch benannt, dass die Forschung methodisch kontrolliert durchgeführt wird und die Vorgehensweise intersubjektiv nachvollziehbar gemacht wird (vgl. Kelle 2013a, S. 74 f.; Rosenthal 2015, S. 104). Kelle argumentiert hierzu, dass die sozialwissenschaftlichen Ko-Konstruktionen „transparent und plausibel gemacht werden [müssen, C.W.], ohne dass man sich auf ‚sicheres', selbstgewisses wissenschaftliches Terrain zurückziehen könnte" (Kelle 2013a, S. 65). Wichtig ist dafür die Dokumentation der Vorgehensweise sowie auch des theoretischen Vorverständnisses und der forschungspraktischen Entscheidungen. Welche konkrete Forschungsmethode sich zur Erforschung eines bestimmten Gegenstands eignet, ist mittels der jeweiligen Methodologie, also der Theorie hinter einer bestimmten Methode, zu begründen (vgl. ebd. S. 67).

In diesem Kapitel soll daher der methodische Zuschnitt der vorliegenden Studie dargelegt werden. Dazu werden zunächst zentrale Aspekte der Bestimmung meines Untersuchungsgegenstands vor dem Hintergrund praxistheoretischer Überlegungen skizziert (Abschnitt 3.1). Daraufhin lege ich mein Verständnis von ethnographischer Forschung sowie die Grundannahmen meiner praxistheoretischen Ethnographie dar (Abschnitt 3.2). Abschließend erläutere ich mein Verständnis von Grounded Theory sowie mein forschungspraktisches Vorgehen (Abschnitt 3.3).

3.1   Praxistheoretische Perspektivierung des Untersuchungsgegenstands

In diesem Unterkapitel werde ich meine Lesarten der praxistheoretischen Perspektive darlegen, um auf dieser Grundlage meine Zielsetzung bzw. Gegenstandskonstitution zu skizzieren und meine daran orientierten Methodenentscheidungen begründen zu können. Dies dient auch der Erläuterung meines Erkenntnisinteresses und damit der Darlegung des Beitrags am Ende des Kapitels, den diese Arbeit zum wissenschaftlichen Diskurs zu leisten beansprucht.

„Die alltagsweltlichen Praktiken der Teilnehmer eines Feldes konstituieren ihre Kultur" (Kelle 2004, S. 637). Die vorliegende Studie folgt dieser Grundannahme mit einer praxistheoretisch-kulturanalytischen Perspektive auf die Herstellung einer Begabungskultur in der Grundschule. Entsprechend wird die in Praktiken hergestellte soziale Ordnung als kulturelles Element des Alltags konzipiert, womit gemeint ist, dass es sich um eine Ordnung handeln muss, die als Bestandteil des Alltags mit Selbstverständlichkeit ausgestattet wird und sich einer bloß flüchtigen Betrachtung daher leicht entziehen kann. Auch die spezifischen Praktiken, die als kleinste Einheit dieser Ordnung begriffen werden können (vgl. Reckwitz 2003, S. 290), können erst als solche sichtbar gemacht werden, wenn der Untersuchungsfokus explizit auf die praktische Hervorbringung bzw. Herstellung der Ordnung der Begabungskultur gerichtet wird. Das Forschungsinteresse an den impliziten lebensweltlichen Sinnkonstruktionen konstituiert diese Praktiken als Untersuchungsgegenstand, der in der vorliegenden Studie rekonstruiert werden soll (vgl. Kelle 2013a, S. 61). Gegenstand der Forschung sind also nicht Phänomene von (Hoch-)Begabungen an sich, also beispielsweise Beschreibungen bemerkenswerten Könnens. Als Forschungsfragen formuliert: Wie wird Begabung im Alltag der Grundschule relevant gesetzt (und in Beziehung zu Leistung und Eignung gesetzt)? Wie wird Begabung in Bezug auf konkrete Kinder als bedeutsam hervorgebracht?

Des Weiteren ist über die situationsbezogene Kontextualisierung danach zu fragen, welche soziale Funktion dies – etwa hinsichtlich der Hervorbringung ungleicher Kindheit(en) – erfüllt. Auf Grundlage dieser Fragen die Hervorbringung von Begabungskultur zu rekonstruieren bedeutet und zielt darauf ab, dieses Element des Alltags bzw. der Kultur der Grundschule interpretativ zu begreifen (vgl. Kelle 2013a, S. 65; Kelle 2004, S. 637). Die forschungsmethodologischen Entscheidungen sind an diese „lebensweltliche Bedeutungs- und Sinnerzeugung" (Kelle 2013a, S. 66) anzulehnen. Entsprechend ist das theoretische Modell des Forschungsgegenstands zu Beginn des Forschungsprozesses noch relativ offengehalten (vgl. Kapitel 2), um auf der empirischen Grundlage im Forschungsverlauf ausdifferenziert und konkretisiert zu werden, anstatt dass der Gegenstand entlang von (als unveränderlich verstandener) Gegenstandstheorie bereits als vorgefertigtes Modell in das empirische Material hineingelesen würde (vgl. Kelle 2013a, S. 66 f.).

Für den zur Fragestellung passenden Methodenzuschnitt ist vor allem die praxistheoretische Grundannahme ausschlaggebend, dass Menschen nicht unbedingt reflexiv auf das *Wissen in* den Praktiken, oder metakognitiv auf das *Wissen über* diese Praktiken zugreifen können. Der alltagssituierte Vollzug dieser Praktiken ist insofern mit dem *Wie* der Hervorbringung von sozialem Sinn gleichzusetzen. Methoden, die am *Was* und am *Warum* interessiert sind, eignen sich daher nicht zur Beantwortung der Forschungsfragen, wie beispielsweise biographisch-narrative Interviews (vgl. Hirschauer 2004, S. 73).

Für die empirische Frage nach dem *Wie*, also für das rekonstruktive Interesse an den sozialen Sinnzusammenhängen des Alltags, erscheint es methodologisch naheliegend, auf Methoden zurückzugreifen, die sich auf die Vollzugslogik des Alltäglichen und Selbstverständlichen beziehen. Praxistheoretisch ist das Soziale „in der Kollektivität von Verhaltensweisen, die durch ein spezifisches ‚praktisches Können' zusammengehalten werden" (Reckwitz 2003, S. 289), zu suchen. Ein rekonstruktiv ausgerichteter empirischer Zugang geht damit methodologisch um. Vor allem die Methode der teilnehmenden Beobachtung trägt dem Umstand Rechnung, dass die Feldteilnehmenden „‚wissen, wie es geht', sich in der eigenen Kultur kompetent zu bewegen, aber sie wissen es nicht zu erklären – deswegen haben Beobachtungsverfahren Priorität" (Kelle 2004, S. 637). Die analytische Aufmerksamkeit orientiert sich dann an den Relevanzen der Feldteilnehmenden (vgl. ebd.), bzw. daran, wie Honer (2000, S. 198) es beschreibt, „was denn dem

Untersuchten – als einem Typus – wichtig ist, was er als ‚seine Welt' erfährt".
Die soziale Wirklichkeit des Feldes sozusagen durch die Augen der Feldteilnehmenden zu deuten kann als eine Art vorübergehender Mitgliedschaft gefasst
werden (vgl. ebd.). Die methodische Annäherung an die Mitgliedschaft im Feld
und an den Blickwinkel der Feldteilnehmenden ist dabei jedoch nicht gleichzusetzen mit der Annahme, zu dem subjektiven Wissen der Menschen tatsächlich
Zugang zu haben (vgl. ebd., S. 197). Eher geht es darum, ein Gespür für die
Ordnung(en) zu entwickeln, die dem Funktionieren des alltäglichen Miteinanders zugrunde liegt bzw. liegen. Dazu Reckwitz: „Die relative Strukturiertheit,
Verstehbarkeit und ‚Geordnetheit' der Sozialwelt ergibt sich [...] aus dem Routinehandeln, das durch ein implizites praktisches Wissen und Verstehen ermöglicht
wird" (Reckwitz 2003, S. 294).

Die Annahme, dass es implizites praktisches Wissen gibt, ist zentral für praxistheoretische Ansätze. Praxistheorie ist nicht als eine ausformulierte Theorie
zu verstehen, sondern darunter werden Ansätze und Methoden gruppiert, die
soziale Praktiken als Grundlage gemeinsam haben. Dazu können sowohl Bourdieu und sein Habituskonzept gezählt werden, als auch ethnomethodologische
Analysen wie z. B. nach Garfinkel, Interaktionsanalysen nach Goffman, Giddens'
Handlungs- bzw. Strukturierungstheorie – aber auch Vertreter*innen der Cultural
Studies und des Poststrukturalismus.

Ein Nutzen praxistheoretischer Ansätze ist, soziale Phänomene auf eine
Weise darstellbar zu machen, die ihre empirische Erforschung abseits von sub-
jektzentrierten und/oder mentalistischen Zugängen anregt (vgl. Reckwitz 2015,
S. 28). Reckwitz macht in diesem Zusammenhang auf die Unzulänglichkei-
ten „überkommener sozialtheoretischer Vokabulare" (ebd., S. 27) aufmerksam.
Die praxistheoretische Perspektive ist in diesem Sinne eine Art theoretischer,
begrifflicher Werkzeugkasten, mit dem neue Möglichkeiten der Exploration des
Sozialen eröffnet werden. Praxistheoretische Arbeiten seien daher von dem
Bestreben abzugrenzen, eine bloße Konkurrenzunternehmung zu ‚großen' Theorien „à la Parsons oder Luhmann" (ebd., S. 28) sein zu wollen. Gegenüber jenen
anderen Sozialtheorien kann Praxistheorie, nach Lesart von Reckwitz, als work-
in-progress-Theorie mit noch uneinheitlichen Ansatzpunkten und zu sättigenden
Begriffsbearbeitungen betrachtet werden, die den „Anspruch, einen anderen Blick
auf das Soziale wie auf das menschliche Handeln zu werfen" (ebd., S. 27), teilen. Hierin klingt eine Kritik an der nach wie vor feststellbaren Dominanz und
damit auch der Geläufigkeit von sozialtheoretischen Grundannahmen, wie beispielsweise Ideen von Intersubjektivität, Kommunikation oder auch Intentionalität
durch: Wenn diese stets quasi-automatisch als sozial formgebend hingenommen
werden, werden sie als bereitliegende und ausgearbeitete Begrifflichkeiten auch

den theoretischen Modellen sozialer Wirklichkeit ihre Form geben (vgl. Reckwitz 2003, S. 292 f.).

3.1.1 Was sind soziale Praktiken?

Für die Annäherung an mein praxistheoretisches Verständnis bestimme ich im Folgenden zunächst den Begriff der sozialen Praktiken und beziehe mich dabei auf Theodore Schatzki (2002) und seine Überlegungen zur Verortung des Sozialen: „the overall site specific to human coexistence is a mesh of orders and practices" (Schatzki 2002, S. 60). „Ordnungen" und „Praktiken" stellen demnach angemessene Kategorien zur Erforschung des menschlichen Miteinanders dar. Der englische Begriff *practice* kann unter anderem mit Praktik, Praxis, aber auch mit Übung oder Gewohnheit übersetzt werden. Hillebrandts (2014, S. 11) Bestimmung von Praktiken verdeutlicht, dass er diese als eine Praxis erzeugend versteht: „Sie [Praktiken, C.W.] ereignen sich im Anschluss an bereits geschehene Praktiken und erzeugen nun gerade dadurch eine Praxis als Vollzugswirklichkeit, die sich aus der Verkettung von Einzelpraktiken als Ereignisse bildet". Diese abstrakte Bestimmung der Praxis als „Vollzugswirklichkeit", bzw. als Summe von Ereignissen (die wiederum aus Praktiken bestehen), zeugt jedoch von einer eher geringen Begriffsschärfe, vor allem gegenüber dem vielbearbeiteten Praktikenbegriff. Analog dazu verwende ich in der vorliegenden Arbeit den deutschen Begriff der Praxis als übergeordneten Begriff, der auf die soziale Wirklichkeit in Differenz zur Theorie projiziert wird. Das Wort Praktik setze ich demgegenüber als analytischen Begriff ein, der auf ein spezifisch geordnetes Zusammenspiel von Handlungen oder Aktivitäten verweist (vgl. Schatzki 2002, S. 71).

Konzeptionell sind Praktiken aus miteinander organisierten „bodily doings and sayings" (ebd., S. 72) verfasst – wobei mit *saying* nicht etwa das gesprochene Wort, sondern eine spezifische Form des *doing* gemeint ist: ein *doing*, mit dem etwas ausgesagt wird, mit oder ohne den Gebrauch von Sprache (vgl. ebd., S. 72). Praktiken sind nicht beliebig oder zufällig, sondern folgen bestimmten Regelmäßigkeiten – sie sind organisierte (aber dabei nicht lineare oder determinierte) Zusammenhänge von „doings and sayings". Die Organisation bzw. Ordnung von Praktiken macht Schatzki an den folgenden Komponenten fest: a. praktisches Verstehen (*practical understandings*), b. Regeln (*rules*), c. teleoaffektive Organisation (*teleoaffective structures*) sowie d. allgemeines Verstehen (*general understandings*) (vgl. ebd., S. 77):

a. Das praktische Verstehen umfasst das kompetente Wissen um die körperliche Ausübung einer Praktik, was sich auch auf die Fähigkeit zur Identifikation der Praktik bezieht sowie auf die Fähigkeit, die Praktik hervorzurufen bzw. auf sie zu reagieren (vgl. ebd., S. 77). Schatzki erklärt, dass praktisches Verstehen in Gestalt von Fähigkeiten und Fertigkeiten (*skills*) identifiziert werden kann, die ähnlich wie bei Bourdieus Habituskonzept dem Tun und Sagen zugrunde liegen (vgl. ebd., S. 79). Dieses Verstehen oder Wissen (*understanding*) ist als Wissen, das in den Praktiken selbst verortet ist, konzipiert. In Bezug auf die Menschen, die an einer Praktik teilnehmen, ist es als *implizites* Wissen einzuordnen und somit von einem kognitiv-reflexiven Wissensbegriff zu unterscheiden.

b. Regeln können beispielsweise formelle Regeln der Höflichkeit sein, moralische Prinzipien oder auch Vorschriften. Sie sind Ausdruck von Normativität, die die menschliche Wahrnehmung in Bezug darauf beeinflusst, ob und wie etwas in der Praxis ‚Sinn ergibt' (vgl. Schatzki 2002, S. 79). Im Gegensatz zu den anderen genannten Komponenten handelt es sich bei den Regeln nicht um implizites Wissen, sondern um explizites bzw. expliziertes, wie beispielsweise im Falle des Schulgesetzes oder auch in Bezug auf Umgangsregeln (Beispiel: „Das macht man nicht.").

c. Ziele, Resultate bzw. Enden (*ends*), die an Praktiken gekoppelt sind, sind nicht mit Intentionen der Akteur*innen zu verwechseln. Sie sind vielmehr als Eigenschaften der Praktiken selbst zu verstehen. Mit der teleoaffektiven Organisation von Praktiken ist die Ebene angesprochen, auf der sich die Ausrichtung des Tuns an Zielen, Resultaten mit Gefühlen, Affekten oder Stimmungen vermengt (vgl. Schatzki 2002, S. 80). Wenn Schatzki von teleoaffektiven *Strukturen* spricht, sind diese Strukturen als stetig aufs Neue hergestellte oder auch veränderte Möglichkeitshorizonte von Praktiken zu denken, die zwischen Verbindlichem und Akzeptablem aufgespannt sind.

d. Das allgemeine Verstehen kann als in den Praktiken liegender Commonsense umschrieben werden. Eine Praktik ist demnach so organisiert, dass diese, sofern reflexiv zugänglich, mit allgemeinen oder gängigen Auffassungen in Einklang gebracht werden können. Am Beispiel der christlichen Gruppe der Shaker in den USA erläutert Schatzki, wie die Praktiken des Arbeitens von einem allgemein geteilten Verständnis der Arbeit als ‚heilig' bei den Mitgliedern der Gemeinde zeugten – auch wenn dies nicht zwangsläufig bei allen Mitgliedern und allen ausgeübten Praktiken beobachtet werden konnte (vgl. ebd., S. 86).

Während Schatzki *actions, activities, doings* begrifflich von *practices* unterscheidet, sind *soziale Praktiken* im deutschsprachigen Raum ebenfalls von weiteren Begriffen, die das Tun bezeichnen, konzeptuell zu unterscheiden. Der Praktikenbegriff bezieht sich nicht, wie es z. B. beim Wort *Handlungen* der Fall ist, auf individuelle Entscheidungen von Akteur*innen – etwas zu tun oder etwas zu unterlassen –, sondern auf „fortlaufende Prozesse der Vergesellschaftung" (Schmidt 2012, S. 11; vgl. auch Hirschauer 2004, S. 73). Ein zentrales Charakteristikum von Praktiken liegt in ihrer Routinisierung, denn Praktiken werden in einem „Modus des Gewohnten und Selbstverständlichen" (Schmidt 2012, S. 10) vollzogen. Nicht Subjekte oder Akteur*innen werden thematisiert, sondern die Praktiken selbst: Routinisierung ist also nicht als ein psychologisches Verständnis des Unbewussten misszuverstehen. Die Idee des impliziten Wissens im routinisierten und repetitiven Können stellt gegenüber anderen sozialtheoretischen Ansätzen einen wesentlichen Gewinn dar, da diese sowohl Zeitlichkeit als auch Materialität und Unberechenbarkeit des Sozialen zu berücksichtigen vermag (vgl. Reckwitz 2003, S. 290 ff.). Materialität wird dabei sowohl in Bezug auf die Körper bzw. das inkorporierte Wissen, als auch in Bezug auf Artefakte akzentuiert, da Materialität Voraussetzung und Bestandteil der Repetitivität von sozialen Praktiken ist (vgl. ebd., S. 291). Das Soziale ist demnach materiell verankert:

> Wenn das Soziale soziale Praktiken sind, dann gewinnen diese ihre relative (wenngleich keineswegs vollständige) Reproduktivität in der Zeit und im Raum durch ihre materiale Verankerung in den mit inkorporierten Wissen ausgestatteten Körpern, die – in der Dauer ihrer physischen Existenz – praxiskompetent sind, und in den Artefakten, in denen sich – deren Haltbarkeit und Erneuerbarkeit vorausgesetzt – Praktiken über Zeit und Raum hinweg verankern lassen. (Reckwitz 2003, S. 291)

Am Beispiel des Wissensbegriffs kann verdeutlicht werden, wie mit der praxistheoretischen Konzeption unter anderem mentalistische Wissenskonzepte herausgefordert werden. Praxistheoretisch wird davon gesprochen, dass Praktiken implizites Wissen ‚enthalten', also ein Wissen darin verortet ist, „das kein explizierbares Aussagewissen (knowing that) von Überzeugungen darstellt, sondern einem ‚praktischen Sinn' ähnelt" (Reckwitz 2003, S. 292). In vereinfachenden Worten, die das praxistheoretische Verständnis mit einem lerntheoretischen Vokabular zusammenbringen, modelliert Reckwitz die entsprechende Wissensaneignung wie folgt:

> Wenn ein Mensch eine Praktik erwirbt, dann lernt er, seinen Körper auf bestimmte, regelmäßige und ‚gekonnte' Weise zu bewegen und zu aktivieren oder besser: auf eine

bestimmte Art und Weise Körper zu ‚sein‘, da der Körper aus praxeologischer Perspektive kein ausführendes Instrument darstellt, das von einem ‚dahinter liegenden‘ Zentrum gesteuert würde. Dies schließt auch nicht unmittelbar ‚sichtbare‘ Aktivitäten des Körpers wie ein bestimmtes Muster des Fühlens oder Formen des Denkens ein, sofern diese zur sozialen Praktik gehören – im Extrem kann dies je nach Praktik auch bedeuten, dass die äußerlich wahrnehmbaren, motorischen Bewegungen auf ein Minimum reduziert werden. (Reckwitz 2003, S. 290)

Implizites Wissen bzw. der praktische Sinn wird in praxistheoretischer Perspektive als Element konzipiert, mit welchem eine Praktik ausgestattet ist, und nicht etwa als „theoretisches Denken" (Reckwitz 2003, S. 292). Mentalistische Wissenskonzepte verorten Wissen tendenziell im (theoretischen bzw. kognitiven) Denken, das in menschlichen Köpfen verortet wird. Auf Grundlage derart konzipierter sozialtheoretischer Kategorien wird Rationalität als Gegebenheit vorausgesetzt. Nahegelegt wird dann die Vorstellung einer zeitlichen Abfolge von 1. (Zugriff auf) Wissen und 2. menschlichem Tun, was wiederum weitere analytische Schlüsse zur Folge hat, wie etwa die Deutung des Tuns als Zeugnis und Ergebnis autonomer Entscheidungen. Derart kurzgegriffene Schlussfolgerungen mit weitreichenden Konsequenzen für die Theoriebildung werden von Hillebrandt als das Risiko, „theoretische Grundannahmen wichtiger zu nehmen als das, was in der Praxis geschieht" (Hillebrandt 2014, S. 8), kritisiert. Mit einer praxistheoretischen Perspektive kann hingegen ein Blickwinkel auf das Soziale eingenommen werden, der neue Ansatzpunkte für die Theoriebildung schafft, da hier nicht das Subjekt bzw. der (rational) handelnde Mensch Dreh- und Angelpunkt ist. Die Orientierung weg vom menschlichen Subjekt und hin zu den Praktiken begründet auch die vielzitierte Einordnung als „‚kleinste Einheit‘ des Sozialen" (Reckwitz 2003, S. 290). So fasst auch Honig (2018, S. 206) zusammen: „Praxistheorien stellen traditionelle Handlungstheorien gleichsam auf den Kopf und fassen Akteure nicht als Subjekte intentionaler und reflektierter Handlungen, sondern als Teilnehmer an Praktiken auf, die sie verkörpern und vermitteln." Davon abgeleitet erscheint es für die sozialtheoretische Analyse weniger sinnvoll, sich kenntnisreiche oder wissende Akteur*innen vorzustellen, als vielmehr kompetente oder geschickte. Letztlich bleibt aber der Akteursbegriff ohnehin immer wieder auf seine Setzung hin zu reflektieren, steht doch die „‚skillful performance‘ von kompetenten Körpern" (Reckwitz 2003, S. 290) im Fokus der Praxistheorie. Diese theoretische Distanzierung von Akteur*innen zugunsten von Körpern geht mit dem praxistheoretischen Verständnis einher, Handeln „nicht als ein Konglomerat diskreter, intentionaler Einzelhandlungen zu denken, sondern als ein[en] routinisierte[n] Strom der Reproduktion typisierter Praktiken" (ebd.,

S. 294). Die erkenntnistheoretische Herausforderung der Analyse sozialer Praktiken besteht vor allem in der konsequenten Abwendung von kognitivistischen Annahmen, „da der Körper aus praxeologischer Perspektive kein ausführendes Instrument darstellt, das von einem ‚dahinter liegenden' Zentrum gesteuert würde" (ebd., S. 290). Demnach ist beispielsweise auch die praxistheoretische Idee des Tuns rund um das Lernen bzw. den Kompetenzerwerb abzugrenzen von kognitivistischen Theorien, die diese Prozesse primär als ‚im Kopf' bzw. ‚im Geist' stattfindende Transformationen begreifen, aus denen Erkenntnis resultiert.

Die praxistheoretisch betriebene Abschwächung oder Aushebelung einer Differenz zwischen (kognitiv kontrolliertem, individuellem) Tun und sozialem Sinn kann auch an weiteren Phänomenen aufgezeigt werden, die in gängigen Sozialtheorien gemeinhin als kognitive Vorgänge angenommenen werden, etwa am Beispiel der Reflexion:

> Die angebliche Universalie des sich selbst reflektierenden Subjekts wird praxeologisch aufgelöst in historisch-spezifische Praxiskomplexe, etwa in die der protestantischen oder bürgerlichen Selbstbefragung über Tagebücher, angeleitet von einem Code der Gewissenserforschung und Selbstverbesserung, oder in die der hochmodernen biographischen Selbstvergewisserung, die durch die Notwendigkeit des ‚story telling' über das eigene Ich im Beruf, in der Partnerschaft etc. induziert wird. ‚Reflexive Subjekte' werden so jeweils je anders hervorgebracht. (Reckwitz 2003, S. 296)

Die Praxis der Reflexion wird also in den einzelnen Praktiken des ‚Sich Reflektierens' mikroanalytisch so betrachtet, als ob es sich dabei nicht um innerliche Vorgänge handelt, sondern um Artikulationen von Wissen darüber, wie Menschen sich selbst und anderen Menschen – ob synchron, also z. B. situativ, oder asynchron, also z. B. in Aufzeichnungen für die Nachwelt – zu verstehen geben können, dass sie Selbstreflexion betreiben. An diesem Beispiel lässt sich aufzeigen, dass der Anspruch praxistheoretischer Perspektiven nicht lautet, positivistische Aussagen darüber zu treffen, ob ein Mensch *tatsächlich* tiefgreifende selbstreflexive Gedankengänge hegt. Vielmehr geht es darum, dass mit der rekonstruktiven Analyse auf geteilte Sinnzuschreibungen zugegriffen wird, durch die Praktiken als ‚Sich Reflektieren' verstehbar werden.

Auch Affekte können praxistheoretisch als Aktivitäten, nicht als Eigenschaften, gefasst werden (vgl. Reckwitz 2015, S. 35). Praktiken wie beispielsweise ‚Sich Verlieben' tragen in diesem Verständnis eine „Gestimmtheit" (ebd.), aber auch eine kulturelle Wissensordnung in sich. Die Bezeichnung *Gefühl* stellt demnach kein angemessenes theoretisches Konzept dafür dar, vielmehr handelt es sich dabei um Verwendungsweisen einer individualisierenden Alltagssprache (vgl. ebd.).

‚Liebe' ist ein Ensemble von Verhaltensroutinen, das von hochspezifischen kulturellen Schemata (Einzigartigkeit des anderen, Faszination durch dessen scheinbar banale
Eigenschaften etc.) abhängt und in das ein eigentümliches Set von Affekten eingesetzt ist: das Begehren nach dem Körper des anderen, die Sehnsucht nach dem
anderen, falls er nicht anwesend ist, der existenzielle Schmerz, wenn die Liebe nicht
(mehr) erwidert wird, etc. Es versteht sich, dass diese Verhaltensroutinen eng mit
diskursiven Praktiken und Diskursfeldern verknüpft sind – etwa der Lektüre bestimmter Romane oder dem Betrachten bestimmter Spielfilme –, in denen die Codes und
Affekte des Liebens öffentlich und zur Nachahmung repräsentiert werden. (Reckwitz
2015, S. 35 f.)

Wenn subjektives Wissen und Fühlen praxistheoretisch als *Können* in Bezug
auf Praktiken gefasst wird, kann davon ausgegangen werden, dass das Wissen
in materialen Praktiken (Reckwitz spricht auch von Codes, vgl. 2015, S. 35)
zwar mobilisiert, aber nicht unbedingt durch die Teilnehmenden expliziert werden kann; davon abgesehen, dass sich die Explikation des praktischen Wissens
im alltäglichen Tun prinzipiell nicht als notwendig erweist (vgl. Reckwitz 2003,
S. 290).

Explikation ist hingegen Aufgabe der interpretativen Sozialforschung, worauf
im Folgenden näher eingegangen wird.

3.1.2 Das kulturanalytische Potenzial einer praxistheoretischen Perspektive

Mit Elias (2006, S. 65) verstehe ich es als grundsätzliche Aufgabe von Wissenschaftler*innen, vorherrschende Vorstellungen zu hinterfragen und mit der empirischen Wirklichkeit abzugleichen, also mit dem, was tatsächlich *zu beobachten*
ist (sprich: der Praxis[3]).

Wissenschaftler sind mit anderen Worten Mythenjäger; sie bemühen sich, durch
Tatsachenbeobachtung nicht zu belegende Bilder von Geschehenszusammenhängen,
Mythen, Glaubensvorstellungen und metaphysische Spekulationen durch Theorien zu
ersetzen, also durch Modelle von Zusammenhängen, die durch Tatsachenbeobachtun-
gen überprüfbar, belegbar und korrigierbar sind. Diese Mythenjagd, die Entlarvung
von zusammenfassenden Vorstellungsmythen als faktisch unfundiert, bleibt immer
eine Aufgabe der Wissenschaften, denn innerhalb oder außerhalb der Gruppe von wissenschaftlichen Spezialisten verwandelt man wissenschaftliche Theorien selbst häufig
genug in Glaubenssysteme. Man erweitert sie oder benutzt sie in einer Weise, die

---

[3] Siehe oben, ich verwende den Praxisbegriff vorliegend als auf die empirische Wirklichkeit
verweisend (in Differenz zur Theorie).

durch weitere theoriegesteuerte Tatsachenbeobachtung nicht gerechtfertigt ist. (Elias 2006, S. 65, Hervorhebung im Original)

Sozialwissenschaftliche Analysen, die mit praxistheoretischen Perspektiven arbeiten, suchen das jeweils in der alltäglichen Praxis mobilisierte Wissen zu explizieren. Dabei liegt die Erwartung zugrunde, dass damit soziale *Black Boxes* geöffnet und Erkenntnisse als Wissensgrundlage für die wissenschaftliche Forschung und Theoriebildung in Bezug auf das Soziale wie auch das Kulturelle generiert werden können.

‚Das Soziale' in den Praktiken zu verorten bedeutet eine eindeutige Abwendung von einem essenzialistisch geprägten anthropologischen Kulturbegriff, hin zu einem Verständnis von Kultur als „alltagspraktisches ‚tool kit' (Swidler 1986)" (Reckwitz 2003, S. 286), wie es vor allem durch die Cultural Studies geprägt worden ist (vgl. Hillebrandt 2014, S. 19 f.). Zu dem (überholten) Kulturbegriff, der bestimmte Bilder von ‚Multikulturalismus' oder ‚Interkulturalität' ermöglichte, weist das Verständnis von Kultur als Alltagswissen bzw. „als kulturelle Codes im beständigen ‚interpretative work'" (ebd.) prinzipiell keine Ähnlichkeit mehr auf. Damit wird Kultur als „wesentlicher Bestandteil der Strukturierung von Praxis" (Hillebrandt 2014, S. 20) angesehen, oder mit Reckwitz' Worten: „Dadurch, dass Praktiken von impliziten Wissensschemata abhängen, sind die *sozialen* immer auch *kulturelle* Praktiken" (Reckwitz 2015, S. 27, Hervorhebungen im Original).

Aus der Modellierung des Forschungsgegenstands als soziale Praktiken der Hervorbringung von Begabungskultur, die als routinisierte Elemente des Alltags bzw. der Kultur der Grundschule gefasst werden, folgt also die Entscheidung für einen ethnographischen Zugriff, der die Generierung relevanter empirischer Daten verspricht. Die Ethnographie, eine methodenplurale und dabei methodenflexible Forschungsstrategie, wird im Folgenden vorgestellt.

3.2 Praxistheoretische Ethnographie einer Begabungskultur

In diesem Unterkapitel lege ich mein Verständnis einer praxistheoretischen Ethnographie dar. Nach der Skizzierung der zentralen Charakteristika dieser Forschungsstrategie werde ich die einzelnen Methoden beleuchten, die im Rahmen der vorliegenden Forschungsarbeit zum Tragen gekommen sind.

Der Feldzugang und die Erhebungen erfolgten im Rahmen des ethnographischen DFG-Projekts „Ethnische Heterogenität und die Genese von Ungleichheit in Bildungseinrichtungen der (frühen) Kindheit" (siehe Unterpunkt 3.2.2). Ethnographisch gestaltete empirische Zugriffe zielen auf die sozialen Praktiken des Alltags ab und analysieren implizite Regeln, Regelmäßigkeiten und Muster, die als kulturelle Erscheinungsformen theoretisiert werden können (vgl. Breidenstein et al. 2015, S. 32). Die Ethnographie vereint unterschiedliche sozialwissenschaftliche Forschungsmethodiken und Verfahren, bedient sich dieser und eröffnet dadurch einen vielschichtigen Zugang zu unterschiedlichen sozialen Phänomenen und den ihnen inhärenten Wissensformen (vgl. Breidenstein 2006, S. 20). Während dieser Forschungszugang also eine flexible und gegenstandsangemessene Kombination von Methoden integriert, ist er, durch die teilnehmende Forschungslogik des mittendrin Seins, zugleich von emotionaler Bezogenheit gekennzeichnet (vgl. Friebertshäuser/Panagiotopoulou 2010, S. 309). Charakteristisch ist dabei zum einen ein dauerhafter Feldaufenthalt, zum anderen der kulturanalytische Fokus auf den Alltag mit der Teilnehmenden Beobachtung als methodischem Ankerpunkt (vgl. Hirschauer 2001, S. 431).

Wurde ein Teil der methodologischen Begründung für die forschungsmethodische Ausrichtung der vorliegenden Studie bereits praxistheoretisch dargelegt, veranschaulicht ein Blick auf die Ursprünge der ethnographischen Forschungsstrategie die hier zugrunde liegende Idee von Erkenntnis. Historisch ist diese Art und Weise des Forschens aus drei Traditionslinien erwachsen, die im Folgenden kurz nachgezeichnet werden, um daran das grundlegende Anliegen ethnographischer Forschung herauszuarbeiten.

3.2.1 Die historischen Traditionslinien ethnographischen Forschens

Einflüsse auf die Qualitative Forschung im Allgemeinen und das ethnographische Forschen, wie es auch für die vorliegende Studie praktiziert wurde, im Besonderen, kommen sowohl a) aus der Kulturanthropologie bzw. Ethnologie, b) der Chicago School sowie c) der Alltagssoziologie und Ethnomethodologie (vgl. Breidenstein et al. 2015, S. 13; Friebertshäuser/Panagiotopoulou 2010, S. 302 f.; Kalthoff 2011, S. 146 f.).

a) Die Ethnologie kann ideengeschichtlich als ethnographische Ursprungsdisziplin gesehen werden und ist durch bekannte Namen des 19. und 20. Jahrhunderts, wie Malinowski, Boas und Mead, vertreten. Sie erarbeiteten ihre Ansätze wissenschaftlicher Feldforschung auf der Grundlage der Idee des Entdeckens (vgl. Friebertshäuser/Panagiotopoulou 2010, S. 302). Frühe Vorläufer solcher Arbeiten waren eher flüchtige und wenig zuverlässige Reiseberichte sowie

Erzählungen oder Dokumentationen, die vermeintlich Zeugnis ablegten über *die anderen Kulturen* und Bevölkerungen der gewaltvoll besetzten Gebiete. Diese waren geprägt von einem westlichen Werteverständnis und Blick auf *die Anderen* (vgl. Breidenstein et al. 2015, S. 15 f.). Solche Narrative sind eng an den Kolonialismus und christlichen Missionarismus geknüpft sowie an die damit hervorgebrachte Figur des Entdeckers, „der die neuen Territorien in den verschiedenen Erdteilen […] bereist, erforscht, kartiert und somit notwendiges Wissen für die jeweilige Kolonialadministration über die indigene Bevölkerung zur Verfügung stellt und damit eine administrative Steuerung erlaubt" (Kalthoff 2011, S. 146). Mit diesem historischen Erbe sind für die Ethnographie zwei Aspekte angesprochen, die, auch für die Qualitätsentwicklung der wissenschaftlichen Forschung im Allgemeinen, sowohl methodologisch als auch forschungsethisch relevant erscheinen: Zum einen ist der Fokus der Forschung – beispielsweise wie vorliegend die Ausrichtung der Erforschung einer Begabungskultur der Grundschule – kritisch auf das Potenzial hin zu befragen, unter Umständen dem Zweck einer stärkeren (institutionellen) Ausübung von Kontrolle zuzuarbeiten. Zum anderen hat – wie es etwa postkoloniale Kritiker*innen formuliert haben (vgl. Spivak 2008, S. 55; Castro Varela/Dhawan 2010, S. 324) – die forschende Perspektive nicht ignorant gegenüber einem westlichen Überlegenheitsanspruch zu sein; die auch wissenschaftlich reproduzierte Hegemonie ist zur Information der Analyse und als Einflussfaktor auf die wissenschaftliche Praxis einzubeziehen. Angesprochen sei etwa die (ehemals) disziplinäre Trennung von Soziologie und Ethnologie/Kulturanthropologie: Letztere Disziplin reproduzierte und affirmierte Bilder des Fremden, während die Soziologie sich gar nicht erst mit *den Anderen* befasste (vgl. Reuter/Villa 2010, S. 26) – dies wirkt sich bis heute im wissenschaftlichen Bias aus, unter anderem dem methodologischen Nationalismus (vgl. Castro Varela/Dhawan 2010, S. 304). Projektionen und Exotisierung schwingen in ethnographischen Kulturerschließungen prinzipiell mit. Es wird diesbezüglich empfohlen, sich als Ethnograph*in möglichst an einer normativen Enthaltsamkeit zu orientieren (vgl. Kelle 2013a, S. 84).

b) Um Robert Ezra Park von der Universität in Chicago entstanden Forschungsarbeiten, die ebenfalls mit der Idee des Entdeckens operierten und die sich kulturanalytisch mit Subkulturen und Berufsgruppen der US-amerikanischen Großstadt befassten (vgl. Breidenstein et al. 2015, S. 21 f.). Park, der jahrelang als Reporter gearbeitet hatte, bevor er Soziologe wurde, betrieb ethnographische Forschung als „in die Tiefe gehende Reportage" (ebd., S. 23). Für die wissenschaftliche Kulturanalyse war die Prämisse wesentlich, dass vor Ort ‚im Feld' zu sein und zu beobachten, was dort vor sich geht, noch nicht gleichzusetzen ist mit einer Analyse der Alltags*erfahrung* von Menschen, denn: „Man durfte dem ersten

Augenschein nicht trauen, schon gar nicht in der Großstadt, wo ständig soziale Fassaden errichtet wurden" (ebd., S. 24). Die Herangehensweise dieses ethnographischen Stils ist daher als ein investigatives Eintauchen in solche Erfahrungen zu beschreiben. Der Ansatz, eine von vielen *Kulturen* innerhalb der eigenen Gesellschaft genau zu beschreiben, über die bis auf *Außendarstellungen* wenig bekannt ist, entspricht dem sozialwissenschaftlichen Anspruch der Mythenjagd (vgl. Elias 2006, S. 65), indem Wissen zusammengetragen wird, wo ansonsten Gerüchte und vorgefertigte Werturteile das Alltagswissen über diese *Kultur* prägen. Ein zeitgenössisches Beispiel dafür ist die Studie „Gang Leader for a Day" von Venkatesh (2008), welche die täglichen Überlebensbedingungen von Akteur*innen im kriminalisierten Milieu von Ganggewalt, illegalisiertem Drogenhandel, Armut und Rassismus herausarbeitet. Die zweite Traditionslinie der Ethnographie liegt also in den empirischen Studien, die sich durch einen investigativen Informationsgehalt und die Konstruktion einer schonungslos realitätsnahen Erzählung auszeichneten. Auch Zinnecker (2000, S. 392) spricht von einer großen Nähe der Ethnographie „zu Journalismus und Schriftstellerei". Der nachhaltige Impact der Chicago School auf die ethnographische Forschung besteht darin herausgestellt zu haben, dass sich die ethnographische Analyse wesentlich über die *Konstruktion* einer Erzählung konstituiert (vgl. Emerson et al. 1995, S. 170). Dies rückt methodologisch die Frage der eigenen Wissensproduktion – vor allem in Bezug auf *das Fremde* und *das Eigene* – in den Blick (vgl. Breidenstein et al. 2015, S. 25).

c) Die dritte Traditionslinie der Ethnographie liegt in der Alltagssoziologie und auch hier findet sich die Leitidee des Entdeckens: Sie wird, bezogen auf den vertrauten Alltag, so gewendet, dass das Vertraute methodisch fremd zu machen ist, um es neu betrachten zu können (vgl. Breidenstein et al. 2015, S. 26). Die Bezeichnung Alltagssoziologie bezieht sich auf die Relevanzsetzung von Alltagswissen, die Alfred Schütz für die Soziologie vornahm (vgl. ebd.). Alltag meint in diesem Sinne „unsere gewöhnlichsten, laufend wiederholten Tätigkeiten, deren Abwicklung für uns kein Problem darstellt, kein Thema von Gesprächen ist, uns meist nicht einmal zu Bewusstsein kommt" (ebd.). Der alltagssoziologischen Forschungshaltung liegt die Prämisse zugrunde, dass die Ordnung, die unseren Alltag strukturiert, über das Alltagswissen hervorgebracht und widergespiegelt wird. Wichtige Vertreter der Alltagssoziologie sind Goffman, vor allem bekannt durch seine Theatermetapher, Garfinkel und sein ethnomethodologischer Ansatz sowie Sacks mit seinem konversationsanalytischen Fokus. Die Alltagssoziologie beginnt beim Vertrauten und stellt unter Einsatz unterschiedlicher Techniken *Fremdheit* her, anstatt es, wie beim ethnologischen Ansatz, umgekehrt zu machen (vgl. ebd., S. 29 f.).

Dieser dritten Traditionslinie folgend, wird Sacks' ethnomethodologisch beeinflusste Strategie, seine Beobachtungen als *Doings* zu konzipieren, in die Analyseperspektive der vorliegenden Arbeit einbezogen. In seiner Analyse ‚Doing Being Ordinary' (Sacks 1984) erklärt er beispielsweise, wie alltägliche Praktiken, in denen ‚Ein gewöhnlicher Mensch Sein' hervorgebracht wird, als Aufwand betrachtet werden, den die Menschen betreiben: „as if a person's job was to do 'being ordinary'" (vgl. Sacks 1984, S. 414).

> A core question is, how do people go about doing 'being an ordinary person'? In the first instance, the answer is easy. Among the ways you go about doing 'being an ordinary person' is to spend your time in usual ways, having usual thoughts, usual interests, so that all you have to do to be an ordinary person in the evening is turn on the TV set. Now, the trick is to see that it is not that it *happens* that you are doing what lots of ordinary people are doing, but that you know that the way to do 'having a usual evening,' for anybody, is to do that. (Sacks 1984, S. 415)

Mit einer solchen Justierung des analytischen Blicks kann die soziale Funktion und auch die Relevanz solcher Praktiken des Alltags für „the way our world is organized" (ebd., S. 429) herausgearbeitet werden.

Mit diesem kursorischen Überblick über die Traditionslinien ethnographischer Forschung konnte verdeutlicht werden, dass hier zwei konstante Grundgedanken auf unterschiedliche Weise gewendet worden sind: Erstens die Haltung des Entdeckens oder auch des Organisierens von Überraschungen (vgl. auch Breidenstein 2015, S. 121) und zweitens der kulturanalytische Umgang mit Nähe und Distanz, bzw. mit Vertrautheit und Fremdheit. Das Verständnis ethnographischer Forschung, so wie sie im vorliegenden Fall betrieben wird, orientiert sich entsprechend der drei Traditionslinien an der methodischen „Befremdung der eigenen Kultur, des scheinbar Vertrauten" (Amann/Hirschauer 1997, S. 12). Dabei geht es nicht um die Beschreibung einer *Kultur* von außen, sondern darum, sich dieser in ihrem alltäglichen Vollzug auszusetzen (vgl. Breidenstein/Kelle 1998, S. 19). Kelle (2004, S. 636) schließt hier mit der methodologischen Empfehlung für Forscher*innen an, „sich von Alltagsselbstverständlichkeiten, auch den wissenschaftlichen, methodisch zu distanzieren und im ethnographischen Vorgehen von Feld und Forschungsgegenstand leiten zu lassen". Forscher*innen, als Medium der Datenerhebung, können ihre eigene Positionierung verdeutlichen, indem unter anderem die theoretischen Vorannahmen expliziert werden und die methodische Distanzierung vom Vertrauten auch auf die eigenen Interpretationsleistungen angewandt wird, auf deren Grundlage die Daten – insbesondere Beobachtungsprotokolle, aber auch Interviews – erst entstehen. Der Blick auf die Entstehungsgeschichte der Ethnographie sensibilisiert für die ethnographisch gewendete Prämisse des interpretativen Paradigmas (vgl. Wilson 1970), dass die Beschreibung der beobachteten Phänomene nicht neutral oder ‚unschuldig' ist, sondern dass es sich um Formen der Repräsentation des Feldes handelt, die unter anderem von der subjektiven Positionierung de*r Forscher*in geprägt sind. Es handelt sich in diesem Sinne weniger um Be- als um *Zu*schreibungen (vgl. Kalthoff 2011, S. 158). Für die Leser*innen ethnographischer Studien bedeutet dies wiederum, die Studien nicht als objektivistische Aussagen über *die* Wirklichkeit anzunehmen, sondern als interpretative Angebote, als Ko-Konstruktionen der Forscher*innen.

Im deutschsprachigen Raum hat die Ethnographie für die Erziehungswissenschaft seit einigen Jahrzehnten an Bedeutung gewonnen und ist inzwischen im Repertoire der Forschungsmethoden zu pädagogischen Feldern verankert (vgl. Hünersdorf 2008, S. 29; Müller/Krinninger 2014, S. 63). Spezifisch ist dabei die Ausrichtung erziehungswissenschaftlicher Ethnographie an der rekonstruktiven Sozialforschung, die im Vergleich zu eher kulturanthropologisch geprägten Forschungshaltungen, wie sie beispielsweise in den USA verbreitet ist, als szientifisch bezeichnet werden kann (vgl. Hünersdorf 2008, S. 32; Zinnecker 2000, S. 672).[4] Das erziehungswissenschaftliche und pädagogische Interesse bezieht sich dabei auf die „pädagogische[...] Reflexions- und Handlungszugänglichkeit des untersuchten Feldes" (Müller/Krinninger 2014, S. 65).

Grundsätzlich ist in der erziehungswissenschaftlichen Ethnographie insgesamt ein breites Themenspektrum abgedeckt. Unter den pädagogischen Handlungsfeldern, die Gegenstand oder Feld ethnographischer Forschung sind, befindet sich besonders stark vertreten die Institution Schule (exempl. Beck/Scholz 1995; Breidenstein/Kelle 1998; Breidenstein 2006; Budde et al. 2008; Reh et al. 2015; Hofstetter 2017; Langer 2008; Merl 2019; Weitkämper 2019, Machold/Wienand 2021).[5] Die Schule bzw. die darin beobachteten und aufzuschlüsselnden Phänomene können dabei mit einer *Black Box* verglichen werden, deren Innenansichten

---

[4] An einer szientifischen Orientierung könne kritisiert werden, so Hünersdorf, dass die Gefahr besteht, nicht die angemessene Offenheit zu bewahren, wenn der analytische Blick auf Phänomene durch methodische Datenkontrolle allzu beschränkt wird (vgl. Hünersdorf 2008, S, 32). Im Zusammenhang mit der Notwendigkeit der Transparenz bezüglich getroffener methodologischer Entscheidungen ist zu diesem berechtigten Hinweis bereits in der Kapiteleinleitung Position bezogen worden: Berücksichtige ich als Forscherin meine Verantwortung für die ethnographische Wissensproduktion, ist dieser potenzielle Offenheitsverlust hinzunehmen zugunsten einer methodischen Nachvollziehbarkeit.

[5] Schulischer Alltag und Unterrichtsforschung sind im deutschsprachigen Raum seit etwa den 1970er Jahren Gegenstand von Pädagogischer Ethnographie, etwa zur Curriculumsentwicklung im Rahmen pädagogischer Handlungsforschung (vgl. Zinnecker 2000, S. 385 f.).

Aufschluss geben sollen über die Realität der institutionellen und/oder pädagogischen Praxis in der Schule (exempl. Machold 2017, S. 158; Hofstetter 2017, S. 272).

In Bezug auf die Kindheitsforschung hat ethnographische Forschung ebenfalls eine wichtige Rolle gespielt, was der Entwicklung einer kulturanalytischen Perspektive auf Kindheit(en) und Kindsein zugutekam (vgl. James 2010, S. 249). Eröffnet wurden damit unter anderem Möglichkeiten der kulturellen und gesellschaftlichen Kontextualisierung kindlicher Erfahrungen sowie des Herausarbeitens ihres Stellenwerts als Akteur*innen der Hervorbringung ihrer eigenen Kindheit (vgl. ebd., S. 250).

Die vorliegende Studie versteht sich als verortet an der Schnittstelle von Kindheits- und Ungleichheitsforschung und, indem mit einem entsprechend ausgerichteten Blickwinkel im Feld der Grundschule geforscht wird, der Grundschulforschung. Die strukturellen und konzeptionellen Rahmenbedingungen dieser Ethnographie werden im Folgenden konkreter ausgeführt.

3.2.2 Rahmenbedingungen und Konzeption der vorliegenden Ethnographie

Die vorliegende Arbeit ist strukturell eingebettet in das DFG-geförderte Langzeitprojekt „Ethnische Heterogenität und die Genese von Ungleichheit in Bildungseinrichtungen der (frühen) Kindheit" (Leitung: Claudia Machold).[6] Das heißt, diese Studie zur Begabungskultur ist auf der Grundlage umfassender empirischer Daten entstanden, die im Forschungsprozess des genannten Drittmittelprojektes erhoben wurden. Aus diesem Grund ist es erforderlich, das Forschungsdesign des Projekts auf der Grundlage einer kurzen Skizzierung des Erkenntnisinteresses nachzuzeichnen.

Das DFG-Forschungsprojekt
Das Projekt ging davon aus, dass der „PISA-Schock" im Jahr 2001 als Zäsur für die eingehende Beschäftigung der Erziehungs- und Bildungswissenschaft(en) mit Bildungsbenachteiligung im Zusammenhang mit dem Migrationshintergrund

---

[6] Dieses Forschungsprojekt wurde von 2016–2019, zunächst an der Universität Bielefeld und ab 2017 an der Bergischen Universität Wuppertal, als DFG-Einzelprojekt im Anschluss an das gleichnamige Projekt durchgeführt, das von 2011–2015 im Rahmen des SFB 882 von Isabell Diehm, im Abschlussjahr von Claudia Machold, geleitet wurde und an der Universität Bielefeld angesiedelt war.

begriffen werden kann (vgl. Machold/Wienand 2021, S. 10; Carnin 2020[7], S. 1).
Regelmäßig aktualisiert der alle zwei Jahre erscheinende nationale Bildungsbe-
richt die Erkenntnisse zur ethnisch codierten Bildungsungleichheit: Während die
Kluft kontinuierlich kleiner zu werden scheint, ist die soziale Familiensituation
dennoch in unmittelbarem Zusammenhang mit Bildungserfolg von Kindern zu
sehen, für die der Migrationshintergrund bzw. Migrationsstatus einen statistisch
bedeutsamen Faktor darstellt (vgl. Autorengruppe Bildungsberichterstattung 2020,
S. 45). Der quantitativen Bildungsforschung ist es grundsätzlich anzurechnen,
dass dieser Situation große Aufmerksamkeit geschenkt wird; zugleich muss hinterfragt werden, wie dabei – möglicherweise trotz Hinweisen darauf, dass ein
Migrationsstatus nicht per se als Problem bzw. risikobehaftet anzusehen sei (vgl.
exempl. ebd.) – bestimmte kollektivierende Kategorien in quantifizierender Perspektive als problembehaftete gesellschaftliche Gruppen hervorgebracht werden (vgl.
Machold/Wienand 2021, S. 26). Mit anderen Worten: Dieser spezifische (quantitative) Forschungsansatz bildet soziale (Bildungs-)Ungleichheit nicht einfach nur
ab. Ergebnisse und deren Kategorien werden mitunter in wenig kritisch-reflexiver
Perspektive wissenschaftlich reproduziert (vgl. Diehm/Kuhn/Machold 2010, S. 78),
finden aber auch in teilweise trivialisierter Form ihren Weg in das Alltagswissen und
können so zu einer negativen Voreingenommenheit gegenüber bestimmten – als
solchen reproduzierten – Gruppen beitragen (vgl. ebd., S. 86).

In der Konzeption des DFG-Forschungsprojekts wurde die oben beschriebene,
quantitativ festgestellte, enge Verbindung zwischen Bildungsungleichheit und dem
sogenannten Migrationshintergrund als ‚ethnisch codierte Bildungsungleichheit‘
zum Ausgangspunkt genommen (vgl. Machold 2015b, S. 36). Dabei wurde von der
Prämisse ausgegangen, dass es kein Zufall ist, dass Bildungsungleichheit entlang des
„Migrationshintergrunds" beobachtet werden kann. Sie lenkte auf die Frage, was zu
diesem Ergebnis führt. In praxistheoretischer Perspektive wurde also die Annahme
formuliert, dass ein privilegierter oder ein unterprivilegierter Zugang zu Bildung
auf (pädagogische) Unterscheidungspraktiken zurückzuführen ist (vgl. Machold
2015b, S. 36; Scherr 2008, S. 7). So orientierte sich das Forschungsdesign daher
an der Teilnahme am Schulalltag. Mit der Verankerung der Teilnahme im Feld in
der Teilnehmenden Beobachtung, fokussierten die Erhebungen auf pädagogische
Unterscheidungspraktiken – mit besonderem Augenmerk auf ethnisierende Effekte
(vgl. Diehm et al. 2013, S. 650 ff.). Das Interesse war nicht darauf gerichtet, *wie*
Kinder *sind* oder sich entwickeln, oder wie sich Kinder verhalten, die zu einer
bestimmten sozialen Gruppe gezählt werden. Stattdessen standen solche Praktiken

---

[7] Die Dissertationsstudie von Carnin (2020) entstand ebenfalls im Kontext des auch dieser
Studie zugrunde liegenden DFG-Forschungsprojekts.

im Fokus, die eine bestimmte Ordnung des Unterscheidens herstellen, um diese Ordnung darauf hin zu befragen, wie ungleiche Kindheiten hervorgebracht werden. Als pädagogische Unterscheidungspraktiken wurden solche Praktiken aufgefasst, die in der zu beobachtenden Praxis gekennzeichnet sind durch: ihr Stattfinden in pädagogischen Institutionen; die Partizipation von Akteur*innen, die als Pädagog*innen ausgewiesen sind, bzw. von Artefakten, die z. B. als pädagogisches Material ausgewiesen sind; sowie im konkreten Fall des Kontextes von Bildungseinrichtungen der (frühen) Kindheit durch ihre Einbettung in generationierende Praktiken, die sich unilinear von Erwachsenen auf Kinder richten. Darin lässt sich die Überlappung von informellen und formellen pädagogischen Verhältnissen, bzw. von professionellen pädagogischen Verhältnissen und von Care-Verhältnissen beobachten.

Der methodische Zuschnitt des Forschungsprojekts schloss an die alltagssoziologische Haltung der Befremdung des Vertrauten an und fokussierte die Mikroebene der Hervorbringung von pädagogischen Unterscheidungspraktiken (zum Forschungsdesign siehe Abschnitt 3.3.2 sowie Machold/Wienand 2021, S. 14 ff.). Die damit eingenommene synchrone Perspektive wurde durch die Anlage als Langzeitethnographie mit einer diachronen Perspektive ergänzt (vgl. Machold 2015b, S. 38): 28 Kinder wurden im Durchlaufen der Kita und der Grundschule durch die Forschung begleitet; bis zum Abschluss der Erhebungen befanden sich noch 22 Kinder in diesem Sample (vgl. auch Machold/Wienand 2021, S. 129).

Konzeption dieser Studie

Bestand der Ausgangspunkt dieser Studie, beeinflusst durch die Anlage des übergeordneten Forschungsprojekts, zu Beginn in einem relativ allgemeinen Interesse an pädagogischen Unterscheidungspraktiken in der Grundschule, richtete sich die Aufmerksamkeit im Verlauf erster Analysen auf unterliegende Routinen des Unterscheidens. Angeregt wurde diese Aufmerksamkeitsrichtung insbesondere durch die Beobachtung eines Bewertungsdilemmas, das durch eine Lehrkraft thematisiert wurde: Nachdem in einer Unterrichtssequenz zum Thema Redewendungen mit der Klasse besprochen worden ist, dass manche Kinder in ihrem Zuhause nicht mit der Erstsprache Deutsch aufwachsen und sie daher manche Redewendungen nicht kennen könnten, reflektiert die Lehrkraft darüber im Interview.[8] Sie kommt dort zu dem Schluss, dass sie Aufsätze, die einen eingeschränkten (deutschsprachigen) Wortschatz eines Schulkindes widerspiegeln, schlechter bewerten müsse, ordnet diesen Bewertungszwang aber als „schwierig" ein (vgl. Machold/Wienand 2021, S. 81 ff.). Beispielhaft zeigt sich an diesem Thema, dass könnensbezogene Routinen des Unterscheidens sich im Hinblick auf Leistungsbewertung recht leicht

---

[8] Siehe auch Kapitel 1 (Einleitung).

rational begründen lassen, wobei hier erste Verdachtsmomente aufkommen, dass die reflexiv-argumentativ bemühte Bezugslogik sich aber nicht bloß auf Leistung zu stützen schien, sondern offenbar auf einer impliziteren („noch logischeren' oder selbstverständlicheren) Logik der Könnensunterschiede als – möglicherweise – Begabungsunterschiede aufbaute. Als rhetorische Frage zugespitzt: Sind schulische Leistungsunterschiede (teilweise) auf das individuelle Schicksal zurückzuführen, wie beispielsweise unterschiedliche Begabungen – was auch immer das heißt – oder, als weiteres Beispiel, auf den Zufall der Geburt in ein monolingual-deutschsprachiges Zuhause? Die Frage nach dem Begabungsbezug rückt zum einen aus dem Grund in den Mittelpunkt des Interesses, da es sich bei Begabung um ein psychologisch zwar viel bearbeitetes, erziehungswissenschaftlich aber eher weniger beachtetes Themenfeld handelt. Zum anderen kann damit an die bereits erfolgte Bearbeitung einzelner Elemente des Phänomens aus anderen Forschungszusammenhängen angeknüpft werden (vgl. Wienand/Hasenjürgen 2016; Wienand 2019). Um eine explorative Erschließung des Phänomens zu ermöglichen, wird die erste Annäherung an eine Forschungsfrage möglichst offen formuliert: Wie wird Begabung im Alltag der Grundschule relevant gesetzt?

Der gewählte qualitative Forschungsansatz bietet die Möglichkeit, die „Bedeutungsschichten" (Kelle 2013a, S. 106) zu analysieren, aus denen sich die Herstellung einer Begabungskultur in der Grundschule zusammensetzt. Wird berücksichtigt, dass möglicherweise unendlich viele Bedeutungsebenen existieren (vgl. ebd., S. 115), geht für Forschende mit dem gewählten qualitativen Forschungsprozess stets auch einher, Entscheidungen darüber zu treffen, „dass bestimmte Komplexitätsproduktionen und -reduktionen gegenüber anderen vorgezogen werden" (ebd., S. 111). Eine grundlegende Orientierung dafür gibt die Grounded Theory nach Charmaz (2000, 2006) vor. Im Folgenden wird näher auf die Konzeption dieser Studie eingegangen, indem sie mit meinem Verständnis der Grounded Theory verknüpft wird.

3.3   Grounded Theory und forschungspraktisches Vorgehen

Der Begriff der Grounded Theory bezeichnet sowohl eine Theorie, die auf der Grundlage von empirischem Material systematisch entwickelt wird (das Produkt), als auch zugleich auch den Prozess, der strategisch zur Hervorbringung dieser Theorie hinführt (das methodische Verfahren bzw. die Methodologie). Vor allem in der deutschsprachigen Literatur wird daher in der Regel zwischen den Begriffen Grounded Theory und Grounded Theory Methodologie (kurz:

GTM) begrifflich differenziert (vgl. exempl. Mey/Mruck 2011, S. 12). Dabei ist ein methodisches Vorgehen nach Grounded Theory jedoch nicht als bloßes Befolgen einer bereitliegenden Auswertungsmethode zu verstehen (vgl. Kruse 2015, S. 391). Vielmehr stellt sie „im Grunde genommen eine *Praxistheorie der systematischen Strukturierung iterativ-zyklischer Erkenntnisprozesse* dar" (ebd., Hervorhebung im Original). Insofern erfordert der Forschungsstil der Grounded Theory eine spezifische Einstellung zum Datenmaterial. Anders formuliert, kann unter Grounded Theory ein „Forschungsstil zur Erarbeitung von in empirischen Daten gegründeten Theorien" (Strübing 2008, S. 14) verstanden werden. Anstatt sich den Forschungsprozess als ein Abarbeiten von sequenziell aufeinander folgenden Aufgaben vorzustellen, ist dieser Prozess im Sinne der Grounded Theory als Vorgang zu begreifen, der von einem „kontinuierlichen Wechsel [...] von Handeln und Reflexion" (Strübing 2008, S. 15) gekennzeichnet ist.[9] Forschende haben sich selbst nicht als neutrale Beobachter*innen zu verstehen, sondern sind sich darüber im Klaren zu sein, dass sie ihre Daten interpretieren und dass diese Interpretationen subjektiv geprägt sind (vgl. ebd., S. 16; vgl. Charmaz/Puddephatt 2011, S. 94).

Die methodische Strategie der Grounded Theory besteht aus systematischen Schritten, um induktiv auf der Grundlage empirischer Daten eine theoretische Erklärung der vorgefundenen Phänomene („middle-range theoretical frameworks") zu entwickeln (Charmaz 2000, S. 509). Die theoretische Analyse, die in der vorliegenden Studie entfaltet wird, ist „'grounded' in the data" (Charmaz 2006, S. 2), also begründet und verankert in den Forschungsdaten. Als Analyseergebnis wird eine Grounded Theory formuliert – im Fall der vorliegenden Studie wird eine zusammenfassende Beschreibung davon anvisiert, wie die Konzepte, die während der Analyse rekonstruiert werden, miteinander zusammenhängen. Es geht also weniger um ein Erklären, als um ein Verstehen von sozialen Phänomenen: "Interpretive theories allow for indeterminacy rather than seek causality and give priority to showing patterns and connections rather than to linear reasoning." (Charmaz 2006, S. 126) Die vorliegende Studie zielt entsprechend weder darauf ab, zu bestimmen, was Begabung *in Wirklichkeit* ist, noch darauf, etwa (reduktionistische) Erklärungen und Vorhersagen über die Verwendungsweisen von Begabungskonzepten im Kontext der Grundschule anzubieten. Das Ziel lautet

---

[9] Breuer, Muckel und Dieris (2019) haben diesen Anspruch des reflexiven Forschens unter dem Label Reflexive Grounded Theory ausgearbeitet und gehen in ihrem Buch unter anderem vertiefend auf die Bedeutung der Positionierung de*r Forscher*in ein.

vielmehr, zusammenhängend darzulegen, was für die Akteur*innen als Wirklichkeit angenommen wird, wie sie diese Wirklichkeit hervorbringen und damit umgehen (vgl. ebd., S. 127).

Dieses Unterkapitel dient der Einordnung meiner für diese Studie vorgenommenen Vorgehensweise nach Grounded Theory. Dafür gehe ich im nächsten Abschnitt zunächst überblickartig auf die Grundgedanken dieser Vorgehensweise ein, um im dann anschließenden Abschnitt meine eigene Ausgestaltung des Forschungsprozesses zu erläutern.

3.3.1   Grundgedanken der Grounded Theory

Glaser und Strauss verfolgten 1967 mit der Veröffentlichung ihrer Monographie „The Discovery of Grounded Theory" den Anspruch, ein „Verfahren der Entwicklung von Theorien" (Mey/Mruck 2011, S. 11) darzulegen, das als eine „regelgeleitete, kontrollierte und prüfbare ‚Entdeckung' von Theorie aus Daten/Empirie" (ebd.) angelegt ist. Nach Aussage von Anselm Strauss handelt es sich bei der Grounded Theory um „eine Methodologie, um in den Daten schlummernde Theorien zu entdecken" (Strauss/Legewie/Schervier-Legewie 2004, Abs. 51). Eine wesentliche Motivation für diese Veröffentlichung lag darin, den Nachwuchswissenschaftler*innen eine programmatische Legitimation bzw. Vergewisserung an die Hand zu geben, um ihre qualitativ angelegten Studien „vor den Prüfungsausschüssen besser rechtfertigen" (ebd., Abs. 52) zu können. Qualitative Forschung, so beschreibt es Strauss, sei zu jener Zeit nicht anerkannt gewesen, da sie als unwissenschaftlich galt (vgl. ebd.). *The Discovery of Grounded Theory* enthält jedoch keine Methoden und ist somit nicht als didaktisches Werk zu verstehen, sondern als programmatische Positionierung, mit der die Perspektive eröffnet wurde, dass Theorie mit einer systematischen qualitativen Analyse generiert werden kann (vgl. Strauss/Legewie/Scherview-Legewie 2004, Abs. 54; Charmaz 2006, S. 5). Didaktische Literatur zur Vorgehensweise mit Beispielen aus der forschenden Praxis ist wenig später veröffentlicht worden (vgl. Strauss 1991; Strauss/Corbin 1996). Als zentrale Punkte der Methodologie hebt Strauss die Art des Codierens, das Theoretische Sampling und die Vergleiche, aus denen die Konzepte entwickelt werden, hervor (vgl. Strauss/Legewie/Scherview-Legewie 2004, Abs. 59). Charmaz differenziert dies weiter aus und definiert die folgenden Elemente als zentral für die Praxis der Grounded Theory:

- Datenerhebung und Analyse als simultane Forschungsaktivitäten
- Konstruktion von Codes und Kategorien auf Basis der vorliegenden Daten, anstatt durch deduktive Zusammenführung mit Hypothesen
- Kontinuierliches Vergleichen, das Ziehen von Vergleichen während aller Stufen des Forschungsprozesses
- Weiterentwicklung der eigenen Theorie über den Forschungsprozess (Datenerhebung und Analyse) hinweg
- Schreiben von Memos zur Erarbeitung von Kategorien, Definition ihrer Eigenschaften, zur Verhältnisbestimmung der Kategorien untereinander und zur Identifikation von bestehenden ‚Löchern'
- Datenselektion mit dem Ziel der Theorieentwicklung, nicht der (demographischen) Repräsentativität
- Zusammentragen des Forschungsstands erst, nachdem eine Analyseperspektive unabhängig entwickelt wurde

(vgl. Charmaz 2006, S. 5 f.)

Als qualitative Forschungsmethodologie geht es auch der Grounded Theory darum, Theorien sowie damit einhergehende Konzepte und Begriffe zu ‚entdecken'. Dabei gilt: „Folgen wir einer Entdeckungslogik, können wir vorab die Auswahl unserer Fälle nicht definieren, da wir zunächst nicht wissen können, welche Fälle sich im Laufe der Forschung als theoretisch relevant erweisen werden" (Rosenthal 2015, S. 90). Kathy Charmaz hat diese Idee eines Entdeckensprozesses als aktiven Konstruktionsprozess konkretisiert: Nicht das passive Lesen von Datenmaterial, sondern die aktive Auseinandersetzung damit, etwa während der Codierprozesse, führt dazu, den Daten Sinn zu verleihen (vgl. Charmaz 2006, S. 46).

Diese Vorgehensweise trägt einer konstruktivistischen Annahme Rechnung, dass wissenschaftliche Forschung Wissen produziert, indem das Wissen in einer bestimmten Form hervorgebracht wird. Aus der Position als Forscherin wird in Bezug auf die qualitativ-empirische Sozialforschung besonders deutlich, „[...] dass wir über soziale Praktiken in Wissensprozessen das zu Wissende immer auch konstruieren und – wie eine Schneiderin oder Schriftstellerin ihren Stoff – zuschneiden" (Kelle 2013a, S. 64).

3.3.2   Forschungsdesign des DFG-Projekts

Mit der Ausgangsannahme des DFG-Projekts (siehe Abschnitt 3.2.2), dass es im Bildungsverlauf von Kindern Prozesse der Ethnisierung geben muss, deren ,Ergebnisse' sich in quantitativer Perspektive als ethnisch codierte Bildungsungleichheit abbilden, geht also die Annahme einher, dass diese Prozesse beobachtet und analysiert werden können. Daran angelehnt werden kann auch der Umgang mit der Ausgangsannahme der vorliegenden Studie: Gibt es Prozesse des Begabens, im Sinne eines Hervorbringens von Kindern als (schicksalhaft) begabt und unbegabt, dann können solche Prozesse forschend begleitet werden um unter anderem den Bezugspunkt zu rekonstruieren, der damit referenziert wird. Wenn beobachtet werden kann, dass Begabung an sich den Bezugspunkt darstellt, so ist zu rekonstruieren, in welcher Weise dieser Bezug für die Teilnehmenden Sinn ergibt und als real hervorgebracht wird (vgl. auch Kapitel 1).

Das Forschungsfeld des dieser Studie zugrunde liegenden Forschungsprojekts – vier Grundschulen[10] – war situiert im bevölkerungsreichsten deutschen Bundesland Nordrhein-Westfalen. Die Anwendung verschiedener Methoden, die ethnographisch integriert werden, folgt dem Prinzip der Offenheit und entspricht so einem auf das Feld und die Daten bezogenen Opportunismus (vgl. Breidenstein et al. 2015, S. 34). Für die Auswahl einer angemessenen Methode ist die Nähe zur Vollzugswirklichkeit der untersuchten Praxis (der *Begabungskultur*) handlungsleitend. Die Erhebung des Datenmaterials sollte also nach dem methodenpluralen Prinzip erfolgen, nach dem die Angemessenheit der angewandten Methoden zur Datengenerierung nicht vorab, sondern anhand der im Feld zu untersuchenden Phänomene entschieden wird (vgl. Kelle 2013a, S. 60). Im Rahmen des DFG-Projekts war ein Forschungsdesign bereits im Vorfeld angelegt, das sich an der Einnahme einer synchronen und einer diachronen Perspektive sowie an der analytischen Unterscheidung von drei Praxisformen orientierte: der Praxis des intergenerationalen Alltags, also des Unterrichts, der Pausen usw.; an der Praxis des Bewertens und Dokumentierens, also insbesondere in Bezug auf

---

[10] Die an der Forschung teilnehmenden Grundschulen ergaben sich aus der 1. Projektphase, in der Kinder aus zwei Kindertagesstätten für die Forschungsteilnahme akquiriert wurden. Aus forschungspraktischen bzw. ressourcentechnischen Gründen wurde nicht an allen Grundschulen geforscht, auf die die Kinder übergegangen sind. Nach der Einschulung der Kinder in die Primarstufe wurden diejenigen Grundschulen zur Forschungsteilnahme angefragt, auf die jeweils möglichst viele der durch die Forschung begleiteten Kinder übergegangen sind, wodurch das Feld schließlich auf vier Schulen beschränkt wurde (vgl. Machold/Wienand 2021, S. 22 f.).

Dokumente wie Zeugnisse usw.; und an der Praxis der Elternsprechtagsgespräche (vgl. ausführlich hierzu Machold/Wienand 2021, S. 14 ff.). Eine gewisse Flexibilität im Hinblick auf die methodische Herangehensweise und das Erfordernis, sich den Gegebenheiten im Feld anzupassen, blieb trotz der Vorgaben bestehen. Dabei stand der Anspruch im Mittelpunkt, der Komplexität der sozialen Wirklichkeit insofern gerecht zu werden, als der untersuchte Gegenstand die jeweiligen Verfahren begründen sollte, da die Verfahren umgekehrt auch immer die Untersuchungsgegenstände auf spezifische Weise konstituieren (vgl. Kelle 2013a, S. 60). Jede Methode trägt zur Konstruktion und damit auch zur Eingrenzung des Gegenstandes bei (vgl. ebd., S. 67). Entsprechend ist in Bezug auf die ausgewählten Methoden eben nicht von einer dogmatischen oder rezeptähnlichen ‚Anwendung' zu sprechen, sondern von einer „projektspezifische[n] Methoden*entwicklung*" (ebd., S. 60 f., Hervorhebung im Original). Das heißt, dass ein Verständnis der methodologischen Grundlagen notwendig ist – und sogar wichtiger als die Kenntnis oder Erwartung einer definierten Vorgehensweise –, um eine kontextspezifische Methodenmodifikation im Sinne von Anpassung und Kombination vornehmen zu können (vgl. ebd., S. 61).

In den nächsten Abschnitten werde ich meine forschungspraktische Herangehensweise in Bezug auf die Erhebungen darlegen. Wenn auch durch das übergeordnete Forschungsdesign konkrete Vorgaben bestanden haben, dient dieser Schritt zum einen der Darlegung des methodischen Verständnisses, das dieser Dissertationsstudie zugrunde liegt, und zum anderen der Dokumentation von Felderfahrungen, die exemplarisch veranschaulichen, wie der Forschungsprozess vollzogen wurde, mit dem das Datenmaterial hervorgebracht worden ist.

3.3.3 Feldeintritte

Die Teilhabe am Feld mit der zentralen Methode der teilnehmenden Beobachtung bildet die Grundlage für den empirischen Zugriff auf die sozialen Praktiken, die den Untersuchungsgegenstand darstellen (vgl. Breidenstein et al. 2015, S. 34; Friebertshäuser/Panagiotopoulou 2010, S. 309). Der Feldbegriff an sich bezieht sich auf „die Wirklichkeit ‚dort draußen'" (Breidenstein/Kelle 1998, S. 21); die teilnehmende Beobachtung ‚im Feld' unterscheidet sich also grundlegend etwa von Laborbeobachtungen (vgl. Aeppli et al. 2014, S. 193 f.). Das heißt, es handelt sich dabei nicht um künstliche Arrangements zum Zweck der Vergleichbarkeit anhand so erzeugter Standards, sondern um das soziale Setting, das von der Forscherin als ‚Externer' betreten wird, um persönlich vor Ort zu sein und an den alltäglichen Praktiken teilzuhaben (vgl. Breidenstein et al. 2015, S. 33; Emerson et al. 1995, S. 1).

> Die konkrete Aktivität des Beobachtens spaltet sich auf in eine Vielzahl unterschiedlicher Handlungen: Ethnographen führen Gespräche und schweigen, sind involviert und stehen abseits, schauen sich Aktivitäten an und nehmen aktiv an diesen teil, versuchen Zusammenhänge und Wissensprozesse zu verstehen und wichtige Stationen in einer Organisation (Passagepunkte) ausfindig zu machen, sie fokussieren eine Perspektive (sie lokalisieren) und sie wechseln die Perspektive (sie delokalisieren) etc. (Kalthoff 2011, S. 152 f.)

Es handelt sich um ein anspruchsvolles Forschungshandeln, das reflexive Nachjustierungen kontinuierlich erforderlich macht: Sei es die Positionierung im Feld, welche die Beobachtungen mitbeeinflusst, der Umgang mit der begrenzten Möglichkeit, nur selektive Momentaufnahmen zu beobachten und schriftlich (oder mit Audio- bzw. Videounterstützung) zu dokumentieren, oder die Anforderung, sich der eigenen Bewertungen und Interpretationen von beobachteten Szenen möglichst zu enthalten, bzw. sie möglichst in der Feldlogik zu beschreiben (vgl. Emerson et al. 1995, S. 27). Die mit dem Forschungshandeln einhergehenden Spezifika und Herausforderungen ergeben im Weiteren den roten Faden, an dem entlang – über die folgenden Unterpunkte übergreifend – die Darstellung des forschungspraktischen Handelns erfolgt.

Formale Voraussetzungen
Der Anspruch der vorliegenden theoriebildenden Studie dient, mit Schütz gesprochen, „keinem praktischen Zweck. Ihr Ziel ist es nicht, die Welt zu beherrschen, sondern sie zu beobachten und sie nach Möglichkeit zu verstehen" (Schütz 1971, S. 282).[11] Es handelt sich um eine Studie, die sozusagen das Allgemeinwissen

---

[11] Weiter führt Schütz aus: „Freilich ist der Wunsch, die Welt zu verbessern, eines der stärksten Motive des Menschen, sich mit Wissenschaft zu befassen. [...] Doch weder diese Motive noch die Anwendung ihrer Ergebnisse für ‚weltliche' Zwecke ist ein Bestandteil des Prozesses wissenschaftlichen Theoriebildens selbst" (Schütz 1971, S. 282 f.). Das in der vorliegenden Arbeit angewendete Verständnis von Kritik – als Praxis der Untersuchung von Machteffekten von Wissen (Mecheril/Thomas-Olalde 2016, S. 496) – kann pointiert mit dem zitierten Wunsch nach Weltverbesserung verglichen werden. Schütz' Hinweis nehme ich zum Anlass, hier explizit zwischen einer kritischen Analyseperspektive auf Ebene der Theorie(bildung) und der Praxisebene zu unterscheiden: Kritisch betrachtet bzw. beurteilt wird nicht die Praxis der Hervorbringung einzelner (im Verlauf der Arbeit zu rekonstruierenden) Sinnkonstruktionen oder normativer Orientierungen der Feldteilnehmenden, sondern hier ist normative Enthaltsamkeit geboten (vgl. Kelle 2013a, S. 84). Auf der theoretischen

aktualisieren und eine praxistheoretische Revision des Begabungsbegriffs wissenschaftlich geltend machen will. Grundlage dafür ist die Erhebung qualitativer Daten, die Aufschluss geben über die alltäglichen Mikroprozesse, in denen Schulkinder als unterschiedene Kinder hervorgebracht werden. Hiermit ist eine wiederkehrende Herausforderung als Forscherin im Feld angesprochen: Den Teilnehmenden zu erklären, was genau Gegenstand und Ziel der Forschung ist. Neben Informationsmaterial wie Flyern und Elternbriefen wurden während der Feldaufenthalte durch die Forscherinnen gelegentlich kurze Erklärungen darüber angeführt, was eine Ethnographie eigentlich ist und was in diesem Sinne als der Untersuchungsgegenstand gilt. Aussagekräftig war die Positionierung, keine Evaluationsforschung in Bezug auf die konkrete pädagogische Praxis durchzuführen, an deren Ende entsprechend auch keine konkreten Handlungsanleitungen für Lehrkräfte stehen: Eine verbesserte Praxis oder verbesserte Praxiskontrolle ist explizit nicht Ziel dieser Forschung. Die Frage nach dem Forschungsgegenstand und den zu erwartenden Studienergebnissen kam in unterschiedlichen Situationen zum Einsatz und ist im Forschungsverlauf wiederholt zum Gegenstand forschungspraktischer wie auch ethischer Überlegungen geworden (vgl. Machold/Wienand 2021, S. 126 ff.; Machold 2022).

Relevant sind in diesem Zusammenhang auch datenschutzrechtliche Fragen. Datenschutz und Forschungsethik unterliegen in einem großen Forschungsprojekt auch der Frage des Datenmanagements (vgl. Machold/Wienand 2021, S. 22 f.). Als ethischer Orientierungspunkt forschender Tätigkeiten dient das Wohlergehen der Forschungsteilnehmenden bzw. die Prämisse, durch eine Teilnahme am Forschungsprojekt keine Benachteiligungen oder Einschränkungen zu erfahren (vgl. Hopf 2016, S. 199). Formaler Dreh- und Angelpunkt ist hierbei die schriftliche informierte Einwilligung, die „den Vorzug der Verbindlichkeit und Nachprüfbarkeit" (Kiegelmann 2010, S. 385) mit sich bringt, allerdings könne diese „abschreckend und wenig vertrauenserweckend wirken, wenn sie mit dem Kleingedruckten bei Kaufverträgen assoziiert wird" (ebd.). Die Erfahrung, dass das Unterschreiben eines Einwilligungsdokuments bereits eine Hürde darstellen kann, die aus einer ,harmlosen' sozialen Situation eine bürokratische Interaktion macht, steht symptomatisch für die Ambivalenz von Persönlichkeitsrechten und deren Schutz auf der einen Seite, und der Vertrauensbildung, die notwendig ist für den Aufbau einer Forschungsbeziehung.

Als einer der wichtigsten frühen Schritte der Datenverarbeitung ist zudem auch der Schritt der Anonymisierung der teilnehmenden Personen zu erwähnen, die ihnen vor der Einwilligung in die Teilnahme an der Forschung zugesichert worden ist. Anonymität ist dabei prinzipiell gleichbedeutend mit Nicht-Identifizierbarkeit

---

Ebene kann von den empirischen Beispielen ausgehend auf soziale Ordnungen abstrahiert werden – hier ist Kritik ein maßgebliches Element der Analyse des Sozialen.

der betroffenen Person. Der Vorgang der Anonymisierung ist definiert als „das Verändern personenbezogener Daten derart, dass die Einzelangaben über persönliche oder sachliche Verhältnisse nicht mehr oder nur mit einem unverhältnismäßig großen Aufwand an Zeit, Kosten, Arbeitskraft einer bestimmten oder bestimmbaren natürlichen Person zugeordnet werden können" (§ 36 Abs. 6 DSG NRW). Dazu gehört die Veränderung der Personennamen ebenso wie der Schulnamen und weiterer markanter Informationen, die eine Identifikation ermöglichen würden (vgl. Machold/Wienand 2021, S. 23). Dieser Schritt ist nicht zuletzt deshalb mit einem relativ hohen Aufwand verbunden, weil zum einen Rückschlüsse auf bestimmte Personen zu unterbinden sind, zugleich aber auch der Informationsgehalt der erhobenen Daten weitestmöglich erhalten bleiben sollte (vgl. Hopf 2016, S. 200 f.). Im hier zugrunde liegenden Forschungsprojekt mit einer sich über zwei Förderphasen erstreckenden langjährigen Laufzeit stellte dies mitunter eine besondere Herausforderung dar, da es auf dieser Datengrundlage viele Veröffentlichungen verschiedener Autor*innen gegeben hat – und auch zukünftig geben wird. So ist im Projektzusammenhang darauf geachtet worden, keine unbeabsichtigten Zusammenhänge zwischen Datenausschnitten wie Interviewsequenzen oder Sequenzen aus Beobachtungsprotokollen herzustellen, um auch darüber Rückschlüsse auf Personen nicht zu ermöglichen (vgl. Machold 2022, S. 37). Bei der Zusammenstellung einer größeren Zahl verschiedener Datenausschnitte, wie in der vorliegenden Studie, wird dennoch die Möglichkeit relevant, dass Teilnehmende, die zum Zeitpunkt der Forschung an der gleichen Schule waren, sich womöglich dennoch selbst und auch untereinander erkennen bzw. erahnen können (vgl. Miethe 2010, S. 931). Um dieser Möglichkeit eine weitere Hürde entgegenzusetzen, wird in der vorliegenden Studie eine doppelte Maskierung vorgenommen: Die bereits anonymisierten Daten wurden mit neuen Pseudonymen versehen.[12]

Soziale Positionierung – eine Reflexion
Als Forscherin im Feld, die zudem als Seiteneinsteigerin zu einem bereits seit Jahren laufenden Forschungsprojekt hinzugekommen ist, war es mir besonders zu Beginn der Feldphasen wichtig, auch subtile Botschaften von Teilnehmenden möglichst

---

[12] Leser*innen bisheriger Veröffentlichungen aus dem DFG-Forschungsprojekt werden hier mitunter einige wenige Sequenzen wiederholt antreffen, dabei aber keine ihnen bereits ‚bekannten' Namen lesen. Wird eine, bereits in anderen Publikationszusammenhängen des DFG-Forschungsprojekts analysierte, Materialsequenz hier erneut herangezogen, erfolgt dies in der Regel mit anderer analytischer Akzentuierung. Die vorliegende Materialzusammenstellung ließe so also nach wie vor höchstens unter großem Aufwand etwaige Rückschlüsse auf bestimmte anonymisierte Personen zu, die allerdings keine absolute Gewissheit gewähren, sondern Mutmaßungen bleiben würden.

zu erkennen. Der Kontakt zu den Schulen, den Kindern und ihren Eltern/Familien erschien mir insgesamt recht routinisiert, jedoch auch fragil: Bereits eine einzige Situation, in der sich eine forschungsteilnehmende Person unwohl fühlt, könnte gravierende Folgen, wie einen Ausstieg aus der Teilnahme oder Kontaktabbruch, zeitigen. Hierfür galt es zu Beginn also zunächst ein Gefühl zu entwickeln und die (wissenschaftliche) Neugierde zu enthemmen (vgl. Breidenstein 2015, S. 69). Der folgende Ausschnitt stammt aus einem der ersten Beobachtungsprotokolle, die ich im Rahmen des Forschungsprojekts verfasst habe. Der Eintritt in die Schule markierte für mich den Beginn der sogenannten Feldphase. Hatte ich die Schule zuvor bereits ein- oder zweimal für Vorgespräche mit Direktorat und Lehrkräften betreten, ging es nun tatsächlich los.

Einstieg 1 – M301

Ich klopfe kurz an und öffne die Tür, gucke ins Klassenzimmer. Die Kinder in der Klasse gucken mich an, Frau Meier ist nicht da. Die Kinder sitzen an Gruppentischen verteilt, das heißt zwei oder drei längliche Tische jeweils zusammengestellt. Ich stehe mit halboffener Tür halb im Klassenraum und höre, wie ein Kind sagt „Wer ist das?", ein anderes Kind fragt mich „Wie heißt du?", worauf ich sage „Ich heiße Carmen". Ein Junge, der in meiner Nähe sitzt, fragt mich, woher ich komme. Ich antworte: „Aus der Uni". Dann fragt er: „Aus welchem Land kommst du?" Ich erwidere lächelnd: „Aus welchem Land? Aus Deutschland." Er scheint eine andere Antwort erwartet zu haben, weil er etwas den Kopf wiegt, nimmt die Antwort aber an, lächelt. Dabei überlege ich, ob ich diese Gelegenheit nutzen sollte um mich vorzustellen, da ich sowieso gerade ihre Aufmerksamkeit habe und Frau Meier ja auch noch nicht da ist. Letztlich bin ich mir aber zu unsicher, ob ihr das recht wäre, oder ob ich damit eventuell ihre Planung durchkreuzen würde, daher lasse ich es. Ich sehe mich im Raum um und gehe dann nach hinten in eine Ecke, wo an einem Tisch, der zur Wand ausgerichtet ist, ein oder zwei Computerarbeitsplätze zu sein scheinen: Dort steht ein Bildschirm, zwei Stühle sind an dem Tisch hochgestellt. Ich nehme einen herunter und lege meinen Mantel auf die Rückenlehne, meinen Rucksack neben den Stuhl, dann setze ich mich. Die Kinder unterhalten sich untereinander, aber ein paar stellen mir noch ein paar Fragen, z.B. ob ich hier ein Praktikum oder Referendariat mache, ob ich hier arbeite, worauf ich antworte, dass ich zum Zugucken da bin.

Im Feld sein bedeutet mehrerlei: Menschen kennenzulernen, einen funktionierenden, im besten Fall vertrauensvollen Kontakt aufzubauen und – auch in Verantwortung für das gesamte Projekt – aufrecht zu halten, eine oder mehrere räumliche Positionen zu finden; nicht zu distanziert (um noch dabei zu sein und noch etwas zu sehen) und nicht zu exponiert (um sich nicht selbst zum Mittelpunkt des Geschehens zu machen), zu beobachten, mitzumachen und mitzuschreiben. Die Balance zu halten im sozialen Kontakt, dem zugleich eine mehr oder weniger

geschäftliche Vereinbarung zu Grunde liegt, ist eine der besonderen Herausforderungen, die ethnographisches Forschen mit sich bringt – und sie kann „soziale[n]
Stress" (Breidenstein et al. 2015, S. 69) bedeuten: Verunsicherung, ob meine Anwesenheit in manchen Situationen eine Grenzüberschreitung darstellt sowie etwa die
Frage, ob mich manche Lehrkräfte wohl als eine Art Kontrollinstanz sehen (vgl.
Wellgraf 2008, S. 14), da ich ständig etwas aufschreibe, das ich mitbekommen habe,
sind ständige Begleiter meines Forschungsalltags gewesen. Das veranschauliche ich
am nächsten Auszug eines frühen Beobachtungsprotokolls.

Einstieg 2 – M302

Herr Dräger sagt, dass die Stunde gleich vorbei sei und dass dann Pause sei, währenddessen gongt es. Einige Kinder verlassen ziemlich direkt den Klassenraum, andere
stehen oder laufen in der Klasse herum. Herr Dräger sagt, dass alle aus dem Klassenzimmer raus müssen. Er geht gemeinsam mit mir aus der Klasse und die Treppe
hinunter. [...] Wir stehen in der Nähe des Lehrerzimmers und in der Nähe seiner Bürotür und er sagt, ich könne mich ruhig in sein Büro setzen, aber das Lehrerzimmer sei
immer sehr voll. Ich sage, dass ich draußen bleibe.

Hier ist ein Beispiel dafür zu sehen, wie eine Kommunikation ‚zwischen den Zeilen'
stattfindet: Herr Dräger bietet der Forscherin einen Aufenthaltsort für die Dauer der
großen Pause an, sein Büro. Die Aussage, dass das Lehrerzimmer „immer sehr voll"
sei, deutete ich bereits vor Ort als Begründung dafür, nicht mit ins Lehrerzimmer
eingeladen worden zu sein. Die Aussage ist damit als höfliche, weil indirekte und
damit sehr subtile Ausladung interpretierbar, mit der Herr Dräger eine direktere
Herangehensweise vermeiden kann. Sätze, wie: „Ich möchte in der Pause keine
Fragen beantworten müssen und auch nicht beobachtet werden", könnten hingegen
Konflikte oder Irritationen im Beziehungsaufbau hervorrufen. Breidenstein et al.
sprechen von der „Aufrechterhaltung einer marginalen Position im Feld" (Breidenstein et al. 2015, S. 68) und machen damit auf die Notwendigkeit aufmerksam,
soziale Ambiguitäten aushalten zu müssen, wenn die sozialen Beziehungen de*r
Ethnograph*in als „primäre[...] ‚Datenträger'" (ebd., S. 69) begriffen werden.
    Da die Anwesenheit der Forscherin während der Teilnehmenden Beobach-
tung eine soziale Grundlage für die Forschungsbeziehung bildet, stellt sie nach
Auffassung vieler Ethnograph*innen das Zentrum der Datengewinnung dar (vgl.
Breidenstein et al. 2015, S. 34). Auf dieser Grundlage können also weitere Date-
nerhebungen aufgebaut werden, etwa die Verabredung von Interviews oder das
Kopieren von Zeugnisdokumenten, Tests oder Aufsätzen. Die ethnographische
Datenerhebung orientiert sich dabei an der Konzeption des Forschungsgegenstands,

der im Verlauf immer weiter geschärft wird (vgl. Kelle 2013a, S. 65). Die produzierten Daten sind dabei nicht als quellengebundene Repräsentationen, sondern als „Platzhalter" der untersuchten sozialen Phänomene zu verstehen (vgl. Breidenstein et al. 2015, S. 111).

3.3.4 Teilnehmende Beobachtung

Im Forschungsprojekt waren sowohl Teilnehmende Beobachtungen im Unterricht der Klassenlehrer*innen vorgesehen sowie von weiteren Fachlehrer*innen, die in die Teilnahme an der Forschung einwilligten. Auch darüber hinausgehende Situationen auf dem Schulgelände, wie Pausen oder Ankunftssituationen, waren Bestandteil der Beobachtungen. Zudem war vorgesehen, an den Elternsprechtagsgesprächen der begleiteten Kinder teilzunehmen. Elternsprechtage, als Praxisform verstanden, sind gekennzeichnet durch dichte Gesprächspraktiken. Hier wurden sowohl Feldnotizen zu Beobachtungsprotokollen verarbeitet als auch Audiomitschnitte, sofern dazu zugestimmt wurde, angefertigt, die anschließend transkribiert wurden.

Beobachtungsaktivitäten können grundsätzlich als alltäglicher Bestandteil des schulischen Alltags verstanden werden (vgl. Wiesemann 2010, S. 145). Wird der schulische Alltag in praxistheoretisch orientierter ethnographischer Perspektive als in Praktiken hervorgebracht begriffen, ist beispielsweise Unterricht nicht bloß ein Kontext, der für sich genommen bereits existiert, sondern er kann in seiner Hervorbringung selbst beobachtet werden (vgl. auch Zaborowski 2011, S. 176). Auf der Grundlage von Beobachtungsprotokollen und Interviews wird also ein Feld re- und ko-konstruiert, das heißt, über Interpretationsleistungen (der datenerhebenden Forscherinnen) hervorgebracht (vgl. Mecheril 2003). Diese Interpretationsleistungen bestehen darin, das, was vor sich geht, in einen plausiblen Zusammenhang zueinander zu bringen, der einer Logik entspricht, wie sie im Feld erlernt und erfahren wurde.

Das Beobachtete wird verschriftlicht, zunächst in (im Projektkontext sogenannten) Feldnotizen, was situationsabhängig direkt vor Ort, oder aber unmittelbar im Nachgang vorgenommen werden kann. Daraus werden später ‚am Schreibtisch' möglichst zeitnah die Beobachtungsprotokolle verfasst. Im Schreiben dieser Protokolle wird die zeitliche Dimension auf eine andere Weise erfahren: Das Beschreiben eines Ereignisses, das nur wenige Minuten umspannt haben mag, kann nun Stunden benötigen, um niedergeschrieben zu werden (vgl. Emerson et al. 1995, S. 39). Dabei handelt es sich keinesfalls um ein bloßes Abtippen einer Erinnerung auf der Grundlage von Notizen: Die Forscherin betätigt sich vielmehr als Konstrukteurin, die Sinn herstellt auf Grundlage der gesammelten Informationen sowie der erinnerten Eindrücke – die Notizen sind lediglich eine Gedächtnisstütze, die *das nicht Notierte* beim Schreiben wachrufen (vgl. ebd., S. 49). Die Darstellung im Beobachtungsprotokoll entspricht einer subjektiven Interpretation des Beobachteten, das jedoch für das Verständnis durch weitere Lesende bereits nach Möglichkeit aufbereitet wird. Darauf wird im Folgenden anhand eines Beispiels näher eingegangen.

Protokollieren als Interpretationsprozess
Mit dem folgenden Beispiel von Spielregeln, die während der Beobachtung durch die Forscherin – in diesem Fall handelt es sich um ein von mir verfasstes Beobachtungsprotokoll – neu erlernt worden sind, kann die Konstruktionsherausforderung, die das Schreiben eines Beobachtungsprotokolls darstellt, illustriert werden. Grundsätzlich ist diese Datensorte durch die Interpretationen der Ethnographin auf Grundlage ihrer gewohnten Deutungsmuster bestimmt (vgl. Breidenstein et al. 2015, S. 115).

Spielregeln – M303

Nun wird Abtauchen gespielt. Vier Kinder stehen vor der Tafel, ein Kind davon sagt „Abtauchen!" und die Kinder der Klasse verbergen ihre Gesichter in den Armen, die auf der Tischplatte aufgelegt sind. Einen Ellbogen haben alle mit ausgestrecktem Daumen aufgestützt. Die vier Kinder suchen sich jeweils einen Daumen aus, den sie berühren, und kehren dann so lautlos wie möglich zur Tafel zurück. Hanns drückt Nils' Daumen runter und schleicht zur Tafel. „Auftauchen!" Die Kinder, deren Daumen berührt wurden, gehen nach vorne. Alle Kinder stehen erst hinter einem Kind, dann verteilen sie sich etwas. Nun steht eines hinter Aynur, Nils steht noch hinter einem anderen Kind, sie haben sich zu zweit hinter ihren Verdachtskandidaten gestellt. Dann stehen aber alle vier irgendwie nebeneinander. Die vorderen Kinder drehen sich um. Hanns sagt ziemlich sofort zu Nils, dass er eigentlich hinter dem anderen Kind gestanden habe. Nils verneint und zeigt, wo er gestanden hat. Er sagt, er habe dazwischen gestanden. Eine Diskussion entspinnt sich darum, wo genau Nils gestanden habe, Hanns wendet sich an Frau Maas und beschwert sich. Frau Maas schaltet sich ein und versucht die Situation zu rekonstruieren. [Die I-Kraft] sagt nickend von ihrem Platz aus nach vorne: „Er stand dazwischen." Frau Maas sagt in leicht bedauerndem Ton zu Nils, dass man sich nicht dazwischen stellen könne, sondern sich entscheiden müsse, daher müsse er sich wieder hinsetzen. Nils geht zu seinem Platz zurück. Eine weitere Runde wird nun gespielt.

Das Beispiel verdeutlicht, welche Schwierigkeit es darstellt, ein Spiel darzustellen, dessen Spielregeln die Beobachterin erst nach und nach während der Beobachtung durchschaut. Ist es angebrachter, in der retrospektiv konstruierten Erzählung die Regeln vorher zu erläutern? Wieso stehen hier Kinder hinter anderen Kindern und was sind „Verdachtskandidaten"? Was geht konkret vor sich, wenn sich ein Kind in der anschließenden Diskussion „beschwert"? Die Erzählung enthält zum einen Setzungen, wie die Bezugnahme auf das Beschweren, die durch die gewählte Darstellung von Außenstehenden nicht weiter hinterfragt werden (können). Zum anderen ermöglicht sie implizite Einblicke in die Interpretationsvorgänge der Beobachterin, indem sie für die Lesart den Weg bereitet, dass die ausgewählten Kinder erraten müssen, welches Kind ihren Daumen berührt hat. Diese ist Interpretation nicht, wie im Fall der Beschwerde von Hanns, expliziter und verkürzter Teil des Protokolls, sondern d*ie Leser*in wird zu dieser Deutung hingelenkt. Letztlich wird gerade dieser Teil der Regeln, bzw. die Unklarheit darüber, zum Thema: Der Spannungsbogen dieser Szene endet in einem Konflikt über die Spielregeln. Es existieren viele alternative Möglichkeiten, die Beobachtung als Erzählung zu konstruieren. Hinzuzufügen ist auch, dass sich die Forscherin im Moment der Niederschrift nicht im Klaren darüber sein kann, ob und inwiefern diese Szene überhaupt für das Datenmaterial relevant wird. Bedeutet die Teilnahme am Alltag auch, vermeintlich langweilige Routinen zu beobachten, schließt das auch die grundsätzliche Ungewissheit darüber ein, ob diese oder jene Situation analytischen Mehrwert zu bieten hat oder nicht.

Vom Zeitpunkt des Feldeintritts an versucht die Forscherin, den Abläufen zu folgen, mit der Zeit zu verstehen, worum es dort geht. Erst mit der Zeit kristallisiert sich heraus, welche Fokussierungen in der Beobachtung vorgenommen werden können: sei es thematisch, zeitpunktbezogen, personal oder räumlich (Breidenstein et al. 2015, S. 78). Grundsätzlich ist es gewinnbringend, gleiche oder ähnliche Situationen wiederholt im Alltag zu beobachten, denn „durch Wiederholungen [wird] die Aufmerksamkeit von der einzigartigen Fallgeschichte abgelenkt und stattdessen auf die Ordnung des Geschehens gerichtet" (vgl. ebd., S. 76 f.). So können die typischen Muster rekonstruiert werden (vgl. ebd., S. 77).

3.3.5 Interviews

Bei den Interviewformen, die in der Ethnographie zum Einsatz kommen können, kann grob zwischen informellen Gesprächen und formellen Interviews unterschieden werden (vgl. Breidenstein et al. 2015, S. 80). Formelle Interviews fanden im Rahmen des DFG-Projekts in jeder Feldphase mit den jeweiligen Klassenlehrer*innen statt. Zum Ende der Projekterhebungen wurden zudem Interviews mit denjenigen Eltern geführt, die in ein abschließendes Elterninterview einwilligten sowie mit denjenigen Kindern, die sich damit einverstanden erklärten. Die Interviews wurden in der Regel, sofern alle Beteiligten zustimmten, mit einem Tonaufnahmegerät aufgezeichnet und anschließend transkribiert. Die Transkripte wurden zum Teil dann mit den Beobachtungsprotokollen der Interviewsituation zusammengeführt. Informelle Interviews und Gespräche wurden stichpunktartig in den Feldnotizen festgehalten und im Anschluss in den Beobachtungsprotokollen paraphrasiert.

Informelle Interviews
Die informellen Interviews bzw. Gespräche wurden während der Feldaufenthalte immer wieder spontan initiiert, sofern sich ein relevanter Anlass bot. Auch Gespräche, die von den Teilnehmenden selbst initiiert worden sind, fallen unter diese Kategorie, wie das folgende Beispiel veranschaulicht.

Darstellungspraktik – M304

Vor dem Termin [*Elternsprechtagstermin mit der Mutter des begleiteten Kindes Giselle, an dem über die Empfehlung für die weiterführende Schule gesprochen werden soll, C.W.*] bin ich mit Herrn Dräger in seinem Büro, bereite die Geräte (Audioaufnahme und Fotokamera sowie das Feldnotizbuch) vor und Herr Dräger plaudert dabei mit mir. Er erläutert mir den Bogen, den er vor sich liegen hat. Er nennt ihn „Kompetenzberatungsbogen". Ich frage nach, ob der auch offiziell so heiße und Herr Dräger schaut (im Internet? In einer Mappe?) nach. „Kompetenzbeurteilungsbogen", berichtigt er sich daraufhin. Dieser sei außerdem nach seinem Wissen in [Stadt] einheitlich. Ich notiere mir alles und frage ihn, ob er eine bestimmte Vorgehensweise für das Elternberatungsgespräch pflege. Er antwortet mir, dass er in der Regel zuerst die Einschätzung der Eltern einhole, hören wolle, wie diese ihr Kind einordnen, welche sie sich als weiterführende Schule gedacht hätten und wie sie dies begründeten. Erst daraufhin, meint er, solle die Lehrkraft, in diesem Falle er selbst, darauf eingehen. Er fügt aber auch hinzu, dass er davon ausgehe, dass Giselles Mutter nicht im Vorfeld auf den Beurteilungsbogen geschaut habe.

Stegreif-Gespräche, wie im Beispiel aufgeführt, vermitteln spontane Deutungen bzw. Rationalisierungen in Bezug auf den forschend begleiteten Alltag. Besondere Aufmerksamkeit lenkt im obigen Beispiel der letzte Satz auf sich, mit dem der Lehrer seine Einschätzung der erwarteten Mutter wiedergibt. Der Satz besagt zwar, dass Herr Dräger erwartet, dass die Mutter unvorbereitet ist; der Satz enthält gleichzeitig aber auch eine *Darstellung der Mutter* – nicht nur eine Darstellung der Erwartung Herrn Drägers. Die Aussage kann also auch als Praktik (der Repräsentation) analysiert werden. Solche informellen Interviews und Gespräche fanden nicht nur mit Lehrkräften, sondern auch mit den Schulkindern oder mitunter auch mit Eltern/Familien statt.

Grundsätzlich sind Interviews zunächst Quellen von Informationen und Auskünften (vgl. Breidenstein et al. 2015, S. 80). Beobachtete Situationen können auf diese Weise kontextualisiert werden. Im Rahmen des übergeordneten Forschungsdesigns werden Interviewsettings, ob formell oder informell, selbst als Praxisformen verstanden. Die hervorgebrachten Äußerungen werden also nicht in erster Linie in Bezug auf das *Was* analysiert, sondern auch hier wird primär das *Wie* der Hervorbringung fokussiert.

Formelle Interviews mit Lehrkräften (und Eltern/Familien)
Formelle Interviewsituationen bieten eine offensichtlichere Gelegenheit für die Interviewten zur Reflexion der eigenen Praxis. Diese sind im Forschungsprojekt in der Regel leitfadengestützt gewesen. Die Leitfäden wurde auf der Grundlage des Beobachteten entwickelt und bezogen sich sowohl auf Reflexionen der Interviewten, als auch auf genauere Nachfragen zur Bedeutung von bestimmten Abläufen, Dokumenten oder ähnlichem.

Forschungsteilnahme – M305

Int   Wie haben Sie's eigentlich erlebt, an der Forschung teilzunehmen?
LK   Ähm… war in Ordnung. […] ich fands in Ordnung das so mitzumachen ähm. Hab manchmal eben bei so Unistudien so das Gefühl, hm, ob da so viel bei rumkommt, was jetzt neue Erkenntnisse sind oder sollte man nicht einfach vielleicht – sag ich jetzt mal so hochstaplerisch – die Grundschullehrerinnen fragen. Die wüssten das <<amüsiert, lachend>> vorher schon <<amüsiert>> natürlich nicht belegt mit, ne mit Untersuchung und so. Ja… aber ist, war in Ordnung ja.

An einigen Stellen erweisen sich die Interviewfragen als Aufforderungen, spontan über bestimmte Themen und Gegenstände zu reflektieren. Mit Blick auf das vorliegend gewählte Feld der Grundschule wird besonders deutlich, dass „man es mit starken theoretisch-programmatischen Vorgaben und einem vergleichsweise hohen Niveau der Selbstreflexion der Professionellen zu tun [hat, C.W.] – deshalb ist es für die Forschung in diesem Bereich gar nicht so einfach, über diese professionellen Selbstbeschreibungen hinausgehende, weiterführende wissenschaftliche Erkenntnisse hervorzubringen" (Kelle 2013a, S. 62). Solche Interviewaussagen erfordern also in zweierlei Hinsicht einen sensibilisierten analytischen Umgang: Zum einen, da es sich um „rationalisierte Darstellungen für einen spezifischen Adressaten" (Breidenstein et al. 2015, S. 83) – die interviewende Person – handelt, zum anderen, weil es sich um positionierungsabhängige Darstellungen aus einer je spezifischen Perspektive handelt (vgl. ebd.). Es kann durchaus vorkommen, dass während des

Interviews mitunter bestimmte eigene Vollzugslogiken hinterfragt werden oder Inkonsistenzen in den eigenen Handlungen oder Argumenten aufgedeckt werden. Eingeordnet werden die Interviews als Einblick in „das Wissenssystem einer Person, die auf spezifische Weise im Feld platziert ist, über bestimmte Einblicke verfügt, andere verweigert, den Ethnografen vielleicht auf eine Seite zu ziehen versucht usw." (ebd., S. 83). Prinzipiell kann es immer auch sein, dass das Erzählte erfunden bzw. gelogen ist (vgl. ebd., S. 84). Dies nachzuprüfen oder den Wahrheitsgehalt von Aussagen anzuzweifeln ist indes nicht Aufgabe der Forscherin, denn: Unabhängig davon, ob die Realität im Interview *richtig* oder *falsch* beschrieben wird, sind die Aussagen Teil von Praktiken, mit denen die soziale Wirklichkeit hergestellt wird (vgl. ebd., S. 84).

Formelle Interviews mit Kindern (4. Schuljahr)

Bei den Interviews, die zum Abschluss der Feldphasen mit Kindern durchgeführt wurden, sofern sie darin einwilligten, handelte es sich ebenfalls um formelle, leitfadengestützte Interviews. Diese Interviews dienten vor allem als Gelegenheit, ihre Perspektiven auf die eigenen Erfahrungen im Kontext ihrer Grundschulzeit einzuholen (vgl. Machold/Wienand 2021, S. 21). Das längere Kennenlernen und der Aufbau von Vertrauen im Vorfeld während der Feldphasen und der Teilnehmenden Beobachtung im Unterricht war eine wichtige Voraussetzung für die Zustimmung der Kinder zu den Interviews (vgl. ebd.).

Unter Berücksichtigung der Tatsache, dass sich alle Interviewsituationen voneinander unterscheiden, kann aus mehreren Gründen davon gesprochen werden, dass Interviews mit Kindern als kategorial different zu Interviews, die mit Erwachsenen geführt werden, konzipiert werden; Kinderinterviews gelten als spezifische Interviewform, die eine eigene methodologische Begründung benötigt. Zu berücksichtigen ist dabei unter anderem das generationale Machtgefälle zwischen der erwachsenen Interviewerin und dem interviewten Kind: Zum einen kann das Konstrukt des Interviewsettings als ein *an Erwachsenen ausgerichtetes Konstrukt* betrachtet werden, unter anderem da es sich explizit auf der Ebene des (trainierten, erfahrenen) sprachlichen Ausdrucks abspielt. Zum anderen ist es de facto so, wie die nachfolgend gezeigte Sequenz bezeugt, dass aus dem Kinderinterview eine andere Situation *gemacht wird*, als aus einem Erwachseneninterview. Relevant gesetzt für einen möglichst reibungslosen Ablauf eines Interviews – das sich prototypisch am Erwachseneninterview orientiert – wird etwa die Bereitschaft und Fähigkeit, als Befragte*r zu erahnen, welche Erwartungen Interviewer*innen mit ihren Fragen verbinden. Diese Antizipation scheint bei Erwachsenen oder (älteren) Jugendlichen oft geübter bzw. ausgeprägter zu sein als bei Kindern (vgl. Vogl 2015, S. 80). Im Hinblick darauf wird dann vor allem der Faktor der sozialen Erwünschtheit relevant, der möglicherweise in die Interviewinteraktion hineinspielt (vgl. Vogl 2015, S. 78). Trautmann (2010, S. 98) vermutet in diesem Zusammenhang: „Offenbar nehmen uns eine ganze Reihe von Heranwachsenden einfach nicht ab, dass wir Erwachsenen wirklich etwas gründlich von ihnen wissen wollen, dass ihre Meinung wirklich gefragt ist." Augenzwinkernd verweist auch er damit auf die Machtasymmetrie in der adultistischen Gesellschaftsordnung. Nichtsdestotrotz: Kinder als Expert*innen für ihre Lebenswelt bzw. für die kindliche Erfahrung zu sehen, ist Grundlage für ihre Adressierung als „Datenlieferant*innen" (Velten/Höke 2021, S. 424). Mit den Kinderinterviews wird also ihre Agency – bezüglich ihres Bildungswegs und darüber hinaus gehend – in den Blick genommen. Wichtig ist dabei zu berücksichtigen, „dass Agency nicht naturalistisch vorausgesetzt werden kann, sondern selbst konstruiert und mit bestimmten Positionierungen verbunden ist" (ebd.).

Für die Interviews mit den Kindern wurde im Rahmen des Forschungsprojekts ein eigener Leitfaden entwickelt, der naheliegende Anknüpfungspunkte für die Fragen – die Herausgabe der Halbjahreszeugnisse und die Entscheidung für die weiterführende Schule – in Kombination mit einer möglichst kurzen Zeitdauer des Interviews zu berücksichtigen suchte. Der Leitfaden war in 5 Fragenkomplexe mit jeweiligen Unterfragen oder Impulsen für genauere Nachfragen aufgeteilt: 1. Bist du mit deinem Zeugnis zufrieden? 2. Was würdest du sagen, wie ist deine Klassenlehrerin zu dir und deinen Mitschüler*innen? 3. Weißt du schon, auf welche Schule du gehen wirst? 4. Stellst du dir manchmal deine Zukunft vor? 5. Möchtest du noch irgendetwas erzählen?

Zu Beginn wurde möglichst knapp erläutert, in welchem Kontext und unter welchen Bedingungen das Interview stattfand: Dass das Interview Teil des Forschungsprojekts ist, an dem das Kind bereits seit der Kita teilgenommen hat; dass es sich um ein narratives Interview handelt, in dem keine Ja-/Nein-Fragen gestellt werden; dass die Aufnahme und alles Gesagte innerhalb des Projektteams bleibt und nur in maskierter Form veröffentlicht wird. Bei der Erarbeitung des Leitfadens wurde eine Abwägung des „Eigensinns" von Kind und Forscherin vorgenommen (vgl. Velten/Höke 2021, S. 425 f.): „die sorgfältige Prüfung der Verständlichkeit handlungsleitender Begriffe und Leitfragen, die Ermöglichung vielfältiger, möglichst auch nonverbaler Ausdrucksformen und die Freiwilligkeit der Teilnahme sind besonders bei der Konzeption von Leitfadeninterviews mit Kindern zentral" (ebd., S. 426).[13]

---

[13] Während in Bezug auf nonverbale Ausdrucksformen gelegentlich in anderen Forschungszusammenhängen auch mit Legekarten, Fotos oder anderen Materialien gearbeitet wird, ist dies im beschriebenen Fall des Forschungsprojekts auf die zu protokollierende Gestik und Mimik des Kindes bezogen.

3.3.6   Analytisches Vorgehen

Beginnt die Analyse in einer Ethnographie „ausdrücklich schon in der Erhebungssituation" (Breidenstein et al. 2015, S. 109), so ist in der vorliegenden Darstellung der analytische Blick, der unter anderem vor Ort im Feld und beim Niederschreiben der Beobachtungsprotokolle angelegt wird, von der distanzierteren Analysetätigkeit des „exklusiv wissenschaftlichen Arbeitens" (ebd.) zu unterscheiden.

Vor den Analysen wurde das erhobene Material (Beobachtungsprotokolle unterschiedlichen Umfangs, Interview- und Gesprächstranskripte, Dokumente) so bearbeitet, dass die Personen- oder Ortsnamen sowie Bezeichnungen für Schulen, Klassen, damit zusammenhängende Maskottchen usw. durch Pseudonyme maskiert waren. Ziel dieses Arbeitsschritts war es, keine Rückschlüsse auf die Forschungsteilnehmenden zu ermöglichen. Bereits in den Erhebungen wurde dies berücksichtigt, so wurden beispielsweise die Nachnamen der Kinder nicht miterhoben. Für die vorliegende Arbeit wurde die Pseudonymisierung aller Personennamen noch einmal ‚verdoppelt', indem neue Pseudonyme vergeben wurden, welche nach wie vor möglichst mit der sozial-kulturellen Konnotation der Namen korrespondieren.

Codierverfahren

Die Datenauswertung erfolgt mittels einer Kombination aus Codierverfahren und Sequenzanalyse. Mit Codieren wird die Kategorisierung von Datensegmenten bezeichnet: Unter einem Code wird der Inhalt der Zeile oder Passage zusammengefasst; der Code stellt damit eine Kurzrepräsentation dieses Datenabschnitts dar (vgl. Charmaz 2006, S. 43). Zum einen wird ein pragmatisches Auswertungsvorgehen damit verfolgt, dass das umfangreiche Material in mehreren Schritten codiert wird. Das eröffnende Codieren (*initial coding*) verschafft einen allgemeinen Überblick und eine erste – vorläufige – Sortierung auf der Basis von Zeile-für-Zeile-Durchgängen (vgl. ebd., S. 42 ff.). Mit dem eröffnenden und daraufhin dem fokussierten Codieren geht in dem hier gewählten Vorgehen auch die Auswahl der sequenzanalytisch zu untersuchenden Materialstellen einher. Die Codes spiegeln die Weise wider, in der das Material ausgewählt und sortiert wird, um es dann analytisch zu bearbeiten (vgl. ebd., S. 45). Bei den eröffnenden Codierdurchgängen werden analytische Ideen auf das Material angewendet, während zugleich Offenheit gegenüber möglichen Überraschungen gewahrt bleibt (vgl. ebd., S. 48).[14] Hilfreich sind

---

[14] Bei Strauss und Corbin wird diesbezüglich auch vom Öffnen oder Aufbrechen der Daten gesprochen (vgl. Strauss/Corbin 1996, S. 170).

dabei komparative Techniken, wie beispielsweise das Vergleichen der Daten untereinander (vgl. Charmaz 2006, S. 53 f.). Die in den Daten vorgefundenen Phänomene
werden dabei auf Ähnlichkeiten und Unterschiede hin befragt. Solche Kontrastie-
rungen können für die Erweiterung der analytischen Perspektive genutzt werden,
im Sinne des Herstellens von Zusammenhängen oder der Entwicklung von theoretischen Konzepten. Charmaz plädiert für die Formulierung aktiver Codes, also
Codes, die das in den Daten vorgefundene als Aktivitäten wiedergeben (vgl. Charmaz 2006, S. 48). Werden beim eröffnenden Codieren zunächst vorläufige Codes
vergeben, können auf der Grundlage von Vergleichen, Selektieren und Clustern auch
bereits Konzepte angewendet werden. Anschließend können auf dieser Grundlage
neue Beziehungen zwischen den Daten hergestellt werden (vgl. Charmaz 2006,
S. 46). Charmaz weist in diesem Zusammenhang auf den zentralen Stellenwert von
Sprache hin, denn

> we know the empirical world through language and the actions we take toward it. In
> this sense, no researcher is neutral because language confers form and meaning on
> observed realities. Specific use of language reflects views and values. (Charmaz 2006,
> S. 46 f.)

So betont Charmaz auch, dass Forscher*innen mit dem Codieren selbst definieren, was in den Daten vor sich geht und sich dadurch der Rekonstruktion der
Sinnhaftigkeit dieser Phänomene annähern (vgl. ebd.).

Beim fokussierten Codieren geht es um die gewichtigsten oder die am Häufigs-
ten vorkommenden Codes, welche in der Breite auf das Datenmaterial angelegt und
so auch auf ihre analytische Tragfähigkeit hin überprüft werden können (vgl. ebd.,
S. 57 f.). Solche Durchgänge können mitunter in der Rückkehr zu bereits gesichteten
Materialstellen resultieren, wenn die gefundenen Themen an Stellen in so impliziter
Form auftauchen, dass sie im ersten Durchgang nicht bemerkt oder zunächst wenig
beachtet wurden (vgl. ebd., S. 58). Im Verlauf des fokussierten Codierdurchgangs
können Konzepte weiter auf ihre Eigenschaften und Dimensionen hin spezifiziert
werden (vgl. ebd., S. 60). Ziel ist es, die aufgebrochenen Daten wieder als kohä-
rentes Ganzes zusammenzubringen. Hieraus kann eine Grounded Theory verdichtet
werden, die sich um die zentralen Konzepte herum bildet.

Die Herangehensweise ist also auf ein induktives Vorgehen ausgerichtet, um
den Untersuchungsgegenstand nach und nach konkretisieren zu können. Im Verlauf
der Materialanalysen für die vorliegende Studie konnte der Zugriff auf das Phänomen Begabung als Rekonstruktion von Elementen einer Kultur der Grundschule
weiterentwickelt werden, die vorliegend als Begabungskultur gefasst wird. Die ‚Entdeckung‘ von Konzepten vollzieht sich also weniger als Auffinden von ‚wirklich‘

vorhandenen, als vielmehr als empirisch verankerte Konstruktion von theoretischen Konzepten (vgl. Kelle 2013a, S. 71 f.). Für ein weitgefasstes Konzept wie ‚Begabung' bedeutet das, dass es nicht in einer schon gegebenen theoretischen Fassung einfach auf die eigene Theorieentwicklung angewendet werden kann, sondern nur in enger Anlehnung an das untersuchte Feld einbezogen und entwickelt wird, so wie es dort artikuliert oder relevant gesetzt wird (vgl. ebd., S. 67).

Insgesamt betrachtet kann die Vorgehensweise der Ethnographie und auch der Grounded Theory, die alltägliche Erfahrungswelt in den Fokus zu nehmen, als eine *bottom-up* Forschungsstrategie verstanden werden: Die Grounded Theory Methodologie ist ebenfalls an die lebensweltlichen Sinngebungsprozesse angelehnt und wird damit dem wissenschaftlichen Geltungsanspruch des qualitativ-rekonstruktiven Paradigmas gerecht (vgl. Kelle 2013a, S. 66).

Theoretisches Sampling
Das Theoretische Sampling bezeichnet den Vorgang, thematische Spuren im Feld zu verfolgen und die dabei aufkommenden Fragen über Nacherhebungen weiterzuverfolgen (vgl. Charmaz 2006, S. 100). Das Forschen an Schulen unterliegt besonders strengen datenschutzrechtlichen Auflagen. Hierdurch beeinflusst, unterscheidet sich meine Vorgehensweise von einem solchen Theoretischen Sampling aus Gründen der Umsetzbarkeit von der idealtypischen Vorstellung potenziell themenfokussierter Nacherhebungen im iterativ-zyklischen Forschungsprozess nach Grounded Theory (vgl. Breuer et al. 2010, S. 55): Da zum einen die Forschungsvereinbarungen mit den Schulen und Familien die Zeitpunkte des Feldaustritts – und damit auch die Beendigung des Erhebungszeitraums und die Löschung von Kontaktdaten – definierten, zum anderen die begleiteten Schulkinder ohnehin auf andere Schulen übergingen, war eine spätere Kontaktaufnahme forschungspraktisch schlicht nicht möglich. Die Möglichkeit, auf den umfassenden heterogenen Datenbestand zuzugreifen, der (bezüglich der Grundschulen) im Zeitraum von 2014 bis 2018 von dem Forschungsteam, dem ich ab 2016 angehörte, im Rahmen des DFG-Projekts erhoben wurde, eröffnete eine Datenselektion, die sich an der Idee des Theoretischen Samplings orientiert. Der Datenkorpus umfasst in Bezug auf die Grundschule 230 Beobachtungsprotokolle, 45 Interviewtranskripte, 55 Transkripte zu Elternsprechtagsgesprächen sowie weitere Daten, etwa Bildungsdokumente, für die Schuljahre 1 bis 4. Stellte eine Bearbeitung des *gesamten* Datenmaterials ohnehin nicht das Ziel meiner Materialanalysen dar, konnten die fokussierten Codierprozesse auf der Grundlage erster offener Analysen zu Praktiken, in denen Begabung relevant gesetzt wurde, die weitere Materialauswahl strukturieren und die Auswertung dabei kontrastiv realisieren. Das zirkuläre Verhältnis von Datenerhebung bzw.

Materialauswahl, Datenauswertung und Theoriebildung konnte auf diesem Wege beibehalten werden (vgl. Charmaz 2006, S. 103).

Als Materialgrundlage meiner Analysen dienten primär die Beobachtungsprotokolle und Transkripte, die an den zwei Grundschulen erhoben wurden, an denen ich selbst geforscht habe. Dort ‚kenne' ich die Kontexte und die beteiligten Akteur*innen, sodass ich dieses Wissen in meine interpretative Analyse einbeziehen kann. So sichtete ich ca. 100 Beobachtungsprotokolle und ca. 45 Transkripte und erstellte schließlich daraus meine Materialauswahl. Zur Reflexion meiner theoretischen Vorannahmen verwendete ich persönliche Forschungsnotizen, die ich darüber hinaus für die Verdichtung meiner Interpretationen nutzte. Das eröffnende Codieren führte ich in der Regel in Einzelarbeit durch, während der Analyseprozess regelmäßig durch gemeinsame Gruppeninterpretationen unterstützt wurde.[15] Dazu wurden einzeln ausgewählte Materialsequenzen aus Beobachtungsprotokollen, Interviews und Elternsprechtagsgesprächen sequenzanalytisch, zunächst im Zeile-für-Zeile-Verfahren, interpretiert. Ziel dieser Vorgehensweise war das Herausarbeiten unterschiedlicher Lesarten um die thematischen Ansatzpunkte an das Material weiterzuentwickeln. Als zunehmend zentral erwiesen sich Praktiken der Charakterisierung und Praktiken der Duldung von De-/Privilegierung, auf deren Grundlage die Konzepte ‚Sich könnend zeigen' (Doing *being able*, vgl. Kap. 4) und ‚Könnensordnung' entwickelt wurden. Mit diesen Konzepten konnte die Sortierung der weiteren Codes nach unterschiedlichen thematischen Strängen erfolgen sowie nach den Datensorten Beobachtungsprotokoll und Interview(transkript). Als ein weiteres zentrales Konzept kristallisierte sich anschließend ‚Überlegenheit' heraus. Dieses wurde mit kontrastiven Techniken und theoretischen Memos verdichtet, sodass ich mit dieser konzeptionellen ‚Brille' zum eröffnenden Codieren zurückkehren konnte. Mit der Auswertung weiteren, möglichst kontrastiv ausgewählten Datenmaterials wurden die Beziehungen der neu herausgearbeiteten und der bereits vorliegenden Codes zu ‚Sich könnend zeigen', der ‚Könnensordnung' und ‚Überlegenheit' eruiert. Durch das so erweiterte Materialsampling wurde es erforderlich, die Konzepte und Codes erneut zu clustern und zu selektieren. Auf diese Weise entstand die erste Gliederung für die empirischen Darstellungen (Kapitel 4 bis 6). Die zentralen Konzepte wurden auf ihre Dimensionen hin und geordnet und nach ihren Funktionen aufgeschlüsselt, wobei als weiteres Konzept ‚biographische Vereindeutigung' kontrastiv herausgearbeitet werden konnte. Im Spannungsfeld der zentralen Konzepte konnte ein Großteil der entwickelten

---

[15] Dazu zählen insbesondere selbstorganisierte Gruppen mit zwei bis drei Teilnehmenden, größere Interpretationsrunden in Forschungswerkstätten an der Universität Bielefeld und der Bergischen Universität Wuppertal sowie das Forschungskolloquium von Claudia Machold.

Codes integriert werden. So konnte ich die Positionierung in der Könnensordnung, Praktiken der biographischen Vereindeutigung und Eignungslogik als Elemente der Kultur der Grundschule herausarbeiten. Diese Kultur steht im Zentrum der empirischen Rekonstruktion und fungiert als Grundlage der Grounded Theory als gegenstandsverankerte Theoriebildung.

3.4   Überleitung

Mit den zentralen Fragen nach dem *Wie* der Hervorbringung von Begabung und deren Relevanzsetzung in Bezug auf konkrete Kinder wird eine analytische Rekonstruktion der Gestalt und Hervorbringung einer Begabungskultur der Grundschule angestrebt. Auf welchen Wegen die Analyse entsteht und weshalb ist in diesem Kapitel erläutert worden.

Mit diesem Kapitel soll zum einen deutlich geworden sein, welche Konsequenzen die interpretative Grundannahme für die Konzeption des Forschungsgegenstands und die Entscheidung für die dafür angemessene(n) Forschungsstrategie bzw. Forschungsmethoden nach meinem Verständnis hat. Zum anderen kann hieran eine Erwartung an den Beitrag formuliert werden, den diese Studie zur ethnographischen Ungleichheitsforschung und zur erziehungswissenschaftlichen Kindheits- und Grundschulforschung zu leisten beansprucht: Eine Klärung, welche Bedeutung Begabung in der Grundschule beigemessen wird, trägt zur Annäherung an die Frage bei, welche Bedeutung ungleichheitsrelevanten Unterscheidungen in der Kindheit zukommt. Dabei ist das Verfolgen der Dynamiken – aufgeschlüsselt als sich verdichtende, alltägliche, routinisierte Praktiken – aufschlussreich, in denen sich die Vereinnahmung von Kindern als Schüler*innen für eine Logik der Ungleichheit vollzieht.

Teil II
Empirische Rekonstruktionen: Dichte Beschreibung einer Begabungskultur in der Grundschule

Die Studie beabsichtigt eine dichte Beschreibung der Begabungskultur der Grundschule zu leisten und darzulegen, wie diese als sozial wirkmächtig – als Wirklichkeit – hervorgebracht wird. Wie bisher dargelegt, arbeitet ethnographische Forschung mit unterschiedlichen Erhebungsmethoden, aus denen verschiedene Materialsorten hervorgehen. Diese Materialsorten sind von der Teilnahme der beteiligten Forscher*innen am Alltagsleben geprägt; der Alltag wird aus eigener Perspektive erlebt und interpretiert (vgl. ebd., S. 112). Existieren ethnographische Daten nicht außerhalb einer interpretierten sozialen Realität (vgl. Breidenstein et al. 2015, S. 114), folgt daraus, dass die Daten in der Analyse nicht positivistisch als objektiv aufgezeichnete Gegebenheiten behandelt werden können, sondern vielmehr als Ko-Konstruktionen, die auch über die sozialen Beziehungen im Feld generiert werden (vgl. ebd., S. 85). Mit dem Verständnis der Daten als Ko-Konstruktionen sind es auch die Alltagssituationen, die die Konstruktionsorte darstellen: Soziale Wirklichkeit wird in interaktiven Prozessen hervorgebracht.

Die in Teil II erfolgende Darstellung der empirischen Rekonstruktionen ist in vier Schritte strukturiert, die sich an einzelnen ‚Meilensteinen‘, die sich während der Codierverfahren nach Grounded Theory ergaben, orientieren. Diese Meilensteine sind zum Zweck der stringenten Präsentation idealtypisch zu Analyseschritten gebündelt und ergeben so die einzelnen Kapitel.

Schritt 1: Doing *being able*. Charmaz' Empfehlung folgend, die Daten als Aktivitäten zu betrachten, mit denen die soziale Wirklichkeit hergestellt wird (vgl. Charmaz 2006, S. 48), wird eine Perspektive in Anlehnung an Sacks für die Systematisierung der Codes gewählt. Sacks (1984) zeigt seine Strategie auf, das Beobachtete konzeptionell als ‚Doing‘ einzufassen. Auch vermeintlich passive Gegebenheiten, die mit dem Wort ‚sein‘ beschrieben werden können – traurig sein; leise sein; überrascht sein; etc. – können damit als Aktivitäten betrachtet werden: Als Doing *„being"*. An Sacks' Beispiel des Doing *„being ordinary"* verdeutlicht er, wie das *„ein-gewöhnlicher-Mensch-Sein"* aktiv hervorgebracht, also getan wird (vgl. Sacks 1984, S. 414). Ein weiteres Beispiel: Beschreibe ich als ethnographisch Forschende einen Menschen als traurig, sehe ich mit dieser Strategie von einer bloßen Zuschreibung eines Gemütszustands ab und beschreibe das von mir als Traurigsein interpretierte Beobachtete stattdessen so, als ob es sich um Aktivitäten im Sinne von Doing „*being sad*" oder Doing *Traurigsein* handelt (vgl. Breidenstein et al. 2015, S. 30). Die Analyse entlang von Doing „*being*" kann in dem Zuge die Hervorbringung einer Zustandsinterpretation als Praktiken der Normalisierung einordnen: Doing *Traurigsein* verweist auf kulturelle Praktiken, die *üblicherweise* als Traurigsein gedeutet werden können. Diese Herangehensweise stellt eine Methode zur Verlangsamung der Interpretation von sehr Vertrautem dar – diese Verlangsamung trägt dem Befremdungsanspruch des ethnographischen Ansatzes Rechnung (vgl. ebd., S. 29). Ausgehend von der Aufmerksamkeit für pädagogische Unterscheidungspraktiken, kann insbesondere die Hervorbringung der Könnensordnung in der schulischen Differenzordnung als relevantes Thema für die Analyse des Alltags der Grundschule herausgearbeitet werden (vgl. Machold/Wienand 2021). Die Beobachtungsprotokolle des intergenerationalen Alltags werden mit einem sich ausdifferenzierenden Fokus auf das Können der Kinder und ihre Positionierung in einer Ordnung des Könnens analysiert. Dieser Analyseschritt wird in Kapitel 4 dargestellt.

Schritt 2: Biographische Vereindeutigung. Im nächsten Schritt wird anhand von Auszügen aus Datenbasierten Porträts die kindbezogene Hervorbringung von individualisierten Positionierungen in der Könnens- und Begabungsordnung analysiert. Dieser Analyseschritt richtet sich an der Annahme aus, dass Schüler*innen systematisch als individuell un/begabt eingeordnet werden, und dies spätestens an der Entscheidungsstelle zum Übergang offengelegt wird, wenn ihnen eine bestimmte Könnenskonstellation bzw. ein Potenzial dafür zugeschrieben wird, einen bestimmten weiterführenden Bildungsweg zu durchlaufen. Die Praktiken, über die konkrete Kinder als könnend, unbemüht, geeignet usw. hervorgebracht werden, werden auf ihr temporalisierendes Potenzial hin untersucht und daraufhin als biographisierende Praktiken identifiziert. Es wird nachgezeichnet, wie diese Praktiken im grundschulischen Alltag auf spezifische Weise hervorgebracht, kategorisiert und bewertet werden. In diesem Schritt wird das Konzept der biographischen Vereindeutigung aus den Daten herausgearbeitet. Er ist Gegenstand von Kapitel 5.

Schritt 3: Mit dem übergeordneten Erkenntnisinteresse nach der Relevanz von Begabungskonzepten für die Reproduktion von Ungleichheit, die sich im Hinblick auf die Schulkinder auf Fähigkeiten, gezeigtes Interesse und Klugheit beziehen, werden in Kapitel 6 die Reflexionen und Positionierungen in Interviewdarstellungen auf implizite und explizite Begabungsvorstellungen untersucht. Mit dem

Fokus auf die Hervorbringung von Begabungskonzepten in reflexiven Darstellungen, die sich auf die Bedeutung von Können, Fähigkeiten, Begabung oder Potenzial beziehen, lassen sich unterschiedliche Konzepte und Praktiken ihrer situativen Herstellung herausarbeiten und zu dem Kontext ihrer Hervorbringung (Praxisform) in ein Verhältnis setzen.

Schritt 4: Im Anschluss an die materialnahen Rekonstruktionen wird im darauffolgenden Kapitel eine Zusammenschau der zentralen Analyseergebnisse dargestellt um diese daran anknüpfend einer differenztheoretischen Analyse zu unterziehen (Kapitel 7). Mit diesem Analyseschritt wird die empirische Rekonstruktion fertiggestellt. In einem Zwischenfazit werden die Erkenntnisse mit weiterführenden Überlegungen abschließend reflektiert.

Die Studie schließt mit einem Schlussteil, in dem ihr wissenschaftlicher Ertrag, Herausforderungen des Forschungsprozesses und anschlussfähige Desiderata reflektiert werden.

Die Ordnung des Könnens im Alltag der Grundschule

Im vorliegenden Kapitel wird ein erster Einblick in das erhobene Datenmaterial zum Alltag der Grundschule gewährt, der die analytische Vorgehensweise nachvollziehbar machen soll. Die Vorgehensweise folgt dem Anspruch, der Fülle der qualitativen Daten Genüge zu leisten und sie angemessen in der ethnographischen Darstellung zu repräsentieren. Wegweisend für die Sequenzauswahl für die Datenanalyse sind diesbezüglich zwei Hauptkriterien: Erstens, dass sie stellvertretend für das empirische Material und den Alltag, an dem forschend teilgenommen wurde, stehen können. Zweitens, dass es sich um verallgemeinerbare Einzeldarstellungen handelt, die der Leser*innenschaft auch dann *vertraut vorkommen* können, wenn sie die forschend aufgesuchten, konkreten Schulen und die dortigen Akteur*innen nicht kennen. Es wird aktiv vermieden, auf Sequenzen zurückzugreifen, die als besonders ereignisreich oder dramatisch ins Auge fallen könnten. Stattdessen wird der Blick auf die Routinen des Alltags der Grundschule gerichtet. Mit der vorgenommenen Auswahl werden nun also Sequenzen präsentiert, in denen nachvollziehbare, alltäglich in der Grundschule anzutreffende Praktiken mit einem befremdenden Blick zunächst analytisch betrachtet werden, um später induktiv eine kulturtheoretische Darstellung dieser Praktiken als Herstellung einer Begabungskultur der Grundschule auszuformulieren. Auch wenn es sich also um alltägliche und unspektakuläre Materialstellen zu handeln scheint, ist die Studie bestrebt, in ihnen eine interessante und ‚neue‘ inhaltliche Tiefe auszumachen.

In diesem Kapitel werden diejenigen Materialsequenzen aus Beobachtungsprotokollen und aus Interviews in eine Zusammenschau gebracht, die während der eröffnenden Codierprozesse (aufgrund des Datenvolumens zunächst als „schneller" Durchgang) untersucht wurden. Sie stellen eine geeignete empirische Basis dar um nachvollziehbar zu machen, wie die Perspektive der empirischen Analyse zum Zweck einer Integration in die vorliegende Gesamtstudie verlangsamt

C. Y. Wienand, *Die Herstellung einer Begabungskultur in der Kindheit*, Kinder, Kindheiten und Kindheitsforschung 31, https://doi.org/10.1007/978-3-658-39014-3_4

wird. Dies wird bewältigt, indem die Praktiken entlang eines roten Fadens gebündelt werden und so im Sinne einer ‚Falldarstellung' erste analytische Erträge einbringen. Der rote Faden verläuft entlang der Analyse von Doing *being able*. Ich entscheide mich für eine englische Bezeichnung des Analysekonzepts, da „*being able*" mit „in der Lage sein" oder „fähig sein" übersetzt werden kann und dadurch sowohl Können als auch Wissen einbezieht. In Anlehnung an Schatzki – der von doings and sayings spricht, und mit letzterem auch das Sagen ohne die Verwendung von Sprache meint (vgl. Schatzki 2002, S. 72) – könnte es auch Saying *being able* heißen. Da Wissen praxistheoretisch keinem mentalistischen Konzept entspringt, sondern in Praktiken enthalten ist, wird in der Konzeption von Doing *being able* nicht zwischen Wissen und Können differenziert. Darüber hinaus wird „*being able*" in Abgrenzung zu den Begriffen *Ability* und *Disability* verwendet. Während *Disability* in den Disability Studies und in der Differenzforschung als Kategorie fungiert, unter der verschiedene physische und kognitive Merkmale versammelt werden, die vor allem gemeinsam haben, sozial konstruiert und im Hinblick auf Einschränkung, Abweichung und Be/Hinderung stigmatisiert zu sein[1] (Mitchell/Snyder 1997, S. 7), steht *Ability* für normative Vorstellungen mentaler Fähigkeiten und physiologischer Funktionsfähigkeit (vgl. ebd., S. 2).

Doing *being able* verstehe ich als Beschreibung des Tuns, mit dem aktiv hervorgebracht wird, dass ein Mensch kompetent mit dem (schulischen) Alltag umgeht, mit den gegebenenfalls an diesen Menschen gerichteten Erwartungen oder Anforderungen. Entfaltet wird Doing *being able* analytisch als Praxis der Positionierung in der Könnensordnung. Die praxistheoretische Lesart wird entsprechend positionierungsanalytisch eingebunden. Die Positionierungsanalyse erfolgt über die Rekonstruktion des Adressierungsgeschehens, die im Folgenden im Sinne einer heuristischen Lesart entwickelt wird.

Auf der Grundlage der ersten kleinschrittigen Analyse wird eine positionierungsanalytische Perspektive mit dem Anspruch verfolgt, die praktisch hervorgebrachte Differenzordnung der Grundschule zu rekonstruieren und dabei Effekte der Adressierung, wie etwa Ungleichbehandlung, in den Blick zu nehmen.[2] Mit dem Ordnungsbegriff werden dabei keine offiziellen Regelwerke, bzw.

---

[1] "Disability acts as a loose rubric and as an amalgam of dissimilar physical and cognitive traits that often have little in common other than the social stigma of limitation, deviance, and inability." (Mitchell/Snyder 1997, S. 7)

[2] Während Praxistheorie nicht subjekt- oder akteurs-, sondern praktikenzentriert ist, gehen mit dem Positionierungsbegriff spezifische Annahmen über die menschliche Subjektkonstitution einher. Lucius-Hoene und Deppermann (2004, S. 168) beschreiben Positionierung im Rahmen ihrer Methodologie zu Interviewanalysen als Handlungen in sprachlicher Form, mit denen Sprecher*innen sich in Interaktionen zu „sozial bestimmbaren Person[en, C.W.]"

kein „intellektuell-theoretisches Sinnsystem" (Reckwitz 2003, S. 293) bezeichnet, sondern:

> Das, was in praxeologischen Ansätzen als Ordnung bezeichnet wird, entsteht, so lässt sich bündeln, situativ in Praktiken, weil und indem die Akteure ihr ‚praktisches' Wissen routinegeleitet – und nicht regel-, norm- oder intentionengeleitet – zum Einsatz und zum Ausdruck bringen. (Balzer/Bergner 2012, S. 253)

Bezugnehmend auf Butler erörtern Balzer und Bergner die Beschaffenheit von Ordnung und fokussieren Anerkennung als Bezugsgrundlage der Konstituierung und Kontinuierung von Ordnung (vgl. ebd., S. 254 ff.). Dabei ist „mit Anerkennung […] die zentrale Frage berührt, als wer jemand von wem und vor wem wie angesprochen und adressiert wird und zu wem er/sie dadurch vor welchem (normativen) Horizont sprachlich bzw. materiell etablierter Geltungen gemacht wird […]" (Balzer/Ricken 2010, S. 73).[3] Adressierung und Adressiertheit wird nicht nur in sprachlichen Praktiken, sondern auch in nicht-sprachlichen Praktiken erzeugt: „Nicht nur sind Sprechakte selbst schon körperliche Akte, vielmehr sind Adressierungen auch in körperlichen Aktionen […] möglich" (Reh/Ricken 2012, S. 43). Mit Adressierung wird Subjektivierung prozessiert, in dem Sinne, dass Adressierte einen Platz in der sozialen Ordnung zugewiesen bekommen und sich zu diesem selbst ins Verhältnis setzen (vgl. ebd., S. 256). Eine praxistheoretische Rekonstruktion der Hervorbringung von Ordnung betrachtet also

---

(ebd.) machen. In Anlehnung an dieses Konzept wird für die vorliegende Analyse der Handlungsbegriff von der sprachlichen Form abgekoppelt und als Doing/Saying der Hervorbringung einer „sozial bestimmbaren Person" (ebd.) begriffen. Mit Positionierungen gestalten die Akteur*innen also aktiv ihre situativen ‚Identitäten', indem sie sich selbst als Bestandteil der wechselseitigen Interaktion hervorbringen, dabei bestimmte Aspekte anerkennen und aushandeln (vgl. ebd., S. 170).

[3] Ähnlich betten Reh und Ricken ihr Verständnis von Positionierung in Theorien der Subjektkonstitution ein: „Menschen erlernen sich selbst, indem sie mit anderen, von anderen und durch andere lernen […]" (Reh/Ricken 2012, S. 40). Damit beziehen sie sich auf die grundlegende Bedeutung des Anderen für den Prozess, in welchem „das Individuum als ein Selbst ebenso sich selbst macht wie von anderen dazu gemacht wird" (ebd.). Positionierungen sind dabei Repräsentationen, denn sie vermitteln, wie Menschen ihr Gegenüber oder sich selbst sehen, bzw. wie sie gesehen werden möchten (vgl. Lucius-Hoene/Deppermann 2004, S. 168 f.). Im sich vollziehenden Anerkennungsgeschehen werden die Normen der Anerkennbarkeit in unterschiedlichen, impliziten Modi der Adressierung (re-)produziert (vgl. Balzer/Bergner 2012, S. 255). Der Sprache kommt dabei grundsätzlich große Relevanz zu, da sie in einem direkten Zusammenhang zur Intelligibilität, oder zumindest Explizität, von Positionierungen steht (vgl. auch Charmaz 2006, S. 34). So wird eine Notwendigkeit produziert, sich entlang der Normen der sozialen Ordnung einzuordnen (vgl. Plößer 2010, S. 220).

das „Prozessieren[…] von Praktiken als ein – geordnetes, regelhaftes und relationales – Geschehen der Adressierung und Re-Adressierung, in dem sich Subjekte zur Adressierung und Positionierung durch die, das und den andere(n) positionieren" (ebd., S. 257). Sprachliche wie nicht-sprachliche Adressierungen können dabei sowohl explizit (Nennen von Namen, Zeigen auf) oder implizit sein: „Auch das Gemeinte, nicht nur das Gesagte, ist […] im Rahmen konversationeller Implikaturen etwa als adressiert zu verstehen" (Reh/Ricken 2012, S. 43 f.). Praxistheoretisch gefasst, setzt sich Ordnung primär aus verschiedenen impliziten Wissensformen, die aus kollektiven Sinnmustern bestehen, zusammen, und darüber hinaus aus kulturellen Codes, mit denen Differenz symbolisiert wird (vgl. Balzer/Bergner 2012, S. 251; Reckwitz 2003, S. 579).

Praktiken im Kontext von Doing *being able* verstehe ich damit auch als Praktiken der Hervorbringung und Modellierung eines könnenden Ichs, das als solches immer in Differenz zu *being unable* hervorgebracht wird. Daran kann die Wirkmächtigkeit von Ordnung als Differenzordnung verdeutlicht werden, die im Anschluss an dieses Kapitel als Rekonstruktion einer Könnensordnung der Grundschule die weiteren Analysen fundiert. Differenzordnungen können mit Mecheril verstanden werden als „Ordnungen hegemonialer Differenz; in ihnen wird folgenreich unterschieden, in ihnen lernt man sich kennen, in ihnen bilden sich Routinen des Körpers, der Sprache, des Denkens aus, die den eigenen Platz in einer sicher nicht starren, aber gut gesicherten Reihe von hierarchisch gegliederten Positionen wiedergeben" (Mecheril 2008, S. 64). Differenzordnungen können unter anderem als Deutungsressourcen fungieren, auf die für Selbst- und Fremdbeschreibungen – hier verstanden als versprachlichte Positionierung – in einem Modus der Eindeutigkeit zugegriffen wird.

Die ausgewählten Sequenzen werden als Beispiele der erarbeiteten Codes aufgeführt, die bereits früh im Analyseprozess als auf die subtile Ordnung der Begabungskultur verweisend eingeordnet wurden. Als zentrale Fragen werden die folgenden auf das Material angelegt:

1. Wie wird eine Positionierung als könnend vollzogen?
2. Wie adressieren sich die Teilnehmenden gegenseitig, welches Verhältnis wird so zwischen ihnen hervorgebracht?
3. Auf welche (latenten) Normen wird Bezug genommen und wie werden sie geltend gemacht?

Doing *being able* wird in seinen unterschiedlichen Facetten beleuchtet. So wird im Zuge der Darstellung deutlich, wie Können/*being able* und die Hervorbringung einer Könnensordnung als zentrale Konzepte aus den Analysen herausgearbeitet wurden.

4.1 Ausgangspunkt: Sich könnend zeigen

Im forschend miterfahrenen intergenerationalen Alltag der Grundschule stellt Können – konkret das *being able* der Schulkinder – einen zentralen Bezugspunkt dar, der über soziale Praktiken reproduziert wird und diese ordnet. Sich könnend zu zeigen ist Alltagspraxis. Doing *being able* besteht unter anderem darin, andere auf das eigene Können aufmerksam zu machen. Dabei geht es, zumal im Kontext der Grundschule, nicht zwangsläufig um akademisches Können, sondern es kann sich im Prinzip auf alle Aspekte beziehen, durch die das Selbst situativ als kompetent hervorgebracht wird.

Kletterkünste vorzeigen – M401

Ich komme um 09:30 auf dem Schulhof an. Gerade beginnt die große Pause und es sind bereits einige Kinder auf den Spielgeräten. Ein Mädchen, das auch in der Orangenklasse ist, kommt auf mich zu und fragt, ob sie mir zeigen kann, wie gut sie schon klettert. Ich bejahe und schaue ihr zu, wie sie auf dem Klettergerüst klettert. Dann setze ich mich auf einen großen Stein, der am Rand des Schulhofs steht. Das Mädchen kommt zu mir und ich frage sie, ob sie mir auch die andere Seite des Schulhofs zeigen kann. Sie ist einverstanden. Ich stehe auf und sie zieht mich an der Hand in das Schulgebäude. Auf der anderen Seite der Tür, zu der wir gerade das Gebäude betreten haben, ist eine weitere Tür, die auf einen weiteren großen Schulhof führt.

(Käthe-Kollwitz-Schule, 1. Schuljahr)

Die Sequenz zeigt auf den ersten schnellen Eindruck ein Kind, das sich die Aufmerksamkeit der Forscherin sichert: Das Kind fragt die Forscherin, ob diese bereit wäre, beim Klettern zuzuschauen. Mit einer verlangsamenden Perspektive auf die Situation wird aber deutlicher, dass die protokollarisch wiedergegebene Frage des Kindes nicht die Adressatin aktiv setzt, sondern das Kind selbst.[4] Die Interaktion des Schulkindes mit der Forscherin lässt sich als Zeigen zusammenfassen: Zunächst zeigt es die eigenen Kletterkünste, dann, als Insiderin, einen der Forscherin unbekannten Teil des Schulhofs. Die beiden Episoden des Zeigens unterscheiden sich dabei aber darin, dass es im ersten Teil auch darum geht,

---

[4] Dabei ist nicht überzubewerten, ob die Formulierungen im Protokoll detailliert und präzise wiedergegeben werden, da die Alltäglichkeit der Situation nachvollziehbar wird (vgl. auch Fine 1993, S. 277).

einen anderen Menschen bezeugen zu lassen, „schon" „gut" klettern zu können.[5] Relevant gesetzt wird also die qualitative Einordnung der eigenen Kletterkünste. Das Kind zeigt sich der Forscherin von einer ‚guten' Seite; von der könnenden Seite. Die Forscherin weiß, was zu tun ist, nachdem sie verbal zustimmt. Ihr Körper nimmt eine zuschauende Position ein. Es entsteht keine Irritation, was als Hinweis darauf gelesen werden kann, dass es sich um routinisierte Praktiken handelt.

In die Analyse einzubeziehen ist die generationale Differenz. Der Grundschule ist die Unterscheidung von Kindern und Erwachsenen konstitutiv eingeschrieben; das Setting der Grundschule ist geprägt von der generationalen Differenz. Diese Differenz ordnet das Geschehen entlang der sozialen Kategorien von Kind und Erwachsene*r im Sinne einer generationalen Ordnung:

> "The core idea in the notion of generational order is that there exists in modern socie-ties a system of social ordering that specifically pertains to children as a social cate-gory, and circumscribes for them particular social locations from which they act and thereby participate in ongoing social life. Children are thus involved in the daily 'con-structions' of their own and other people's everyday relationship and life trajectories" (Alanen 2009, S. 161).

Die beobachtete Interaktion bezieht sich also nicht nur auf die generationale Ordnung, sondern bringt diese auch wieder hervor. Wenn sich das Kind als könnend positioniert, kann die Selbstpositionierung durch die Beurteilung von Erwachsenen bestätigt werden. Gesellschaftliche Normen, die das generationale Verhältnis kontextualisieren und bestimmen, beziehen sich etwa auf das Bestär-ken des Selbstvertrauens von Kindern und auf Schutz und Unterstützung. So sind Erwachsene in der Normalitätserwartung verlässlich, was eine positive Bewer-tung kindlichen Könnens betrifft. Der Schulhof stellt darüber hinaus einen Ort dar, der den Schulkindern für einigermaßen frei gewählte Aktivitäten zur Ver-fügung steht. Im Gegensatz zum Unterricht sind Beurteilungen an diesem Ort nicht institutionell eingefasst. Wenn aus der Sequenz auch nicht hervorgeht, ob das Kind überhaupt ein Urteil über seine Kletterkünste von der Forscherin ein-fordert oder ob eine Bewertung gefällt wird, erweist sich diese Beispielsequenz bereits als analytisch reichhaltig – doch erst durch die verlangsamende Perspek-tivierung. Während sich Kind und Forscherin selbst und gegenseitig als Kind und

---

[5] Die Interaktion lässt unterschiedliche Interpretationen zu ihren Rahmenbedingungen zu, etwa auch eine mögliche Auflage seitens der Schule, das Klettergerüst nur unter der Aufsicht von Erwachsenen zu beklettern. Entscheidend ist an dieser Stelle aber, dass diese potenzielle Regel, sollte sie existieren, nicht Gegenstand der verbalen Interaktion ist, sondern das Zeigen des Könnens im Mittelpunkt steht.

als Erwachsene positionieren, geht es in diesem Adressierungsgeschehen um ein Doing *being able*, mit dem das Kind seinem Gegenüber zu verstehen geben kann, dass es über vorzeigbare Fähigkeiten verfügt, ohne dass die Notwendigkeit der Bewertung besteht. Die Forscherin bestätigt und bestärkt das Kind darin, etwas zu zeigen zu haben.

4.1.1 Doing *being able* im Adressierungsgeschehen

Die nächsten Beispiele beziehen sich auf Unterrichtssituationen und den Stellenwert des Bewertens im Adressierungsgeschehen, greifen dabei aber die Relevanz der generationalen Ordnung der Praktiken, einmal im 3. und einmal im 1. Schuljahr, auf. Das Zeigen guten Könnens stellt sich auch hier als routinisierte Gepflogenheit dar, ist aber selbst abhängig von der kompetenten Performance: je subtiler, desto wirkungsvoller.

„Fertig" – M402

Maxie schreibt schnell etwas auf, dann legt sie den Bleistift rasch neben dem Arbeitsblatt ab und zeigt aus der gleichen Handbewegung heraus auf. Dabei formt sie mit den Lippen ein Wort („Fertig"). Frau Farn sitzt an einem Tisch schräg hinter Maxie. Maxie dreht sich auf ihrem Stuhl und richtet ihren nach oben gestreckten Zeigefinger in Frau Farns Richtung aus. Dabei macht sie kurz „Mm", sie lehnt den Ellbogen ihres aufzeigenden Arms über Edins Stuhllehne. Edin bleibt nach vorn gerichtet und schreibt weiter. Maxie flüstert in seine Richtung: „Ich bin fertig" und guckt wieder zu Frau Farn, dabei streift sie kurz meinen Blick. Endlich dreht sich Frau Farn zu ihr um. Maxie steht auf und geht mit ihrem Zettel vier Schritte zu ihr hin. Sie gibt Frau Farn das Arbeitsblatt und sagt dabei: „Ich bin fertig." Frau Farn guckt auf das Blatt und sagt leise mit hoher Stimme: „Sehr gut."

(Frida-Kahlo-Schule, 3. Schuljahr)

Maxie macht eine Lippenbewegung, die von der Forscherin als Formen des Wortes „Fertig" gelesen wird. Wenn auch zunächst noch lautlos, handelt es sich bereits um die sprachliche Hervorbringung eines positionierungsrelevanten Zeichens, das sich möglicherweise subtil an ein unbestimmtes, vielleicht imaginiertes Publikum (oder an die Forscherin, deren Präsenz Maxie bekannt ist) richtet und diesem signalisiert, dass sie fertig ist mit der Bearbeitung ihres Arbeitsblatts. Sie meldet sich und macht auch mit einem Laut auf sich aufmerksam. Den kurzen Laut „Mm" während des Aufzeigens von sich zu geben, kann als eine gängige Praktik von Schüler*innen eingeordnet werden, die die Funktion hat, das visuelle Zeichen des Meldens akustisch zu verstärken. In erster Linie ist damit die

Lehrerin adressiert. Zudem wird Maxies Sitznachbar Edin von ihr informiert und im Anschluss bewegt sich Maxie einige wenige Schritte durch den Raum, während die anderen Kinder still weiterarbeiten. Maxie hat damit subtile Techniken angewendet, die im Rahmen leisen Arbeitens während des Unterrichts zur Verfügung stehen, zielgerichtet die Aufmerksamkeit der Lehrerin einholen und den Effekt haben, dass ihr Umfeld daran teilhat, dass sie schon fertig ist. Ihr Einhalten einer hohen Geschwindigkeit kann der schnellen Schreibbewegung zu Beginn der Sequenz, mit dem fließenden Übergang in die Meldehandbewegung, entnommen werden. Die Lehrerin, die sich durch Umdrehen „endlich" körperlich so ausrichtet, dass sie mit Maxie in den Austausch treten kann, betrachtet daraufhin das Arbeitsblatt. Praktiken des Überprüfens, des Kontrollierens von Arbeitsblättern auf korrekte Bearbeitung, mit einer anschließenden Beurteilung, bringen Frau Farns Positionierung als Lehrkraft hervor. Frau Farn adressiert die Schüler*innen von einer ihnen – körperlich, sozial und institutionell – übergeordneten Position aus. Im geäußerten „Sehr gut" drückt sich Wohlwollen aus, welches auf die asymmetrische Ordnung der sozialen Positionen „Lehrkraft/Erwachsene" und „Schul-Kind" verweist. Eine Bewertung wie „Sehr gut" ist relational und kann hier in Bezug auf das Prädikat der Note 1 interpretiert werden. Die Bewertung, zumal in Form von Benotung, ist an harten Kriterien von richtig und falsch orientiert und hier konkret an Maxies gezeigtes Können in Bezug auf das bearbeitete und abgegebene Arbeitsblatt gebunden. „Sehr gut" ist an dieser Stelle aber nicht exklusiv als Ergebnis der Arbeitsblattbearbeitung anzusehen, sondern vielmehr im Sinne eines Sinngebungsprozesses der sozialen Situation zu verstehen, als Konsequenz ihrer praktischen Hervorbringung. Frau Farn spricht leise, da die restliche Klasse noch arbeitet. Sie spricht in hoher Tonlage, eine kulturelle Praktik, die positive Zugewandtheit und ‚Harmlosigkeit' repräsentiert, die dadurch aber auch die Über- und Unterordnung der Positionen hervorbringt.

Aus den gezeigten Praktiken wird Maxies aktive Positionierung hinsichtlich einer an sie – als Teil der Klasse – gestellten Leistungserwartung deutlich, und damit ihre Akzeptanz ihrer Unterordnung unter einen prüfenden und beurteilenden Blick veranschaulicht. Maxie ‚beherrscht' in dieser Sequenz einen subtilen, zurückhaltend repräsentierten Modus von Doing *being able.*

Das nächste Beispiel variiert Doing *being able* in Form von weniger subtilen Praktiken. Hier lassen sich die Positionierungen auf andere Weise verdeutlichen, woraufhin die Differenzordnung eingängiger betrachtet wird.

Noch mehr können – M403

Frau Farn fragt, ob jemand eine Plusaufgabe mit dem Ergebnis zehn weiß. Colin ruft, dass er auch eine Minusaufgabe kann. Ein paar Kinder melden sich. Frau Farn nimmt ein Kind dran. Das Kind sagt 5+5 ist 10. Frau Farn stimmt zu und schreibt 5+5 auf den „Zahl des Tages"-Zettel. Sie will wissen, ob jemand noch eine Plusaufgabe kann. Sie nimmt ein weiteres Kind dran. Das Kind sagt 10+0 ist zehn. Frau Farn nickt, wiederholt 10+0 ist 10 und schreibt 10+0 auf den Zettel. Frau Farn nimmt Colin dran, der sich meldet. Colin holt tief Luft, richtet sich im Sitzen auf und sagt langsam: „Zwanzig minus zehn ist zehn". „Toll" sagt Frau Farn und schreibt auf.

(Frida-Kahlo-Schule, 1. Schuljahr)

In der beobachteten Unterrichtssituation ist die 10 die „Zahl des Tages" und diese soll als Ergebnis von Rechenaufgaben präsentiert werden. Colin macht durch Reinrufen auf sich aufmerksam: Zusätzlich zur gestellten Additionsaufgabe oder diese übertreffend, könne er eine Minusaufgabe präsentieren. Er artikuliert damit, dass er die geforderte Operation in beide Richtungen beherrscht (Subtraktion als Umkehrung von Addition verstehend). Bedeutsamkeit kann diesem behaupteten Können vor allem dann zugeschrieben werden, wenn Minusrechnen als schwieriger denn Plusrechnen aufgefasst wird. In Bezug auf Colins Positionierung ist sein Reinrufen ambivalent zu deuten: Schließlich ist es im schulischen Kontext nicht grundsätzlich negativ zu bewerten, gestellte Aufgaben erfüllen zu können oder sogar die Anforderung zu übertreffen. Den Ablauf und die Moderation der Lehrerin zu unterbrechen oder umzudeuten sowie reinzurufen ohne vorheriges Aufzeigen ist hingegen nicht ablaufkonform. Das zunächst durch die Lehrerin praktizierte Ignorieren von Colins Kommentar kann daher pädagogisch gedeutet werden, da in diesem situativen Rahmen weder Reinrufen, noch das Übertreffen gestellter Aufgaben gefragt sind. Wenn im Zuge des Ignorierens auch augenscheinlich ‚nichts' geschieht, ist das Ignorieren dennoch eine Praktik und Teil des Adressierungsgeschehens (vgl. Reh/Ricken 2012, S. 50). So meldet sich Colin letztendlich und wird daraufhin drangenommen. Er trägt seine Minusaufgabe mit einer Haltung vor, die als Ernsthaftigkeit und Konzentration interpretiert werden kann. Nach seiner anfänglich ambivalent praktizierten Positionierung – oder: einem aufdringlichen und Unterricht störenden Modus von Doing *being able* – bringt sich Colin nun gekonnt als beherrscht und als könnend hervor.

Wie in der oberen Sequenz aus dem 3. Schuljahr produziert die Lehrerin eine positiv wertende Erwiderung: „Toll" steht anders als „Sehr gut" in keinem direkten Zusammenhang zu Notenprädikaten, was unter anderem darauf zurückgeführt werden kann, dass die vorliegende Sequenz sich im 1. Schuljahr ereignet (in dem es offiziell noch keine Noten gibt). Die Bemerkung „Toll" reproduziert die generationale Ordnung über die an sie geknüpfte inszenierte Begeisterung, denn die Bewertung ist in ihrer Bezugnahme uneindeutig und lässt dadurch einen weiten Interpretationsspielraum. Den Schulkindern steht frei, die geäußerte Begeisterung auf die eigene Mitarbeit und das eigene Können zu beziehen, oder auf die gesamte Klasse und ihren gelingenden Umgang mit der Zahl des Tages. Der zusammenfassende Blick auf die beiden Unterrichtssequenzen verdeutlicht die Aushandlung der Positionierungen im Adressierungsgeschehen. Die soziale Situation des Unterrichts wird durch (bewertende) Kommentierungen der Lehrkraft begleitet. Sie weist dem Geschehen klassenöffentlich ihre Deutungen (nicht nur in Form von Bewertung) zu und beansprucht Deutungsmacht in Form von Praktiken des Wahr-Sprechens (vgl. Machold 2015, S. 119). Mit solchen Praktiken, die einen eigenen direkten Zugang zur Wahrheit repräsentieren, wird die übergeordnete Positionierung als Lehrkraft hervorgebracht und aufrechterhalten. Kontrastiv dazu zeigt die Schulhofsequenz, dass Doing *being able* nicht notwendig an unter- und überordnende Positionierungen geknüpft ist, wie sie in Bewertungspraktiken situativ hergestellt werden.

4.1.2 „Einfach": Positionierung und Abwertung

Im Folgenden wird die Analyse der grundschulischen Könnensordnung weiter ausdifferenziert. Dabei werden vor allem die hervorgebrachten Positionierungsverhältnisse in den Blick genommen und daran der Vollzug von Doing *being able* beleuchtet.

An einem Schultag im 1. Schuljahr gestaltet die Vertretungslehrkraft/Referendar*in[6] [Lehrkraft V] den Matheunterricht zusammen mit der Klassenlehrerin Frau Witte. Zu Beginn der Mathestunde zeigt [Lehrkraft V] den Kindern das Abzählen mithilfe von Strichlisten – vier Striche mit dem fünften jeweils quer dazu – und lässt diese Technik dann einzelne Kinder an der Tafel und anschließend alle im eigenen Mathebuch üben.

„Voll einfach." – M404

Maxie zählt fünf Kinder mit Zopf. Sie malt vier senkrechte und einen diagonalen Strich durch die vier senkrechten an die Tafel. „Richtig", sagt [Lehrkraft V]. Jetzt dürfen alle Kinder Strichlisten für sich im Mathebuch malen. [Lehrkraft V] hält ein aufgeschlagenes Mathebuch in die Luft und sagt, das ist auf Seite 10. „Da siehst du ganz viel…" [Lehrkraft V] spricht nicht weiter. „Obst", ruft Ridvan. [Lehrkraft V]:

---

[6] Aus Gründen der Datenmaskierung wird in der Darstellung des empirischen Materials auf eine Differenzierung von Vertretungslehrer*in und Referendar*in verzichtet. Bei der Bezeichnung [Lehrkraft V] handelt es sich nicht um ein Pseudonym, da ich die Bezeichnung in meinen Analysen auf jede*n im Material auftretende*n, nicht identifizierbare*n Vertretungslehrer*in/Referendar*in angewendet habe.

„Melde dich mal, dann nehm ich dich dran". Ridvan meldet sich, [Lehrkraft V] ruft ihn auf. Ridvan wiederholt: „Obst". [Lehrkraft V] erklärt, dass die Kinder das Obst anmalen und für jedes angemalte Obststück einen Strich machen sollen. Ridvan kommentiert: „Voll einfach". Jetzt werden die Kinder bankweise zum Mathebuch holen und arbeiten geschickt. Als Ridvans Bank losgeschickt wird läuft er zu seinem Fach, holt das Mathebuch und bleibt damit vor dem Regal stehen. Er wedelt das Mathebuch durch die Luft, von oben nach unten. Frau Witte steht an der Tafel und hält ein Stück Kreide in der Hand. Sie sagt: „Ridvan guck mal! Setz dich auf deinen Platz oder soll ich den dritten Strich machen?" Ridvan läuft mit seinem Mathebuch zu seinem Platz am Tisch.

(Frida-Kahlo-Schule, 1. Schuljahr)

Aus dem weiteren Kontext des Beobachtungsprotokolls geht hervor, dass Ridvan bereits zuvor an diesem Schultag mit Kommentaren aufgefallen ist, die er in den Raum gerufen hat, ohne sich vorher gemeldet zu haben. Während in der Sequenz die anderen Kinder der vorgesehenen Choreographie des Unterrichts zu folgen scheinen, tanzt Ridvan aus der Reihe. Daher hat Frau Witte an der Tafel bereits zwei Striche hinter seinen Namen gesetzt, als Vermerke für Fehlverhalten. Im Übergang von der gemeinsamen Erarbeitung des Zählens mit Strichen zur Aufgabenstellung für die Einzelarbeit, ruft Ridvan einmal mehr rein, um den unvollendeten Satz der [Lehrkraft V] zu vervollständigen. Es handelt sich um einen belanglosen Inhalt, dient das Obst doch nur als weiteres Beispiel von Gegenständen, die auf diese Weise gezählt werden können. Dennoch adressiert [Lehrkraft V] das Kind verhaltenskorrigierend: „Melde dich mal, dann nehm ich dich dran". Er zeigt sich dann folgsam, indem er die pädagogische Intervention befolgt und sein Tun auf modifizierte Weise, inklusive Aufzeigen, wiederholt. Im Gegensatz zu den anderen Teilnehmenden im Klassenzimmer scheint Ridvans Tun nicht im gleichen Ausmaß durch die etablierte Ordnung im Klassenzimmer beeinflusst. Sein Tun wird in der Folge von den Lehrer*innen als chaotisch hervorgebracht, er wird als störend positioniert und ,besonders' behandelt. Die Deutungshoheit liegt diesbezüglich bei ihnen, ebenso wie die Möglichkeit, disziplinierende Maßnahmen, wie das Strichezeichnen an die Tafel, vorzunehmen.

Die Sequenz ereignet sich in einer Schulklasse, die erst seit wenigen Wochen existiert. Vor diesem Hintergrund ist Ridvans Kommentierungspraktik zu betrachten, unaufgefordert und für alle hörbar „Voll einfach" zu tönen. Die Aussage ist nicht als ganzer Satz formuliert, sondern auf eine Kernaussage zugespitzt: Eine Beurteilung der durch die Lehrkraft gestellten Anforderung als machbar oder als zu wenig herausfordernd. Wird die Differenz von „einfach" und „schwierig" als hegemonial für den Kontext der Schule berücksichtigt, kann Ridvans

Bemerkung als Doing *being able* gelesen werden. Seine Praktik verweist auf die begabungsideologische Abwertung von Fleiß und Mühe (vgl. Ecarius/Wahl 2009, S. 26): Wer das nicht einfach findet, sich also bemühen muss, die Aufgabe zu bearbeiten, ist nicht so *able* wie ich. Von hohem Wert ist in diesem Sinne eine mühelose Bewältigung der schulischen Anforderungen, die auf die individuellen Fähigkeiten, auf die natürliche Begabung, zurückgeführt werden (vgl. ebd.). Wenn auch davon ausgegangen wird, dass Ridvan die theoretischen Überlegungen zu Begabungsideologie nicht kennt, so zeugt seine Praktik von dem ihr eingebauten kulturellen Wissen um das begabungsbezogene Positionierungsverhältnis. Ridvan positioniert sich als überlegen, denn einem Kind, dem der Schulstoff leichtfällt, so zeigt die Praxis, kommt ein höherer Status zu – manifestiert etwa in besseren Bewertungen, unter Umständen freundlicherer, geduldiger Adressierung – als einem Kind, dem er schwerfällt. Bei der sprachlich hervorgebrachten Selbstdarstellung handelt es sich um eine Praktik im Sinne von Doing *being able*, die das eigene Können (unabhängig davon, ob es tatsächlich vorhanden ist, oder nicht) als individuelle Kraft darstellt, die seinem Träger Ansehen verleihen soll.

Verdichtend zu dieser Variante von Doing *being able* als Abwertung von Fleiß und Mühe zugunsten einer Selbstpositionierung als wissend und könnend, wird in der nächsten Sequenz eine weitere Praktik betrachtet, in der das Wort „einfach" eine zentrale Rolle spielt.

Es sich einfach machen: Abschätzigkeit vs. Pragmatismus – M405

Vorne setzt sich der Matheunterricht fort. Frau Farn übt viele Aufgaben mit den Kindern und immer mehr melden sich von Mal zu Mal. Frau Farn streicht immer die Nullen durch. Emil sagt in etwas abschätziger Weise, dass es das ja einfach mache. Frau Farn guckt ihn an und erwidert: „Ja natürlich mach ich mir das einfach!" Emil sagt, man müsse die Nullen nicht wegstreichen. Frau Farn darauf: „Du MUSST es nicht, aber wie es eben schon festgestellt wurde, macht es das einfacher." Ein Kind fragt, ob man in der Mathearbeit auch die Nullen durchstreichen dürfe. Frau Farn bejaht. Das Kind scheint sich darüber sehr zu freuen (es macht eine Siegerfaust).

(Frida-Kahlo-Schule, 4. Schuljahr)

Rechenaufgaben werden geübt mit Zahlen in den Tausendern, ein im Beobachtungsprotokoll genanntes Beispiel lautet 1600 durch 4. Im Fall dieses Beispiels müssten weggestrichene Nullen wieder ans Ergebnis angehängt werden. In anderen Fällen – etwa 1600 durch 40 – könnten auf beiden Seiten der Division gleich viele Nullen weggestrichen werden und so bleiben. In Bezug auf diese Übungen wendet Emil eine ähnliche Kommentierungspraktik an, wie Ridvan im Beispiel zuvor. Emil bezieht sich auf das Wegstreichen der Nullen mit seiner Aussage, dass die gezeigte Technik der Lehrkraft es einfach mache. Die protokollierende Forscherin interpretiert Emils Vortragsweise als abschätzig. Eine Lesart, die die Lehrerin offenbar teilt, an ihrer defensiven Reaktion gemessen. Emil verteidigt seine Aussage, indem er erläutert, das Wegstreichen sei nicht notwendig. Die Positionierung von Emil kann in diesem Dialog mit der von Ridvan im ersten Beispiel verglichen werden: Emil stellt sich als Schüler dar, der das Vereinfachen von Rechenaufgaben durch Wegstreichen von Nullen nicht nötig habe. Er positioniert sich als überlegen gegenüber denen, die eine solche Aufgabe durch das Wegstreichen lösen, indem er indirekt vorgibt, dass es ihm selbst auch ohne die Vereinfachung gelingen würde. Das „einfach machen" wird damit abgewertet.

An dieser Sinnzuschreibung setzt Frau Farn unter Gebrauch ihrer Deutungshoheit an, die eine Vereinfachung der Rechenaufgabe nicht bloß nur verteidigt, sondern diese als logische Vorgehensweise normalisiert („Ja natürlich"). Sie geht nicht auf die Negativ-Bewertung des Einfachen ein, sondern hält ihre Perspektive dagegen. Trotz der Asymmetrie des Positionierungsverhältnisses erscheint der Dialog zwischen Emil und Frau Farn als Wortgefecht, bei dem es darum geht, zu dominieren. Emil positioniert sich als überlegen gegenüber der Lehrerin, indem er ihre Vereinfachungsstrategie als unterlegen darstellt. Auch hierin zeigt sich das kulturelle Wissen, das in der Könnensordnung wirkt.

Die Beobachtungen zu Doing *being able* verweisen darauf, dass das Wort „einfach" synonym mit dem Wort „leicht" eingesetzt wird. So wird eine weitere Bezeichnungspraktik mit der nächsten Sequenz dargestellt, die darüber hinaus zeigt, dass Doing *being able* nicht auf eine positive Selbstdarstellung vor Lehrkräften oder vor der Klassenöffentlichkeit beschränkt ist.

„Pipileicht" – M406

Frau Flormann schreibt auf mehrere Blätter eine große 5 und erklärt, dass jedes Kind diese 5 zehnmal mit verschiedenen Farben nachzeichnen soll. Frau Flormann vergewissert sich, ob Agit das mitbekommen hat und fragt ihn, wie oft er die Zahl nachschreiben soll. „Zehnmal", antwortet Agit. Jedes Kind der Einer soll ein Blatt mit einer 5 und ein Kästchen bunte Kreide mitnehmen, um die Fünfen zu malen. Dann setzen sie sich zurück an ihre Plätze. Agit setzt sich auf seinen Stuhl und erklärt seinem heutigen Sitznachbarn, [Name Kind], das sei „pipileicht". [Name Kind] wiederholt das Wort „pipileicht" und imitiert Agit dabei. Daraufhin krallt Agit mit seiner Hand an [Name Kind]s Kopf. Beide kabbeln spaßig miteinander.

(August-Macke-Schule, 1. Schuljahr)

Agit gehört im jahrgangsübergreifenden Unterricht zu den „Einern". Sein Sitznachbar ist ein sogenannter „Pate", was bedeutet, dass das Kind einen Jahrgang höher einzustufen ist als Agit. Agit verwendet das Wort „pipileicht", um die gestellte Aufgabe zu beurteilen. Das Präfix „pipi-" kennzeichnet ein Sprachregister, das von Erwachsenen (oder Jugendlichen und älteren Kindern) gegenüber Babys und Kleinkindern – als Babysprache – angewendet wird. Die Verwendung des Begriffs bringt Agits Selbstpositionierung auf humorvolle Weise als kompetent hervor, oder in ironisierender Absicht, unter Bezugnahme auf die generationale und die Entwicklungsdifferenz. Agits Sitznachbar wendet den Begriff wiederum auf einer anderen Ebene an, führt Agit in zugewandter Weise vor und macht sich über das Wort lustig. Die kulturelle Abwertung von Fleiß und Mühe, die sich an den Kommentierungspraktiken der Abwertung von „einfachen" oder „pipileichten" Aufgabenstellung zeigen lässt, wird durch die infantilisierende Bezeichnungspraktik zugespitzt. Agit zeigt mit seiner Praktik, dass er die Relevanz von Leichtigkeit bei der schulischen Aufgabenbearbeitung versteht – ohne, dass ihm dieses Verständnis reflexiv zugänglich sein muss.

Bis hierhin kann zusammenfassend gesagt werden, dass sich in den exemplarisch dargestellten Praktiken des Doing *being able* eingelagertes Wissen um eine Differenzordnung im Kontext der Schule zeigt, in der Kinder daran unterschieden werden und sich selbst als daran unterscheidbar hervorbringen, ob ihnen etwas leicht- oder schwerfalle. Die, auch humorvoll eingesetzte, Abschätzigkeit gegenüber dem Einfachen dient dementsprechend einer positiven Selbstdarstellung im Sinne einer Positionierung im Konkurrenzfeld. Vollzogen wird eine statusbezogene Unterscheidung von Schulkindern.

Eine solche Praxis transportiert eine Logik, die auf Grundlage der Bewertung des Könnens stigmatisierende, ausschließende, schlechterstellende Praktiken normalisiert. Mit Praktiken, mit denen sich Kinder vorteilhaft in der Könnens- und Begabungsordnung positionieren, setzen sie sich auch in Konkurrenz zueinander, (re-)produzieren einen Wettbewerb um vorteilhafte Positionen. Das Eintreten in den oder Mitmachen beim Wettbewerb kann insofern auch als schulkindspezifisches Doing *being ordinary* gelesen werden, mit dem die Akzeptanz einer Besonderung und potenziellen Exklusion derjenigen einhergeht, die nicht als *ordinary*/gewöhnlich positioniert werden (vgl. Lawrence 1996).

4.2 Wissensordnungen in Positionierungspraktiken

In den folgenden Sequenzen geht es zunächst um das Erklären von Inhalten durch Kinder. Die untersuchten Praktiken ordne ich dem Doing *being able* zu; sie lassen sich darüber hinaus darauf untersuchen, wie Erklären in positionierungsanalytischer Perspektive vollzogen wird.

Die folgende Sequenz stellt das Ende einer Versammlung im Kreis dar. Die Anwesenheit der Kinder wird gezählt, das Datum und der Stundenplan werden durchgegangen, das „Wort des Tages" (Osterhase) wird „geschwungen". Im Anschluss daran ereignet sich das Folgende:

Was in dem Atlas drin ist – M407

Es gongt. Einige Kinder rufen: „Pause!" Frau Witte: „Wann ist Pause, wenn es klingelt oder wenn ich es sage?". Frau Witte fragt, ob jemand noch etwas zu sagen hat. […] Emil will auch noch etwas sagen, er hat den großen Atlas auf dem Tisch mitgebracht. Emil nimmt den Atlas hoch. Er ist sehr schwer, kündigt er an. Ein paar Kinder probieren es aus und heben den Atlas hoch. Emil soll sich mit dem Atlas wieder an seinen Platz im Sitzkreis setzen und den anderen Kindern erklären, was in dem Atlas drin ist. Emil sagt, es gibt Bilder und Schrift, Frau Witte ergänzt, es gäbe Landkarten von allen Ländern der Welt. Wenn ein Kind den Atlas angucken will, soll es das in der Frühstückspause tun, aber es muss vorher Emil fragen und nicht mit dem Brot in der Hand. Emil ergänzt, der Atlas dürfe nie dreckig werden.

(Frida-Kahlo-Schule, 1. Schuljahr)

Die Lehrerin moderiert den Ausklang des Unterrichts und hält die Ordnung der Abläufe ein. Als letzter Tagesordnungspunkt des Sitzkreises sind offene Beiträge möglich, indem Frau Witte in die Runde fragt, ob jemand noch etwas zu sagen hätte – ein feiner Unterschied zur Formulierung, ob jemand noch etwas sagen möchte, denn mit der Positionierung „etwas zu sagen haben" geht Wichtigkeit einher. Emil weist die Klasse auf den schweren Atlas hin, den er mitgebracht hat. Er beginnt, über den Atlas zu sprechen, indem er auf das außergewöhnliche Gewicht hinweist und einige Kinder ausprobieren lässt, den Atlas hochzuheben. Frau Witte bringt sich moderierend ein, indem sie fragt, was in dem Atlas zu finden sei. Diese Frage bezieht sich auf die Notwendigkeit, den Gegenstand für die anderen Kinder einzuordnen, ihn zu definieren, für den Fall, dass nicht jedes Kind weiß, was ein Atlas ist. Anstatt zu fragen, was das Wort „Atlas" bedeutet, fragt die Lehrerin nach dem Inhalt, sodass Emil aufgefordert ist zu veranschaulichen, was ein Atlas ist. An Emils Antwort, dass Bilder und Schrift zwischen den Buchdeckeln zu finden seien, wird deutlich, wie unterschiedlich Frau Witte und Emil ihre Adressierungen vollziehen, vor allem im Hinblick darauf, welche Relevanzsetzungen ihre Darstellungen ordnen. Emils Antwort ist auf der Ebene der Wortbedeutung nicht falsch, sie entspricht nur nicht der Information, auf deren Hervorbringung Frau Wittes gestellte Frage eigentlich abzielte. So ergänzt sie schließlich, dass der Atlas „Landkarten von allen Ländern der Welt" enthalte und führt die Erklärung zu Ende.

Die unterschiedlichen Wissensordnungen, die sich durch die Frage nach dem Inhalt des Atlasses eröffnen, zeigen auf der Ebene der Sprache, dass schulspezifische Erklärpraktiken Gegenstand von Routinisierung sind bzw. sein müssen. Routinisierung ist dabei zwischen aktivem Einüben und Angewöhnen angesiedelt. Um die Frage nach dem Inhalt so zu beantworten, dass es der Erwartung der Lehrkraft entspricht, braucht es Erfahrung und Einübung. Diese Überlegung kann anhand der nächsten Sequenz weitergeführt werden.

„Du hast uns ein Blatt gegeben" – M408

Frau Meier: „Wir treffen uns im Kreis." Im Kreis wird zunächst untereinander geplaudert. Dann sagt Frau Meier, die Stimme ein wenig erhebend und dann leiser werdend: „DENKT doch mal an die gestrige Sachunterrichtsstunde..." Es wird immer leiser. Finn meldet sich direkt, dann noch ein weiteres Kind. Letzteres wird zuerst aufgerufen. Danach kommt ein anderes Kind dran, es beginnt: „Ähm, also du hast uns ein Blatt gegeben --" Frau Meier unterbricht das Kind und sagt: „Nein [Name], es geht nicht darum, ob ich dir ein grünes oder ein weißes Blatt gegeben hab, es geht darum, was du gestern gelernt hast." Das Kind daraufhin: „Also ich habe gestern gelernt, ähm, dass die... orangen Dinger... Atome sind." Michel sitzt neben dem Kind und lacht leise. Ein paar andere Kinder lachen ebenfalls bzw. verkneifen sich das Lachen. Das Kind selbst grinst auch. Frau Meier nimmt ein anderes Kind dran. Ab jetzt beginnen alle Kinder ihre Sätze mit: „Ich habe gelernt..."

(Frida-Kahlo-Schule, 4. Schuljahr)

Der Unterricht im Sitzkreis wird im Modus einer Abfrage aller Kinder zur letzten Sachunterrichtsstunde gestaltet. Dabei wird relativ bald deutlich, dass es beim ‚Denken an die gestrige Sachunterrichtsstunde' auch falsche Antwortmöglichkeiten gibt. So wird ein Kind während seiner Antwort unterbrochen und korrigiert. Die Zurechtweisung ist so formuliert, dass die gegebene Antwort des Kindes ins Lächerliche gezogen wird, indem der Inhalt der Antwort banalisierend überspitzt wird („ein grünes oder ein weißes Blatt"). Das Stilmittel der Übertreibung – das Kind selbst nannte keine Farben von Zetteln – trägt in dieser Zurechtweisungspraktik eine ungeduldige Gestimmtheit in sich, zielt damit stärker auf das Kind und seine Herangehensweise ab, als auf die konkrete themenverfehlende Antwort. Das adressierte Kind passt daraufhin seine Antwort an, die jedoch wiederum dürftig formuliert ist: „dass die orangen Dinger Atome sind". Eine Reaktion der Lehrerin darauf ist nicht protokolliert, was auf die Akzeptanz dieser Antwort hindeutet. Einige Kinder reagieren darauf mit Lächeln und unterdrücktem Lachen. Diese Reaktion trägt Wissen darüber, dass auch diese gegebene Antwort nicht gänzlich den Ansprüchen der Lehrerin genügt. Mit der Antwort wird ein

Modell (Graphik oder plastisches Modell) von Atomen naiv beschrieben; sie enthält keine eigenständige Darstellung, die einen selbstständigen Umgang mit dem
Unterrichtsinhalt zeigen würde. Vor allem der Ausdruck „die orangen Dinger"
entspricht nicht der schulangemessenen Sprache und lädt daher zum Grinsen ein.
Indem das Wissen, das im gemeinsamen Lächeln der Kinder liegt, als Wissen
um die verbale Ordnung betrachtet wird, in der formulierte Antworten schulan-
gemessen und -unangemessen sein können, zeigt sich auch die Fortsetzung des
Adressierungsgeschehens als Einhaltung einer Form. So setzt sich der Satzan-
fang „Ich habe gelernt…" in dieser Situation schnell als sichere Option durch,
die Formulierungen der Kinder werden durch diese Impulssetzung der Lehrerin
also choreographiert. Zu sagen „ich habe gelernt" bedeutet dabei nicht unbedingt,
dass das daraufhin Gesagte tatsächlich ‚Gelerntes' – etwa im Sinne von kognitiver
Verarbeitung – wiedergibt, sondern erfüllt die vorgegebene ordnende Form.

Diese Situation kann mit einer naheliegend erscheinenden Lesart betrachtet
werden, mit der die Umgangsweise eines Kindes mit der gestellten Anforderung
als wenig souverän begriffen wird. Mit einer alternativen Lesart bringt die scheinbar niedrigschwellige Aufforderung, an die letzte Unterrichtsstunde zu denken,
hingegen einen voraussetzungsvollen Unterricht hervor.

Eine kulturelle Erwartung von Virtuosität und Eleganz im Umgang mit
schulischen Anforderungen kann auch anhand der durch Schüler*innen hervor-
zubringenden Antworten auf die Fragen oder Aufforderungen der Lehrkräfte
vergleichend festgemacht werden. Emil (M407) muss sich in seinem Erklär-
modus nicht beirren lassen, denn schließlich hat er den Atlas mitgebracht und
er kann sich als wissenskompetent repräsentieren – es kann davon ausgegangen
werden, dass er weiß, was „drin ist" – seine Antwort kann als ein Missverständnis eingeordnet werden. Im anderen Beispiel (M408) gelingt aber keine könnende
Positionierung. Dies liegt zum einen an der geradlinigen Intervention der Lehrerin
Frau Meier, zum anderen an der Folgeantwort, die bei den Kindern Belustigung
hervorruft: „Dass die orangen Dinger Atome sind."

Kontrastiv zu den Erklärungen der Kinder wird im Folgenden eine Sequenz
einbezogen, die zwar Erklärpraktiken einer Lehrkraft zeigt, die unterschiedlichen,
nach Positionierung geordneten Sinnzuschreibungen jedoch weiter verdeutlicht.

Weiterführende Schule: Arbeitsverhalten und Siezen – M409

Etwas später steht Herr Dräger vorne vor dem Whiteboard. Er sagt über den Unterricht heute: „Wir tun mal so, als ob ihr in der fünften Klasse wärt." Heute würden
sie üben „was die Lehrer erwarten" an der weiterführenden Schule. Ein Kind ruft:
„Englisch". Herr Dräger verneint das und sagt, er meine „eher so Arbeitsverhalten":

„Was auf jeden Fall anders ist als bei uns", sei, dass die Kinder „viel selbstständi-ger" arbeiten würden. Ein Kind ruft: „Siezen". Herr Dräger bejaht das und redet dann weiter. Etwas mit: sie würden heute eine „Einstiegsphase" dafür haben, ich glaube, er sagt dann noch, dass sie erst die Aufgaben besprechen würden. Irgendwann sagt Rahim: „Ich weiß auch schon was". Herr Dräger sagt an Rahim gewandt: „Rahim und auch nicht immer dazwischenreden." Dann redet er weiter zur Klasse: „Der Lehrer erklärt einmal, dann muss man gucken." Kiron fragt: „Gibt es auf der [Sekundar-schule] wirklich keine Hausaufgaben?". Herr Dräger sagt, das wisse er nicht und dass es drauf ankommen würde, ob zum Beispiel Ganztag sei oder nicht. Dann erklärt er noch weiter etwas dazu.

(Claude-Monet-Schule, 4. Schuljahr)

Doing *being able* zeigt sich hier in der Positionierung der Kinder als Bescheid wissend, sie rufen ihre Antworten in den Raum. Es ist aber auch auf der Metae-bene Thema dieser Sequenz: Herr Dräger setzt die Unterrichtsstunde ein, um die Kinder auf einen kompetenten Umgang in der weiterführenden Schule vor-zubereiten. Der Lehrer bringt in seiner Ausführung die Grundschule als Ort hervor, der am Lernen des Kindes ausgerichtet ist, und die weiterführende Schule als regulierte Institution, in der es rigide Vorschriften gibt. Seine Erklärprak-tiken beziehen sich auf die Vorbereitung für die weiterführende Schule. Gibt er als Absicht an, den Kindern Klarheit über die zu erwartenden Anforde-rungen verschaffen zu wollen, zeugt das Geschehen davon, dass dabei eine Verstehensroutine, vorstellbar etwa als eingeübte Re-Adressierungspraktiken (vgl. Reh/Ricken 2012), seitens der Kinder vorausgesetzt wird. Solche Adressierungs-und Re-Adressierungspraktiken sind wiederum Gegenstand der reflexiven Aus-einandersetzung mit Doing *being able* an der weiterführenden Schule. Was die Lehrkräfte dort erwarten? „Englisch", lautet eine Antwort. Diese Antwort ist, wie bei den vorherigen Beispielen (M407 und M408), nicht grundsätzlich falsch. Der Lehrer feinjustiert seine Thematisierung, und zeigt, dass die Antwort nicht seiner Erwartung entspricht. Er bringt „Arbeitsverhalten" und „Selbstständig-keit" ein, das sei anders als in der Grundschule. „Siezen" lautet daraufhin eine weitere Antwort eine*r Schüler*in. Die Antworten der Kinder geben Einblicke in ihre Relevanzordnungen und Verhaltensroutinen, über die sie nun auf einer Metaebene sprechen. Die Perspektive der Kinder auf Schule orientiert sich an den Schulfächern, an gesellschaftlichen Höflichkeitsnormen (Erwachsene wer-den gesiezt, Kinder nicht) und an Hausaufgaben. Dagegen bringt die Perspektive der Lehrkraft, neben selbstständigerem Arbeitsverhalten, das Zurechtkommen mit einmaligen Erklärungen und Vorbereitetsein – was auch erklärtes Ziel dieser Unterrichtsstunde ist – als relevant hervor. Dieses Re-Adressierungsgeschehen kann als Aneinander-vorbei-reden erscheinen, erweist sich jedoch als Verkettung routinisierter Praktiken innerhalb einer generational-institutionellen Ordnung. Die untersuchten Erklärpraktiken stellen mögliche Gelegenheiten für Doing *being able* dar, sei es, wenn ein Kind sich erklärend positioniert, oder wenn Beiträge der Schüler*innen zu Erklärungen von Lehrkräften gefragt sind. Auch im nächsten Abschnitt werden zum Teil weitere Erklärpraktiken in den Blick genommen. Dabei wird zunächst stärker auf die statusbezogenen Bedeutungen fokussiert, die inhaltlich mit dem Erklären hervorgebracht werden. Konkret geht es um die Hervorbringung einer schulischen Logik, die Schulkindern einen unterschiedlichen Status aufgrund ihres Könnens implizit zuweist. In diesem Sinne wenden Lehrkräfte unterschiedliche Praktiken und Strategien an, mit dieser Unterschiedlichkeit pädagogisch umzugehen.

4.2.1 Statusordnung

Das Können der Kinder wird in der Grundschule stets beobachtet und dokumentiert und auf unterschiedliche Weise fokussiert. Dabei wird zum einen vertikal differenziert, eine altersbezogene Entwicklungslogik erzeugt, wie bereits in Beispiel M409 durchgeschienen ist: Ab der 5. Klasse würde die Lehrkraft nur einmal erklären, „dann muss man gucken". In der Grundschule läuft es hingegen anders ab. Zum anderen wird horizontal unterschieden, das Können der Kinder wird unter anderem entlang der Bewältigung von Aufgabenstellungen differenziert. Unterschiedliche Aufgabenstellungen werden als unterschiedliche Schwierigkeitsniveaus entsprechend hervorgebracht.

Aufgabenhierarchie – M410

[Frau Meier] sagt: „Ihr bekommt heute ein Heft, in dem…" Sie erklärt weiter, dass darin größtenteils Matheaufgaben seien, manche auch schon sehr schwierig, eher für größere Kinder und dass sie einfach machen sollten, was sie könnten und dass es nicht schlimm sei, wenn sie etwas noch nicht könnten. Während sie spricht, hält Finn beide Hände vor seinen Mund und über seine Nase bis hin zu seinen Augen. Dann sollen die Kinder ihren Namen oben auf das Heft schreiben und mit der ersten Aufgabe beginnen, bei der es darum geht aus vier abgebildeten Häusern das größte herauszusuchen und anzukreuzen.

(Frida-Kahlo-Schule, 1. Schuljahr)

Die Lehrerin erklärt den Kindern kleinschrittig das nächste Vorgehen, das sie für den Unterricht geplant hat: Die Kinder werden ein Heft mit Aufgaben erhalten.

Es handelt sich, ohne dass es so genannt wird, um einen Test in dem Sinne, dass die Aufgaben gleichzeitig von allen Kindern in Einzelarbeit bearbeitet werden. Frau Meier kündigt Matheaufgaben an und teilt diese in verschiedene Kategorien ein: manche seien „schon sehr schwierig" und „eher für größere Kinder". Der Code „größere Kinder" bezieht sich auf die Entwicklungslogik. „Größer" ist in dem Sinne synonym mit „älter" und bringt zum Ausdruck, dass mit steigendem Kindesalter höhere Anforderungen bewältigt werden können. Demgegenüber, so impliziert der indirekte Vergleich von älteren mit jüngeren Kindern, gibt es in dem Heft auch weniger schwierige Aufgaben, die im Umkehrschluss als altersangemessen und entsprechend als für die Kinder leicht lösbar einzustufen sind. Diejenigen Kinder, die bereits schwierigere Aufgaben lösen können, wären diesbezüglich auf einer höheren (Entwicklungs-)Stufe, was mathematische Fähigkeiten betrifft; auf dem schwierigeren Niveau älterer Kinder.

Dass es jedoch „nicht schlimm" ist, diese Aufgaben „noch" nicht zu können, die Kinder also die Aufgaben bearbeiten dürfen, die ihrem Können entsprechen, bedeutet, dass eine Normalitätserwartung sich darauf bezieht, die schwierigeren Aufgaben nicht zu lösen. So bleibt in der Erläuterung unklar, aus welchem Grund die schwierigeren Aufgaben überhaupt in dem Heft enthalten sind. Klar wird indes, dass die Kinder grundsätzlich gefordert sind, ihr Können unter Beweis zu stellen. So ist etwa anhand von Finns Gestik – die Hände vor das Gesicht haltend und damit die Sinnesorgane, bis auf die Ohren, verschließend – zu vermuten, dass Konzentration aufgebracht wird, da letztlich ein Vergleich des unterschiedlichen Könnens der Kinder stattfinden wird, mit dem sie sich im Wettbewerb um gutes Abschneiden in der Schule positionieren.

Im nächsten Beispiel ist die Könnenshierarchie auf andere Weise enthalten. Im Vordergrund steht die Unterstützung auf Peer-Ebene.

„Kannst du Ridvan mal erklären…?" – M411

Frau Witte fragt Colin: „Kannst du Ridvan mal erklären wie das mit dem Reimen geht?" Dann sagt sie noch, dass er es ihm aber nur erklären, nicht für ihn machen solle. Colin lächelt und nickt mehrfach. Frau Witte geht und Colin setzt sich neben Ridvan. Colin malt etwas in Ridvans Heft, die beiden reden miteinander, dann malt Ridvan etwas. Colin sagt etwas wie: „Super, Ridvan" zu ihm.

(Frida-Kahlo-Schule, 1. Schuljahr)

Die Lehrerin formuliert eine Aufforderung an Colin in Form einer Frage. Sie adressiert ihn damit, Ridvan zu unterstützen. Colin soll Ridvan etwas erklären: Damit positioniert sie Colin als wissender/könnender als Ridvan, Colin wird Verantwortung übertragen. Mit seinem Lächeln und Nicken zeigt er sein diesbezügliches Verstehen und bedeutet seine Zustimmung. Colin kommt der Aufforderung nach, indem er sich umsetzt und mit Ridvan spricht. Im Unterrichtsrahmen wird Colin als helfend hervorgebracht. Die Adressierung Colins als Helfer und die Unterstützung Ridvans durch einen Mitschüler entspricht einem pädagogischen Konzept, nach dem Frau Farn ihren Unterricht gestaltet (vgl. auch Breidenstein 2006, S. 194): Helfen sowohl als inhaltliche Unterstützung in der Bearbeitung des Schulstoffs, als auch als soziale Erfahrung. Colin repräsentiert sich insgesamt als professionell und kompetent, äußert sogar lobende Worte. Im Loben wird wiederum die Könnenshierarchie und Colins übergeordnete Positionierung reproduziert. Lob, insbesondere eine Übersteigerung wie „Super", kann als Ausdruck diskret paternalistischen Wohlwollens gedeutet werden, gerade dann, wenn eine geringe könnensbezogene Erwartungshaltung besteht. Dies zeugt nicht von einer unterdrückerischen Intention Colins, sondern von einem geteilten Wissen um den ungleichen Status der beiden Schüler, welches in den Praktiken liegt.

Während Colin sich zurückhaltend und unterstützend, und damit subtil, als überlegen in der Könnensordnung positioniert, weil er von der Lehrkraft entsprechend adressiert wird, zeigt das folgende Beispiel eine weniger subtile Variante von Doing *being able*.

Ungefragtes Erklären – M412

Herr Dräger fragt: „Wer war noch nicht?". Er nimmt Giselle dran. Diese beginnt den Satz vorzulesen. Nach den ersten Worten sagt Herr Dräger „Schön laut" und Giselle stockt und liest dann weiter. Kurz danach, etwa nach zwei Sätzen sagt Ayla: „Du musst die Satzzeichen etwas mehr betonen". Herr Dräger sagt: „Ja ist gut, Ayla". Beim letzten Satz den Giselle liest, spricht Herr Dräger die letzten Worte betont mit „und das alles" und sagt dann „Punkt"."

(Claude-Monet-Schule, 4. Schuljahr)

In dieser Sequenz geht es um das Vorlesen, zu dem Giselle aufgerufen wird. Nach kurzer Zeit wird sie vom Lehrer indirekt darauf angesprochen, ihre Lautstärke anzuheben. „Schön laut" ist ein Wink mit dem Zaunpfahl, ein Hinweis mit Interpretationsspielraum. „Schön laut" könnte auch als Bestätigung dienen, dass die Lautstärke passt, oder der Kommentar könnte ironisieren, dass mit sehr lauter Stimme vorgelesen wird. Dass es sich um eine korrigierende Kommentierung ihres Vorlesens handelt, wird durch die indirekte Adressierung abgemildert. So fordert er Giselle nicht direkt auf, lauter zu lesen, ermahnt sie auch nicht direkt, dass sie zu leise vorlese. In der Indirektheit kann die Unterbrechung dennoch als Verbesserung verstanden werden.

Die Mitschülerin Ayla, als herausragende Leistungsträgerin in der Klasse bekannt, nimmt sich anschließend heraus, Giselle eine weitere Verbesserung zum Vorlesen mitzugeben. Sie formuliert es nicht diplomatisch, sondern verwendet die ermahnende Formel „Du musst". Das ungefragte Belehren kann als Inszenierung von Überlegenheit gelesen werden. Herrn Drägers Intervention daraufhin impliziert, dass er Aylas Kommentar als unangemessen deutet, als Überlegenheitsgeste durch die Einnahme einer Position, die ihr nicht zusteht. So bricht der Lehrer ihre Kommentierungspraktik ab, moderiert damit auch die Positionen der Schüler*innen. Er wählt eine Ansprache, in der Zustimmung und Ermahnung vermischt sind. Abschließend liest er synchron mit Giselle die letzten Worte vor und spricht das Satzzeichen („Punkt") zusätzlich aus. Nach dem belehrenden Kommentar der Mitschülerin, der sich auf die Betonung der Satzzeichen bezieht, erscheint diese Praktik des Lehrers wie eine Bestätigung des Kommentars.

Der herausgehobene Status Aylas als Leistungsträgerin kann mit der folgenden Sequenz noch näher beleuchtet werden. Dabei handelt es sich weniger um Erklärpraktiken, als um Adressierungspraktiken, in denen eine hervorragende Positionierung gemeinsam hervorgebracht wird.

„Das beste Zeugnis" – M413

Ayla kommt und setzt sich. Auch sie bejaht die Frage, ob ich bleiben dürfe. Sie bekommt ihre Deutscharbeit. Ich glaube Herr Dräger sagt, die sei wie immer super. Er muss immer etwas in der blauen Ablage suchen, um die Zettel für Ayla zu finden. Da wird mir klar, dass er alle vorher in der gleichen Reihenfolge abgeheftet hat. Jetzt verstehe ich auch wie er es vorhin im Klassenraum meinte, als er sagte, er mache es nicht nach Alphabet, sondern wie es komme. Er gibt ihr den Anmeldezettel und sucht dann nach ihrem Zeugnis. Er sagt, es sei „das beste Zeugnis, glaub ich". Er hält Ayla das Zeugnis hin und sie fragt: „Wo ist Mathe?". Ihre Augen wandern über das Blatt. Dann sagt sie: „Hatte eher gedacht, dass Mathe ne Zwei ist und Musik ne Eins". Dann sagt sie noch etwas mit „nicht so musikalisch". Herr Dräger sagt, er könne nochmal fragen, aber da zuckt sie die Schultern. Beim Übergangsbogen sagt Herr Dräger, es sei das Gymnasium und fragt mit einem *scherzenden Ton* dann „was soll ich denn machen. Alles eins". Zum Bogen sagt er „alles im Super-Bereich". Sie reden noch kurz weiter, aber ich kann mich nicht mehr genau erinnern. Dann sagt Herr Dräger, er mache jetzt Pause und ich sage, er habe Ayla noch nicht so einen Zettel mit dem Termin gegeben. Er gibt ihr den Zettel und sagt, ihre Eltern könnten sich ja melden und beide schütteln den Kopf und lachen. Die Eltern hätten ja nichts zum Beschweren. Wir gehen zusammen in die Klasse und ich trage einen der Stühle zurück an seinen Platz.

(Claude-Monet-Schule, 4. Schuljahr)

Die Beobachterin hat die Erlaubnis des Klassenlehrers bekommen, vor dem Klassenraum am Austeilen der Zeugnisse (1. Halbjahr der 4. Klasse) teilzunehmen. Auch die Kinder wurden nach ihrem Einverständnis gefragt und entsprechend in die Beobachtung einbezogen oder nicht. Vor den Zeugnissen wird den Kindern ihre letzte Deutscharbeit zurückgegeben. In der vorliegenden Sequenz ist Ayla an der Reihe. Die Deutscharbeit sei wie immer super, glaubt die Forscherin zu hören. Wenn auch nicht der genaue Wortlaut protokolliert sein mag, so wird doch die Figur einer verlässlich leistungsstarken Schülerin hervorgebracht. „Super" stellt in Bezug auf Ayla denn auch keine Besonderheit mehr dar, sondern eher etwas, das von ihr ohnehin erwartet wird. Herr Dräger informiert die Schülerin Ayla, dass sie seinem Glauben nach „das beste Zeugnis" habe. Der Superlativ bringt Ayla als herausragend hervor, zugleich wird dieser etwas abgeschwächt dadurch, dass Herr Dräger seine Aussage durch den Zusatz „glaub ich" relativiert. Würde es sich um einen wichtigen Fakt handeln, wer das beste Zeugnis erhalten hat, würde er es sicher wissen müssen; es handelt sich aber nicht um einen wichtigen Fakt. Für Ayla persönlich ist es eine interessante Information, da sie im Vergleich zu ihren Mitschüler*innen als *besser* dasteht. Gegenüber den Mitschüler*innen ist es wiederum eine sensible Information, da deren Zeugnisleistungen nicht im Vergleich mit Aylas Zeugnis gesehen werden sollen. Ayla sucht gezielt nach ihrer Mathenote und erscheint ein wenig überrascht. Sie hat eine Eins in Mathe und eine Zwei in Musik, sagt aber, dass sie es umgekehrt vermutet hätte.

Im Vergleich mit ihren anderen Einsen nimmt sie die Zwei in Musik zum Anlass, sich als nicht so musikalisch einzuordnen. Mit der damit an den Tag gelegten Bescheidenheit gibt sie ihr Wissen darum preis, dass Einserschüler*innen stärker von dem Risiko betroffen sind, als Streber*in und/oder Angeber*in zu gelten, als die anderen Schüler*innen. So zeigt das Eingeständnis einer solchen ‚Schwäche' eine (kompetente) Positionierung als ‚fehlbar' auf und gleichzeitig einen selbstkritischen Umgang mit dem eigenen Erfolg. Gleichzeitig spiegelt sich in der Aussage eine generelle Erwartung, mit einer Eins benotet zu werden. Herr Dräger bietet an, noch einmal nachzufragen, sprich: die Musiklehrkraft nach dem Grund für die Zwei zu fragen. Impliziert ist darin, dass es einen Grund dafür geben muss, dass Ayla keine Eins erhalten hat. Die Eins als Zensur wird in Bezug auf Ayla als Normalitätserwartung hervorgebracht.

Die Forscherin macht Herrn Dräger darauf aufmerksam, dass er Ayla noch keinen Informationszettel gegeben habe, den die Schüler*innen zuvor für ihre Eltern mitbekommen haben, falls sie noch einmal mit Herrn Dräger über das Zeugnis sprechen möchten. Der Lehrer scherzt gemeinsam mit seiner Schülerin, dass die Eltern den Zettel im Prinzip nicht benötigen würden, da sie sich kaum über das Zeugnis beschweren würden. Ayla und Herr Dräger scheinen sich diesbezüglich einig zu sein und bringen den Gedanken, ihre Eltern wollten sich trotz hervorragender Noten noch beim Lehrer melden, als belustigend hervor. Mit Ayla ist die Zeugnisvergabe vorerst abgeschlossen – es ist dann Pause – und Ayla, Herr Dräger und die Forscherin kehren gemeinsam in die Klasse zurück.

Die in diesem Adressierungsgeschehen humorvoll hergestellte gemeinsame Ebene zwischen Ayla und Herrn Dräger lässt eine subtile Privilegierung Aylas erkennen, nicht nur als leistungsstarke, ‚gute‘ Schülerin, sondern als Gesprächspartnerin auf Augenhöhe. Eine solche Adressierung wird teilweise auch in der Zeugnisvergabesituation von Herrn Dräger mit anderen Schüler*innen hervorgebracht. Im ‚Stil‘ des Lehrers wird ersichtlich, dass sein Umgang mit den Schüler*innen generell an der Herstellung von Augenhöhe orientiert ist. Im vorliegenden Fall geht Ayla kompetent damit um und beteiligt sich als eine von wenigen Schüler*innen aktiv an der Vergabesituation, unter anderem indem sie selbst Fragen stellt; so beschreibt es die Forscherin es wenig später im Protokoll.[7]

Wurde bei den unterschiedlichen Varianten, in denen mit Doing *being able* eine Statusordnung hervorgebracht und auf sie rekurriert wird, bereits die schulkindbezogene Wissens- und Könnensordnung als hierarchisch organisierte Ordnung deutlich, die über Positionierungen hergestellt wird, wird im Folgenden auf eine explizitere Vergleichsdimension eingegangen: Die Verschränkung der Könnensordnung mit der Herstellung weiterer Differenzverhältnisse.

4.2.2 Positionierung im Differenzverhältnis

Positionierungen explizieren ihre Differenzordnung nicht notwendigerweise, sondern setzen sie stillschweigend voraus (vgl. exempl. M404, M410, M412). Die nun aufgeführten Beispiele zeigen Explikationen im Modus sprachlicher Vereindeutigung. Solchen Praktiken kommt ein besonderer Status zu, da durch die verbale Einordnung ein Zugang zur Ordnung eröffnet wird, der auch die Verschränkung mit weiteren Differenzlinien offenlegen kann. Benennungen machen die Ordnung intelligibel und reflexiv zugänglich. Die folgenden Sequenzen enthalten in diesem Sinne Angebote, die Könnensordnung und die eigene Positionierung in ihr einzuordnen.

---

[7] Im Beobachtungsprotokoll sind in Kursivschrift subjektive Eindrücke der Forscherin festgehalten: „*Einige Kinder (vor allem Ayla und Cornelius) haben selber Fragen gestellt und die Situation mit geleitet andere Kinder wurden meinem Eindruck nach eher von Herrn Dräger durch die Situation geführt.*"

Erwachsenenschrift – M414

Stuhlkreis nach der ersten Pause: Alle Kinder und Erwachsenen sitzen im Kreis. Frau Witte sagt, jetzt ist Deutsch. Heute sollen die Kinder das „Ich Schreiben" in Erwachsenenschrift lernen. Vorher werde aber noch eine Schneckenübung gemacht, denn dann könne man besser lernen. Frau Witte leitet die Übung an. Sie macht vor.

(Frida-Kahlo-Schule, 1. Schuljahr)

Nach der Pause eröffnet die Lehrerin die Deutschstunde und kündigt an, was „heute" „gelernt" werden solle. Verwiesen wird dabei auf ein Verständnis von „Lernen" als Konsumpraktik, also als einen Vorgang, in dem man sich zu einem bestimmten Zeitpunkt ein bestimmtes Können oder Wissen einverleibt: Zum Beispiel, etwas „in Erwachsenenschrift" zu schreiben. Die Bezeichnung von Schrift als „Erwachsenenschrift" impliziert die Existenz weiterer Schriftweisen, z. B. von „Kinderschrift". Mit der Benennung der generationalen Differenz wird Entwicklungsdenken, das Narrativ vom Werden des Kindes zum Erwachsenen, reproduziert und als Idee von Entwicklungsstufen auf Schrift übertragen. Dabei schwingt eine Bewertung der verschiedenen Schriftweisen mit: Erwachsenenschrift als wertvollere und damit erstrebenswertere Schriftweise.

Als Ziel einer solchen Bezeichnungspraktik kann die Motivation der Kinder interpretiert werden, erwachsen werden zu wollen. Offen bleibt, was „erwachsen" hier eigentlich heißt. Fragt man Kinder allgemein nach der Bedeutung des Wortes, so wie es ManuEla Ritz (2017) getan hat, wird jedenfalls eine Bedeutung freigelegt, die eine „deutliche Kluft" (ebd., S. 187) zwischen Kindern und Erwachsenen erkennt. Mit dem indirekten Vergleich, der in dem Motiv des Erlernens von Erwachsenenschrift gezogen wird, werden die Kinder nicht nur in ihrem Status als Kinder als (noch) nicht könnend positioniert. Es wird darüber hinaus rationalisiert, weshalb ein Unterschied zwischen Kindern und Erwachsenen besteht: Weil Kinder noch nicht das können, was Erwachsene können.

Das generationale Verhältnis zwischen Kindern und Erwachsenen wird auf schulspezifische Weise hervorgebracht. Vor allem die Position der Lehrkraft wird dadurch gefestigt, doch es wird auf diese Weise auch den Kindern das Wissen darüber vermittelt, als was sie gelten. So ist auch in der vorliegenden Sequenz zu erwarten, dass die Schulkinder das Wissen mit der Lehrerin teilen, dass der Beiklang „erwachsen" dieser nun zu erlernenden Schrift eine bestimmte Wertigkeit verleiht.

Vergleichend wird nun eine Materialsequenz herangezogen, die eine Hierarchisierung der Jahrgangsstufen als Verweis darauf herstellt, wie weit das Wissen und Können der Kinder schon entwickelt sein *müsste*.

„Schon als Erstklässler" – M415

Dann schreibt Frau Kreutzer das Wort Sonne an die Tafel. Die Kinder melden sich dabei und sagen, aus welchen Buchstaben das Wort besteht. Zunächst schwingen sie dafür das Wort. Frau Kreutzer sagt, dass man schon als Erstklässler erkennen könne, dass das Wort Sonne zwei „n" habe, wenn man es schwinge.

(Claude-Monet-Schule, 1. Schuljahr)

Die Kategorisierung „schon als Erstklässler" beinhaltet eine kollektive Anrede und – durch die im Wort „schon" ausgedrückte Geringerwartung – implizit pejorative Adressierung an die Kinder in der Klasse. Frau Kreutzer bean-sprucht, entsprechend ihrer Funktion als Lehrerin, Definitionshoheit. Neben dem Aufrufen einer generationalen Hierarchisierung von Fähigkeiten, die in der Logik von Jahrgangsklassen bedient wird, wird damit auch die Aufforderung an die Schüler*innen formuliert, dieser zugrundeliegenden Standarderwartung an Erstklässler*innen gerecht zu werden. Auch hier kann eine motivierende Anregung hineingelesen werden, die für die Bündelung der Aufmerksamkeit der Kinder funktional sein kann. Das Wort „schon" kann entsprechend positive Aufmerksamkeit auf das lenken, was bereits beherrscht wird.

Gemeinsam mit der Sequenz M414 hat die vorliegende Sequenz M415 das motivationale Moment, das über Aufrufen altersbezogener Differenz hergestellt wird. Die Sequenzen unterscheiden sich andererseits darin, dass die „Erwachse-nenschrift" einen noch zu erlernenden Gegenstand repräsentiert und mit Rekurs auf das generational codierte Ungleichverhältnis beworben wird; während das Heraushören von Buchstaben mit Hilfe des Silbenzählens („Schwingen" genannt) bereits als Kompetenz erwartet wird.

Nach diesen Beispielen für die Könnensdifferenz im generationalen Verhält-nis werden nun zwei weitere Sequenzen als Praktiken der Positionierung in der Differenzordnung, verschränkt mit weiteren Differenzlinien, betrachtet.

So wird in der folgenden Beobachtung, mehr oder weniger ‚zwischen den Zeilen', eine Logik der Be- bzw. Abwertung erkennbar bzw. der Versuch, diese zu durchkreuzen.

„Hier lacht keiner jemanden aus" – M416

Am Ende des Morgenkreises erklärt Frau Farn den Kindern ihre Aufgaben: Zunächst sollen alle Kinder eine Aufgabe in ihrem Mathebuch bearbeiten. Sind sie damit fer-tig, sollen sie sich von dem kleinen Tischchen im Kreis eins von drei verschiede-nen Arbeitsblättern nehmen. Die Arbeitsblätter liegen in drei Heftablagen. Oben auf jedem Arbeitsblattstapel liegt jeweils eine Liste mit Namen. Je nachdem auf welcher

Liste die Kinder ihren Namen wiederfinden, sollen sie sich das entsprechende Arbeitsblatt nehmen. Später sehe ich wie Frau Farn mit einem Kind neben den Arbeitsblättern
steht. Sie sagt, dass es unterschiedliche Arbeitsblätter gebe, weil die Kinder unterschiedlich viel könnten: „Das ist ok. Hier lacht keiner jemanden aus."

(Frida-Kahlo-Schule, 1. Schuljahr)

Frau Farn geht pragmatisch damit um, dass die Kinder unterschiedlich viel können. Sie hat drei verschiedene Stapel mit Arbeitsblättern vorbereitet und die
Kinder via Listen jeweils einem der Stapel zugeteilt. Die Kinder sollen sich auf
den Listen wiederfinden, indem sie ihren eigenen Namen identifizieren. Anders
als in der Sequenz M410, in der alle Kinder alle Aufgaben vorgelegt bekommen,
die sie nach Selbsteinschätzung bearbeiten sollen oder nicht, werden die Kinder
über die Praktik des Auflistens vorübergehend kategorisiert. Die Arbeitsblätter
sind differenziert und stellen daher ein Angebot dar, das die Schüler*innen in
ihrem jeweiligen Können unterstützen soll. Es wirkt nun auch differenzierend in
Bezug auf die Gruppenzugehörigkeit der Schüler*innen und ist offener, situativ
‚offizieller' Bestandteil der Ordnung in der Schulklasse.

Bei der gewählten pädagogischen Herangehensweise handelt sich um eine
empathische Organisation des Anfangsunterrichts, die entfernt an die didaktische Form der Freiarbeit erinnert (vgl. Prengel 1999, S. 101). Anhand der
Könnensordnung der Arbeitsblattstapel wird die institutionelle Logik unterschiedlicher Leistungsniveaus ersichtlich: Unterschiedliches Können wird hier als
„unterschiedlich *viel* können" interpretiert. Dieser pädagogisch differenzierende
Umgang lässt sich also durch Leistungsdifferenzen aufgrund der heterogenen
Zusammensetzung der Grundschulklasse begründen.

Mit der sich in den unterschiedlichen Stapeln spiegelnden impliziten Könnenshierarchie, die entlang von „mehr" und „weniger" Können verläuft, lässt sich
an die vorangegangenen Analysen anknüpfen: Wurde unter 4.1.2 entfaltet, wie,
über die Abwertung der Zuschreibung „einfach", eine Selbstaufwertung vollzogen
wird, und unter 4.2.1 gezeigt, wie eine Statusordnung einen – meist ‚inoffizi-
ell' bleibenden – sozialen Rang von Schüler*innen hervorbringen kann, zeigt
hier die als Feststellung oder auch Verhaltensregel formulierte Aufforderung,
dass niemand jemanden auslachen werde, dass Frau Farn damit eine potenzielle
Abwertungspraxis durch Schüler*innen vorbeugend bearbeitet. Wird durch die
Existenz unterschiedlicher Arbeitsblattstapel eine dreistufige Könnensunterschei-
dung materialisiert und offiziell gemacht, zeigt die Sensibilität der Lehrerin dafür,
dass dadurch Auslachen veranlasst werden könnte, dass sie um eine diskursive
Normalitätserwartung *einer* gleichermaßen an alle gerichteten Könnensanforderung weiß, vor der eine dreigeteilte Könnensanforderung als Abbildung einer
Fähigkeitshierarchie verstanden werden kann.

Frau Farn adressiert die potenzielle Hervorbringung von Benachteiligung und Geringschätzung in ihrem Klassenzimmer („Hier") als Unmöglichkeit. Die Bezugnahme auf die Aktivität des Auslachens, anstatt das Ausgelachtwerden hervorzuheben, legt das Augenmerk auf die abwertende Praktik. Sie nimmt die Logik der Abwertung und Diskriminierung vorweg, um mögliche Betroffene, aber auch potenzielle ,Täter*innen' davor zu schützen, dieser Logik in ihrem Tun nachzugehen; damit bringt sie zugleich die Möglichkeit der Herabsetzung im Zusammenhang der Könnensdifferenz hervor und reifiziert damit die Differenz. Dabei wird jedoch nicht die Differenz pädagogisiert, sondern eine, wie nebenbei produzierte, pädagogische Adressierung der Klasse hervorgebracht. Es kann als Zugeständnis an die gängige Praxis Doing *being able* verstanden werden: Sich könnend zeigen, um sich damit vorteilhaft zu positionieren und aufzuwerten, stellt nicht bloß eine Alltagsroutine, sondern geradezu eine Anforderung an die Schulkinder dar. Im Zusammenhang mit der strukturellen und symbolischen Wirkmächtigkeit der gesellschaftlichen Differenzordnung, in der zwischen behinderten und nichtbehinderten Menschen unterschieden wird[8], wird diese Praxis, die mit einer Abwertung auf Kosten von potenziell strukturell – nicht nur situativ – ,Schwächeren' einhergehen würde, praktisch verboten.

Abschließend wird nun eine Materialsequenz hinzugezogen, in der sich die Könnensordnung mit einer ethnisch codierten (Wissens-)Ordnung verschränkt. Auch hier erweist sich ein besonderes Augenmerk auf die Praktiken der Lehrerin als aufschlussreich.

„Wir können nicht gut Deutsch, weil wir Ausländer sind!" – M417

In der Klasse ist es nun wieder etwas unruhiger. Frau Maas geht zwischen den Tischen umher und kommentiert, beziehungsweise lobt manche Bilder. Als sie hinter Hafiz' und Omars Tisch stehen bleibt, bückt sie sich und hebt einen Zettel auf. Hafiz meldet sich und sagt: „Das ist mir". Ein Kind hinter ihm ruft: „Hafiz ist Bayer geworden!". Omar antwortet: „Wir können nicht gut Deutsch, weil wir Ausländer sind!" Frau Maas steht immer noch zwischen den Tischen, sie sagt: „Natürlich könnt ihr gut Deutsch!". Ein anderes Kind ruft, irgendwas mit „Muttersprache". Ich kann jedoch nichts mehr verstehen. Das Thema scheint viele Kinder animiert zu haben, etwas zu sagen oder zu rufen. Mehrmals fällt das Wort „Ausländer".

(Claude-Monet-Schule, 3. Schuljahr)

---

[8] Mit dem Ausdruck „Ableismus" wird das Diskriminierungsverhältnis in Bezug auf Behinderung bzw. Disability bezeichnet (vgl. Winker/Degele 2009, S. 51). Ausführlicher wird darauf in Abschnitt 7.2.4 eingegangen.

Während einer bisher relativ ruhigen Unterrichtssituation ereignet es sich, dass ein hinter den Schülern Hafiz und Omar am Boden liegendes Blatt Papier von der Lehrerin Frau Maas aufgehoben wird. Hafiz erklärt daraufhin, dass der Zettel von ihm stamme. Seine gewählte Formulierung „Das ist mir" wird daraufhin Gegenstand eines Kommentars eines weiteren Kindes, das die Situation beobachtet und mitgehört haben muss. „Das ist mir" wird von dem Kind als regional ungewöhnliche Ausdrucksweise adressiert, im Vergleich etwa zu „Das gehört mir" oder „Das ist meins", und daraufhin nach Bayern eingeordnet, indem das Kind Hafiz scherzhaft als jemanden einordnet, der „Bayer geworden" ist.

Die Kommentierung des sprachlichen Ausdrucks im Deutschen kann als reguläres Alltagsvorkommnis betrachtet werden. Die pauschale Behauptung, Ausländer* könnten nicht gut Deutsch, wird auf eine Positionierung von ihm selbst und Hafiz als Ausländer bezogen. Um es mit dem zentralen Analysekonzept dieses Kapitels zu beschreiben: Omar performt Doing *being unable*. Seine Aussage zitiert einen medialen und politischen Diskurs, in dem die ethnisch codierte Differenzordnung alltäglich präsentiert wird. Die Vornamen von Hafiz und Omar bieten diesbezüglich bereits Hinweise im Beobachtungsprotokoll, auf welcher Grundlage Omar sie beide als Ausländer positioniert, bzw. diese Positionierung zitiert. Omars – sarkastisch pointierter – Ausruf vereindeutigt diese Positionierung. Er zitiert die ethnisch codierte Ordnung als sprachliche Könnensordnung, nach der Ausländer* nicht gut Deutsch können (und im Umkehrschluss Deutsche gut Deutsch können). Dass sein Kommentar ironisch gemeint sein muss, erscheint plausibel, da er den Satz ansonsten sprachlich in der Form nicht hätte hervorbringen können – und sich womöglich auch sonst nicht bereitwillig einer solchen Herabsetzung preisgegeben hätte. Omar verdeutlicht, dass die Kategorie „Ausländer" für ihn eine relevante darstellt und er um ihr provokatives Potenzial weiß. Insofern kann sein Einwurf als Einladung zu einem kritischen Diskurs über die systematische, routinisierte Herabwürdigung von Ausländer*n gesehen werden.

Frau Maas re-adressiert Omars Kommentar, ohne den ironischen Unterton mit aufzunehmen. Sie korrigiert ausschließlich die Selbstbeschreibung des sprachlichen Könnens: „Natürlich könnt ihr gut Deutsch!" Die Erwiderung von Frau Maas nimmt die Aussage Omars nicht als Zitat oder als Rückgriff auf eine „symbolische Ressource" (Scherschel 2006) auf, sondern als Selbstbeschreibung. Sie geht nicht auf die Kategorie „Ausländer" ein, so als sei diese irrelevant. Daraufhin reden viele Kinder in der Klasse gleichzeitig; das Thema scheint zum Mitreden zu animieren und dieser Effekt verdeutlicht den Reiz, der mit dem Wort „Ausländer" einhergeht.

Frau Maas' Praktik, auf den Satz nur teilweise einzugehen, siedelt die Adressierung lediglich auf der personalen Ebene an und bringt dadurch eine Lesart des *Fishing for Compliments* hervor. Dabei wird Omars vermeintlich verzerrtes Selbstbild zum Thema gemacht. Die Thematisierung einer gesellschaftlichen Differenzordnung über das Aufrufen der (sprachbezogenen) Könnensordnung wird somit im Keim erstickt.

4.3   Zwischenfazit: Können und Begabung im Verhältnis

In diesem Kapitel konnte gezeigt werden, wie eine Könnensordnung in alltäglichen Situationen in der Grundschule praktisch hervorgebracht wird. Das Können der Kinder wird immer wieder in Kategorien eingeordnet und unterliegt dabei einer impliziten oder expliziten Bewertung. Das Augenmerk war dabei größtenteils auf die Praktiken der Herstellung einer Könnensordnung durch die Kinder gerichtet. Die untersuchten Praktiken wurden als Doing *being able* aufgefasst. Diese Praktiken tragen Wissen um die Notwendigkeit in sich, sich könnend zu zeigen, und stellen einen unauffälligen und alltäglichen Bestandteil der Praxis der Grundschule dar. Ein subtiler Vollzug, wie im Beispiel von Maxie (M402) oder von Colin (M411) bringt dabei situativ vorteilhafte Effekte für die betreffenden Schüler*innen zum Vorschein; plakativere Vollzüge, wie im Beispiel von Emil (M405) oder Ayla (M412) können sich situativ nachteilig auswirken, etwa in einer Ermahnung oder Streit. Doing *being able* umfasst Praktiken, über die Anerkennung, Prestige oder Hilfsbedürftigkeit ausgehandelt wird und der Status der Schulkinder in der Könnensordnung hervorgebracht wird.

Sich selbst als mühelos im Umgang mit schulischen Anforderungen zu positionieren, zeugt übersituativ von dem impliziten Wissen um das Begabungsideal. Die Hervorbringung des könnenden Selbst, dem die schulischen Anforderungen leichtfallen, kann analytisch als Prozess der Routinisierung gelesen werden, wie man sich als zu den Besseren gehörend darstellen kann. Die von den Kindern vollzogene Praxis, sich idealerweise vorteilhaft zu positionieren, verweist auf das Wissen um eine Konkurrenzsituation, die auf Grundlage der Könnensordnung ausgetragen wird.

Woher das Können stammt, worauf es zurückzuführen ist, ist nicht unmittelbarer Gegenstand des Vollzugs der Praktiken – außer in der Sequenz M417, in der die Differenz von Deutschen und Ausländer*n in eingangs ironisierender Weise als Begründung für sprachliche Könnensunterschiede angeführt wird. Diese Praktik wird jedoch von der re-adressierenden Lehrerin umgedeutet, sodass die Inverhältnissetzung von ethnisch codierter Differenz und Könnensdifferenz unterbunden wird. Grundsätzlich ist nicht Bestandteil der Praktiken zu explizieren, warum ein*e Schüler*in eine Aufgabe leicht findet, oder auf welcher Grundlage alle Kinder der Klasse zu einem von drei unterschiedlichen Stapeln von Arbeitsblättern im Unterricht zugeteilt werden. Die Praktiken beinhalten bereits die Akzeptanz von Könnensunterschieden. Die Erklärung für diese Unterschiede scheint in den Kindern selbst zu liegen. Das Können, das ideell im engen Verhältnis zu Begabung steht, wird weniger als Ergebnis von Übung oder Anstrengung, denn als Ergebnis einer den Kindern inne liegenden ‚Kraft' inszeniert, die von der Natur oder dem Schicksal ungleich zugeteilt wurde. Insofern wird in den Praktiken unterschwellig auch ein Begabungsmythos reproduziert. Wird die Könnensordnung in ihrer Hervorbringung durch Lehrkräfte moderiert und als wertneutral dargestellt, ist dennoch eine Hierarchie impliziert. Indirekt wird damit eine Abwertung und Exklusion von als zu gering erachtetem Können normalisiert.

In den Blick kamen auch unterschiedliche Differenzachsen, die in Bezug auf die Könnensordnung relevant gesetzt werden und in ihrer Verschränkung miteinander eine spezifische Qualität erzeugen, wenn Kinder in bestimmter Hinsicht als (nicht)könnend hervorgebracht werden. Insbesondere auf generationale Differenz wird wiederholt als logische Begründung für potenzielle Könnensunterschiede rekurriert. Im Modus der sprachlich expliziten Hervorbringung wird die hergestellte Ordnung durch Verbalisierungspraktiken in besonders deutlicher Weise zugänglich.

Ersichtlich wurde dabei zum einen, dass das Analysekonzept Doing *being able* eine Nähe zu einer kritischen Perspektive auf gesellschaftliche Fähigkeitsordnungen aufweist, wie sie in den Disability Studies und der Inklusiven Pädagogik zum Tragen kommt (vgl. Buchner/Pfahl 2017, S. 211). In der vorbeugenden Praktik der Lehrerin Frau Farn, im Zusammenhang mit einer über differenzierte Arbeitsblätter materialisierten Könnensordnung, eine Regel gegen Auslachen hervorzubringen, zeigt sich Wissen um strukturelle Diskriminierung auf Grundlage der Idee einer Fähigkeits- und Nützlichkeitshierarchie.

Zum anderen konnte auch die Verschränkung der Könnensordnung mit einer ethnisch codierten Ordnung rekonstruiert werden. In Bezug auf sprachliches Können zeigt die Praktik eines Schülers, in welchem Zusammenhang Deutschsprechen mit dem Differenzkonstrukt „Deutsche"/„Ausländer" steht: In der Differenzordnung sind „Ausländer" generell und automatisch, qua ihres Status als „Ausländer", auf der Seite geringeren Könnens verortet. Die Praktik, als ironisierendes Doing *being unable* gelesen, verdeutlicht kontrastiv das Wissen der Feldteilnehmenden um die Positionierung in der Könnensordnung. Die Re-Adressierungspraktik der Lehrerin Frau Maas verweist wiederum darauf, dass die offene Thematisierung oder Benennung von ethnisch codierter Differenz als zu vermeiden gilt. Eine Bezugnahme auf eigenes Können erscheint darin nur legitim, wenn sie auf personaler Ebene thematisiert wird, nicht auf der (sozusagen strukturellen) Ebene der Könnensordnung und der eigenen Positionierung in ihr.

Im folgenden Kapitel werden einzelne Elemente der hier rekonstruierten schulischen Könnensordnung in Bezug auf individuelle Kinder erneut beleuchtet. Dabei wird die Perspektive neu justiert: Mit einem Augenmerk auf biographisierende Effekte.

Die biographische Vereindeutigung über Konstruktionen von Können, Begabung und Persönlichkeit

5

Im Anschluss an die Analyse von Praktiken der Positionierung in der Könnensordnung unter dem Konzept Doing *being able*, wird in diesem Kapitel eine Neuausrichtung der Analyseperspektive vorgenommen. Hier stehen solche Praktiken im Fokus, die als könnens- (und leistungs-)bezogene Konstruktionen aneinander anschließen und auf spezifische Schulkinder bezogen werden.

In dem zugrunde liegenden Forschungsprojekt wurde bereits ausführlich herausgearbeitet, wie der Bildungsweg eines Schulkindes über die Schuljahre in verschiedenen Praxisformen mit seiner individuellen Positionierung in der Leistungsordnung individualisierend begründet und so mit Sinn ausgestattet wird, dass er für alle plausibel erscheint (vgl. Machold/Wienand 2021, S. 158 ff.). Die vorliegende Studie richtet, durch diesen Befund informiert, die Aufmerksamkeit auf die individuelle Positionierung in der Könnensordnung.

Mit einer biographieanalytisch informierten Perspektive können situierte Praktiken auf biographisierende Effekte bzw. Konsequenzen hin betrachtet werden. Dausien und Kelle (2005, S. 190) argumentieren für eine Berücksichtigung der Biographizität sozialer Interaktionen in Ethnographien, da diese potenziell zu dichteren Beschreibungen und Analysen führen. Sie gehen von Prozessen aus, die sich im alltagsweltlichen Zusammenhang ereignen und die sie als Doing Biography fassen (vgl. ebd., S. 192). Mit Bezug auf empirische Studien, die sich im Anschluss an Bourdieu auf sozialstrukturelle Beschaffenheiten von Ungleichheitsverhältnissen richten, verweist Bettina Dausien auf den Anreiz, der solchen Prozessen im Bildungskontext zugrunde liege: „Das bildungsinteressierte, eine ‚Bildungsbiographie‘ verfolgende Subjekt wird von der Schule bis zur Hochschule präferiert und strukturell belohnt" (Dausien 2017, S. 99). Sie verweist auch darauf, dass über die andere Seite der Medaille bzw. über Alternativen zu der genannten privilegierten Bildungslaufbahn empirisch noch zu wenig bekannt sei (vgl. ebd., S. 99 f.).

C. Y. Wienand, *Die Herstellung einer Begabungskultur in der Kindheit*, Kinder, Kindheiten und Kindheitsforschung 31, https://doi.org/10.1007/978-3-658-39014-3_5

Das Interesse der vorliegenden Analyse richtet sich auf solche Praktiken, mit denen Schulkinder als individuell un/begabt konstruiert werden, mit denen also eine sinngebende Einordnung als Schüler*innen systematisch vollzogen wird, die eine bestimmte Könnenskonstellation bzw. ein Potenzial dafür vorweisen, einen bestimmten Bildungsweg zu durchlaufen.[1] Dazu werden zunächst einige Vorüberlegungen dargestellt und anschließend auf die Analysegrundlage der Datenbasierten Porträts eingegangen, um dann in die empirischen Rekonstruktionen überzugehen.

Vorüberlegungen für die empirische Rekonstruktion
Für die Analyse der Biographisierung von Können in der Grundschule spielt das schulische Setting eine gewichtige Rolle: Im institutionellen Rahmen der Schulklasse etwa gestaltet sich das Personenverhältnis auch als zeitliches Verhältnis, denn das repetitive regulierte Setting des Klassenzusammenhangs legt die Bedingungen fest, in denen die Beziehungen der Klassenangehörigen (inklusive der Lehrer*innen) kontinuierlich in der Interaktion gestaltet werden (vgl. auch Dausien/Kelle 2005, S. 193 f.). Das wird mit Blick auf die temporalisierende Dimension pädagogischer Unterscheidungspraktiken zunächst an einem empirischen Beispiel verdeutlicht.

An einem Schultag im 1. Schuljahr kommen zwei Forscherinnen nach der Hofpause in der Schulklasse an. Sie werden direkt Zeuginnen eines handgreiflichen Streits zweier Jungen. Die Forscherinnen intervenieren, als sie sich gegenseitig „ins Gesicht boxen", woraufhin beide Jungen sich weinend an ihre Plätze setzen und von Mitschüler*innen getröstet werden. Die dann eintreffende Klassenlehrerin Frau Kreutzer setzt sich zunächst mit beiden Jungen zu einem Gespräch hin, während die anderen Kinder aufräumen und ihr Advents-Teelichtglas aufstellen sollen. Nach dieser Entspannung der Lage verschärft sich die Anspannung in der Klasse aber wieder, als die Teelichte von der Lehrerin angezündet werden und sie hintereinander unterschiedliche Kinder für deren unvorsichtigen Umgang mit der Flamme ermahnt (z. B. sei ein Kind mit seinen Haaren zu nah heran gegangen); protokollarisch beschrieben wird ein von Frau Kreutzer angeschlagener strenger,

---

[1] Als eine Gelegenheit, die damit zusammenhängenden Plausibilisierungen zu untersuchen, wird etwa die Entscheidungsstelle zwischen Grundschule und weiterführender Schule angesehen, an der Empfehlungen, Begründungen und Abwägungen zum Übergang bzw. zur Schulformentscheidung in gemeinsamen (Eltern-)Gesprächen hervorgebracht werden, die auch Gegenstand von Thematisierungen der Kinder sind. Dabei wird angenommen, dass bereits über den Verlauf der Schuljahre an der letztlichen Herstellung einer begründeten Schulformempfehlung systematisch gearbeitet wird, indem pädagogische Beobachtungen, Elternratschläge und Leistungsbeurteilungen biographisierend hervorgebracht werden (vgl. Machold/Wienand 2021, S. 138).

„motziger", ungeduldiger und auch scharfer Tonfall im Umgang mit den Kindern.
Die Lehrerin spreche böse, sie „schnauzt", „schimpft" und „brüllt" die Kinder an,
welche jeweils – durch die Augen der Forscherin – verängstigt, aufgeregt, verlegen
oder auch wütend reagieren. Die im Beobachtungsprotokoll beschriebene Atmosphäre kann also zusammenfassend als negative Anspannung bezeichnet werden.
In dieser aufgeladenen Atmosphäre ereignet sich dann die folgende Szene:

„Zwei Kinder [...], auf die wir oft warten müssen" – M501

> Nach der Arbeitsphase sollen die Kinder aufräumen und leise sein. Frau Kreutzer sagt
> laut: „Schade, jetzt müssen wir noch auf zwei Kinder warten, auf die wir oft warten
> müssen." Cornelius und noch ein Junge hantieren noch mit ihrer roten Mappe, in die
> sie das Arbeitsheft einheften sollten. Danach sollen sich die Kinder tischeweise in den
> Sitzkreis setzen.

Vor dem Hintergrund, dass die protokollierende Forscherin an diesem Beobach-
tungstag von Anfang an sozial und emotional stark involviert ist und dies in ihrem
Text auch deutlich markiert, erscheint es geboten, die protokollierten Interpretationen der teilnehmenden Beobachterin in die nun erfolgende analytische Interpretation
besonders miteinzubeziehen. Das Protokoll orientiert sich am direktiven Duktus der
Lehrerin und gibt eine offenbar vorangegangene Anweisung der Lehrerin wie ein
übergeordnetes Ordnungsprinzip wieder: „Nach der Arbeitsphase sollen die Kinder aufräumen und leise sein." Es wird nicht darauf eingegangen, ob oder wie die
Kinder daraufhin agieren (womit die Interpretation naheliegt, dass sie der Aufforderung einfach nachkommen). So erscheint die als nächstes von der Lehrerin getätigte
Aussage erst einmal anlasslos, womit die Protokollantin implizit vermittelt, diesen
als unnötige Einlassung einzuordnen. Eine Erklärung dafür, auf was die Aussage
der Lehrerin denn eigentlich Bezug nehme, erfolgt erst im Nachsatz: zwei Kinder
„hantieren noch" mit Materialien, und diese Kinder scheinen gemeint zu sein als
diejenigen, auf die jetzt gewartet werden müsse. Die Lehrkraft bezeichnet es als
„schade", verwendet also ein Wort, das Bedauern ausdrücken soll. Im Kontext der
angespannten Stimmung und dem zuvor mehrmals zum Ausdruck gebrachten Ärger
der Lehrerin liegt jedoch nicht die Lesart des Bedauerns nahe, sondern eine Lesart,
die den Satz als klassenöffentliche Ermahnung der beiden Kinder versteht. Diese
Lesart wird untermauert mit dem Attributsatz „auf die wir oft warten müssen";
eine Konstruktion, die aus der geschilderten Beobachtung der Lehrerin – es gebe
bestimmte Kinder, auf die oft gewartet werden müsse – eine konkrete Zuschreibung
werden lässt. Die Lehrerin erlaubt sich dabei, in Wir-Form zu sprechen, womit sie

dieses ‚Wir' in eine Opposition zu den beiden Angesprochenen bringt. Das abge-
mahnte Verhalten – auf sich warten zu lassen – wird als etwas dargestellt, unter dem
alle anderen zu leiden hätten. Die Lehrerin stellt die Ermahnung als etwas dar, das
im Interesse der Klasse geschehe.

In der vorliegenden Situation hat das Aufrufen der konkreten Negativ-
Zuschreibung an die Kinder die Funktion, eine (vermeintliche) Kontinuität des
unerwünschten Verhaltens aufzuzeigen. Indem dies in der Öffentlichkeit der Schulklasse vorgenommen wird, wird eine Anschlussfähigkeit erzeugt, die in Zukunft
wieder von der Lehrerin oder von Mitschüler*innen aufgerufen werden kann. Mit
Bezug auf die Vergangenheit werden die beiden Schüler situativ als notorisch
langsam etikettiert. Frau Kreutzer beansprucht, auf vorherige Beobachtungen oder
Interaktionen mit den beiden Kindern Bezug zu nehmen und stellt darüber ein Verhaltensmuster heraus, das leistungsbezogen ist, indem unterstellt wird, dass sich
die Kinder nicht genügend anstrengten, sich dem Tempo der Klassengruppe anzupassen. Die Verankerung der miteinander gemachten Erfahrungen im zeitlichen
Verlauf – Temporalisierung – erfüllt hier unter anderem die Funktion sozialer Kontrolle. Mit ihrem Ausspruch bringt die Lehrerin ‚Wissen' über die Kinder in Form
einer Charakterisierung hervor: Das langsame Arbeiten, das dazu geführt habe, dass
bereits häufiger auf sie gewartet werden musste, sei als ein ‚typisches' Verhaltensmuster der beiden Kinder anzusehen. Die Verknüpfung der situativen Beobachtung
mit unterstellter Musterhaftigkeit zeigt allen anwesenden Kindern, dass das im
schulischen Kontext angesammelte Wissen über sie in eine auf sie bezogenen
Kontinuität gebracht werden kann. Zum einen werden hiermit Anschlussmöglichkeiten für zukünftige Disziplinierungsanrufungen geboten. Zum anderen bietet die
Eröffnung der Zeitdimension ‚Übersetzungsmöglichkeiten' in die meritokratische
Leistungslogik in Form von Rück- oder Vorgriffen (z. B. Prognosen).

So unauffällig die dargestellte temporalisierende Unterscheidungspraktik auch
zunächst erscheinen mag, so viel biographisierendes Potenzial steckt doch in ihr
in Bezug auf die Konstruktion von Können, Potenzial und Eignung für konkrete Bildungswege. Die Einordnung des Tuns und Lassens der Schüler*innen in
eine individualisierte Kontinuitätslogik kann daher als biographisierende Praktik
betrachtet werden. Wie im Beispiel gezeigt kann Biographisierung, mit Dausien
und Kelle als „kulturelle Praxis der Selbst- und Fremdtypisierung" (Dausien/Kelle
2005, S. 200) verstanden, praxistheoretisch auf die Situiertheit von Praktiken bezogen werden, im Sinne eines Musters, „das zum Zweck des Identitätsmanagements in
sozialen Situationen genutzt wird" (ebd., S. 202). Für die ethnographische Analyse
kann daraus gezogen werden, nicht nach der Kohärenz oder Plausibilität biogra-
phischer Referenzen und Erklärungsmuster zu fragen, sondern diese als eine Form

des Alltagswissens zu behandeln und nach den Effekten von Biographisierungen im sozialen Kontext zu fragen (vgl. ebd., S. 199).

Datenbasierte Porträts

Für die folgenden Darstellungen sind – angelehnt an das Konzept der ethnographischen Collage (vgl. Richter/Friebertshäuser 2012; Friebertshäuser/Richter/Boller 2010) – Ausschnitte aus drei Datenbasierten Porträts zusammengestellt worden, die auf solche Praktiken hin analysiert werden, mit denen die porträtierten Kinder als in ihrem Können von anderen Kindern unterscheidbare Individuen hervorgebracht werden (vgl. Machold 2017, S. 167). Das Datenbasierte Porträt, ein Instrumentarium zur Organisation und Analyse der umfangreichen Daten in Bezug auf konkrete Individuen, erfüllt drei zentrale Funktionen (vgl. ebd., S. 162 ff.):

1. Die Daten werden je auf ein individuelles Kind hin gebündelt.
2. Die verschiedenen Datensorten werden, in Bezug auf das betreffende Kind, zueinander ins Verhältnis gesetzt.
3. Eine diachrone Sichtweise auf die das Kind betreffenden Unterscheidungspraktiken wird ermöglicht – und kann etwa die Analyse einer Aufschichtung von synchron beobachteten Unterscheidungspraktiken über die Zeit erlauben.

Dabei handelt es sich um eine erklärt anti-essenzialistische Verdichtung von Daten, nicht um die Erhebung eines Geltungsanspruchs auf umfassende Repräsentation eines Kindes (vgl. ebd., S. 160).

Über Datenbasierte Porträts konnte bereits in den gebündelten Datenanalysen rekonstruiert werden, dass Kinder als spezifische Schulkinder hervorgebracht werden, indem ihnen ein bildungsbezogener Werdegang individualisierend zugeordnet wird (vgl. Machold/Wienand 2021, S. 158). Wurde dies bereits in Bezug auf den Übergang zur weiterführenden Schule und die Begründung der Schulformempfehlung sowie die Schulformwahl ausführlich analysiert (vgl. ebd., S. 161 ff.), geht es im vorliegenden Kapitel nicht primär um Empfehlung und Schulform, sondern um die eingehende Untersuchung eines spezifischen Aspekts der Bildungsbiographisierung: Die individuelle und individualisierende Begabungszuschreibung.

Mit dem Konzept der biographischen Vereindeutigung wird in diesem Teilkapitel die Hervorbringung der individuellen Positionierung in der Könnensordnung über die Bezugnahme auf die jeweils kindbezogene Bildungsbiographie analysiert. Sowohl könnensbezogene Praktiken als auch Praktiken, die kindbezogene Begabungskonzepte hervorbringen, geraten dabei zum Gegenstand der Analyse. Mit der folgenden Rekonstruktion wird der Versuch unternommen, diese Praktiken in ihrem Potenzial zu betrachten, sich im zeitlichen Verlauf „aufzuschichten" (vgl. Diehm et al. 2013, S. 644). Der Aufschichtungsbegriff umschreibt die prozessuale Herstellung eines biographischen Produkts in Bezug auf ein konkretes Kind, womit „die in Praktiken erzeugte mehr oder weniger plausible oder konsistente Konstruktion des bildungsbezogenen Werdegangs eines Kindes" (Machold/Wienand 2021, S. 137 f.) einhergeht.

In den Analysen wird die chronologische Ereignisabfolge berücksichtigt, was in der Darstellung möglichst abgebildet wird.[2] Berücksichtigt wird des Weiteren die Unterschiedlichkeit der Praxisformen, mit denen einerseits unterschiedliche Gegenstände in den Untersuchungsfokus rücken – Praktiken in Alltagsbeobachtungen, Konzepte in Gesprächen und Interviews – und andererseits die Kindbezogenheit unterschiedlich hervorgebracht wird (vgl. Machold 2017, S. 168). Während in den teilnehmend beobachteten Alltagssituationen die Hervorbringung spezifischer, unterschiedener Kinder praktisch (bzw. als Praktiken codiert), vollzogen wird, wird in Interviews und Gesprächssituationen eine sprachlich-reflexive (bzw. verbal codierte) Hervorbringung realisiert: Das Setting des Elterngesprächs begünstigt bestimmte Praktiken des Sprechens über das jeweilige Schulkind und ‚lebt' quasi davon, dass die Erwachsenen – Eltern und Lehrer*innen – ihr Wissen über das betreffende Kind miteinander teilen. Das geschieht in kontrollierter Weise; nicht alle möglichen, sondern nur die als notwendig erachteten Kontextinformationen über das Verhalten des Kindes – zu Hause, in der Freizeit und natürlich im Unterricht –, seine Interessen, Probleme oder Stimmungslagen fließen ein, um so die jeweils subjektiven Deutungen der Beobachtungen zum Kind sowie seines Könnens und seiner erbrachten Leistungen zu plausibilisieren.[3] In den informellen Gesprächen und formellen Interviews findet sich unter anderem die praktische Herstellung der generationalen Ordnung wieder, denn die Positioniertheit als Erwachsene spielt eine relevante Rolle im Verhältnis der Ethnographin zu (kindlichen) Schüler*innen im Vergleich zu (erwachsenen) Lehrkräften. Wie Breidenstein und Kelle (1998) es bereits in ihrer Forschung zum „Geschlechteralltag in der Schulklasse" beobachtet haben, wurde auch im Projekt „Ethnische Heterogenität und die Genese von Ungleichheit in Bildungseinrichtung der (frühen) Kindheit" die Erfahrung gemacht, dass einige Lehrkräfte die Ethnographinnen im Feld über biographische Hintergründe der ethnographisch begleiteten Kinder zu informieren suchten (vgl.

---

[2] Aus Gründen der analytischen Übersichtlichkeit ist die Darstellung jedoch primär thematisch geordnet, sodass die chronologische Darstellung vereinzelt unterbrochen wird.

[3] Diese Praxis kann als *Doing Background* gefasst werden (vgl. Machold/Wienand 2021, S. 88 ff.).

Dausien/Kelle 2005, S. 193 f.). Dausien und Kelle erklären, dass solche Erzählungen zur individuellen ‚Bestimmung' von Kindern fungierten sowie zur Erklärung ihres Verhaltens (vgl. ebd., S. 194).

Unter Beachtung der genannten Aspekte werden Ausschnitte der Datenbasierten Porträts von „Giselle", „Maxie" und „Dilan" im Folgenden mit Fokus auf individualisierende und sich wiederholende Thematisierungen dargestellt. Sie stellen in dem Sinne ethnographische Collagen dar, als sie „auf einem Selektions-, Rekonstruktions- und Interpretationsprozess [basieren, C.W.]" (Richter/Friebertshäuser 2012, S. 81), der auf den hier angelegten Gegenstand der Hervorbringung von Begabung über die individuelle Positionierung in der Könnensordnung zugeschnitten ist. Die Collagen basieren jedoch auf den jeweiligen Datenbasierten Porträts, welche auf das zentrale Instrumentarium des zugrunde gelegten Forschungsprojekts rekurrieren (vgl. Machold 2017, S. 161). Daher ist hier von „Ausschnitten" aus Datenbasierten Porträts die Rede.

Die drei von der Forschung begleiteten Kinder, die als die jeweiligen Bezugspunkte der Datenbasierten Porträts verstanden werden, sind aus Projektperspektive im Forschungsverlauf als voneinander stark unterscheidbare Kinder hervorgebracht worden. Im Sinne des Kontrastierungsanspruchs führten sowohl die sich aus persönlichkeitsbezogenen Konstruktionen ergebende Verschiedenheit als auch die unterschiedlichen Schulformempfehlungen zu dieser konkreten Auswahl.

Die aus den Datenbasierten Porträts heraus konstruierten Ausschnitte enthalten Sequenzen verschiedener Datensorten bzw. Praxisformen. Unter Berücksichtigung der jeweiligen Spezifität, wird die Analyse an den folgenden Fragen ausgerichtet:

1. Wie wird ein Bezug zu einem konkreten Kind und/oder seiner Positionierung in der Könnensordnung hergestellt? Welche Eigenschaft(en) werden wie hervorgebracht?
2. Wie wird die jeweilige Thematisierung produziert? Welche Bedingungen und/oder Konsequenzen der Thematisierungsweisen können rekonstruiert werden?
3. (Wie) schließt die Thematisierung an vorangegangene Praktiken an? Welche (biographisierenden) Effekte zeitigen solche Anschlüsse?

Der zu Beginn dargestellte Ausschnitt zum Datenbasierten Porträt „Giselle" wird dafür genutzt, an dieser ersten Darstellung auch die Vorgehensweise der Analyse transparent zu machen. In den Überschriften der Teilkapitel ist jeweils die Schulformempfehlung in Klammern notiert, die mit dem Zeugnis Klasse 4 (1. Halbjahr) an das Kind herausgegeben wurde, und die Schulform, auf der das Kind letztlich angemeldet wurde. Diese Daten werden als Kontextinformationen angegeben, da es sich bei dem Übergang auf die weiterführende Schule um eine Entscheidungsstelle handelt, an der Bildungswege unterschieden werden und Bildungsungleichheit reproduziert wird (vgl. Machold/Wienand 2021, S. 161). Das Schulgesetz benennt Fähigkeiten, Neigungen sowie den Willen der Eltern als legitime Unterscheidungskriterien (§1 Abs. 2). So wird der Zugang zur (weiterführenden) Schulbildung für jede*n Schüler*in formell durch individuelle Lernbereitschaft und das Leistungspotenzial strukturiert. Mit dem Anspruch der Studie, Aufschluss über die Bedeutung von Begabungskonzepten in der Grundschule zu geben, geht auch die Aufschlüsselung von solchen Konzepten – „Neigungen", „Leistungspotenzial" – einher. Die ausschnitthaft präsentierten Datenbasierten Porträts versprechen diesbezüglich, die Hervorbringung solcher Konzepte in Bezug auf individuelle Kinder zu beleuchten.

5.1   Giselle (Hauptschulempfehlung, Anmeldung auf der Gesamtschule)

Aus dem Datenbasierten Porträt des Schulkinds „Giselle" werden Daten zur biographisierenden Konstruktion zusammengestellt, in denen die zentralen Thematisierungen des Datenbasierten Porträts – Giselle als unsicher, schüchtern, ängstlich, zurückhaltend und unselbstständig – als kontinuierliche Attribuierungen herausgearbeitet werden können.

Aus dem bereits aus der Förderphase I des Forschungsprojekts vorliegenden Datenbestand, die KiTa-Zeit und das 1. Schuljahr an der Schule umfassend, konnte schon vor einem ersten Feldaufenthalt ein Eindruck gewonnen werden, in welcher Weise mit Giselle und über sie gesprochen wird, welche Situationen beobachtet worden sind und welche Themen in Bezug auf sie hervorgebracht worden sind. Zunächst wird sie vor allem als still und unsicher beschrieben, im 3. und 4. Schuljahr lässt sich verstärkt ein spezifisches Unbeteiligtsein herausarbeiten.

5.1.1   Schüchternheit, Unsicherheit, Zurückhaltung – Giselle wird als Einzelgängerin hervorgebracht

Giselle steht alleine am Rand – M502

Um 9:30 Uhr haben die Kinder ihre Hofpause. [...] Dann gehe ich auf den Schulhof. Minou ist bereits draußen. Mir fällt auf, dass Samira und Minou gar nicht miteinander spielen. Samira spielt mit einem Mädchen vor dem Turnhallengebäude der Schule, Minou mit Aynur, Adile, Ayla, Lucia und auch Zeynep, glaube ich. Giselle steht die ganze Pause alleine am Rand des Feldes mit den Klettergeräten. Dort spielt Dilan mit

zwei anderen Mädchen. Valentina, die ich noch aus der Kita kenne, kommt mit einem
Jungen zu mir. Wir unterhalten uns über die Lehrer*innen der Schule.

(1. Schuljahr)

Die Forscherin schildert unterschiedliche Spielsituationen auf dem Schulhof in
der Pause. Viele der Kinder haben sich Spielpartner*innen gesucht, bei den zwei
Kindern Samira und Minou fällt der Forscherin auf, dass sie nicht miteinander
spielen, womit sie ihre Erwartung impliziert, dass sie üblicherweise zusammen zu
sehen sind. Beide haben jedoch andere Spielpartner*innen oder Gruppen gefunden und sind miteinander beschäftigt. Dass Giselle allein steht, fällt hingegen
in der Beschreibung gesondert auf. Auch hierin ist eine Normalitätserwartung
impliziert: Dass Kinder sich generell in Pausen gesellig zum Spielen zusammen-
tun, in Gruppen beschäftigt oder in Bewegung sind. Giselles Tun widerspricht
dieser Erwartung, sie erscheint „die ganze Pause" über passiv. Als alltägliche
und damit vertraute Praxis kann hier Sinn zugeschrieben werden, indem dieses
Verhalten beispielsweise als Konsequenz eines Konflikts, oder aber als Ausdruck
von Giselles Persönlichkeit interpretiert wird, also beispielsweise Schüchternheit
als in Giselle verorteter Ursprung des Verhaltens hervorgebracht wird.

Handelt es sich scheinbar um eine einzelne Pausensituation, so lässt sich unter
Hinzuziehen weiterer ähnlicher Pausensituationen plausibilisieren, dass es sich
um eine in Bezug auf Giselle wiederholt beobachtete Verhaltensweise handelt.
Bei den nächsten Sequenzen, die hier vergleichend herangezogen werden, handelt es sich um empirisches Material der 2. Projektphase, während der ich an
der Erhebung des Datenkorpus mitwirkte, indem ich Giselle und andere Kinder im 3. und 4. Schuljahr, gemeinsam mit den weiteren Forscherinnen aus dem
Projektteam, begleitete.

Giselle steht allein im Raum – M503

Nach der Hofpause sind etwa die Hälfte der klassenangehörigen Kinder mit mir
im Raum. Vor allem um ein Kind mit einem großen Pokemon-Album hat sich eine
Traube gebildet. Alle Kinder stecken in großen Gruppen zusammen, bis auf Giselle,
die allein im Raum steht, an einem Brötchen kaut und hin und her geht. Sie guckt
sich ein Plakat an einem Schrank an, geht dann ein paar Schritte zur Tür raus, kommt
wieder rein. Immer wieder guckt sie zu mir rüber, und wenn ich sie dann anlächele,
lächelt sie zurück. Kurz darauf steht sie bei mir und sagt: „Ich habe eine Frage. Was
schreibst du immer alles auf?"

(3. Schuljahr)

Giselle hat auch in dieser exemplarischen Sequenz scheinbar nichts mit den anderen Kindern zu tun und fällt der Forscherin dadurch während der Teilnehmenden Beobachtung auf. Weder bringt Giselle sich in einer der formierten Kindergruppen aktiv ein, noch wird sie von dort aus aufgefordert, sich dazuzustellen. Im Vergleich der Situationen des 1. und des 3. Schuljahres lassen sich Gemeinsamkeiten und Unterschiede ausmachen: *Alleinsein* und *der Beobachterin auffallen* sind Aspekte, die sich in beiden protokollierten Sequenzen wiederholen. Hingegen verwendet Giselle in der späteren Situation einige Praktiken, die sie weniger passiv erscheinen lassen, als das Stehen am Rand: Sie bewegt sich, zeigt sich beschäftigt, nimmt schließlich Kontakt mit der Forscherin auf. Giselles Umgang mit einer solchen Pausensituation, in der sie sich nicht, wie viele der anderen Kinder, mit ihren Mitschüler*innen verbindet, ist also nicht immer gleich. Trotzdem lässt sich im Vergleich beider Sequenzen ein Muster herausarbeiten, da die Kontaktaufnahme zur Forscherin gedeutet werden kann als Gewissheit seitens Giselle, dass diese Interaktion ‚gelingt‘; dass die Forscherin Giselle weder ignorieren noch zurückweisen wird. Als ein Muster in Giselles Verhalten kann so, zunächst vorläufig, Zurücknahme und Passivität, möglicherweise als Anzeichen von Schüchternheit oder Unsicherheit, ermittelt werden. Dies gilt es im Weiteren zu erhärten oder zu verwerfen.

Bei dem Feldeintritt während des 3. Schuljahrs ist Herr Dräger Klassenlehrer der 3. Klasse, in der mehrere Kinder sind, die seit der KiTa durch das Projekt „begleitet" werden, unter anderem Giselle. Im folgenden Protokollausschnitt wird ein Einblick in einen der ersten Schultage gewährt, an denen ich in seiner Klasse teilnehmend beobachtet habe.

„Giselle ist total ruhig" – M504

Herr Dräger sagt, dass die Stunde gleich vorbei sei und dass dann Pause sei, währenddessen gongt es. Einige Kinder verlassen ziemlich direkt den Klassenraum, andere stehen oder laufen in der Klasse herum. Herr Dräger sagt, dass alle aus dem Klassenzimmer raus müssen. Er geht gemeinsam mit mir aus der Klasse und die Treppe hinunter. Herr Dräger sagt zu mir: „Giselle ist *total* ruhig. Sie sagt eigentlich nur was, wenn sie sich *total* sicher ist […]" Ich nicke. Wir stehen in der Nähe des Lehrerzimmers und in der Nähe seiner Bürotür und er sagt, ich könne mich ruhig in sein Büro setzen, aber das Lehrerzimmer sei immer sehr voll. Ich sage, dass ich draußen bleibe.

(3. Schuljahr)

Während alle verbliebenen Personen den Klassenraum für die Pause verlassen, gibt Herr Dräger der Forscherin – in diesem Fall mir – frei und unaufgefordert Auskunft über Giselle, von der er weiß, dass sie eines der begleiteten Kinder für das Forschungsprojekt ist. Er interpretiert ihre ruhige Verhaltensweise, selten etwas im Unterricht beizutragen, als Auswirkung ihrer Unsicherheit. Dabei verwendet und betont er zweimal das verstärkende Wort „total".[4] Das ordnet die genannten Eigenschaften, ruhig und unsicher, als stark bis außergewöhnlich ausgeprägt ein. Diese Information des Lehrers kann als Vorbereitung darauf verstanden werden, was die Forscherin in Bezug auf die Teilnehmende Beobachtung von Giselle zu erwarten hat. Die durch den Lehrer beobachteten Verhaltensweisen werden als Giselles Charaktereigenschaften dargestellt. Davon wird eine Regelhaftigkeit abgeleitet: Giselle sagt nur dann etwas, wenn sie sich sicher ist, etwas Richtiges oder Passendes zu sagen zu haben. Diese verallgemeinerte Regel kann auf Herrn Drägers bisherige Erfahrungen mit Giselle zurückgeführt werden. Er zeigt dies als ein Verhaltensmuster auf und bringt es mit ihrer Verhaltensweise, „ruhig" zu sein, in Verbindung. Damit bringt er Giselle als einen Typus oder auch Charakter hervor, auf dessen Grundlage diese Verhaltensweisen verstehbar und gewissermaßen auch vorhersehbar werden.

In einem formellen Interview zu einem etwas späteren Zeitpunkt im 3. Schuljahr, wird unter anderem über die einzelnen begleiteten Kinder in Herrn Drägers Klasse gesprochen. Auch dort rekurriert der Lehrer auf Typisierungspraktiken, indem er sie als konsistent zurückhaltend, unsicher und isoliert beschreibt.

„Komplette Einzelgängerin" – M505

Dräger	Bei Giselle ist es halt so, da ist es nochmal nen bisschen anders. Sie ist halt ne… komplette Einzelgängerin, die hat kaum soziale Kontakte nach außen. Auch in der Klasse, knüpft sie, eigentlich KAUM hmm. Aber da ist so dass die Mädels sie immer mit integrieren aber, es… ich glaube nicht dass sie sich mit irgendjemanden verabredet, nachmittags.
Forscherin	Mhm.
Dräger	Zum einen weil sie sich's nicht traut. Und zum anderen, weil sie dann halt natürlich auch mit, Oma dann immer beschäftigt ist sag ich jetzt mal, oder beschäftigt wird.

(3. Schuljahr)

---

[4] Da auch bei der genauesten Protokollierung Irrtümer nie ganz ausgeschlossen sind, besteht die Möglichkeit, dass anstatt des Wortes „total" ein sinngemäßes Wort wie etwa „vollkommen" oder „absolut" benutzt wurde. Dennoch handelt es sich um die bereits durch die Forscherin interpretierte Version des Geschehenen und würde daher auch dann noch hier auf gleiche Weise rekonstruiert werden (vgl. Fine 1993, S. 277 f.).

Nachdem Herr Dräger über andere Kinder in seiner Klasse gesprochen hat, wird nun in dieser Sequenz Giselle in den Fokus gerückt. Bei ihr sei es „anders". Ein vergleichender Blick ist allein schon durch die formelle Interviewsituation im Rahmen eines Forschungsprojekts nahegelegt, das sich seit mehreren Jahren für spezifische Kinder interessiert. Aus diesem vergleichenden Blick, aber auch verglichen mit einer Normalitätserwartung, geht Giselle als anders hervor. Giselle als „eine komplette Einzelgängerin" einzuordnen verweist auf eine Existenz des Typus Einzelgänger*in, dem sie „komplett" entspreche. Dies wird konkret an Giselles Verhalten angebunden: Sie habe kaum soziale Kontakte, weil sie keine knüpfe bzw. nicht auf Angebote eingehe, „integriert" zu werden. Giselle wird als aktiv diesen Status als Einzelgängerin hervorbringend positioniert. Ihre (zuge-schriebene) Isoliertheit wird als selbstgewählt und selbst herbeigeführt dargestellt. Erst im nächsten Satz wird auf eine Passivitätszuschreibung zurückgegriffen: Das Unterlassen von Verabredungen gehe auf Ängstlichkeit zurück und darauf, dass es Beschäftigung in Form der Gesellschaft ihrer „Oma" gibt.

Kontrastiv zu den aufgeführten Pausensituationen kann mit einer weite-ren Materialsequenz gezeigt werden, dass Giselle durchaus auch anders ihre Pausensituationen verbringt, die mit anderen Kindern gestaltet werden.

Gemeinsame Pause mit Kindern – M506

In der Pause bin ich kurz mit auf dem Schulhof. Giselle steht mit drei Mädchen zusammen, von denen mindestens zwei bestimmt jünger sind. Die vier Mädchen spre-chen zunächst im Kreis stehend miteinander und gehen dann zusammen woanders hin.

(4. Schuljahr)

Giselle ist in dieser Sequenz in Gesellschaft dreier weiterer Kinder anzutref-fen. Laut Forscherin ist Giselle in dieser Gruppe als vermutlich ältestes Kind zu identifizieren. Die Altersdifferenz kann gerade im Kontext der Grundschule als soziales Ordnungselement verstanden werden, das sich auf das soziale Verhältnis der Kinder auswirkt. Aus diesem Grund, so lässt sich vermuten, wird die Alters-differenz in das Protokoll einbezogen und lenkt damit das Augenmerk auf diesen Aspekt. Ältere Kinder sind jüngeren strukturell übergeordnet, kontextabhängig mitunter auch in anderen Formen, etwa in Patenschaftsprojekten. So könnte die beobachtete Pausensituation mit Giselle im Sinne eines Erfolgsnarrativs kon-struiert werden, mit dem eine effektive Umgangsstrategie gelungen umgesetzt wird, aus ihrer bisherigen – augenscheinlichen – Erfolglosigkeit im Umgang mit gleichaltrigen Kindern die ‚richtigen' Schlüsse zu ziehen. In Bezug auf die Inter-aktion mit (vermutlich) jüngeren Kindern kann eine größere Gewissheit oder

Sicherheit seitens Giselle gedeutet werden, dass ihr aufgrund des altersbezogenen Ordnungsverhältnisses die Interaktion ‚besser' gelingen kann, als unter Gleichaltrigen.

Ähnliches bildet sich auch in der folgenden Materialsequenz ab, mit der die obere Sequenz zudem kontextualisiert werden kann:

„Meine Patin" – M507

Es klingelt zur Pause und kurz danach kommen auch Kinder aus anderen Klassen in den Raum. Giselle hält ein kleineres Mädchen an der Hand und ruft leise „Tessa! Meine Patin". Wir grüßen uns. Mir fällt auf, dass mehrere kleinere Mädchen in der Klasse sind und jeweils bei einem Mädchen aus der Rhabarberklasse sind. Es gibt viel Körperkontakt, sie halten sich an den Händen, umarmen sich oder reiten auf dem Rücken der Größeren Huckepack.

(4. Schuljahr)

Giselles Schulklasse nimmt an einem Patenschaftsprojekt teil, in dessen Rahmen je ein Kind aus einer tieferen Jahrgangsstufe eine*r Viertklässler*in als Ansprechperson im Sinne einer Patenschaft zugeordnet wird. Gegenseitig nennen das jüngere und das ältere Kind sich jeweils „Pat*in". Giselle lenkt die Aufmerksamkeit der Forscherin Tessa auf sich und stellt ihr das jüngere Kind, das sie an der Hand hält, als „meine Patin", ohne Namensnennung, vor. Sie positioniert sich dadurch in ihrem übergeordneten Status als ältere Patin, ein Status, der das soziale Verhältnis zwischen den älteren und den jüngeren Kindern eindeutig ordnet.

Des Weiteren beschreibt die Forscherin Praktiken, wie das Handhalten, Umarmen und Huckepackreiten, aus denen sie entnimmt, dass mit den jüngeren Kindern ein enger und vertraulich wirkender Kontakt gepflegt wird. Darin wird der generationale Aspekt dieser Praktiken ersichtlich, da die als kleiner beschriebenen Mädchen in der ansonsten altershomogenen Klassenstruktur offenbar der Anlass für die herzlichen und körperbetonten Kontaktpraktiken sind.

Zeigen die Sequenzen M506 und M507 Giselle auch in lebhafter Interaktion mit anderen Kindern, so kann das die übergeordnete Zuschreibung von Schüchternheit und Einzelgängertum nicht gänzlich widerlegen, da es sich um Interaktionen mit jüngeren Kindern handelt und daher eine andere soziale Ordnung wirksam ist, als unter Gleichaltrigen.

5.1.2   Giselle wird als unselbstständig hervorgebracht

Zuschreibungen von Schüchternheit finden unter anderem auch in den Eltern-sprechtagsgesprächen während Giselles gesamter Grundschulzeit[5] statt, indem dies in Bezug auf Giselle von Lehrkräften problematisierend angesprochen wird. Dabei wird Giselles Schüchternheit, bzw. Unsicherheit oder auch Ängstlichkeit, mit einer Zuschreibung von Unselbstständigkeit in Verbindung gebracht, bzw. als ursächlich dafür dargestellt. So spricht die Klassenlehrerin Frau Kreutzer im zweiten Elternsprechtagsgespräch des 1. Schuljahrs mit Giselles Mutter wie folgt über das Kind:

Schüchternheit als „echtes Problem" – M508

Kreutzer	Das ähm, und wo was eben echtes Problem ist, dass sie noch eher schüchtern ist, dass sie auch –
Mutter	Ja, sehr.
Kreutzer	...es wichtig ist, wenn sie was nicht versteht auch nachzufragen und da auch keine Angst haben ne.
Mutter	Das sage ich jeden Tag.
Kreutzer	Das ist einfach so, dass sie da noch ähm sich dann verbessern kann, dass sie, sie macht das alles gerne, aber wenn ihr irgendwas fremd ist, dass sie dann auch nicht lange wartet, sondern auch sich meldet.
Mutter	Direkt fragt.
Kreutzer	Mhm oder auch den Tischpartner, das kann sie ja auch mal machen, sie quatscht ja nicht oder so, das ist ja, alles gut.
Mutter	Also das habe ich ihr aber auch schon gesagt, wenn du Fragen hast, dann melde dich damit du weißt wo du stehst.
Kreutzer	Mhm und ob dann mit der Partnerarbeit was ich gesagt habe, dass sie sich mit einem Partner, abstimmt und verantwortungsbewusst gemein-same Aufgaben übernimmt das wirkt dann eben eher so, dass sie dann, die anderen mehr so die Verantwortung übernehmen lässt.
Mutter	Mhm. ((lacht))
Kreutzer	Also ich hab jetzt extra das in diesem Elternsprechtag so dass wir gucken wo können die Kinder sich noch verbessern, das [*Mutter:* Ja] andere ist alles super, sie hat sich da auch toll verbessert, sie hat eine tolle Schrift, sie schreibt gut, das sieht man. Hier, da hatten wir so einen kleinen Test sozusagen, erstmal machen wir immer so eine Lernbeobachtung, wo die Kinder dann Wörter schreiben, Hose und Mantel, das ist okay [...]

(1. Schuljahr)

---

[5] Obwohl keine Elternsprechtagsgespräche im 2. Schuljahr erhoben worden sind, wird in einem Elternsprechtagsgespräch des 3. Schuljahrs durch den Lehrer auf ähnliche Thematisierungen im Vorjahr hingewiesen (vgl. Sequenz M512).

Frau Kreutzer spricht in voraussetzungsvoller Weise über Giselle: Ihre Verhaltensweisen werden nicht beschrieben, stattdessen wird sie unter Bezugnahme auf eine selbstverständlich angenommene Schüchternheit als passiv hervorgebracht. Problematisch konnotiert wird die Schüchternheit hinsichtlich der möglichen Auswirkungen auf Giselles Unterrichtsteilnahme, denn sie komme ihrer Verantwortung nicht nach, nachzufragen, wenn sie etwas nicht verstanden habe. Nachdem Giselles Unterlassen des Nachfragens und des Meldens, um Unterstützung anzufordern, als Zeichen von Schüchternheit und Ängstlichkeit markiert ist, wird es entsprechend in dieser Gesprächssituation fortan als solche verhandelt. Aus der Perspektive der Lehrkraft handelt es sich aber um eine veränderbare Eigenschaft bzw. um eine verbesserbare Verhaltensweise. Ohnehin, so macht Frau Kreutzer deutlich, sei dieser konkrete Elternsprechtagstermin dafür da, auf Verbesserungsmöglichkeiten bei den Kindern zu achten: Giselle sei „noch eher schüchtern" und könne sich da „noch" verbessern. Später wird ein Beispiel in Bezug auf das Schreiben genannt, als ein Bereich, in dem bereits eine Verbesserung seitens Giselle zu beobachten gewesen ist. Mit diesem Verweis wird die Erwartung verbunden, dass Giselle sich auch in anderen Bereichen verbessern kann.

Im Adressierungsgeschehen des Gesprächs wird deutlich, dass die Lehrerin Handlungsbedarf sieht im Sinne einer Einwirkung der Mutter auf Giselle, um zukünftig eine Veränderung ihres Verhaltens dahingehend herbeizuführen, bei Bedarf Verständnisfragen an die Lehrkraft oder eine*n Mitschüler*in zu äußern. Giselles Mutter zeigt, dass sie diese Adressierung versteht und sich indirekt damit beauftragt sieht; die Mutter erzeugt einen Konsens bzw. einen „Common Ground" (Kotthoff 2012, S. 293) mit Frau Kreutzer, indem sie der Lehrerin zustimmt („Das sage ich jeden Tag", „Das habe ich ihr aber auch schon gesagt"). Während die Mutter von Giselle hier Praktiken zeigt, die unter dem Konzept *Doing Background* als bildungsförderliche Selbstdarstellung bezeichnet werden kann (vgl. Machold/Wienand 2021, S.) – sie lässt sich als fürsorgliche Mutter auftreten, die Giselle wichtige Tipps für ihre Teilnahme am Unterricht gibt – hat dies den Nebeneffekt, dass sie impliziert, dass das Kind unbelehrbar ist, da sie die guten Ratschläge der Mutter wiederholt nicht angenommen habe. Die Mutter positioniert sich als beschränkt in ihren Einwirkungsmöglichkeiten auf Giselle. Dadurch wird Giselle so dargestellt, als ließe sie sich durch die Worte der Mutter nicht beeinflussen.

Frau Kreutzer hat hier auch Positives über Giselle zu sagen. Sie bringe zum einen Folgsamkeit mit, beispielhaft illustriert mit der Einhaltung des erforderten Leiseseins. „Sie quatscht ja nicht", stellt die Lehrerin fest, daher dürfe sie am Tisch auch mitunter eine Verständnisfrage klären. Unter dem Stichwort „Verantwortung" beschreibt Frau Kreutzer kritisch Giselles passives Verhalten bei

Partnerarbeiten als musterhaft beobachtbar. Sie überlasse dem anderen Kind die „Verantwortung", zeigt also zu wenig Engagement in der Partnerarbeit. Insgesamt betrachtet wird in dieser Sequenz durch die Lehrerin eine Problematisierung der fehlenden Eigeninitiative Giselles vorgenommen. Abgefedert wird die kritische Betrachtung wiederum durch die Bezugnahme auf Giselles „tolle Schrift" und das Schreiben von Wörtern. Die Lehrerin bringt also eine relativ ausgewogen konstruierte Darstellung von Giselle als Schulkind hervor. Fehlende Eigeninitiative wird problematisiert und mit ihrer charakterlichen Schüchternheit in Zusammenhang gesetzt; Folgsamkeit in Bezug auf Leisesein und Verbesserungen im Bereich Schreiben werden positiv markiert. Auch Giselles positive Verhaltensweisen bzw. ihr Können wären möglicherweise an die Idee von Charaktereigenschaften anschlussfähig – etwa über die Deutung des Leiseseins (oder auch des Nichtstörens) als Interesse an den Unterrichtsinhalten, oder ihrer ordentlichen Handschrift als Indikator eines ausgeprägten ästhetischen Sinns – was jedoch im vorliegenden Elternsprechtagsgespräch nicht expliziert wird.

Die nächsten beiden Sequenzen wurden ebenfalls aus dem zweiten Elternsprechtagsgespräch des 1. Schuljahrs ausgewählt. Dabei werden weitere Thematisierungen in Bezug auf die Hervorbringung einer auf Giselle bezogenen Bildungsbiographie, nun mit stärkerem Fokus auf Thematisierungen ihres Könnens, herausgearbeitet.

„Sie sagt immer sie meldet sich" – M509

Mutter	[…] Sie sagt immer sie meldet sich, aber gestern wurde sie nicht drangenommen, gestern hat sie sich ganz viel gemeldet, sagt sie.
Kreutzer	Mhm, also ich würde jetzt, ich habe mir auch schon aufgeschrieben, hab ich das aufgeschrieben, ja hier, dass sie äußert sich zu Texten oder so, also sie könnte sich noch mehr beteiligen, aber sie ist überhaupt nicht abwesend.
Mutter	Ja.
Kreutzer	Jetzt kann ich nicht so genau sagen, hat sie sich jetzt gemeldet oder nicht.
Mutter	Ne ich habe gesagt, ähh Lehrer sehen wenn man sich meldet und die behalten das im Hinterkopf hab ich gesagt.
Kreutzer	Genau, man kann ja nicht immer so jeden drannehmen.
Mutter	Ja genau.
Kreutzer	Ich merke, dass sie bei der Sache ist, das können Sie auch so sagen, also sie könnte sich aber noch öfter melden können Sie sagen.
Mutter	Ja.
Kreutzer	Aber sie ist dabei und macht auch mit.
Mutter	Gut das ist, das hört sich gut an.

(1. Schuljahr)

Das Meldeverhalten ist ein Thema, das von Mutter und Lehrerin auf unterschiedliche Weise relevant gesetzt wird. Aus der Position der Mutter, Giselle repräsentierend, wird vor allem „ganz viel" Melden, im Sinne des Signalgebens, hervorgehoben. Darauf, aufgerufen zu werden, hat die Schülerin wiederum kaum Einfluss; ihrer Darstellung nach wurde sie trotz des vielen Meldens nicht aufgerufen. Frau Kreutzer hingegen setzt die Unterrichtsbeteiligung relevant, die sich grundsätzlich zwar auch im Meldeverhalten äußert, aber auch daran zu erkennen ist, „nicht abwesend", sondern „bei der Sache" zu sein. Laut der Darstellung von Giselles Mutter – die sich dabei auf Giselle beruft –, steht die Praktik des Meldezeichens als Leistungsindikator im Vordergrund, der, potenziell unfair, erst dann als wirkungsvoll erachtet wird, wenn sie daraufhin drangenommen wird.

Konzeptionell betrachtet, deutet sich hier eine Gegenüberstellung von quantitativer und qualitativer Beteiligungslogik an. Giselles Mutter (und die nicht anwesende, aber in der Erzählung auftretende Giselle) bringen das Melden in quantitativer Logik als zählbaren Indikator für Unterrichtsbeteiligung, oder gar Leistung, hervor. Demgegenüber ist die Rückmeldelogik der Lehrerin auf das Leistungspotenzial ausgerichtet: Giselle könne „sich noch mehr beteiligen" und sich auch „noch öfter melden". Dies dürfe die Mutter Giselle ausrichten. Frau Kreutzer setzt eine qualitative Logik entgegen: Sie schreibt dem Äußern über Texte Bedeutung zu, sowie ‚geistiger' Anwesenheit, Mitmachen bzw. bei der Sache sein. Die Lehrerin beschränkt sich dabei jedoch auf solche eher wenig konkreten Umschreibungen dessen, was in ihren Augen einen Wert für Unterrichtsbeteiligung hat; so vage, wie es eben für die Alltagskommunikation üblich erscheint (vgl. Kotthoff 2012, S. 296). Beispielsweise erläutert sie nicht, woran genau sie merkt, „dass [Giselle] bei der Sache ist", oder wie oft melden als „öfter", bzw. als oft genug, gelten würde.

Um die Analysekategorie des vorangegangenen Kapitels heranzuziehen, wird hier implizit die Frage besprochen, wie Giselle das geforderte schulische Können nachweisen könnte, also wie sie *being able* vollziehen kann. Auf die eingebrachte quantitative Logik, die in diesem Sinne konkretere Handlungsempfehlungen nach sich ziehen könnte (z. B. mindesten fünfmal pro Unterrichtsstunde melden), geht Frau Kreutzer nicht weiter ein, sondern äußert Empfehlungen, die ihrerseits wiederum Interpretationsspielraum dafür lassen, wie genau Giselle ihre Verhaltensweisen zukünftig verändern kann oder sollte. Wird hier, als Adressierungsgeschehen betrachtet, ein gelingendes Elternsprechtagsgespräch vollzogen, erweist sich die Gesprächssequenz mit Blick auf die inhaltlichen Aushandlungen als so vage, dass konkrete Schlüsse für das weitere Handeln daraus nur dann gezogen werden können, wenn von den gleichen Deutungen ausgegangen werden kann, mit denen die durch Vagheit verbliebenen Lücken geschlossen werden. Der

Blick auf das Aufeinandertreffen eines quantitativen gegenüber einem qualitativen Verständnis ‚guter' Unterrichtsbeteiligung lässt hingegen erwarten, dass die Akteurinnen jeweils unterschiedliche Deutungsmuster anlegen. Da diese Metaebene aber selbst nicht Gegenstand des Elternsprechtagsgesprächs ist, verbleiben sie in ihren jeweils eigenen Logiken.

So auch in der folgenden Sequenz aus dem gleichen Elternsprechtagsgespräch.

„Giselle braucht Erfolgserlebnisse" – M510

Kreutzer	Giselle braucht Erfolgserlebnisse, so Sicherheit halt.
Mutter	Ja.
Kreutzer	Das tut ihr dann immer gut.
Mutter	Auf jeden Fall.
Kreutzer	Sie ist aber weiterhin sehr zurückhaltend, unsicher, beteiligt sich mündlich kaum, schreibt sie [die Mathelehrerin, C.W.] dann, braucht weiterhin Hilfe, um die Aufgaben zu beginnen, [*Mutter*: Ich glaube das hat sie von mir.] sie fordert die Hilfe aber immer selber ein, das ist ja positiv, das würd ich zum Beispiel jetzt in Deutsch braucht sie die auch nicht so viel, aber dann spricht sie mich auch nicht so an ne, sie arbeitet dann konzentriert und ist immer sehr bemüht, braucht aber viel Zeit, das ist ja noch so ein bisschen das Tempo ne.
Mutter	Jaaa. Aber ich glaube, das hat sie von mir, also Mathe war ja auch immer so, hab ich mich auch immer kaum gemeldet.
Kreutzer	Mhm.
Mutter	Da war ich auch immer richtig unsicher.
Kreutzer	Die hat gesa- also sie [die Mathelehrerin, C.W.] schreibt auch, hat teilweise Schwierigkeiten bei der Wahrnehmung, dann übersieht sie Zahlen, hat sie das mit ihrer, mit der Sehfähigkeit oder ist das…?
Mutter	Nee eigentlich hat das nichts damit zu tun, normalerweise nicht.

(1. Schuljahr)

Frau Kreutzer schreibt Giselle das Bedürfnis nach Erfolgserlebnissen zu, bzw. das Bedürfnis, zu erleben, dass ihr etwas gut gelingt. Impliziert wird, dass Giselle bislang zu wenig davon habe. Diese erwünschten Erfolgserlebnisse setzt sie mit dem Erleben von „Sicherheit" gleich und spielt damit auf die Zuschreibung von Unsicherheit an, die mit der bereits erwähnten Schüchternheit bzw. mit Zurückhaltung einhergeht. Gisselles Mathelehrerin führt die geringe mündliche Beteiligung an sowie das Benötigen von Hilfe als Anzeichen, dem Matheunterricht nicht folgen zu können. Das dokumentierte Einfordern der benötigten Hilfe ordnet die Lehrerin wiederum als positiv ein, ebenso wie Gisselles Konzentriertheit und Bemühen. Das geringe Tempo wird hingegen implizit als verbesserungswürdig

markiert. Darüber hinaus werden „teilweise Schwierigkeiten bei der Wahrnehmung" erwähnt. Dies stellt bereits ein Deutungsangebot für Giselles Umgang mit
Zahlen dar: Dass Giselle Zahlen manchmal nicht berücksichtigt, wird als „über-
sehen" bezeichnet und mit einer organischen Ursache zu erklären versucht. Aus
diesem Grund verweist die Lehrerin auf die „Sehfähigkeit" der brilletragenden
Giselle; doch verweist die Mutter darauf, dass ihr dieser mögliche Zusammenhang zwischen Giselles Zahlenschwäche und ihrer Sehschwäche nicht bekannt
sei.

Die Mutter bringt hingegen, als alternative Lesart von Giselles Umgang mit
Zahlen, ihre eigene Erfahrung ein, indem sie auf ihre eigene Schwäche im Fach
Mathematik zu ihrer Schulzeit verweist. „Das hat sie von mir" verweist auf
die Vorstellung einer genetischen oder sozialen Vererbung von Fähigkeiten des
Umgangs mit Zahlen bzw. von mathematischen Fähigkeiten. Hier fungiert die
Feststellung als Hinweis, dass die Schwierigkeiten in Mathematik als gegeben
hinzunehmen seien, da eine Schwäche in diesem Schulfach in der Familie bzw.
in den Genen liege. Die konzeptionelle Vorstellung, Kompetenzen in Mathematik erforderten eine bestimmte Begabung in Form einer genetischen Veranlagung,
ist im Alltagswissen breit gestreut.[6] Giselles Schwäche in Mathematik wird als
gegeben hingenommen. Der Fokus wird damit davon weggelenkt, welche Herangehensweise dazu führen kann, dass Giselle sich in dem Schulfach verbessert,
oder wie konkrete Erfolgserlebnisse für Giselle herbeigeführt werden könnten.
Die Konstruktion des Kindes als schüchtern und unselbstständig wird als zentrale Problematik gesehen und lässt auf die Umkehrung schließen, dass Giselle,
wäre sie nicht so unsicher und zurückhaltend, eine stärkere Beteiligung an den
Tag legen würde, die in besseren mathematischen Fähigkeiten resultieren könnte.
Handelt es sich hier einerseits um eine nachvollziehbare und als neutrale Feststellung erscheinende Kausalkette, so geht damit andererseits doch eine implizite
Responsibilisierung des Kindes einher: Änderte Giselle nur etwas an ihrem
‚typischen' (als typisch konstruierten) Verhalten, könnte sie erfolgreicher sein.
Analytisch kann die hier untersuchte Bezugnahme auf Giselles Verhalten bzw.
Eigenschaften und die hergestellte Verbindung zu ihren mathematischen Leistungen als biographisierende Praktik gefasst werden. Die vorgefundene *Verknüpfung
ihres Könnens und ihrer zugeschriebenen Persönlichkeit* lässt sich konzeptuell
anhand des Materials aus Giselles Datenbasiertem Porträt weiter sättigen und
ausdifferenzieren.

---

[6] Vgl. etwa in der Süddeutschen Zeitung vom 23.10.2013: „Dieser Spruch ist ein Klassiker:
‚In Mathe war ich schon immer schlecht', sagen selbst Menschen mit Abitur, wenn sie gerade
am Dreisatz gescheitert sind. Soll heißen: Nicht ich bin schuld an meinem Versagen, sondern
irgendwie meine Gene." (Weber 2013).

Zum Ende des 1. Schuljahres wurde mit Giselles Klassenlehrerin der 1. Klasse, Frau Kreutzer, ein formelles Interview geführt. Die Interviewerin fragt etwa nach der Perspektive der Lehrerin auf die im Projekt begleiteten Kinder. Daraufhin sagt die Lehrerin nacheinander etwas über die einzelnen Kinder, wie ihr Eindruck von ihnen aussieht und welche Themen ihr zu dem jeweiligen Kind einfallen.

Selbstständiger werden – M511

Forscherin	Genau und dann würde uns schon auch Ihre Perspektive auf unsere Zielkinder ((lacht)) interessieren und ich hab jetzt einfach mal, also das ist jetzt willkürlich ne die Reihenfolge die [Namen der Kinder] und Giselle. Ich weiß nicht ob Sie zu allen kurz was sagen mögen.
Kreutzer	[...] Ja Giselle ist ähm hatte anfangs auch größere Schwierigkeiten sich so abzulösen und hat aber auch jetzt einige Freunde gefunden auch so in der Nachbarschaft und, geht dann jetzt auch von zu Hause los, dass sie nicht hier an der Tür sich verabschiedet. Dass sie dann also auch viel viel besser hier angekommen ist seitdem sie so selbstständiger wird dass, dann auch wirklich die Mutter oder die Oma haben sie morgens oft zur Klasse gebracht und dann, hat sie wahrscheinlich schon den ganzen Weg so ein bisschen rumgebockt und dann konnte sie sich auch an der Tür nicht trennen und. Nachdem sie dann gesagt haben hier du gehst mit Zeynep und [Name Kind] und so von zu Hause los dann, schicken sie die los und sie kommt begeistert an also das haben sich dann die Eltern auch selber überlegt das funktioniert wirklich richtig gut. Und die arbeitet auch gut mit, manchmal braucht sie nen bisschen länger aber, so diese Arbeitshaltung ist wirklich gut.

(1. Schuljahr)

In dieser kurz zusammenfassenden Beschreibung spricht Frau Kreutzer über Giselles soziale Unsicherheit, ihr langsames Tempo und ihre gute Arbeitshaltung. Positiv wird erwähnt, dass Giselle selbstständiger geworden wäre in Bezug auf den Schulweg. Die Perspektive der Lehrkraft fokussiert kindliche Entwicklungsaspekte in psychologisierender Sprache, indem sie von Ablösung spricht und ihren Gesamteindruck von Giselle als Beobachtung einer Entwicklung darstellt: Ausgehend von einer anfänglichen Trennungsschwierigkeit von ihren Bezugspersonen an der Klassentür, sei sie selbstständiger geworden und zeige nun Begeisterung bei der Ankunft in der Schule. Zudem arbeite Giselle gut mit und habe eine gute Arbeitshaltung. Ihr Arbeitstempo sei jedoch unterdurchschnittlich. Indem diese Kurzzusammenfassung eine Funktion im Sinne einer Charakterisierung Giselles erfüllt, kann hieran der spezifisch individualisierende Blick der Lehrerin auf das Kind verdeutlicht werden. Auf der Grundlage zuschreibender Lesarten von

Verhaltensweisen als charakteristisch wird im Zusammenspiel mit wiederholten Thematisierungen über die Zeit eine Idee von Giselle als Schulkind entworfen, die als individueller Typus kontinuierlich referenziert, möglicherweise aber auch aktualisiert wird. Das Aufrufen bestimmter, als negativ wahrgenommener Verhaltensweisen, kontinuiert einen responsibilisierenden Blick auf Giselle sowie auf ihr Zuhause, indem mit der entwicklungsbezogen konstruierten Erzählung über das inzwischen gute Funktionieren des Schulwegs aufzeigt wird, dass eine mit Hilfe der Erziehungsverantwortlichen herbeigeführte Verhaltensänderung Giselles zu guten Ergebnissen geführt habe.

5.1.3 Giselle wird als passiv hervorgebracht

Giselles als selbstisolierend betrachtetes Sozialverhalten sowie ihre Langsamkeit werden auch in den folgenden Schuljahren zum Thema, ebenso wird wiederholt positiv thematisiert, dass Giselle den Unterricht nicht störe (Leisesein). Im Folgenden wird eine Sequenz aus dem Transkript eines Elternsprechtagsgesprächs zwischen Herrn Dräger, Giselles Mutter und Giselle betrachtet, das im dritten Schuljahr stattfand. Hier wird zum einen ein vergleichender Blick angelegt, hinsichtlich der Thematisierungen, die bereits im Elternsprechtag des 1. Schuljahres zur Sprache kamen. Zum anderen wird auf die Beteiligung Giselles geachtet, die in dem folgenden Gespräch mit anwesend ist.

„Und manche Kinder in unserer Klasse sind noch laut" – M512

Dräger	[...] Im Unterricht bist du nen bisschen <<flüsternd>> leise. Nen bisschen zu, zurückhaltend. [*Mutter:* Zurückhaltend] Genau. Hatten wir ja letztes Jahr auch schonmal, ne? Kannst dir ruhig nen bisschen mehr trauen. [...]
Dräger	Und auch beim Sachunterricht. Bist jetzt seeehr ruhig. Was ja manchmal ganz gut ist. Aber wenn man was weiß sollte man das ruhig auch sagen. Auch wenn du mal nen Fehler machst ist das auch nicht schlimm.
Mutter	Richtig Schatz. Deswegen lernst du das ja. [*Dräger:* Mhja?] Deswegen gehst du in die Schule.
Dräger	Genau... In Ordnung?
Giselle	Mhm.
Dräger	Wie ist denn das mit dem Lesen. Wie klappt das denn schon? [...]
Dräger	Jahaa genau. Hast du schon viele Unterschriften oder... auf dem Lesepass?
Mutter	Sie sagt das nie.
Dräger	Ach so vergisst sie dann immer unterschreiben zu lassen?

Mutter	Jaaaa.
Dräger	Jaaa okay. Ja, wenn du so von dir aus liest ist ja auch schön. Ne?
Mutter	Ja nachts ähh wenn sie nicht schlafen kann dann hält sie sich ne Taschen-lampe –
Giselle	Und manche Kinder –
Mutter	und dann liest sie ihrer Schwester noch was vor.
Dräger	Mhm.
Giselle	Und manche Kinder ähm ähm in unserer Klasse sind noch laut und dann kriegen die manchmal auch ne gelbe Karte und...
Dräger	Ja genau aber du hast glaub ich-
Giselle	und manchmal auch ne rote
Dräger	Du hast noch keine gelbe gekriegt. Oder?
Giselle	Noch nie.
Dräger	Noch nie.
Mutter	((lacht))
Dräger	Das da haben wir keine Probleme mit ne. Also sie ist halt sehr nett das. ABER das haben wir ja letztes Mal auch schon ne? [*Mutter*: Jaa.] Du hörst immer gut zu. Ne, was so passiert.

(3. Schuljahr)

Giselle wird in dieser Materialsequenz direkt adressiert. Herr Dräger spricht sie auf ihre Zurückhaltung im Unterrichtsgeschehen an, nennt es zunächst „leise" sein und veranschaulicht dies durch das Senken seiner eigenen Sprechlautstärke. Er kontextualisiert die Ansprache mit der Bezugnahme auf das vorherige Jahr und markiert sie damit als wiederholte Thematisierung. Mit der Aufforderung, sie könne sich mehr trauen, schreibt er ihr Ängstlichkeit zu. Indem er ihr seine Deutung des Verhaltens präsentiert, gibt er Giselle einen Einblick in mögli-che Außenwahrnehmungen ihres Auftretens. Einzubeziehen ist, dass in dieser spezifischen Praxisform das pädagogische Moment enthalten ist, Giselle die Eigenwahrnehmung durch die Augen Dritter – gewissermaßen als ‚Kulturtech-nik' – vermitteln zu können. Es kann auf zwei verschiedene Weisen von Giselle rezipiert werden: Entweder auf der Reflexionsebene als Hinweis, wie ihr Ver-halten auf andere wirkt. Oder aber als Deutungshilfe, um ihren Gründen für das Verhalten auf die Spur zu kommen: Sie verhält sich womöglich deswegen so ruhig, weil sie ängstlich, unsicher ist. Die Situation bietet ihr an, darüber ins Nachdenken zu kommen. Mit der anschließenden zeitlichen Einordnung wird indirekt wieder der Kontext von Schuljahr und Unterricht eingeholt: „Haben wir ja letztes Jahr auch schon".

Giselle beteiligt sich nach und nach mehr an der Unterhaltung. Ihr Wortbei-trag, so wie er in dieser Sequenz abgebildet ist, mutet auf den ersten Eindruck zusammenhangslos an: Sie positioniert sich selbst positiv mit dem Hinweis darauf, dass sie noch nie so den Unterricht gestört hat, wie manche anderen Kinder. Herr Dräger geht darauf ein und lässt diese Thematisierung zu, leitet dann jedoch wieder davon weg mit den Hinweisen, dass dort kein Problem bestünde und sie das gute Zuhören bereits beim letzten Gespräch thematisiert hatten. Für Herrn Dräger, so stellt er damit klar, ist die gelbe bzw. die rote Karte im vorliegenden Kontext nicht von besonderer Bedeutung. Für Giselle anscheinend aber schon: Die Deutung liegt nahe, dass, ähnlich, wie es für das Meldeverhalten im Unterricht (M509) herausgearbeitet wurde, Giselle sich hier auf das Nichterhalten einer gelben Karte als Indikator für ihre gute Unterrichtsbeteiligung (bzw. für ihr *being able*) bezieht. Die Bedeutsamkeit, die Giselle dem zuschreibt, wird von Herrn Dräger nicht geteilt. Er deutet die Aussagekraft der gelben Karte in seiner eigenen Logik, mit seinem eigenen Werteverständnis hinsichtlich der Unterrichtsbeteiligung um: Als Zeichen dafür, dass Giselle gut zuhört, „was so passiert". Auch hier wird also Interpretationsspielraum bezüglich einer ‚guten' Unterrichtsbeteiligung gelassen. Im Ergebnis liegt Giselles Zurückhaltung nach wie vor nicht nur in ihrer eigenen Verantwortung – schließlich müsse sie sich nur „nen bisschen mehr trauen" – sondern ist auch mit einer ambivalenten Bewertung belegt: Einerseits wird ihr Leisesein als gutes Zuhören ausgelegt, andererseits sei sie zu ruhig. Ein möglicher Umgang damit, der in die Richtung einer Leistungsverbesserung führen könnte, wird in Form von Empfehlungen formuliert: „wenn man was weiß sollte man das ruhig auch sagen", „wenn du mal nen Fehler machst ist das auch nicht schlimm". Die empfehlende Adressierungsweise kann gedeutet werden als pädagogisch darauf zielend, Giselle von einer aktiven mündlichen Beteiligung so zu überzeugen, dass sie aus einer Eigenmotivation heraus ihre Beteiligung erhöht. Impliziert wird, dass eine intrinsische oder anderweitig inne liegende Sinnhaftigkeit verspürt werden könne, es beispielsweise Befriedigung verschaffe, etwas zu sagen, wenn man etwas weiß. Angenommen, der Lehrer würde Giselle in Form einer deutlichen Anweisung nahelegen, sich häufiger zu beteiligen, um das Ziel einer besseren Leistungsbewertung strategisch zu verfolgen, würde es eine weniger pädagogisch, sondern vielmehr ökonomisch gedachte Perspektive darstellen.

Wird nun ein Fokus auf die Frage gelegt, wie Giselle und ihre Mutter auf Grundlage dieses Gesprächs herausfinden können, was Giselle konkret tun müsste, um sich im Unterricht gekonnt einzubringen, kann festgestellt werden, dass weder diese Frage ausgesprochen wird, noch wirklich spezifische Antworten gegeben werden. Indem es zwischen den Zeilen, also unausgesprochen, bleibt, dass häufigere Beteiligung – ob mit oder ohne Fehlern, die laut Aussage des Lehrers nicht schlimm seien – als eine strategische Herangehensweise dienen kann, sich als könnend zu positionieren (und dadurch bessere Noten herbeizuführen), ist es wieder Giselle und ihrer Mutter überlassen, hier die passenden Lesarten anzulegen. Stehen ihnen nicht die gleichen Deutungsressourcen zur Verfügung, wie Herrn Dräger, kann diese Übertragungsleistung jedoch nicht vollbracht werden. Die angebrachten Deutungsressourcen orientieren sich beispielsweise an einem bildungsorientierten Unterrichtsideal, das mit Norm- und Wertvorstellungen verknüpft ist, aus denen Bildung als zweck*un*gebunden hervorgebracht wird, also als Bedürfnis sich zu bilden.

Auf Grundlage der bisherigen rekonstruktiven Analyse kann an dieser Stelle zusammengefasst werden, *dass die interpretativen Vorgänge im Elternsprechtagsgespräch implizite Zuschreibungen im Hinblick auf Können und Begabung (und potenziell auch schließlich der Eignung für bestimmte Bildungswege) zur Folge haben.* Auf einer solchen Grundlage kann die implizite Zuschreibung erfolgen, dass manche Kinder, wie beispielsweise Giselle, das Bedürfnis nach Bildung nicht verspürten. Solche Lesarten verbleiben aber zwischen den Zeilen und können, als solche unausgesprochen, in die Konstruktionen von Schulkindern einfließen – und möglicherweise auch deren Selbstkonzepte beeinflussen. Dem wird mit den nächsten Sequenzen weiter nachgegangen, die etwas später während desselben Elternsprechtagsgesprächs erfolgen.

„Bin ich da gut oder schlecht?" – M513

Dräger	[...] Mathe möchtest du auch wissen? Frau Helfsberger hat mir nen bisschen was aufgeschrieben. Gucken wir mal... [Papier raschelt] wo wir Giselle finden.
Giselle	Bin ich da gut oder schlecht?
Dräger	Was glaubst du denn? Ich weiß es nicht [Papier raschelt]. Was glaubst DU denn?
Giselle	Ähm.
Mutter	Ich kanns mir denken.
Dräger	Mh? Was, magst du denn lieber Deutsch oder Mathe.
Giselle	Deutsch.
Dräger	Deutsch ne? Das fällt dir leichter ne? Mhm.

(3. Schuljahr)

Das Gespräch geht zum Fach Mathematik über. Herr Dräger suggeriert, dass Giselle darüber etwas wissen möchte, woraufhin sie fragt: „Bin ich da gut oder schlecht?" Diese Frage bringt eine zentrale Funktion des Elternsprechtags, nämlich die Beratung und Information über die „individuelle Lern- und Leistungsentwicklung" (§ 44 Abs. 2 SchulG NRW) auf einen Satz, zeigt dabei die spezifische Lesart, dass das Kind eine Beurteilung hinzunehmen, bzw. sich dieser unterzuordnen habe. In der Perspektive sieht das Kind Giselle sich einer Bewertung als gut oder schlecht ausgesetzt; ihr wird von einer übergeordneten Position aus mitgeteilt, *was* bzw. *wie* sie *ist*, als handelte es sich um eine objektive Feststellung. Das von ihr mit ihrer Frage repräsentierte Selbstkonzept zeigt sich offen gegenüber den Zuschreibungen „gut oder schlecht" (in Bezug auf ein Schulfach). Welcher Wert ihr auch zugeteilt wird, sie bringt die Bereitschaft hervor, diesen als Attribut ihres Könnens, formuliert als Sein – im Kontext des Elternsprechtagsgesprächs – zu akzeptieren.

Herr Dräger weicht der vereindeutigenden Formulierung zunächst aus, indem er indirekt darauf verweist, dass er nicht der Mathelehrer ist und es nicht wisse. Stattdessen bringt er eine pädagogische Perspektive auf Giselles Frage hervor, fordert sie zu einer Selbsteinschätzung auf und unterstützt sie bei der Antwortfindung, indem er sie fragt, welches Fach ihr besser gefällt. Was sie lieber mag, so die präsentierte Logik, müsste ihr auch leichter fallen. Mit der Suggestion, dass dies in Zusammenhang mit der Beantwortung der Frage nach gut oder schlecht sein steht, wird eine Kohärenz zwischen Giselles Vorlieben und ihrem Können hergestellt – möglicherweise umschreibbar mit „Fähigkeiten und Neigungen" (§1 Abs. 2 SchulG NRW). Unaufgeklärt bleibt die Frage, weshalb Deutsch Giselle leichter falle und in welcher Beziehung diese Tatsache dazu steht, dass sie das Schulfach lieber möge: Mag sie Deutsch lieber, weil es ihr leichter fällt, oder fällt es ihr leichter, weil sie es lieber mag? Situativ ließe sich diese Frage mit einer vorgelagerten Neigung Giselles zum Fach Deutsch beantworten, mit der sich sowohl größere Freude oder größeres Interesse, als auch Mühelosigkeit begründen ließe – worin die Neigung dann konkret besteht, wäre wiederum ungeklärt. So erweist sich der hergestellte Zusammenhang von Benotung, lieber mögen und leichter fallen als zirkuläre Denkfigur, die letztlich keine wirkliche Erklärung anzubieten hat (vgl. Markard 2014, o. S.).

Im weiteren Gesprächsverlauf geht Herr Dräger, wenige Momente später, näher auf die pädagogische Bewertungslogik im Kontext der Leistungsbewertung ein. Er erwähnt in der Zwischenzeit auch Giselles zu geringes Arbeitstempo: „Du brauchst halt immer noch zusätzliche Zeit, besonders mit dem Rechnen. Ne, die Schnelligkeit fehlt dir noch nen bisschen" und spricht dann über die Benotung ihrer Mathearbeit – eine Drei Minus.

Eigenes Nachdenken – M514

Dräger   […] Zum Beispiel Drei mal Sieben würde ja als nächstes kommen in der Reihe. Ne? Also so Muster fortsetzen… Dieses eigene Nachdenken, ne

	das fällt dir noch nen bisschen schwer. Heh, und deswegen ist es halt, in Anführungsstrichen NUR ne Drei. Ist wieder wie bei Deutsch so ähnlich das Reproduzieren.
Mutter	Mhm.
Dräger	Also das was man, im Prinzip nur eh… Eins zu eins umsetzen muss klappt gut, bei ihr. Aber diese eigenen über den Texten, oder hier bei Mathe das eigene Nachdenken, fällt ihr halt noch nen bisschen schwer.
Mutter	Ja.
Dräger	Ja. Zusammenhänge begründen, Textaufgaben, und etwas zu erkennen wie gehts denn jetzt weiter.
Mutter	Ja müssen wir üben ne.
Giselle	Mhm.

(3. Schuljahr)

Herr Dräger bringt die Kategorie des „eigenen Nachdenkens" ein, welches Giselle „noch nen bisschen schwer" falle. Mit dem Code des „Schwerfallens" wird hier implizit auf eine begabungsideologische Einordnung von *Leicht*- und *Schwerfallen*, als letztlicher Ausdruck einer natürlichen Über- und Unterlegenheit, angespielt. Die Formulierung „noch nen bisschen" weist hingegen von einer deterministischen Sichtweise weg und öffnet die Entwicklungsperspektive, indem der momentane Zustand Giselles als zukünftig noch veränderbar dargestellt wird. Die Formulierung kann zudem auf die Vergleichsdimension der anderen Kinder in ihrer Klasse verweisen, die eine solche Erwartung an das eigene Nachdenken vielleicht *bereits* erfüllen. In diesem Sinne könnte das Wort „noch" als Markierung eines Rückstandes Giselles zu ihren Mitschüler*innen verstanden werden.

Deutlich wird, dass diese Kategorie in die Beurteilung von ihr als Schülerin einfließt, ohne dass dieser Umstand weiter konkretisiert wird. Als Beispiel für „eigenes Nachdenken" wird das Fortsetzen von Zahlenmustern genannt: Zunächst müsste Giselle von selbst darauf kommen, dass es sich um ein Muster handelt, um es dann zu entschlüsseln und entsprechend fortführen zu können. Auch die nachgenannten Aspekte „Zusammenhänge begründen" und „erkennen, wie geht's denn weiter" können unter die Kategorie des eigenen Nachdenkens eingeordnet werden. Hingegen stellten Eins-zu-Eins-Umsetzungen oder auch das Reproduzieren von Inhalten keine Schwierigkeiten dar. Diese Klassifizierung stuft ab zwischen Befolgen, womit die Abhängigkeit von einer Anleitung codiert wird, und Herausfinden, was Neugierde und Eigenständigkeit voraussetzt. Sie wird als Kategorisierung für die Erläuterung der Leistungsbewertung herangezogen. Darin wird die institutionelle Logik der diagnostischen Selektionsbegründung erkennbar; eine Perspektive, die sich zwar auf konkretes Können in Form des

Lösens von Aufgabenstellungen zu beziehen scheint, jedoch in der Explikation auf ‚dahinterliegende' kognitive Fähigkeiten abhebt. Dies zeigt sich wiederum in einer Vagheit, die Leerstellen als Implikationen stehen lässt, welche auf Grundlage des eigenen Wissens ausgedeutet werden müssen, z. B. im Hinblick darauf, wie „Zusammenhänge begründen" konkret erlernt werden kann. Die Erwiderung der Mutter „Müssen wir üben" ist als Adressierungspraktik nicht unbedingt auf die inhaltliche Dimension bezogen, sondern betrifft die Beziehungsaushandlung: Die Mutter versteht praktisch, dass sie mit der Information über das (Noch-) Nichtkönnen der Tochter beauftragt ist, sich dazu in der vorliegenden Situation zu verhalten. Das Vorhaben des Übens kann somit geradezu immer als ‚richtige' Reaktion in einem Elternsprechtagsgespräch gelten. Was genau Gegenstand des Übens sein kann, wenn das Anregen des eigenen Nachdenkens als Ziel gesetzt ist, bleibt in diesem Elternsprechtagsgespräch unthematisiert.

Die ‚richtigen' Schlüsse zu ziehen, ist im Fall von implizit bleibenden Problematisierungen, beispielsweise in Form pädagogisierender Ermunterungen zu mehr mündlicher Unterrichtsbeteiligung, eine Arbeit, die von den Eltern und (gegebenenfalls mit anwesenden) Kindern selbst erbracht werden muss. Das kann erfolgreich gelingen, wenn die implizit vorausgesetzten Werte und Normen von allen Beteiligten geteilt werden. Ist dies jedoch nicht der Fall, werden im Zweifelsfall weder die ‚richtigen' Maßnahmen ergriffen, noch wird eine Versprachlichung und damit Problematisierung des unterschwellig wirksamen Un- bzw. Missverständnisses ermöglicht. So kann im Fall des Nichtgelingens der Weg für eine Deutung geebnet werden, nach der die Familie des Kindes für dieses Nichtgelingen verantwortlich sei (und nach der dies etwa auf ein Desinteresse an Bildung zurückgeführt werden könne).

Abschließend wird nun eine Materialsequenz aus dem Elternsprechtagsgespräch zur Empfehlung für die weiterführende Schule herangezogen.

Schulformempfehlung – M515

Dräger	Und dann muss ich aber ja hier ne Empfehlung geben für welche Schulform ich sie für geeignet halte.
Mutter	((zieht zischend Luft ein)) Hauptschule eher ne? ((lacht auf))
Dräger	Genau.
Mutter	((lacht))
Dräger	Vor allen Dingen wegen Mathe.
Mutter	Ich auch eher. ((*Sie nickt dabei.*))
Dräger	Ne es gibt ja keine Hauptschule mehr (...) trotzdem muss ich ne Empfehlung geben. [***Mutter**: Ja.] Die Hauptschulen laufen ja aus. Und ähm… also mit… zwei zugedrückten Augen könnte ich, eventuell hier noch ein Kreuz

machen wenn sich in Mathe was verändert. [*Mutter*: <<leise, hauchend>> Joar.] Mit bedingt Realschule. Ja. Aber im Moment –

Mutter   Ist es der, die Hauptschule. [*Dräger*: Hauptschule genau.] Ja.

Dräger   Ja? Das muss ich jetzt noch sehen was so die nächste Zeit in Mathe passiert nur… ähm… Mathe wird sie, an der weiterführenden Schule so Probleme kriegen dass sie dann immer die Versetzung schafft. [*Mutter*: Okay.] Ich glaube nicht dass es unbedingt sinnvoll ist jetzt, äh, sie sitzen zu lassen. Nochmal Klasse Vier… das seh ich nicht. Weil, ähm das wird für ihr Selbstvertrauen nichts bringen glaub ich.

Mutter   Das glaub ich auch eher weniger.

Dräger   Und ähm… sie wird in Mathe immer ein bisschen kämpfen müssen. Das wird –

Mutter   Ein BISSCHEN? Hoah! ((lacht))

Dräger   Ne dass sie durchkommt, mein ich.

Mutter   Oh ja oh ja.

(4. Schuljahr)

Herr Dräger ordnet die, in NRW bezüglich der Anmeldung auf der weiterführenden Schule nicht verpflichtende, Schulformempfehlung zunächst relativierend ein: „für welche Schulform ich sie für geeignet halte" ist Ausdruck einer subjektiven Auffassung. Die Einordnung verleiht seiner Position als Lehrer zugleich die Autorität, mit der seiner Meinung über die geeignete Schulform Bedeutsamkeit zukommt. Giselles Mutter nimmt die Verkündung der Schulformempfehlung Hauptschule mit zischend eingezogener Luft vorweg – kulturell als Signal für eine heikle Situation deutbar. Erkennbar wird das Wissen, dass es sich, in einer Perspektive vertikaler sozialer Schichtung von Bildungsverläufen gesprochen, bei der Hauptschule um eine im selektiven Bildungssystem am unteren Ende verortete Schulform handelt. Auf gesichtsschonende Weise (vgl. Ackermann 2014, S. 30) bespricht Herr Dräger mit Giselles Mutter die Schulformempfehlung Hauptschule: Dies käme „vor allen Dingen wegen Mathe" zustande und beziehe sich ohnehin nicht auf einen tatsächlichen Besuch einer Hauptschule. Diese gebe es nicht mehr (in der betreffenden Stadt).

Die Mutter verweist wieder auf die Vererbungsidee in Bezug auf mathematische Fähigkeiten, wie bereits für das Elternsprechtagsgespräch mit der Lehrerin im 1. Schuljahr analysiert wurde (vgl. M510). Auch an dieser Stelle kann eine Deutung erfolgen, mit der die Matheschwäche als hinzunehmende Eigenschaft hervorgebracht wird; darüber hinaus kann die Bemerkung der Mutter auch als empathische Positionierung verstanden werden: „Ich auch eher" kann auf die Zusammengehörigkeit von Mutter und Tochter verweisen, die über eine solche Gemeinsamkeit deutlich wird.

Herr Dräger macht deutlich, dass eine eingeschränkte Realschulempfehlung höchstens noch „mit zwei zugedrückten Augen" zustande kommen könnte, unter der Bedingung, dass „sich in Mathe was verändert". Wenn dies auch die Deutung nahelegt, dass Giselle selbst es ist, die sich in Mathematik noch zu verbessern habe, so ist doch die unpersönliche Thematisierungsweise – es muss sich verändern, etwas müsse passieren – bezeichnend für dieses, in Bezug auf Giselles Mutter wiederholt zu beobachtendes, Adressierungsgeschehen: Thema sind nicht die möglichen Strategien, die zur Verbesserung beitragen könnten, sondern die Feststellung einer Schwäche im Fach Mathematik, die so weitergeführt wird, dass sie in eine Prognose mündet: „Sie wird in Mathe immer ein bisschen kämpfen müssen." Die Zuschreibung der mathematischen Un- oder Minderbegabung wird damit vereindeutigt. Seine Aussage spiegelt eine institutionelle Logik der prognostischen – im Zuge der diagnostischen – Selektionsbegründung wider: *Das gezeigte (Nicht-)Können wird auf ‚dahinterliegende' kognitive Fähigkeiten zurückgeführt*, auf dieser Grundlage werden Annahmen über die zukünftigen Erfolgsaussichten formuliert. Eine Perspektive, die von der Mutter augenscheinlich geteilt wird.[7]

Die Möglichkeit, das Schuljahr zu wiederholen, wird kurz angeschnitten, dabei jedoch direkt wieder abgetan als „wenig sinnvoll". Die Tatsache, dass die Möglichkeit angesprochen wird, zeugt jedoch davon, dass die Option grundsätzlich im Raum steht. Es ist eine Option, mit der Giselle inaktiv hervorgebracht wird, im Sinne eines ‚Falls', mit dem pädagogisch etwas gemacht wird. Im Zusammenspiel der ausgesprochenen Hauptschulempfehlung und der Erwägung des Sitzenbleibens wird Giselle als schwache und passive, unselbstständige Schülerin vereindeutigt. Ihre schwachen Leistungen werden in einen losen Zusammenhang mit ihrem Selbstvertrauen gebracht, als Herr Dräger die Option des Sitzenbleibens erwähnt. Impliziert wird damit, dass Giselle Selbstvertrauen benötigen würde, um schulisch auf eine Erfolgsspur zu gelangen. Dass mehr Selbstvertrauen jedoch nicht das mathematische Defizit beheben kann, stellt Herr Dräger mit seiner Prognose, dass Giselle auch zukünftig und „immer" Schwächen in Mathematik aufweisen werde, jedoch auch klar.

---

[7] An dieser Stelle soll noch einmal darauf aufmerksam gemacht werden, dass es der Analyse nicht per se darum geht, die zum Elternsprechtagsgespräch gehörenden Entwicklungsberichte, Feststellungen und Prognosen anzuzweifeln, um damit indirekt die fachlichen Kompetenzen der Lehrkräfte zur Debatte zu stellen. Die hier angelegte Verwunderung über das Geschehen ist vielmehr auf die methodische Befremdung des Vertrauten zurückzuführen, aus der heraus eine kritische Hinterfragung von wie selbstverständlich thematisierten Konzepten, etwa einer mathematischen Un/Begabung, erst möglich wird.

5.1.4   Zusammenfassende Betrachtung

Mit diesem Ausschnitt aus dem Datenbasierten Porträt zu Giselle ist zunächst die wiederholte Thematisierung von Giselles Sozialverhalten über die Zuschreibung von Schüchternheit, Unsicherheit, Ängstlichkeit und Einzelgängertum rekonstruiert worden. Langsamkeit und zu wenig Fleiß werden in schulischer Sicht als Defizite hervorgebracht, die als kontinuierlich beobachtbare Eigenschaften Giselles hergestellt werden. In wiederholter Zuschreibung und Bewertung wird die so eingestellte Perspektive auf Giselle als gültige Einordnung dieses Verhaltens als ‚typisch' zugelassen. Auch durch Giselle selbst wird die Außenperspektive auf ihre Leistung reproduziert und als Bestandteil ihres schulischen Selbstkonzepts aufgeführt: „Bin ich da gut oder schlecht?" Giselle, so stellt es sich dar, akzeptiert und übernimmt die Lesart, Dispositionen bezüglich der Eignung für einen spezifischen Bildungsweg zu haben (vgl. Bourdieu 2001, S. 21).

Anhand der Aushandlungen zwischen Giselles Mutter und den Lehrer*innen kann rekonstruiert werden, dass das Wissen darüber, was genau Gegenstand der Bewertung – und in der Folge der Statuszuweisung – ist, vage gehalten ist und damit eine Angelegenheit mit weitem Interpretationsspielraum darstellt. Während Giselle und ihre Mutter den Wert des häufigen Meldens und des Nichtstörens im Unterricht hervorheben und damit andeuten, dass sie dies bereits im Sinne von Leistung einordnen, relativiert die jeweilige Lehrkraft als Gesprächsgegenüber die Relevanzsetzung dieser Aspekte und setzt andere Aspekte relevant (z. B. Verantwortung übernehmen, M508; das „eigene Nachdenken, M514), geht jedoch nicht näher auf konkret umsetzbare Handlungen ein. Ein Punkt wie „Zusammenhänge begründen" wird dann nicht näher auf das *Wie* hin diskutiert, sondern mit einem „Müssen wir üben" der Mutter abgeschlossen.

Herausgearbeitet wurde die wiederholte Zuschreibung bzw. Aktualisierung einer mathematischen Minderbegabung Giselles, die in Verknüpfung mit der wiederholten Konstruktion und Aktualisierung einer schüchternen, unsicheren Persönlichkeit eine zeitlich überdauernde Wirksamkeit entfaltet. Für die Analyse der Begabungsordnung stellt dies ein zentrales Analyseergebnis dar: Solche temporalisierenden Praktiken erweisen sich als funktional dafür, das Nicht-/Können der Schülerin als begabungsabhängig – im Sinne einer (fehlenden) Veranlagung für Mathematik oder einer (fehlenden) Wissbegierde, die eigenständiges Denken begünstigt – einzuordnen.

Es konnten Hinweise darauf eingeholt werden, wie die Plausibilität einer Neigung zu dem Schulfach Deutsch in Abgrenzung zu Mathematik hergestellt wird („Das fällt dir leichter", M513). Codes wie Neigung bzw. Leichterfallen lassen sich als Begabungskonzepte identifizieren, indem sie auf ein natürliches

Vorhandensein zu verweisen scheinen, das sich als nicht weiter rückverfolgbar herausstellt.

Die stets mitschwingende, jedoch besänftigend beigebrachte Wertung unterschiedlichen Könnens und unterschiedlicher Tauglichkeit vermittelt kontinuierlich unterschwellig eine Minderwertigkeit von Giselles schulischem Können. Um die prekäre Position, aber auch das geringe Prestige einer Hauptschulempfehlung wissen die Beteiligten (und zeigen dieses Wissen etwa, indem die Luft durch die Zähne eingezogen wird). Kontinuität wird über soziale Praktiken der Herstellung eines Zusammenhangs zwischen Fähigkeiten und Persönlichkeit hervorgebracht, die beide ihren Referenzpunkt im beobachteten Können finden. Diese Praktiken werden vorliegend als biographisierende Praktiken identifiziert. Kontinuität und eine lineare Idee von Entwicklung wie auch von Bildung, wie sie sich unter anderem im konsekutiv aufgebauten Schulcurriculum finden lässt, tragen bei zur augenscheinlichen Eindeutigkeit einer Schüler*innenbiographie.

Giselle hat ihren Platz zugewiesen bekommen und nimmt diesen situativ als ihren eigenen an, weil er ihrer Positionierung in der Könnensordnung entspricht. Rekonstruiert wurde somit auch, inwiefern die Praktiken von der Annahme einer Folgerichtigkeit durchdrungen sind – einer Logik, die im weiteren Verlauf als Logik der Begabungskultur weiter offengelegt werden soll.

5.2 Maxie (Gymnasialempfehlung, Anmeldung auf der Realschule)

Der folgende Ausschnitt aus dem Datenbasierten Porträt des Schulkinds „Maxie" weist in den zentralen Thematisierungen einige Gemeinsamkeiten zu „Giselle" auf: Unsicherheit, Schüchternheit und Zurückhaltung können auch bei Maxie als wichtige Themen rekonstruiert werden. Auch zu ihr lagen bereits Daten aus Förderphase I des Forschungsprojekts vor. Der Eindruck, der im Vorfeld durch die Einblicke in das entstehende Datenbasierte Porträt entstand, legte zunächst eine starke Ähnlichkeit mit den Thematisierungen von Giselle nahe. Im weiteren Forschungsverlauf sowie im späteren Verlauf der rekonstruktiven Analyse erweist sich Maxie jedoch in Bezug auf die Positionierung in der Könnensordnung als deutlicher Kontrast zu Giselle.

5.2.1 Maxie wird als engagiert und ruhig hervorgebracht

Die folgende Sequenz ist aus dem Material des 1. Schuljahres ausgewählt. Kurz nach Beginn der Unterrichtszeit um acht Uhr beginnen die Kinder mit der Bearbeitung von Arbeitsblättern, welche sich an ihren individualisierten Arbeitsplänen orientieren. In dieser Geschäftigkeit geht die Lehrerin Frau Farn zu Maxie an den Tisch.

Maxie kann helfen – M516

Frau Farn hockt sich links neben Maxie, die auf ihrem Platz am vordersten Gruppentisch in der Klasse sitzt. Sie fragt: „Kannst du [Name Kind] gleich mal helfen?" Maxie nickt. Frau Farn sagt, dass das Kind Geburtstagseinladungen für zwei Kinder aus der Klasse mithabe und dass auf den beiden Briefumschlägen die Namen der Kinder stünden, dass das Kind aber noch nicht lesen könne. Sie hat beide Arme angewinkelt und hält die Hände geöffnet nach oben (als Geste der Hilflosigkeit interpretierbar). Sie sagt weiter: „Und da hab ich ihm gesagt, er soll dich mal fragen, ob du ihm helfen kannst." Maxie lächelt über das ganze Gesicht und nickt wieder. Ihr rechter Zeigefinger liegt an ihrem Kinn. Dann steht Frau Farn auf und geht. Maxie lächelt immer noch.

(1. Schuljahr)

Frau Farn nimmt eine hockende Position ein, um sich auf Augenhöhe zu Maxie zu begeben. Dann fragt sie, ob Maxie einem anderen Kind helfen könne und erläutert den Sachverhalt, bei dem sich Maxie unterstützend einbringen könne. Maxie wird hier als überlegen in der Könnensordnung positioniert, indem sie von der Lehrkraft als fähig adressiert wird (vgl. auch M411). Für den Blick von außen erscheint es unzweifelhaft, dass es sich um eine Pädagogisierung der Situation mit den Geburtstagseinladungen handelt, da Frau Farn die betreffenden Namen selbst entziffern und die gefragte Unterstützung selbst leisten könnte. Anderseits ist die Lehrerin stets vielbeschäftigt und kann daher vielleicht schlicht keine Zeit dazu aufbringen.

In einer nutzenorientierten Lesart kann diese Situation als angebotene Gelegenheit, Können in Nützlichkeit umzusetzen sowie Anerkennung als Helferin zu erlangen, betrachtet werden. Maxies Unterstützung kann also als nützlich und als wirkungsvoll verstanden werden. Mit dieser Perspektive kann Maxies dauerhaft lächelnde Reaktion als Glücklichsein interpretiert werden, darüber, dass sie sich als könnend und dienlich zeigen darf. Die Tatsache, dass Frau Farn Maxie von sich aus aufsucht und anspricht, lässt Maxie aus der Gruppe der Schüler*innen ihrer Klasse hervorragen – selbst wenn es dafür nicht viele Zeug*innen geben mag. Das hier beobachtete Adressierungsgeschehen zeugt von einem positiven

Verhältnis zwischen Lehrerin und Schülerin; eine Konstellation, die grundsätzlich von Vorteil ist. Suggeriert wird aber auch, dass Maxie ausgesucht wurde, weil sie das Lesen besonders gut beherrscht oder sie als besonders hilfsbereit angesehen wird. Auch die Klassenlehrerin Frau Witte äußert im 1. Schuljahr zu mehreren Gelegenheiten ihren überaus positiven Entwurf von Maxie. Mit den folgenden Materialsequenzen kann dieser als im biographisierenden Sinne kontinuierlicher Entwurf entfaltet und zu einem Gesamtbild verdichtet werden.

„Wie toll Maxie das macht" – M517

Nach dem Stuhltanz ist Treffen im Kreis. Es herrscht ziemliches Chaos, nur Maxie sitzt ruhig und still an ihrem Platz und macht das Leisezeichen. Frau Witte sagt in die Klasse: „Guck, wie toll Maxie das macht". Schließlich sitzen alle Kinder mit Frau Witte im Kreis.

(1. Schuljahr)

Bei dem Stuhltanz handelt es sich um ein rhythmisch-musikalisches Bewegungsspiel: Die Kinder und die Lehrerin stellen sich dafür auf ihre Stühle und folgen einer Bewegungschoreographie zur Musik, die von einem CD-Player abgespielt wird. Die Aufforderung zum Stuhltanz erfolgt nach der 3. Stunde. Einleitend zu dieser Sequenz ist im Beobachtungsprotokoll zu lesen: „Die Kinder sollen sich auf den Stuhl stellen für den Stuhltanz. Großer Jubel bricht aus." Einige Kinder steigen sodann auf ihre Stühle, während andere Kinder noch zügig ihre Arbeitsmaterialien wegräumen. Auf eine so traditionelle Umgebung wie die Schule hin betrachtet – z. B. die räumliche Gestaltung mit frontal angebrachter Tafel/Board, Tischen und Stühlen existiert in ihrer Grundform bereits seit dem 18. Jahrhundert und ist inzwischen immer wieder Gegenstand pädagogisch begründeter Umgestaltungsbemühungen (vgl. Röhl 2015, S. 244) –, ist im Stuhltanz ein subversives Moment enthalten, da die Stühle als Tanzrequisiten zweckentfremdet werden. Auf Stühlen zu stehen wäre ohne eine Aufforderung durch die Lehrerin in der Regel unangebracht und widersetzlich. Die Kinder, die sich häufig auch aufgrund einer geringeren Körpergröße leicht von Erwachsenen unterscheiden lassen, nehmen zudem eine andere Perspektive von einem höhergelegenen Standpunkt aus ein. Körpergröße ist mit Bedeutung aufgeladen, die auf generationale Differenz und damit auf Machtdifferenz verweist (vgl. Machold 2015, S. 163 ff.). Von weiter oben den Raum zu überblicken zu können als sonst, verleiht daher potenziell ein positives Gefühl von Ermächtigung. Der Stuhltanz wird „mit Begeisterung" durchgetanzt, woraufhin das oben beschriebene „Chaos" herrscht. Maxie zeigt sich als ruhiger Pol in diesem Chaos, „nur" sie ist nicht in den Trubel involviert. Maxie macht das „Leisezeichen", eine vereinbarte Geste, die als Aufforderung zur Ruhe verstanden wird. Bis auf die Ausführung bzw. das Halten der konkreten Arm- und Handbewegung handelt es sich um eine distanziert-subtile Aufforderung, die nur bei entsprechender Aufmerksamkeitsrichtung visuell wahrgenommen werden kann. Maxie ist dabei „ruhig und still", doch fällt sie in dieser Situation eben dadurch umso mehr auf – zumindest der Forscherin und der Klassenlehrerin. So weist Frau Witte dann die restliche Klasse auf Maxies vorbildliches Verhalten hin. Mit der Aussage „Guck, wie toll Maxie das macht" wird Maxie als Orientierungspunkt hervorgebracht, an dem die anderen Kinder ihr Verhalten ausrichten sollten, vor allem dann, wenn auch sie für „toll" befunden werden wollten. In der Öffentlichkeit der Schulklasse erhält Maxie ein explizites Lob dafür, sich im Vergleich zu den anderen Kindern dezent zu verhalten, abzuwarten, bis es ruhiger geworden ist.

Die Hervorbringung Maxies als ruhiger Pol ist auch in einer anderen Facette vorzufinden, beispielsweise im Aufeinandertreffen mit den anderen Kindern aus ihrer Klasse. Neben einer sehr flexiblen Gruppendynamik ist das Verhältnis der Kinder untereinander auch generational anders geordnet, als im Beisein einer, gegebenenfalls moderierenden, Lehrerin. Es handelt sich im Folgenden nicht unbedingt um eine typische Szene in dem Sinne, dass solche Gruppensituationen immer wieder nach einem ähnlichen Muster ablaufen, sondern um ein Beispiel für die praktisch hervorgebrachte Akzeptanz, als ruhiges Kind (re-)adressiert zu werden.

Maxie wird übertönt – M518

Maxie geht mit ihrem „Indianerheft" nach vorne und bleibt an einem Gruppentisch stehen. Dort stehen Edin, Hai und ein weiteres Kind, die vier zeigen sich gegenseitig ihre Hefte. Das eine Kind sagt: „Ich bin weiter!", etwas später sagt Edin zu Hai: „Ich bin weiter als du." Maxie sagt etwas, wird aber nach einer Silbe abgewürgt, weil das andere Kind sie übertönt. Maxie wendet sich dem Kind zu und hört zu.

(3. Schuljahr)

Vor dem Hintergrund eines spezifischen materiellen Kontextes dieser beobachteten Situation, auf den an dieser Stelle nicht näher eingegangen wird – siehe hierfür Kapitel 7 – ereignet sich die Sequenz als eine kurze Szene, die, ähnlich zu Giselles Pausenhof-Sequenz (M502), einen Einblick in Maxies schulisches Alltagsgeschehen gewährt. Sie nähert sich einer Gruppe von Kindern, die sich gegenseitig ihre Übungshefte vorzeigen, sich miteinander vergleichen und sich dabei zu übertreffen suchen. Auch Maxie beteiligt sich am Zeigen und scheint dann einen Versuch zu unternehmen, sich an der Unterhaltung zu beteiligen, wird jedoch direkt von einem der anderen Kinder im Wort abgeschnitten und übertönt. Hier steht Maxie nicht im Mittelpunkt der Szene, sondern lediglich dabei. Die Praktik, Maxie nicht zu hören und ihren Versuch zu ignorieren, sich verbal einzubringen, steht hier im Kontrast zu den Praktiken der Lehrerinnen Frau Witte und Frau Farn. Sie kann aber auch als daran anschließend gelesen werden, etwa in der Re-Adressierung Maxies als tendenziell still, aus deren Richtung keine Einwürfe erwartet werden. Maxie passt sich an die Gegebenheit der Situation an und nimmt eine zuhörende Haltung ein. Sie fügt sich auf eine andere Weise aktiv in die Gruppensituation ein, als durch einen Wortbeitrag, und nimmt so, trotz des Übertöntwerdens, am Gruppengeschehen teil.

Fällt Maxie den Lehrerinnen also auch wiederholt positiv auf, tritt sie im sozialen Zusammenhang der Klasse bisweilen in den Hintergrund. Bereits im Elternsprechtagsgespräch des 1. Schuljahres ordnet die Klassenlehrerin Frau Witte das Mädchen als still und konzentriert ein. Dies wird anhand der folgenden Materialsequenz eingehender analysiert.

„Eher ein stilles Mädchen" – M519

Witte Also Arbeits- und Sozialverhalten. Ähm Maxie ähm ist gut angekommen in der Klasse hat ihren Platz. Ist eher ein stilles Mädchen. [*Mutter:* Mhm.] Aber aufmerksam dabei ähm wenn sie denkt, jemand geht über ihre Grenze, sagt sie das auch. [*Mutter:* Mhm.] Nicht unbedingt uns, aber da sorgt sie schon dafür, dass sie, ne, so ihren Platz hat. Ähm sie arbeitet sehr konzentriert. Sehr für sich. [*Mutter:* Mhm.] Genau und ähm eher langsam aber im also noch im okayen Bereich so. [*Mutter:* Mhm.] Dafür halt wirklich sehr genau. Wenn man sagt, das und das musst du nochmal korrigieren, dann guckt sie sich an und korrigiert das nochmal. Also das ist richtig gut, wie sie das macht.

(1. Schuljahr)

In der ausgewählten Sequenz geht es um Maxies „Arbeits- und Sozialverhalten", die schulische Kategorie, unter der Verhaltensweisen als typische für ein Kind gesammelt werden. So wird hier eine Typisierung von Maxie als „ein stilles Mädchen" vorgenommen. In der Unbestimmtheit des Artikels „ein" wird die Zuordnung zum Typus deutlich, ein Typus, der mit bestimmten weiteren Assoziationen verbunden ist. Das wird am einlenkenden Wort „aber" deutlich, mit dem eine Einschränkung dessen markiert ist, was sonst noch so zu einem stillen Mädchen gehören könnte: „Aber aufmerksam dabei", denn Maxie lasse keine Grenzüberschreitung zu. Dass sie ein stilles Mädchen ist bedeutet also nicht, dass sie zugleich auch schwach oder nicht selbstbestimmt wäre. Sie habe „ihren Platz", eine Umschreibung dafür, dass sich Maxie passend einfügen kann. Sie wird also als still, dabei aber nicht passiv, hervorgebracht.

Die Charakterisierung Maxies im Rahmen des Arbeits- und Sozialverhaltens konstruiert einen spezifischen Ausschnitt ihrer gesamten Person als Teil der Klasse, der Schule – die Lehrerin maßt sich also nicht an, der Mutter zu erklären, wie ihr Kind „ist", vielmehr bietet sie eine Gelegenheit zum Abgleich des institutionellen und des elterlichen Blickwinkels auf Maxie an. Wie die schulische Bewertung der kindlichen Verhaltensweisen orientiert ist, lässt sich bereits in dem kompositorischen Konstrukt des „Arbeits- und Sozialverhaltens" erkennen: So zusammengefasst, kann beides als musterhaft, und damit als Aspekte von Verhaltensgewohnheit, Persönlichkeit oder sogar Wesenhaftigkeit hervorgebracht werden. Entsprechend sind die Beschreibungen „konzentriert", „langsam" und „genau" in diesem Zusammenhang zu verstehen.

Insgesamt erhält Maxie in diesem Elternsprechtagsgespräch ein positives Feedback. Die Lehrkraft betont gegenüber Maxies Mutter vor allem ihren individuellen Blick auf das Kind, während sie es auf die schulischen Erwartungen hin analysiert. So wird in dieser Sequenz ein von beiden gemeinsam geteiltes Bild von Maxie entworfen, das die gemeinsame Grundlage für das weitere Sprechen der Mutter und der Lehrerin darstellt, die sich beide als Bildungsakteurinnen positionieren (vgl. Machold/Wienand 2021, S. 95).

In der folgenden Materialsequenz, die etwas später im selben Gespräch erfolgt, wird dies noch klarer herausgestellt.

„So ist sie halt." – M520

Mutter	Kam sie nach Hause und musste mir das [dass „und" mit „d" geschrieben wird, C.W.] gleich erzählen.
Witte	Ja.
Mutter	Ja das ist Maxie.
Witte	Ja aber das ist auch toll. Also so ist sie halt. Man erklärt ihr Sachen einmal kurz oder sagt so ist es jetzt,
Mutter	und sie merkt sich das, ne.
Witte	oder das ist jetzt die Regel. Das merkt man auch in Mathe also da hab ich erzählt, dass wir so ne Mathesprache haben und z. B. haben wir so starke Päckchen besprochen. Das sind Zahlenmuster. [**Mutter**: Mhm.] Und dann hab ich halt gesagt so und so sagt man das und dann kann sie's beim nächsten Mal anwenden, weil sie das beschreibt.
Witte	Ja die hat ne ganz schnelle Auffassungsgabe.
Mutter	Aber sie will das halt auch.
Witte	Ja.

(1. Schuljahr)

Im Sprechen über Maxie kommen Mutter und Lehrerin zu einer gemeinsamen Ansicht darüber, wie Maxie „ist". Sie wird als begeisterungsfähiges Kind entworfen, das Lust am Lernen mitbringt. Indirekt wird Maxies Einstellung zu Schule und Lernen thematisiert. Die Verhaltensweise, das in der Schule Gelernte zu Hause zu präsentieren, also aus Eigeninitiative über neues Wissen zu sprechen sowie die beobachtete Fähigkeit, Muster und Regeln, beispielsweise in Mathematik, zu erkennen, werden Maxie als „schnelle Auffassungsgabe" ausgelegt. Das Augenmerk der positiven Beschreibung liegt jedoch auch auf der Unkompliziertheit, mit Maxie als Schülerin umzugehen: „Man erklärt ihr Sachen einmal kurz […] und dann kann sie's beim nächsten Mal anwenden". In dieser Darstellung erfordert Maxie nicht viel pädagogische Arbeit; es kommt der Lehrerin gelegen, dass sie in dieser Hinsicht nicht allzu viel Aufwand in Maxies Lernfortschritte investieren muss. Maxies zugeschriebene schnelle Auffassungsgabe kann damit auch als fortgeschrittene Folgsamkeit interpretiert werden; als nicht bloß gedankenloses Befolgen von Regeln, sondern als eigenständiger konformer Umgang mit den Regeln. Daran lässt sich herausarbeiten, dass in diesem Sprechen über Maxie vor allem ihr *Potenzial, also noch zu entfaltendes Können bzw. noch nicht ausgebildetes Vermögen, konstruiert* wird. Während „schnelle Auffassungsgabe" im Grunde ein Code für das individuelle Erfolgspotenzial wäre, wozu die Lehrerin der Mutter (und Maxie) beglückwünschen könnte, erhält diese Fähigkeit in der vorliegenden Darstellung eine Nützlichkeit für die Lehrerin: Sie wird als *leicht anzuleiten*, bzw. als *einfach zu formen* erzeugt.

Im Hinblick auf die Hervorbringung von Maxies Potenzial sollen im Folgenden zwei weitere Sequenzen aus demselben Elternsprechtagsgespräch analysiert werden.

5.2.2 Maxie wird als Kind mit Entfaltungspotenzial hervorgebracht

Visuelle Wahrnehmung – M521

Mutter	Also den Würfel hat sie ja schon sehr früh erkannt. Einmal würfeln und sie wusste genau wieviel [*Witte*: Ja.] wieviel das ist und da brauchte sie gar nicht nachzählen.
Witte	Ja.
Mutter	Hat auch schon ganz schön früh Mensch ärger dich nicht gespielt und solche Sachen hat sie, ne.
Witte	Jaja, da hat sie so ne ganz schnelle äh Auffassung über das Visuelle, ne.
Mutter	Ja.

Witte	Ähm darum kann sie auch schon lesen, weil sie das halt so schnell einfach erfassen kann.
Mutter	Ja.
Witte	Also die hat wahrscheinlich ne unheimlich gute optische Wahrnehmung so [*Mutter*: Mhm.] visuelle Wahrnehmung. Mhm.

(1. Schuljahr)

Mit der unter 5.1.1 analysierten Anspielung von Giselles Lehrerin auf ihre Wahrnehmung (vgl. Sequenz M510) wurde bereits ein Beispiel dafür gegeben, dass besonders im 1. Schuljahr auch organische Ursachen für beobachtete Lernschwierigkeiten in Betracht gezogen werden. Hier kommen diagnostische Perspektiven zum Zuge, mit denen die Idee einer ‚normalen' Entwicklung eines Kindes hervorgebracht wird und auch eine Unterscheidung „zwischen medizinisch Behandelbarem und familial zu Optimierendem" (Bollig 2013, S. 114) gezogen wird. Zum einen also Bemühungen, um Behandlungs- oder Förderbedarfe festzustellen, zum anderen Deutungsangebote, um die damit festgestellte Abweichung von der schulischen Normalitätserwartung zu erklären und erforderliche Maßnahmen seitens der Familie zu eruieren. Auch in Bezug auf Maxie wird ein organischer Erklärungsversuch unternommen. Die oben bereits festgestellte „schnelle Auffassung" wird auf Maxies „gute optische Wahrnehmung" zurückgeführt. Dieser Erklärungsansatz ähnelt der Vorgehensweise einer Begabungsdiagnostik, da hier die gezeigte Leistung in Form von Maxies gutem Lernverhalten auf eine physische Disposition zurückgeführt wird, die so als *angeborener Vorteil* ausgedeutet wird.

Die Tatsache, dass Maxie bereits lesen kann, wird ebenfalls damit in Verbindung gebracht. Diese Fähigkeit stellt einen eindeutigen Vorteil und eine Abweichung Maxies vom Feld der restlichen Schulklasse – bis auf vereinzelte weitere Kinder, die bereits lesen können – dar. Die Praktik, diese Fähigkeit an eine natürliche Ausstattung zu knüpfen, kann daher einerseits bedeuten, dass Maxie bereits mit einem Vorsprung ausgestattet zur Welt kam und diesen Geburtsvorteil nun im weiteren Lebensverlauf, konkret in der weiteren Schulzeit, entfalten kann (oder auch nicht), andererseits kann es als Aufforderung an die Mutter, stellvertretend für das häusliche Lernumfeld, gedeutet werden, das angeborene Potenzial kennen- und nutzen zu lernen. Die verallgemeinernd zu verstehende Potenzialzuschreibung an Maxie bedeutet nicht, dass Maxie in jedem Bereich glänzt, sondern durchaus trotzdem ihre Schwächen zeigt.

Erstes und zweites Leseheft – M522

Witte	Heute haben jetzt so die ersten Kinder angefangen Geschichten zu schreiben oder mir zu diktieren. (…) Also das fängt jetzt so an, [*Mutter*: Mhm.] dass die sowas formulieren. Und das wär halt auch gut für Maxie, wenn sie dann da so mitzieht, ne, [*Mutter*: Mhm.] weil das hat sie bisher so'n bisschen verweigert so hm nö, das war ihr vielleicht nicht sicher genug.
Mutter	Ja.
Witte	Aber ich denke überall erstmal Sätze schreiben oder so in so besonderen Situationen mal was schreiben wird sie das dann auch tun. [*Mutter*: Mhm.] Genau. Das wird ihr keine Mühe machen. Ähm und beim Lesen ähm würden wir jetzt anfangen mit diesen äh Leseheften, wo's ums sinnerfassende Lesen geht. Da hab ich sie jetzt also da bekommt sie auch gleich das zweite Heft, weil sie nicht mit'm ersten anfangen muss. Naja und da muss man halt genau hingucken, ne. Was steht da und das geht dann ganz schnell so dass man auch ähm Wörter lesen muss und auch mehrere Wörter hintereinander, längere Wörter äh und ich glaube, da kann sie sich n bisschen dran abarbeiten.

(1. Schuljahr)

Die Perspektive der Lehrerin ist vergleichend, was daran festgemacht werden kann, dass das Tun der anderen Kinder der Klasse als entwicklungsbezogener Vergleichshorizont herangezogen wird: Dass einige Kinder Geschichten zu schreiben oder zu diktieren begonnen haben, wird von Frau Witte als Anfang markiert. Darin wird eine entwicklungsbezogene Normalitätserwartung impliziert. Dass das Geschichtenerzählen nun „anfängt" bedeutet, dass dies zukünftig auch von den weiteren Kindern erwartet würde. Hintergründig liegt es nahe, doch wird nicht explizit, dass es um die Fähigkeit geht, Sätze zu formulieren und als Erzählung miteinander zu verknüpfen. Das Geschichtenerzählen wird wie ein Instinkt hervorgebracht, der als Motor für die Fähigkeit des Geschichtenerzählens bereits existiert und zum geeigneten Zeitpunkt durch einen pädagogischen Impuls induziert werden muss. Zugleich wird auch deutlich gemacht, dass diese Kompetenz desto mehr ausgefeilt werden kann, je früher sie eingeübt oder trainiert wird. Die Lehrerin erklärt daher auch, dass es für Maxie nun auch an der Zeit wäre, dabei mitzuziehen, denn bisher habe Maxie das schreibende Erzählen verweigert. Fehlendes Können sei nicht der Grund, sondern der fehlende Wille; technisch wäre sie dazu in der Lage. Die Lehrerin bietet hierzu die wohlwollende Lesart an, Maxie habe sich noch nicht „sicher" genug gefühlt, um es auszuprobieren. Die Zuschreibung des Strebens nach Sicherheit ist hier zu unterscheiden von der Zuschreibung von Unsicherheit, wie sie bei Giselle vorgefunden wurde (vgl. Abschnitt 5.1.2., exempl. M510). Abgegrenzt wird diese Zuschreibung von dem möglichen Eindruck, Maxie sei nicht *able* bzw. nicht imstande. Stattdessen wird nicht bloß suggeriert, dass sie dazu durchaus in der Lage wäre, wenn sie sich trauen würde, sondern darüber hinaus vorhergesagt, dass Maxie das Sätze schreiben keine Mühe bereiten werde. Der Code „Mühe" kennzeichnet die (begabungs-)kulturelle Grundlage des Sprechens über Maxies Potenzial; Mühe wird abgewertet, während natürlich erscheinendes Geschick aufgewertet wird (vgl. Ecarius/Wahl 2009, S. 26). Doch auch vor dem Hintergrund der Charakterisierung Maxies ist die Erwähnung, das Schreiben werde ihr keine Mühe bereiten, relevant.

Als Bildungsexpertin kann sich Frau Witte auf ihre fachliche Kenntnis und ihre Erfahrung berufen, die mit ihrer ‚institutionellen Identität' einhergeht, wenn sie Aussagen zu ihrer Einschätzung des Könnens und des Potenzials eines Kindes hat (vgl. Wegner 2016, S. 388). Frau Witte erklärt der Mutter zudem etwas zu den abgestuften Unterrichtsmaterialien, indem sie vom ersten und zweiten Leseheft spricht. Maxie erhalte aufgrund ihres Könnens direkt das zweite Leseheft zur Bearbeitung. Dabei wird das Motiv der Unterforderung impliziert, denn die Lehrerin erklärt zum Ziel ihrer Überlegung, dass Maxie sich an längeren und zahlreicheren Wörtern „abarbeiten" solle.

Eine institutionelle Perspektive auf Kindheit als altersbezogene Entwicklungskindheit (vgl. Kelle 2007, S. 110) wird besonders deutlich, wenn der pädagogisch-diagnostische Blick mit der altersgemäßen Normalitätserwartung operiert, wie es im folgenden Elternsprechtagsgespräch des 3. Schuljahres zur Sprache kommt.

„Altersgemäß entwickelt" – M523

Witte	Beim Rechtschreiben hab ich so bei „überwiegend sicher" meine Kreuzchen gemacht. Ähm... da weiß sie ganz viel und kann sie ganz viel, kann es aber manchmal noch nicht so direkt abrufen [*Mutter:* Mhm.]. Also oft haut sie dann irgendwelche Fehler rein, die sie nicht machen müsste. […] Da muss sie sich einfach dran halten [ein Wort der Regel entsprechend groß oder klein zu schreiben, C.W.], das ist ja nun mal so ((lacht kurz auf)) sonst kann man's nicht lesen. Ja, also beim Rechtschreiben hab ich da so nen bisschen ein Auge drauf. Ähm, tja da ist sie aber trotzdem eben völlig altersgemäß entwickelt ne. Also da mach ich mir jetzt keine Sorgen.
Mutter	Mhm.

(3. Schuljahr)

Thema dieser Materialsequenz ist Maxies ungenaue Einhaltung von Rechtschrei-bregeln. Maxie mache beim Schreiben manchmal Fehler, die sie nicht machen müsste, so die Lehrerin im Verlauf der ausgewählten Sequenz: Maxie hat die Groß- und Kleinschreibung von Wörtern nicht immer korrekt eingehalten. Die Lehrerin spricht insgesamt wohlwollend über Maxies Fähigkeiten, die *eigentlich* vorhanden seien. So werden auch ihre Fehler zu welchen, die sie eigentlich nicht machen müsste. Das Motiv des schlummernden Potenzials wird wiedergegeben, indem Maxie entworfen wird als Kind, das ganz viel weiß und kann, das Abru-fen des Wissens/Könnens aber noch trainieren muss. Frau Witte bietet Maxies Mutter damit eine Lesart an, die gemachten Fehler positiv zu sehen. Aufschluss-reich ist die Aussage, dass Maxie „völlig altersgemäß entwickelt" sei, es also keinen Anlass zur Sorge gebe. Im Umkehrschluss bedeutet das, Sorgen müsste sich die Lehrerin um nicht altersgemäß entwickelte Kinder machen. In der Idee der altersgemäßen Entwicklung wird ein Bezug zu dem normalistischen Wissen hergestellt, das auf einer alterskohortenbezogenen „Vermessung und Verdatung" (Kelle/Mierendorff 2013, S. 8) der kindlichen Entwicklung auf der Grundlage von Beobachtungen und Untersuchungen basiert. Als Norm stellt altersgemäße Ent-wicklung einen Bewertungsmaßstab dar, dem entsprochen, oder der über- oder unterschritten werden kann, der also eine Hierarchisierung des Entwicklungsfort-schritts ermöglicht. Maxie übertrifft in Bezug auf die Rechtschreibung nicht die Normalitätserwartung, entspricht ihr aber.

Im Folgenden wird nun vertiefend auf die Thematisierung von Maxies Umgang mit Leistungsanforderungen und ihrer Anfälligkeit für Stress eingegan-gen.

5.2.3 Maxie wird als stressanfällig hervorgebracht

Maxie macht sich selbst Stress – M524

Witte	Maxie ähm, arbeitet nach wie vor SEHR gut mit ist sehr zuverlässig. Ähm is anstrengungsbereit hier bei uns ähm melden könnt sie sich manchmal nen bisschen öfter. So nach wie vor ne. [*Mutter*: Mhm.] Also wir denken ja immer sie kann eigentlich äh viel mehr als sie so zeigt dann. [*Mutter*: Mhm.] Aber sie ist immer dabei ähm im Thema. Man kann sie auch zu jeder, Tages- und Nachtzeit ansprechen und, sie weiß halt Bescheid worum es grad geht und [*Mutter*: Mhm.] Ähm... also folgt super dem Unterricht. Manchmal find ich macht sie sich selber Stress. Und hat Angst dass sie irgendwas nicht schafft.
Mutter	Ja.

Witte	Das haben wir schon manchmal gehabt dass sie dann irgendwie geweint hat oder so. Oder Bauchweh oder irgend nen Weh hatte. [*Mutter*: Mhm ((lacht/kichert))] Und ähm, es stellte sich dann irgendwie so raus sie hatte eigentlich Bedenken dass sie ihre Arbeit nicht schafft. [*Mutter*: Mhm.] Das war meistens unbegründet. Und man kann ihr das dann auch zeigen dass es unbegründet ist. [...] Also, ich glaube da hat sie manchmal so kleine Panikattacken.
Mutter	Ja sie achtet immer darauf dass sie möglichst schon mal ihre, Hausaufgaben FRÜH fertig hat äh, [*Witte*: Mhm.] weil danach hat sie frei meint sie. [*Witte*: Mhm.] Und ähm, dann setzt sie sich auch manchmal noch zu Hause noch hin und will das halt noch machen. Wo [*Witte*: Mhm.] ich sag du hast doch morgen noch genug Zeit. Ach nee [*Witte*: Mhm.] morgen will ich das aber nicht machen.

(3. Schuljahr)

Wie bereits in der vorangegangenen Materialsequenz M523 sichtbar geworden ist, wird im Elternsprechtagsgespräch des 3. Schuljahres (1. Halbjahr) ein kontinuierliches Bild von Maxie nachgezeichnet mit Betonung auf ihrer sehr guten Mitarbeit und Zuverlässigkeit. Es handelt sich um quasi-standardisierte Beurteilungsphrasen entlang der relevanten Bewertungskategorien im Elternsprechtagsgespräch. So ist, im Vergleich zum Porträtausschnitt zu Giselle (vgl. M509), auch hier die quantitative Thematisierung des Meldeverhaltens zu finden. Die Forderung, dass sich Maxie häufiger melden „könnte", wird mit der Aussage kontextualisiert, dass sie vermutlich mehr könne als sie zeige. Meldeverhalten wird so mit der Bedeutung von Doing *being able* versehen, ohne Maxies *being able* anzuzweifeln – im Gegenteil. Maxie wird als könnend und fähig entworfen, die Lehrerin verdeutlicht jedoch, dass die mutmaßliche Kompetenz auch einer entsprechenden Performance bedürfe, also gezeigt werden müsse. In dem Zuge wird Maxies Stressanfälligkeit zur Sprache gebracht und mit der Angst, zu scheitern, zu erklären versucht. Dabei wird Maxie aktiv gesetzt, für ihr beobachtetes Stresserleben also responsibilisiert: „Sie macht sich selber Stress". Mit der Zuschreibung, Angst darüber zu empfinden, etwas nicht zu schaffen, also bestimmte Aufgabenstellungen nicht bewältigen zu können oder sich als inkompetent zu erweisen, werden zugleich ihre Anstrengungsbereitschaft und ihr Verantwortungsbewusstsein aufgerufen und miteinander in Einklang gebracht.

Auch wenn die zugeschriebene Sorge als (manchmal) unbegründet heruntergespielt wird, wird das Stresserleben an sich insgesamt nicht problematisiert. Das kann als Hinweis darauf gelesen werden, dass das Hinterfragen des eigenen Könnens und der Leistungsfähigkeit sowie auch die Erkenntnis, abhängig von der Leistungsbewertung zu sein, per se als positives Tun angenommen wird. Sich in Form von „Bauchweh oder irgend nen Weh", oder gar in Form von „kleinen

Panikattacken" zu äußern, stellt indes ein Level dar, für das es einen Grund geben müsste, der aber in Maxies Fall nicht vorgelegt wird. Impliziert ist stattdessen, angesichts der eher geringen Ernsthaftigkeit und Empathie, die von den Erwachsenen für Maxies Leiden geäußert werden, dass es sich um eingebildete oder simulierte bzw. strategisch inszenierte Leiden handeln könnte.

Der Zugriff der schulischen Ordnung auf die Gefühle und Affekte der Schulkinder geht in den Praktiken von Lehrerin und Mutter auf, Maxies Stresserleben als realitätsfern und als nicht ernst zu nehmen abzutun. Maxies Gefühlsleben wird insofern als ungeschult bzw. als trügerisch hervorgebracht und wird nicht zum Gegenstand der pädagogischen Thematisierung gemacht. Stattdessen wird Maxies gewissenhaftes Verhalten in den Mittelpunkt gerückt und ausgeführt, dass sie in ihrer Gewissenhaftigkeit tendenziell übertreibt. In dieser Thematisierungsweise lässt sich eine kulturelle Einigkeit darüber erkennen, dass die beobachtete Empfänglichkeit für Stress als Schwachstelle, in gewisser Weise auch als Entwicklungsaufgabe einzuordnen wäre. Das Ziel wäre eine Widerstandsfähigkeit gegenüber Stress, oder Abgeklärtheit. Um dies zu erreichen, erscheinen Härte und Sarkasmus – jedenfalls in der Situation des Sprechens über Maxie – gegenüber der geäußerten Empfindsamkeit als angemessen.

Anhand eines weiteren Elternsprechtagsgesprächs einige Monate später wird greifbarer, dass eine Thematisierung von Maxies Stresserleben etwas mit der Relevanz ihres ‚Innenlebens' für die Identifikation der passenden weiterführenden Schulform zu tun hat.

Maxies Schultyp – M525

Witte	JA. Ähm ich frage jetzt schon mal, obwohl das noch nen bisschen hin ist, ähm wie es aussieht mit Ihrem Wunsch für die weiterführende Schule für Maxie. [**Mutter:** ((lacht kurz auf))] Weil ich immer ganz gut finde wenn man früh einfach schon mal spricht.
Mutter	Mhm hätte ich auch angesprochen.
Witte	Und so Tendenzen hat. [*Mutter:* ((lacht auf))] Ja. Und was ist so, was denken Sie so?
Mutter	Also ich hab keine Tendenz. Ich kann das schwer einschätzen bei Maxie. (…)
Witte	Mhm.
Mutter	((atmet hörbar ein)) (…) Ich hab, hätte jetzt auch gedacht dass sie… doch noch mehr freiwillige Sachen macht, sich mehr [*Witte:* Mhm.] zu Hause hinsetzt. Das vermiss ich so ein bisschen. Mhm. Von daher gesehen, sie KANN viele Sachen, aber ich glaub manchmal ist sie auch ein bisschen zu langsam. [*Witte:* Hmm.] Ob sie da ein Gymnasiumstyp ist… also ich [*Witte:* Mhm.] schwanke da wirklich ordentlich.

(3. Schuljahr)

Das Ansprechen des Wunsches für die weiterführende Schule der Klassenlehrerin Frau Witte erweist sich in den erhobenen ethnographischen Daten als eher untypisch. Aus anderen Grundschulen liegen Aussagen von Lehrer*innen vor, die im 3. Schuljahr eher noch vermeiden, die Schulformwahl im Elternsprechtagsgespräch zu thematisieren. Im vorliegenden markiert Frau Witte ihre Thematisierung mit ihrer Erfahrung und Einschätzung, dass „frühes" Sprechen Vorteile mit sich bringt.[8] Maxies Mutter stimmt diesem Thema einvernehmlich zu. Sie verdeutlicht, dass sie den Wunsch der frühen Thematisierung teilt und beschreibt ihre Überlegungen, eröffnend mit dem Statement, dass „das" bei Maxie schwierig einzuschätzen sei. Die Anspielung „das" kann sich dabei auf ein möglichst optimales Passungsverhältnis von Schule und Schülerin beziehen (vgl. Baumert et al. 2017, S. 19). Dazu artikuliert Maxies Mutter ihre früheren Erwartungen an Maxie, dass sie zu Hause „mehr" freiwillige Lernleistungen erbringen würde; Erwartungen, die sich jedoch nicht erfüllt haben („Das vermiss ich so ein bisschen."). Das freiwillige Arbeiten zu Hause wird damit als – in den Augen der Mutter – relevanter Aspekt für eine potenzielle Entscheidung für das Gymnasium skizziert. Obwohl der Begriff erst wenig später fällt, kann aus den Implikationen bereits abgeleitet werden, dass es um eine Aushandlung von Realschul- und Gymnasialeignung geht. Mit der Aussage „Sie KANN viele Sachen" wird auf ein Fähigkeits- und Kompetenzkonzept verwiesen, das im Kontext Gymnasium als erforderlich konstruiert wird. Dies wird einer zugeschriebenen Langsamkeit gegenübergestellt, womit Geschwindigkeit indirekt als weiterer relevanter Aspekt für die Gymnasialeignung entworfen wird. Offengelegt wird der bis dahin eher indirekte Schulformbezug mit der Formulierung: „Ob sie da ein Gymnasiumstyp ist…". Ähnlich der Typisierung als „ein stilles Mädchen" (M519), die Frau Witte im 1. Schuljahr vorgenommen hat, lässt die kategorisierende Bezeichnung „Gymnasiumstyp" eine mit bestimmten Erwartungen verknüpfte Ordnungsvorstellung aufscheinen, laut der die Schüler*innen nach Typen identifiziert und sortiert werden könnten. Es wird deutlich, dass es Maxies Mutter schwerfällt, Maxies Typus eindeutig zu identifizieren.

Die Abwägung wird mit den nächsten beiden Materialsequenzen noch vertiefend nachgezeichnet.

---

[8] Ob dies spezifisch in Bezug auf Maxie gemünzt ist, bleibt für das Forschungsteam offen, da von ihren Mitschüler*innen keine Elternsprechtagsgespräche in diesem Schuljahr erhoben wurden.

Maxies Potenzial – M526

Witte	Wenn ich jetzt was sagen sollte würd ich sagen dass sie das Gymnasium probieren soll. [*Mutter:* Mhm.] Ne? Ähm, ich glaube dass sie das schaffen kann. [*Mutter:* Mhm.] Und ich glaube dass sie da auch Potenzial hat sich zu entwickeln genau in den Dingen die Sie ansprechen. Mal selbstständig was machen.
Mutter	Mhm.
Witte	Mal alleine weiterdenken. Aber ich glaube dass sie da ganz viel, ähm Fähigkeiten in sich schlummern hat und ähm, je älter sie wird und je selbstbewusster desto besser [*Mutter:* Mhm.] glaub ich kann sie das auch abrufen.
Mutter	Mhm.

(3. Schuljahr)

Die Lehrerin Frau Witte nimmt einen eindeutigen Standpunkt ein, indem sie sich überzeugt darstellt, dass Maxie zum Gymnasium passt. Sie solle es daher „probieren" und könne es durchaus „schaffen". Das Wort „schaffen" codiert eine Erfolgserwartung im Hinblick auf den Schulabschluss und berücksichtigt dabei implizit Anstrengungen oder potenzielle Schwierigkeiten. Das Gymnasium wird als Schulform hervorgebracht, die hohe Anforderungen an die Schüler*innen stellt, denen nicht alle gewachsen sind. Maxie, von der Mutter als möglicherweise zu langsam und zu wenig selbsttätig-lernorientiert entworfen, habe laut Lehrerin „Potenzial". „Potenzial", so wie der Begriff hier eingesetzt wird, verweist dabei nicht auf eine in irgendeiner Form aktive Gegebenheit, etwa Willen, Motivation oder Ehrgeiz, sondern vielmehr auf die Vorstellung einer verborgenen Energiequelle. Durch die Verwendung der Entwicklungsperspektive („sich zu entwickeln") wird die zeitliche Dimension im Hinblick auf einen zu erwartenden Werdegang des Kindes aufgerufen. Frau Witte spricht aus einer professionellen Perspektive, die auf langjährige Erfahrungen mit dem Übergang von Schulkindern von der Grundschule auf die weiterführende Schule zurückgreifen kann. Ohne dies aussprechen zu müssen, kann sie auf diese Erfahrungsgrundlage verweisen, indem sie eine Prognose formuliert. Impliziert wird, dass die Ungewissheit der Zukunft eine gewisse unbekannte Variable bleibt. Die bekannten Variablen einbeziehend, habe Maxie jedoch grundsätzlich positive Erfolgsaussichten. Maxie wird dabei als noch nicht völlig entfaltet hervorgebracht; sie habe „Fähigkeiten in sich schlummern". Die Entwicklung bezieht sich darauf, dass Maxie diese noch schlummernden Fähigkeiten in Zukunft werde abrufen können, sobald sie älter und damit auch selbstbewusster geworden sei. Die Verknüpfung von Alter und Selbstbewusstsein ist als persönlichkeitsspezifischer Bezug einzuordnen, der nicht bei allen Kindern gleich ist. Es wird also auf Maxies *noch fehlendes Selbst-bewusstsein als ein wichtiger Schlüssel zur Freischaltung ihres inne liegenden Potenzials* gedeutet.

Der Blick der Lehrerin, der hier wiedergegeben wird, ist insgesamt auf Maxies begabungsbezogene Eignung hin orientiert, denn zentral ist ihre Interpretation von Maxies Potenzial bzw. von noch schlummernden Fähigkeiten. In dieser Per-spektive hat die Schulformentscheidung vornehmlich entlang des (potenziellen) schulischen Könnens zu erfolgen und orientiert sich an der Möglichkeit eines, in einer als vertikal verstandenen Mehrgliedrigkeit des Schulsystems, möglichst *hohen* Schulabschlusses. Die Wahl sollte, Eignung vorausgesetzt, demnach zuerst auf das Gymnasium fallen. Maxies Mutter setzt dieser Perspektive eine anders gelagerte Sichtweise entgegen:

Contra Schulformentscheidung Gymnasium – M527

Mutter	Ich hab nur die Sorge dass sie auf'm Gymnasium zu viel Druck halt abkriegen [*Witte:* Mhm] ne. Weil... die müssen ja schon so viel leisten. Und auch selbstständig lernen. [*Witte:* Mhm] Und da hab ich halt immer so die Sorge, ne [*Witte:* Mhm] dass sie da mitkommt und ich denke wenn man dann nach der sechsten Klasse runtergeht oder runtergehen MUSS, in ne neue Klasse auf ne andere Schule [*Witte:* Hm] ist das sehr schwierig ne.

(3. Schuljahr)

Das zentrale Augenmerk der Mutter liegt auf dem „Druck", einer Vokabel, die, unter anderem als Leistungsdruck, hier als Schlüsselwort fungiert (vgl. auch Machold/Wienand 2021, S. 95). Bezogen wird sich damit auf rigide äußerliche Bedingungen, die wenig Raum für Abweichungen lassen und daher eine strenge Einhaltung der vorherrschenden Leistungsordnung zu erfordern scheinen. Ange-sichts der Verwendung des Plurals („dass sie […] zu viel Druck halt abkriegen", „die müssen […] so viel leisten") liegt die Interpretation nahe, dass dies allge-mein als mögliche Belastung für Kinder ausgelegt wird. Konkret in Bezug auf Maxie denkt ihre Mutter das Szenario durch, dass Maxie diesem Druck mögli-cherweise nicht standhalten würde und das Gymnasium dann nach dem sechsten Schuljahr verlassen würde.[9] Diese mögliche Folge einer falschen bzw. sich spä-ter als falsch herausstellenden Schulformentscheidung gelte es zu vermeiden. Der

---

[9] Laut Schulgesetz NRW werden die Jahrgangsstufe 5 und 6 im Gymnasium sowie auf der Real- und Hauptschule als Erprobungsstufe geführt, an deren Ende über die Fortsetzung des Bildungsganges in der gewählten Schulform entschieden wird (vgl. §13 SchulG NRW).

Hinweis auf eine „neue Klasse" und eine „andere Schule" deutet verschiedene Problemebenen an, die sich damit eröffnen würden: Die soziale Ebene in Bezug auf die Notwendigkeit, sich nach zwei Jahren wieder in eine neue Klasse integrieren zu müssen; die organisatorische Ebene, eine neue Schule der angemessenen Schulform suchen zu müssen; sowie die persönliche Ebene, auf der ein möglicher Schulwechsel als Scheitern oder als Abstieg gedeutet werden könnte.

Der Blick der Mutter ist vor allem auf die Ermöglichung positiver Erfahrungen Maxies auf ihrem Bildungsweg ausgerichtet. Zentral ist die vorausschauende Einschätzung der Erfolgsaussichten, die mögliche Enttäuschungen einbezieht und zu vermeiden sucht. Die Schulformentscheidung wird vornehmlich entlang eines Interesses am Wohlbefinden des Kindes prozessiert. Die Wahl sollte also Eignung zwar berücksichtigen, vor allem aber auch den Leistungsdruck und den zu erwartenden individuellen Umgang des Kindes damit.

Nach der Klärung erster Tendenzen im 3. Schuljahr, ist das Thema der Schulformwahl ein zentrales Elternsprechtagsthema im 4. Schuljahr. So wird es in der folgenden Materialsequenz konkret:

Eine Gesamteinschätzung aus Lehrerinnenperspektive – M528

Witte	Wir sind ja jetzt heute hier um über die Schulformempfehlung für Maxie zu sprechen ne?
Mutter	Mhm.
	(…)
Witte	Arbeits- und Sozialverhalten ist für uns ja so ganz ausschlaggebend ne?
Mutter	Mhm.
Witte	Also wie kommt mein Kind hier zurecht, wie selbstständig ist es. Und ähm, wir haben da auch so ein bisschen hin und her diskutiert und haben gesagt: Doch. Maxie geht wirklich gut ihren Weg. Die ist wirklich selbstständig, die ist, das ist jetzt keine laute Schülerin die [**Mutter:** Mhm.] sich ständig meldet oder so, aber, sie nimmt sich aller Aufgaben an die man ihr stellt und sie ist auch ähm bereit mal, zum Beispiel im Sachunterricht über so normalen Stoff hinaus was zu machen, ähm hat dann auch Ideen und macht das alles irgendwie ganz solide. So [**Mutter:** Mhm.] ne? Also jetzt nicht, überragend sprudelnd voller Ideen. Aber egal mit was man kommt, sie ist bereitwillig und arbeitet solide und ähm kommt sonst halt in ihren Aufgaben die so hm den normalen Schulunterricht betreffen WIRK-LICH gut zurecht. Fragt wenn sie Hilfe braucht, das ist aber nicht oft. Weiß sich gut zu helfen ähm, man braucht sich nicht viel um sie kümmern, als Lehrerin.

(4. Schuljahr)

Die Lehrerin eröffnet die Thematisierung der Schulformempfehlung mit einer einleitenden Formel: „Wir sind ja jetzt heute hier…". Eine solche Einleitung verleiht dem Thema Geltung. Zunächst unterbreitet die Lehrerin die aus ihrer Sicht wichtigsten Kriterien für die Entscheidungsfindung, macht diese also explizit: Kriterien des Arbeits- und Sozialverhaltens, von denen sodann exemplarisch das Zurechtfinden in der Schule und Selbstständigkeit aufgezählt werden. Diese werden dann auf Maxie gemünzt. Maxie wird als nicht ganz eindeutiger Fall dargestellt, denn laut ihrer Aussage wurde unter den betreffenden Lehrer*innen „ein bisschen hin und her diskutiert", bis das Ergebnis lautete: „Doch. Maxie geht wirklich gut ihren Weg." Es wird verdeutlicht, dass sorgfältig abgewogen werden musste, um zu dieser Schlussfolgerung zu gelangen.

Sie wird als „selbstständig" und „solide" bezeichnet, mit dem Einschub, dass sie „keine laute Schülerin [sei, C.W.], die sich ständig meldet". Der konstruierte Zusammenhang zwischen Lautsein und hoher Meldefrequenz erscheint wie ein Stilmittel, um eine Typisierung aufzurufen. Maxie ist bereits früher als eher still hervorgebracht worden, wodurch mit dem Rückgriff auf die bekannte Charakterisierung hier indirekt erschlossen wird, weshalb sie sich nicht so häufig meldet. Es wird auf eine Feststellung ihres Wesens rekurriert, die bereits im 1. Schuljahr getroffen wurde (siehe M520: „So ist sie halt."). Die vielen positiven Rückmeldungen werden begleitet von vereinzelt eingestreuten Anmerkungen, die, leicht ironisierend, als Untermauerung des sorgfältigen Abwägens fungieren. Am Schluss dieser Präsentation wird das Augenmerk auf die Unkompliziertheit Maxies aus Lehrerinnensicht gelegt: „man braucht sich nicht viel um sie kümmern, als Lehrerin". Auch hier liegt wieder der Vergleich mit dem Elternsprechtagsgespräch des 1. Schuljahres nahe, wie es unter anderem in Sequenz M520 analysiert wurde: Maxie ist für die Lehrerin eine praktische Schülerin, die nicht viel Aufwand erfordert. Zudem kann hier eine Parallele zum Elternsprechtag im 3. Schuljahr gezogen werden: Maxies Mutter hält der Lehrerin ihre eigene kritische Einschätzung des gymnasialen Leistungsdrucks entgegen. Sie erklärt, dass sie sich mit Maxie zusammen auch eine Sekundarschule ansehen werde und legt im Folgenden nochmals ihre Skepsis dar, mit der sie einer möglichen Anmeldung Maxies auf einem Gymnasium begegnet.

„Maxie wird ne spitzenmäßige Realschülerin" – M529[10]

Mutter	Ähm aber ich bin mir nicht sicher, ähm dieser Druck auf'm Gymnasium, diese Leistungsorientiertheit. Das schreckt mich persönlich so nen bisschen ab. Und deshalb halt nochmal die [Sekundarschule].
Witte	Mhm. Genau. Also wir haben im Grunde auch so geredet ne - *sie zeigt auf Frau Farn, die neben ihr sitzt* - und haben gesagt also Maxie wird ne spitzenmäßige Realschülerin... auch mit Blick aufs Abitur was man dann immer noch irgendwo anders auch machen kann ne?
Mutter	Mhm.
	(...)
Witte	Dann würd ich wirklich sagen, guckt euch die Schulen an. Guck wo du dich wohlfühlst.
	Maxie lächelt sie an und nickt.
Witte	Wo du das Gefühl hast JA da möcht ich gern hingehen ne, das passt zu mir. Und dann wirst du schon die richtige Schule finden.

(4. Schuljahr)

Die Mutter von Maxie greift hier auf bereits im Vorfeld und auch im vorherigen Schuljahr getätigte Aussagen zurück, mit der sie das Gymnasium als Schulform mit hohem Leistungsdruck einordnete, welcher für Kinder eine Belastung darstellen könnte. „Das schreckt mich persönlich so nen bisschen ab": Sie macht mit der Ich-Form transparent, dass sie sich in der Entscheidungsposition sieht und ihre persönlichen Gestimmtheiten zur Geltung bringt. Die Sekundarschule wird von ihr daraufhin indirekt als eine mögliche Alternative hervorgebracht. Die Klassenlehrerin unterstützt die Sichtweise der Mutter und nimmt nun einen ähnlichen Standpunkt wie sie ein. Mit der Einordnung „Maxie wird eine spitzenmäßige Realschülerin" finden die Erwachsenen ihren Common Ground in der Relevanzsetzung von Maxies Wohlbefinden in Kombination mit erfolgreicher Leistungserbringung. Maxie wird als Schulkind hervorgebracht, für dessen Selbstbewusstsein es wichtig ist, gut oder sogar überlegen, aber auf gar keinen Fall unterlegen, abzuschneiden.

Interessant ist die Wortwahl von Frau Witte bezüglich der endgültigen Entscheidung für die Schule (nicht bloß Schulform): Maxie werde „die richtige", passende Schule für sich finden. Die *Notwendigkeit einer Vereindeutigung in Bezug*

---

[10] Diese Materialsequenz schließt wenig später an die Sequenz M528 an und besteht aus einer Kombination aus Transkript und Beobachtungsprotokoll, die Beobachtungen sind in *kursiv* gehalten. An dem Gespräch nehmen, neben Maxies Mutter und Klassenlehrerin Frau Witte, auch die Fachlehrerin Frau Farn und später Maxie teil. In der wiedergegebenen Situation ist Maxie kurz zuvor mit etwas Verspätung zum Gespräch dazugestoßen.

auf eine individuelle Passung von Schule und Kind lässt sich darin rekonstruieren. Diese wird, aufgrund eines nicht zu erzielenden Konsenses zwischen Maxies Familie und ihrer Lehrerin(nen), in ihre Verantwortung übertragen.

5.2.4 Zusammenfassende Betrachtung

Der Ausschnitt aus dem Datenbasierten Porträt zu Maxie zeigt die wiederholte Thematisierung von Maxie als still und schüchtern, dabei aber als gute Schülerin, die den Typus des stillen Mädchens irritiert. Sie weist die benötigten Fähigkeiten auf und ihr wird Potenzial zugeschrieben. Wiederholt wird sie im Vergleich zu ihren Mitschüler*innen positiv hervorgehoben. Auch als einfach zu handhabende, unkomplizierte Schülerin wird sie positioniert und damit ihre Selbstständigkeit unterstrichen. Auch Anpassungsfähigkeit ist in Bezug auf Maxie beobachtbar. Zugeschrieben wird ihr jedoch eine Stressanfälligkeit, die zwar nicht rational sei – sie mache sich selbst Stress – aber dennoch wirkmächtig. Entsprechend hoch wird ihr Sicherheitsbedürfnis eingeschätzt. Im Vergleich zu Giselle wird auch bei Maxie das Bedürfnis nach Erfolgserlebnissen und einem Sicherheitsgefühl konstruiert. Unterschiedlich verhalten sich die Mütter (*Doing Background*): Während Giselles Mutter relativ offen zu zeigen versucht, wie involviert und bemüht die Familie ist, wendet Maxies Mutter eine subtilere Hervorbringungsweise an, aus der sie als relevante Bildungsakteurin authentisch und unbemüht hervorgeht.

Maxies Lehrerinnen vertreten einen relativ starken Standpunkt bezüglich ihrer Gymnasialeignung, während die Mutter diese in Bezug auf Maxies Persönlichkeit und Entfaltungsmöglichkeiten mit Skepsis betrachtet und letztendlich ablehnt. Die Einordnung Maxies zwischen Gymnasial- und Realschulempfehlung kann als Abwägen zwischen der institutionellen Eignungslogik und einer Logik des kindlichen Wohlbefindens – etwa für die Persönlichkeitsentwicklung – betrachtet werden.

In der Vielfalt der auf Maxie bezogenen Thematisierungen kristallisieren sich ihr noch nicht vollentfaltetes, aber vielversprechendes Potenzial und ihre Unsicherheit bzw. Stressanfälligkeit als zentrale Pole heraus, zwischen denen sich ein Spannungsfeld herausbildet, auf dem von den erwachsenen Bildungsakteurinnen – Lehrerin(nen) und Mutter – über einen längeren Zeitraum um eine biographisierende Vereindeutigung gerungen wird. Eine Vereindeutigung findet letztlich mehr oder weniger in der Feststellung statt, dass Maxie die Grenzen der Typisierung sprengt, sodass sie nicht einem feststehenden Typus entspricht, an dem auch die Festlegung einer Schulformempfehlung orientiert werden könnte.

Sie erhält, entsprechend dem Potenzial und der Fähigkeiten, die ihr zugetraut werden, mehrere Optionen. Maxie kann sich ihren Platz selbst suchen.

Auf Grundlage eines generell positiven Bildes, das von Maxie und durch sie hervorgebracht wird, wird ihr mitunter auch wohlwollend zugeschrieben, dass sie in Wirklichkeit mehr könne, als sie zeige. Als Einblick in die Begabungskultur der Grundschule ist dies spätestens dann besonders aufschlussreich, wenn diese Zuschreibung mit der Entscheidung der Lehrerinnen über die Schulformempfehlung relevant wird: Maxie verfüge über Kompetenz, es mangelt aber an der Performanz. In der Analyse wird sichtbar, dass Maxie sehr wohl eine gute Performanz beherrscht, die aber subtil stattfindet und in dem Effekt resultiert, dass ihr ein Können angerechnet wird, von dem sie ‚aufzuführen' weiß, darüber zu verfügen (Doing *being able*), das sie jedoch an sich noch nicht einmal demonstriert hat.

5.3 Dilan: Das Schauspieltalent (Realschulempfehlung, Anmeldung auf der Gesamtschule)

Anhand des folgenden Ausschnitts aus dem Datenbasierten Porträt „Dilan" kann die Verwendung eines Begabungskonzepts präsentiert werden, das sich weniger an schulleistungsrelevanten Kriterien anlehnt, sondern sich auf ein im schulischen Kontext eher unerheblich wirkendes Können bezieht. Dilans Datenbasierter Porträtausschnitt ergänzt dieses Kapitel im Sinne einer weiteren Kontrastierung des analysierten Phänomens der individualisierten Begabungszuschreibung als biographisierender Vereindeutigung. Daher wird nicht der bisherige Vergleich weiter entfaltet, wie er für die Analysen zu Giselle und Maxie entlang der Typisierung, der Konstruktion von Schüchternheit und aufgrund weiterer Gemeinsamkeiten und Differenzen gezogen worden ist, sondern es wird vielmehr einer neuen Materialspur von zugeschriebener Begabung gefolgt: Dilan wird ein herausragendes schauspielerisches Talent zugeschrieben. Über den Kontrastierungsschritt, nun dieses empirische Material hinzuzuziehen, wird die Analyse von Bedeutungszuschreibungen und von Funktionen der untersuchten Begabungskultur weiter angereichert. Von zentralem Interesse ist bei diesem Einblick also, wie Dilan als schauspielerisch talentiert hervorgebracht wird und wie das Talent, mit der Konstruktion einer ‚typischen' Persönlichkeit verknüpft, als dem Kind inne liegende sowie als zeitlich überdauernde Begabung hervorgebracht wird. Dabei handelt es sich um ein Können, das für die Schule bzw. für Dilans Schulerfolg eher irrelevant erscheint. Da die zentrale Relevanzsetzung in diesem Datenbasierten Porträt eindeutig auf der Thematisierung des Schauspieltalents liegt, wird nicht darauf eingegangen, wie Dilans schulisches Abschneiden als Ergebnis ihres Könnens bzw. ihrer Begabung hergestellt wird.[11]

5.3.1 Dilan wird als eigensinnig und querköpfig hervorgebracht

Dilan zeigt Sendungsbewusstsein – M530

Nach dem Kreis sollen sich alle Kinder einen Platz suchen, um die Bewegungsübung zu machen. Es finden noch einige Gespräche statt, da stimmt Dilan den ersten Vers des Textes zur Übung laut an. Frau Helfsberger lächelt breit, stimmt dann mit ein und alle anderen Kinder auch.

(1. Schuljahr)

In diesem kurzen Ausschnitt kann ein Kontrast Dilans zu Giselle und auch zu Maxie vorgefunden werden: Dilan tut sich hervor und zeigt sich, sie tritt aus der Gruppe heraus und lenkt das Geschehen, indem sie den gemeinsam aufzusagenden Text bereits allein laut anstimmt, als es noch unruhig in der Klasse ist. Damit leitet sie zum einen direktiv den Beginn der Übung an, zum anderen werden die noch stattfindenden Gespräche dadurch zum Schweigen gebracht. Dilans Initiative ist durch das Einstimmen der anderen von Erfolg gekrönt. So ist denn auch Frau Helfsbergers breites Lächeln zu erklären: Ein solch unumwundener Start der ohnehin beabsichtigten Bewegungsübung kann aus ihrer Position heraus als nützlich angesehen werden. Nicht nur der Ablauf der Unterrichtsstunde wird weiter vorangetrieben, sondern die Initiative dazu kommt aus der Schüler*innenschaft selbst heraus. Die von Dilan an den Tag gelegte Tatkraft kann als Ausdruck von Selbstüberzeugung gedeutet werden und wird hier positiv von der Lehrerin aufgenommen.

Im Gegensatz dazu kann die folgende Erzählung der Lehrerin gelesen werden, die während einer Unterrichtssituation an die Forscherin herangetragen wird:

Geschminkte Lippen – M531

Während die Kinder dann einer Geschichte zuhören, die Frau Schwan vorliest, kommt Frau Helfsberger zu mir und spricht leise mit mir über unsere Zielkinder. Sie sagt, dass es interessant sei, dass wir zufällig gerade die „auffälligsten" Kinder der Klasse beobachteten. Sie sagt, dass Rahim allerdings sehr stark und sehr weit sei, was die Leistung angine. Dilan habe die ersten Wochen fast gar nichts gemacht, sie habe große Lücken

---

[11] Eine Perspektive von Dilans Mutter zu Dilans Klugheit im Sinne eines nicht ausgeschöpften Potenzials wird in Abschnitt 6.2.2. analysiert.

in ihren Arbeitsheften gehabt, weil sie einfach nicht gearbeitet habe. Und dann seien Sachen passiert, wie, dass sie auf Toilette gegangen und mit geschminkten Lippen wiedergekommen sei. Mittlerweile sei es aber besser mit ihr.

(1. Schuljahr)

Im Setting dieser Materialsequenz befinden sich die Lehrerinnen Frau Helfsberger und Frau Schwan zusammen mit der Klasse sowie der Forscherin im Klassenraum. Der Unterricht wird von Frau Schwan durchgeführt – sie liest den Kindern eine Geschichte vor – sodass die Klassenlehrerin Frau Helfsberger Gelegenheit hat, die Forscherin anzusprechen. Die Ansprache verdeutlicht zum einen, welchen Reim sich die Lehrerin auf die Anwesenheit der Forscherin macht (vgl. hierzu auch Machold/Wienand 2021, S. 126 f.). Zum anderen wird in ihr eine Einordnung der Kinder Dilan und Rahim vorgenommen, der zwei Kinder in der Klasse, die seit der KiTa durch das Forschungsprojekt begleitet worden sind. Es handele sich bei ihnen um „die ‚auffälligsten' Kinder der Klasse". Daraufhin erfolgen zusammengefasste Eindrücke zur Leistungsbereitschaft und -erbringung beider Kinder. In Bezug auf Rahim wird keine weitere Ausführung der Lehrerin zu seiner zugeschriebenen Auffälligkeit ersichtlich; doch in Bezug auf Dilan wird die zuerst beschriebene Arbeitsverweigerung an eine Beobachtung gekoppelt, laut der Dilan von einem Toilettengang mit geschminkten Lippen zurückgekehrt sei. Die Beschreibung dieses Ereignisses aus der Sicht der Lehrerin muss nicht weiter ins Detail gehen, um herauszustellen, dass der Vorfall nicht in Ordnung gewesen sei. Ihre Form der Thematisierung, die miteinander in Verbindung bringt, sich einerseits nicht um die eigenen Schulaufgaben zu kümmern, dafür aber andererseits lebhaftes Interesse an Makeup zu zeigen, macht deutlich, dass ihrer Meinung nach das Sich-schön-machen, die Orientierung an Attraktivitätsnormen, nicht im Grundschulalter, sondern in höheren Altersgruppen, wie dem Jugendalter verortet werden sollte (vgl. Friese 2013, S. 151). Erstklässlerinnen haben sich demnach nicht zu schminken, vielmehr haben sie sich um ihre Schulaufgaben zu kümmern. Frau Helfsberger lässt ihre Perspektive durchscheinen, nach der diese Verhaltensweise Dilans von einem Aufeinanderprallen verschiedener Wertesysteme zeugt, da Dilan unwichtige Dinge relevant setzt und die wichtigen Dinge vernachlässigt. Dass es sich um eine zwar implizite, aber dennoch eindeutige Wertung handelt, wird im Ausblick deutlich: „Mittlerweile sei es aber besser mit ihr."

Dilans Start in die Schule wird in dieser Darstellung als herausfordernd hervorgebracht und ihr manchmal auffälliges Auftreten als potenziell problembehaftetes Sendungsbewusstsein. Im Setting des formellen Interviews mit der Lehrerin wird darauf näher eingegangen. Frau Helfsberger reflektiert über Dilans Verhalten und ordnet es unter Zugriff auf ihr Erfahrungswissen ein.

Grundschuleintritt als kleiner Kulturschock – M532

Helfsberger	Dilan war […] am ehesten ein Kind ähm das Probleme hatte ähm fremdgesteuert zu arbeiten. Also zu akzeptieren dass DAS was jetzt alle machen auch für sie gilt. Also da war's echt am Anfang so äh dass ich da hingekommen bin und äh Dilan hat während alle anderen äh gearbeitet haben nen schönes Bild gemalt und konnte dann auch nicht richtig verstehen äh dass das jetzt gerade falsch ist. ((lacht))
Forscherin	Hm.
Helfsberger	Äh weil, ja das, hab ich ja grad schon mal gesagt das ist eigentlich so dieses dieser typische Sprung, im Kindergarten kann ich noch viel eigentlich selbst bestimmen und wenn ich Lust hab zu malen dann kann ich malen ähm und das ist dann in der Schule eben nicht mehr so. Und nach wie vor zieht sich durch dass Dilan eigentlich… mehr, Arbeitswillen zeigt wenn sie etwas machen kann was ihr gut gefällt und was sie gerne macht und wenn eine ungeliebte Aufgabe ansteht dann ist sie ähm schon, weniger motiviert.

(1. Schuljahr)

In der Interviewsituation sieht sich Frau Helfsberger dazu aufgefordert, ihre Perspektive auf die durch das Forschungsprojekt begleiteten Kinder zu explizieren. So wird in einer Entwicklungsbeschreibung Dilans eine Art Kulturschock skizziert, den Dilan nach dem Übergang von der KiTa auf die Grundschule verarbeiten musste: Von der lustorientierten Selbstbeschäftigung in der KiTa, die mit dem Beispiel des Bildmalens auftritt, hin zur ‚Fremdsteuerung' in der Schule, die mit der binären Logik von Richtig/Falsch und dem Arbeitsbegriff illustriert wird. Während der kritischen Reflexion über Dilans früheres Verhalten behält Frau Helfsberger jedoch einen grundsätzlich positiv gestimmten, wohlwollenden Blick auf Dilan bei, was etwa bei ihrer nebenbei geschehenden Beurteilung von Dilans Bild als „schön" deutlich wird. Auch die Charakterisierung bezüglich Dilans Arbeitswillen wird milde formuliert: Dilan zeige mal mehr, mal weniger Arbeitsmotivation. Die Lehrerin interpretiert den von ihr unterschiedlich beobachteten Arbeitswillen als abhängig von der Aufgabe, ob diese Dilan gefalle oder nicht. Damit wird Dilans eher problembehaftet dargestellte Arbeitseinstellung nachvollziehbar. Es wird aber indirekt auch ein Wissen um die Herausbildung guten Könnens zur Sprache gebracht: Das, was Dilan Spaß mache, werde von ihr freiwillig durchgeführt – und damit auch trainiert. Was ihr weniger Freude bereitet, bleibt diesbezüglich randständig, wird mit weniger Motivation und mit weniger Liebe zur Durchführung erledigt.

5.3.2   Dilan wird als schauspielerisch begabt hervorgebracht

Vor diesem Hintergrund kann letztlich auch die Persönlichkeitszuschreibung verstanden werden, die in Bezug auf Dilan fortan wiederholt vorgenommen wird.
In der folgenden Sequenz aus einem Elternsprechtagsgespräch thematisiert Frau
Helfsberger ihren Eindruck von Dilans Begabung nachdrücklich und empfiehlt
eine Förderung:

„Dilan ist TOTAL schauspielerisch begabt" – M533

Helfsberger	Ja bei Sonstiges hab ich hier zwei Sachen stehen. Erstmal, Dilan ist TOTAL schauspielerisch begabt [*Dilan:* ((kichern))]. Also wenn wir in Reli irgendwie so'n kleines Rollenspiel machen, dann [*Mutter:* Mhm] steigert sie sich so da rein und lebt die Rolle und äh ja, hat nimmt schon ne ganz andere Körperhaltung an und [*Mutter:* Mhm] entwickelt ne ganz andere Sprache. Das ist SO toll. Ich hab schon überlegt gibt's irgendwie hier in der Nähe ne Kinderschauspieltruppe [*Mutter:* Hat mein Neffe auch schon gesagt] also das muss ECHT gefördert werden. Ich find da ist sie, das-Frau Helfsberger sagt, dass Dilan schauspielerisch begabt sei. Dilan freut sich sichtlich über die Aussage: sie lächelt, verdeckt ihr Gesicht etwas mehr mit ihrer Hand, wird kurz rot im Gesicht.
Mutter	Das hat mein Neffe auch gesagt.
Vater	Wolltst du Papa reich machen?
Dilan	((lacht))
	Sie sieht zu ihrem Vater herüber, der witzelt, dass Dilan ihn reich machen solle. Dilan lacht.
Mutter	Das hat der mir schon vor nem Jahr gesagt.
Helfsberger	Ja also ich finde das ist wirklich ungewöhnlich, dass ein Kind in dem Alter so, ähm das Talent dazu hat <<leiser>> müssten Sie vielleicht mal gucken ob's da irgendwas gibt.
Mutter	Mhm.
Vater	Kaufst aber mir dann nen Ferrari nä?
Dilan	((lacht))

(3. Schuljahr)

Frau Helfsberger hebt hier nicht bloß Dilans Talent hervor, sondern betont
auch ihre persönliche Begeisterung für dieses Können („TOTAL schauspielerisch begabt", „SO toll", „muss ECHT gefördert werden"). Diese Identifikation
eines zur Begabung erklärten besonderen Könnens wird sodann pädagogisiert,
indem die Lehrerin zum einen auf den Nutzen bzw. den Gewinn zu sprechen
kommt, der für Dilan besteht – etwa die positiven Folgen für ihre Körperhal-
tung und sprachliche Kompetenz – und zum anderen der Fokus anschließend

auf die Fördermöglichkeiten gelenkt wird. Frau Helfsberger zeigt sich unterstützend, indem sie Dilans Eltern bildungsförderliche Hinweise mitgibt (vgl. auch
Doing Background bei Machold/Wienand 2021, S. 104). Die Eltern interagieren
unterschiedlich auf diese Adressierung der Lehrerin hin. Während die Mutter die
Begabungsdiagnose bestätigt und ihren Neffen als weitere Person aufzählt, die
von Dilans Talent überzeugt wurde, ironisiert der Vater die Nützlichkeitswendung
des schauspielerischen Talents. Er inszeniert eine Perspektive auf Schauspielerei
als lukrativen Beruf, der potenziell viel Geld einbringen kann. Damit blendet er
zugleich die pädagogische Seite der Thematisierung aus.

Schauspielerische Begabung wird in dieser Sequenz als etwas hervorgebracht,
das im schulischen Zusammenhang zwar identifiziert und auch wertgeschätzt werden kann, jedoch innerhalb der Schule keine weitergehende Förderung erfährt.
Daher kann es auch als bemerkenswert angesehen werden, dass die Lehrerin sagt,
bereits überlegt zu haben, ob es irgendwo in erreichbarer Nähe eine Schauspiel-
gruppe für Kinder geben würde. Nachdrücklich legt sie den Eltern nahe, Dilans
Begabung zu fördern.

Inwiefern Frau Helfsberger, aber auch andere Lehrer*innen, eine schauspielerische Begabungszuschreibung an Dilan hervorbringen, wird im Folgenden näher
ausgeführt werden.

So ist im folgenden Beispiel zunächst ein kurzes informelles Gespräch wiedergegeben, das Frau Helfsberger mit einer Forscherin aus dem Projektteam im
Lehrer*innenzimmer führt.[12]

Dilans bemerkenswerte Leistung in Theater- oder Rollenspiel – M534

Wir gehen ins Lehrerzimmer und Frau Helfsberger sagt in den Raum herein, dass
ich von der Uni sei und in ihrer Klasse oder an der Schule beobachte. Sie zeigt mir
einen Stuhl, auf dem ich sitzen kann. […] Frau Helfsberger sitzt irgendwann rechts
neben mir und wir sprechen unter anderem über Dilan. Sie sagt, dass es toll wäre,
wenn wir sie auch noch bei einem Theater- oder Rollenspiel erleben könnten, weil
sie das so engagiert macht. Wenn sie als Kleingruppe den Auftrag hätten drei Rollen zu spielen, würde sie alle drei spielen. Frau Helfsberger lacht und spricht sehr
anerkennend über Dilans Leistung. In irgendeinem Zusammenhang sagt sie, dass sie
sprachlich sehr gewandt sei und ihren deutschen – ich erinnere nicht den genauen
Wortlaut – Mitschülern gegenüber etwas voraushabe.

(3. Schuljahr)

---

[12] Wie ich unter M504 (Abschnitt 5.1.1) bereits angedeutet habe, habe ich selbst als Forscherin bzw. als Teil des Projektteams nicht das Lehrer*innenzimmer betreten. Umso spannender
gestaltet sich jedoch die Analyse des durch andere Forscherinnen generierten Datenmaterials
in Bezug auf diesen Raum.

Das Lehrer*innenzimmer ist ein den Lehrer*innen vorbehaltener Raum, bzw. ein homogener Raum der Erwachsenen, der ein ‚ungefiltertes' Sprechen über die abwesenden Schulkinder nicht nur ermöglicht, sondern geradezu anzuregen scheint. So wird in dieser Situation das durch die Forschung begleitete Kind Dilan zum Gesprächsthema gemacht. Frau Helfsberger empfiehlt der Forscherin, sollte sich eine Gelegenheit ergeben, selbst als Zuschauerin Dilan in einer schauspielerischen Rolle zu erleben, „weil sie das so engagiert macht". Mit dem Wissen, dass ein Beobachtungsfokus des Forschungsprojekts auf dem Kind Dilan liegt, verweist ihre Lehrerin also auf einen Bereich, in dem Dilan bereits wiederholt ihr bemerkenswertes Können gezeigt hat, der den Forscherinnen bisher noch nicht direkt präsentiert werden konnte. Dilans engagiertes Rollenspiel zu erwähnen, dient hier also auch der Ergänzung des durch die Forscherin gesammelten Wissens über Dilan: Dies sei nicht vollständig, ohne Dilan als Schauspielerin erlebt zu haben. Das Sprechen über Dilans schauspielerische Begabung ist für Frau Helfsberger, wie bereits im Elternsprechtagsgespräch, eine Gelegenheit, große Anerkennung Dilan gegenüber erkennen zu lassen. Und auch hier wird eine pädagogische Verbindung zwischen Schauspielerei und bildungsbezogener Kompetenz gezogen, indem auf Dilans sprachliche Gewandtheit hingewiesen wird, mit der sie – sinngemäß wiedergegeben – ihren Mitschüler*innen überlegen sei. Das unterschwellig bediente Überlegenheitsmotiv wird mit dem Bild des Vorsprungs transportiert, das im vorliegenden Fall zugleich eine implizite Ethnisierung enthält, mit der Funktion, Dilan positiv hervorzuheben.[13] Vermittelt wird zudem die Botschaft, dass ethnisch codierte Differenz – im vorliegenden Beispiel im Deutschsein bzw. Nichtdeutschsein codiert – nicht per se einen Nachteil darstelle, sondern Vorteile und Vorsprünge unabhängig davon existieren könnten. Damit wird dennoch suggeriert, dass die Annahme, Nichtdeutschsein gehe mit Defiziten oder Benachteiligungen einher, grundsätzlich gerechtfertigt wäre. Erlaubt auch die vorliegende Protokollierung aufgrund der dokumentierten Gedächtnislücke keine kleinschrittige Analyse an dieser Stelle, so ist doch die von der Forscherin erinnerte Vergleichsdimension ernst zu nehmen, die in Bezug auf Dilan herangezogen wird. Dass die kindliche Sprachentwicklung im Deutschen sowohl in der KiTa als auch der Grundschule einen Anlass bietet, Vergleiche von mehrsprachig aufwachsenden Kindern zu einer idealtypischen Vorstellung einsprachig-deutsch aufwachsender Kinder zu ziehen, konnte bereits im Kontext des zugrunde liegenden Forschungsprojekts aufgezeigt werden (vgl.

---

[13] Zur ausführlichen Analyse der alltäglichen Reproduktion von ethnischer Differenz in der Grundschule siehe Kapitel 4 „Die Herstellung der ethnisch codierten Differenzordnung. Die Grundschule und ihre ‚Anderen'" in Machold/Wienand 2021 (S. 29 ff.).

Machold/Wienand 2018, S. 136 ff.). In der vorliegenden Sequenz geschieht dies flüchtig, wie nebenbei, und verdeutlicht gerade in der Beiläufigkeit, wie sich der Diskurs, der gelingende Sprachentwicklung (ethnisierend) an familiäre Herkunft koppelt, als wirkmächtig und anschlussfähig erweist.

In Bezug auf die Untersuchung von Begabungsdiskursen bzw. der situativen Bedeutungserzeugung im Kontext von Begabungskonzepten erweist sich hier besonders das latente Überlegenheitsmotiv – anderen etwas voraushaben – als beachtenswert. Mit der Analyse der folgenden Sequenz aus einem Interview mit Frau Helfsberger kann diese Lesart hinsichtlich des Überlegenheitsmotivs noch unterstützt werden.

Im Vorfeld dieser Sequenz spielt die Forscherin auf den Elternsprechtag an, der kurz zuvor stattgefunden hat (siehe M533). Die Tonaufzeichnung dazu habe sich die Forscherin am Vortag noch einmal angehört. Sie spricht die Lehrerin darauf an, dass es dort „lustig" zuging. Daraufhin erwidert Frau Helfsberger Folgendes:

Dilan versteht Ironie – M535

Helfsberger	Genau, da merkt man auch genau <<lachend>> was Dilan kann [*Forscherin:* ((lacht))] was eigentlich Grundschulkinder NICHT können. Ironie verstehen.
Forscherin	Ja.
Helfsberger	Das, äh ist wirklich extrem bei ihr.
Forscherin	Ja.
Helfsberger	Ich glaube aber auch weil es im Elternhaus oft vorkommt.
Forscherin	Ja [*Helfsberger:* Einfach sie] ja, kann gut sein ((lacht)).
Helfsberger	Sie hat da schon die Antennen für [*Forscherin:* Mhm ((lacht))] und setzt es auch manchmal selber ein.

(3. Schuljahr)

Frau Helfsberger hebt Dilan hervor, indem sie sie als von den anderen Grundschulkindern unterschiedlich konstruiert. Ironie verstehen zu können sei für Kinder dieser Altersgruppe eine ungewöhnliche Fähigkeit, so die Sichtweise der Lehrerin. Sie zeigt sich von dieser Fähigkeit beeindruckt, bietet zugleich aber auch eine mögliche Erklärung für dieses Phänomen an: „Weil es im Elternhaus oft vorkommt". Es wird also wieder auf das Verständnis von alltäglich nebenbei eingeübtem Können rekurriert, das sich in dieser ungewöhnlichen Fähigkeit zeige.

Die hier angelegte Vergleichsdimension bezieht sich auf Grundschulkinder
an sich; diese könnten – nach Meinung der Lehrerin – „eigentlich" keine Ironie verstehen. Dilan beherrsche dies jedoch, sogar mit dem Begriff „extrem"
umschrieben, was im Sinne von sehr ausgeprägt interpretiert werden kann.
Dass Grundschulkinder hier vor allem als Altersgruppe konstruiert werden, wird
deutlich an der entwicklungsbezogenen Beschreibung, dass Dilan „schon die
Antennen" für Ironie besitze. Ironie verstehen zu können kann in diesem Sinne
als ein Entwicklungsschritt in Bezug auf die Kultivierung oder Vervollkommnung
der eigenen Kommunikationsweise verstanden werden. Unter Berücksichtigung
der zuvor dargestellten Materialsequenzen kann diese Bezugnahme von Frau
Helfsberger auf Dilans sprachliche Ausdrucksfähigkeit in einem engen Zusammenhang mit der zugeschriebenen schauspielerischen Begabung gesehen werden.
Die Bezugnahme auf das Konzept Begabung – für das Verstehen von Ironie und
für Rollenspiele – wird über die Konstruktion eines kommunikativen Vorsprungs
vorgenommen. In der Zusammenschau mit der vorangegangenen Materialsequenz
handelt es sich um eine Wiederholung des Überlegenheitsmotivs. Wenn auch
nur andeutungsweise, so kann die Anspielung hier als Bezugnahme auf eine
Wettbewerbssituation gelesen werden, die als zwischen den Kindern bestehend
konstruiert wird. Es stellt in dieser Lesart nicht nur einen Vorteil dar, mit einer
besonderen, anerkannten Fähigkeit aus der Masse hervorzustechen, sondern das
Herausragen wird bereits als Wert für sich behandelt. Worin genau der Vorteil
bestehen kann, darauf wird nicht weiter eingegangen. Es scheint sich von selbst
zu verstehen, dass es positiv zu bewerten ist, wenn das „schon" Vorhandensein
einer Fähigkeit die Normalitätserwartung aus pädagogischer (bzw. entwicklungs-
psychologischer) Sicht übertrifft. Tritt ein solcher Fall ein, so lässt es sich daraus
verallgemeinernd ableiten, ist Bewunderung eine angemessene Reaktion darauf.
　　Hervorstechend ist indes auch die wiederholt als besondere Fähigkeit hervorgebrachte Leistung Dilans im Bereich des Rollenspiels. Dilans schauspielerisches
Können wird, auch im außerunterrichtlichen Alltag, immer wieder wie nebenbei
zum Gegenstand gemacht. Zum Beispiel ist die folgende Materialsequenz einem
eher einleitend aufgebauten Teil eines Beobachtungsprotokolls entnommen und
ereignet sich noch vor Beginn der Unterrichtszeit.

„Du solltest Schauspielerin werden" – M536

Ich komme gegen 7:45 an dem Eingang an [...]. Ich stelle mich ca. 7 m entfernt von
der Eingangstür unter die Überdachung. Es stehen drei bis sieben[14] Kinder verteilt an

---

[14] Wenn dies auch für die Interpretation der Sequenz relativ irrelevant erscheint, sei zur Klärung erwähnt, dass diese vage Zahlenangabe bezüglich der anwesenden Kinder hier als sich
aufaddierende Anzahl nacheinander ankommender Kinder interpretiert wird.

der Tür. Links an der Tür stehen drei Mädchen etwas näher beieinander. Ich erkenne nach einiger Zeit, dass eine davon Dilan ist. Als ein kleiner Vogel dicht über dem Boden an der Gruppe vorbeifliegt, schreit Dilan auf. Kurz darauf will eine erwachsene Frau durch die Eingangstür und fragt Dilan, was los sei. Sie antwortet, dass sie sich erschrocken habe, weil sie dachte, es sei ein Blatt und dann sei es ein Vogel gewesen. Die Frau lacht etwas und Dilan unterstreicht ihre ‚dramatische' Erfahrung. Die Frau lacht und sagt beim Hineingehen: „Dilan, du solltest Schauspielerin werden".

(3. Schuljahr)

Die Forscherin sieht Dilan mit einer Gruppe weiterer Kinder dabei, wie sie vor der Eingangstür der Schule steht. Bis zum Unterrichtsbeginn ist noch eine Viertelstunde Zeit. Als ein Vogel dicht an der Gruppe vorbeifliegt, erschreckt sich Dilan lautstark mit einem Aufschrei. Eine Frau – eine der Forscherin unbekannte Person, die eine Lehrerin bzw. Angestellte der Schule sein kann oder die Mutter eines Kindes – bekommt dies aus nächster Nähe mit und adressiert Dilan, erkundigt sich bei ihr nach der Ursache der Aufregung. Daraufhin erklärt sich Dilan und „unterstreicht ihre ‚dramatische' Erfahrung", spielt also möglicherweise ihr Erschrecken noch einmal nach, oder beschreibt es noch etwas detaillierter.[15] Die Re-Adressierung der Frau besteht in der lachenden Empfehlung an Dilan, Schauspielerin zu werden.

Ein Satz, der Menschen – häufig augenzwinkernd – sagt, dass sie aufgrund bestimmter Fähigkeiten einen bestimmten Beruf ergreifen sollten, ist ein gängiger Ausdruck einer Kultur, in der Begabung mitunter wie ein prophetisches Bestimmungsmerkmal behandelt wird: Ausgeprägte Fähigkeiten prädestinieren dann geradezu für eine Aufgabe oder Tätigkeit und sind in dem Sinne Ausdruck einer Berufung. Diese eher religiös anmutende Auslegung lässt sich aus einem kapitalistisch-ideologisch geprägten Blickwinkel auch entsprechend anders wenden: Gutes Können, Talent, sollte demnach professionalisiert und damit zu einer Verdienstmöglichkeit gemacht werden. Handelt es sich zwar um einen Satz, der mitunter auch zu Erwachsenen gesagt wird, ist eine solche Adressierung eines Grundschulkindes mit der Empfehlung für eine beruflichen Laufbahn auf spezifische Weise individualisierend. Grundschulkinder befinden sich in einer frühen Phase ihres Bildungswegs, der die zentrale Grundlage für die berufliche Laufbahn ist. In Bezug auf Schauspielerei handelt es sich überdies um einen Beruf,

---

[15] Im Beobachtungsprotokoll steht angemerkt, dass die Forscherin sich nicht erinnere, was genau sie zu dem Eindruck bewogen hat. Das protokollierte und offenbar metaphorische „Unterstreichen" bietet daher einen weiten Interpretationsspielraum. Letztlich lässt sich folgern, dass es sich um Aktivitäten von Dilan handeln muss, auf die ein Satz wie „Du solltest Schauspielerin werden" passend erscheinen kann.

für den sich nicht jeder Mensch eignet, da schauspielerisches Talent – was zumindest das Vorhandensein darstellerischer Fähigkeiten bedeutet – eine wichtige Voraussetzung dafür darstellt. So bestehen zum Studiengang Schauspiel in der Regel Aufnahmeanforderungen in Form von Eignungsprüfungen. Die Empfehlung, Schauspielerin zu werden, kann also im Sinne eines Kompliments aufgefasst werden. Andererseits kann es in der vorliegenden Situation auch als Verschiebung des tatsächlichen Ereignisses zu einer Überdramatisierung verstanden werden, und damit als Hinweis gemeint sein, dass sich Dilan ihre dramatischen Auftritte für die Bühne aufsparen solle, anstatt sich diese im Alltag zu suchen. Gut schauspielern zu können bedeutet auch, anderen gut etwas vortäuschen zu können. Die Zuschreibung, gut schauspielern zu können, ist in dem Sinne ein zweischneidiges Schwert und kann positiv, aber auch negativ ausgelegt werden. In jedem Fall bietet es eine Lesart an, um bestimmte Verhaltensweisen als tendenziell übertrieben zu deuten oder als Versuch, Aufmerksamkeit zu erhalten, im Mittelpunkt zu stehen.

Im Religionsunterricht erfährt Dilan eine ähnliche Zuschreibung, die jedoch nicht als Schauspielerei, sondern als gekünstelte Witzigkeit codiert ist.

Zurechtweisung im Religionsunterricht – M537

Frau Holten bittet [die Kinder], einige Gebote zu nennen, die heute auch noch wichtig sind. Nachdem einige genannt werden, bittet sie zusätzlich um eine Erklärung, warum sie heute wichtig sind. Als Dilan drangenommen wird, benennt sie das Gebot „Du sollst nicht lügen" und sagt, dass ihre Mutter das immer sage und nicht wolle, dass ihre Kinder ihr ins Gesicht lügen. Deshalb würden sie auch nicht lügen. Als sie drankommt, um zu erklären, warum auch das Gebot „Du sollst nicht töten" noch aktuell ist, sagt sie, dass das ja „scheiße" sei. Es geht ein Raunen durch den Raum. Frau Holten bittet sie eine andere Sprache zu wählen. Dilan sagt, dass das ja „blöd" sei. Als sie noch einmal drankommt, um zu erklären, warum das Gebot „Du sollst nicht stehlen" noch wichtig sei, sagt sie: „(...) manche Menschen sind noch so ballaballa". Frau Holten interveniert und fordert sie auf, nicht so zu sprechen, als wolle sie immer witzig sein. Dilan sitzt aufrecht und kräuselt leicht ihr Gesicht. Sie entgegnet Frau Holten, dass sie nicht witzig sein wolle.

(3. Schuljahr)

Dilan beteiligt sich aktiv am Unterricht. Ihr erster Beitrag erscheint kompetent und ernsthaft. Sie wird später nochmals aufgerufen und diesmal verwendet sie das Wort „scheiße" in ihrem Beitrag. Das beschriebene Raunen, das durch den Klassenraum geht, markiert dieses Wort als im Unterricht unpassend. Mit Recht gehen die Kinder davon aus, dass die Lehrerin an der Verwendung dieses Wortes Anstoß

nehmen wird. Dies bestätigt sich mit Frau Holtens Bitte, „eine andere Sprache zu wählen", womit das Wort implizit als zu vulgär disqualifiziert wird. Mit
Hilfe solcher sprachlichen Abgrenzungen mit der impliziten Abwertung anderer
Sprachregister werden hierarchische soziale Kategorisierungen, etwa nach Ethni-
zität oder Klasse reproduziert (vgl. auch Wellgraf 2008, S. 277). Die Lehrerin
zielt auf die Hervorbringung einer Wortwahl ab, die einer schulisch angemessenen Vorstellung von Bildungssprache entspricht, erwartet also ein Code-Switching
von Dilan und macht damit eine sprachliche Distinktion im Hinblick auf den
schulischen Raum geltend. Dilan kann sich daraufhin schnell korrigieren.

Bei einer weiteren Wortmeldung verwendet sie den Ausdruck „ballaballa".
Nun weist Frau Holten die Schülerin grundsätzlicher zurecht. Sie adressiert das
Kind als absichtlich auf eine spezifisch unpassende Weise sprechend, unterstellt ihr Albernheit und die Intention, sich inszenieren und Aufmerksamkeit auf
sich ziehen zu wollen. Die Unterstellung, gewollt witzig zu sein, wertet den so
beschriebenen Humor ab. Während authentische Witzigkeit beispielsweise unter-
haltsam und sympathisch wäre, wird erzwungene Witzigkeit als nervend und
unauthentisch hervorgebracht. Frau Holten positioniert sich überlegen und wissend und mit einem pädagogisch-analytischen Blick ausgestattet, mit dem sie
Dilan durchschaut hat. Die Zurechtweisung vor der ganzen Klasse kommt einer
Entlarvung Dilans und Bloßstellung gleich. Dilan entgegnet darauf mit einer „ge-
kräuselten" Mimik, interpretierbar als angespannte Ernsthaftigkeit. Sie verneint
die Unterstellung, antwortet, dass sie nicht witzig sein wolle. Damit verteidigt
sie auch ihre Art zu reden gegen die Zuschreibung, nicht authentisch zu sein. In
dieser Sequenz M537 wird also deutlich, wie die Zuschreibung von Selbstinszenierung negativ gewendet und für eine scheinbar entlarvende Zurechtweisung
eingesetzt wird.

5.3.3 Dilan wird als schauspielerisch begabt vereindeutigt

Das folgende Beispiel zeigt einen mehrdeutigen und damit in Einklang brin-
genden Umgang mit der schauspielerischen Begabungszuschreibung an Dilan.
Die Sequenz ist einer Situation der Halbjahreszeugnisvergabe im 3. Schuljahr
entnommen.

„Dieses Kind kann besonders gut schauspielern" – M538

Frau Helfsberger setzt sich auf ihren Stuhl, stellt diesen jedoch neben das Pult. Den
Stapel mit den Zeugnissen holt sie aus einem Schrank hervor und legt ihn rechts
neben sich auf dem Pult ab. Sie beginnt damit, die Zeugnisse zu verteilen. Bevor sie

den Namen sagt, beginnt sie häufig mit „dieses Kind", dann ergänzt sie „dieses Kind ist..." oder „dieses Kind kann". Sie nennt einige besondere Eigenschaften und die Kinder raten laut in dem Raum hinein, welches Kind gemeint sein könnte.

Frau Helfsberger sagt: „dieses Kind kann besonders gut schauspielern". Sofort sind mehrere Rufe „Dilan!" zu hören. Frau Helfsberger spricht weiter (unv.) und sagt „und besonders auf den Keks gehen". Einige Lacher sind zu hören und Frau Helfsberger grinst Dilan an, die bereits von ihrem Platz aufgesprungen ist und auf sie zuläuft. Dilan sagt „das ist meine Leidenschaft!" und grinst Frau Helfsberger ebenfalls an. Beim Überreichen des Zeugnisses sagt Frau Helfsberger, dass, wenn es einen Job „auf den Keks gehen" geben würde, das etwas für Dilan wäre. Die Klasse klatscht laut. Dilan grinst Frau Helfsberger an, nimmt das Zeugnis und geht in die hintere Sitzecke. Sie setzt sich dort auf eine der fünf zuvor als „Leseplätze" markierten Sitzgelegenheiten. Ihr Zeugnis legt sie aufgeklappt wie eine Zeitung auf ihrem Schoß ab, sie beugt sich über das Zeugnis und blättert immer mal wieder hin und her.

(3. Schuljahr)

Das von der Lehrerin initiierte ‚Spiel' zur Zeugnisherausgabe verlangt von ihr, zu mehreren, wenn nicht allen, Schüler*innen der Klasse eine typische Eigenschaft oder eine Fertigkeit aufzuzählen. In Bezug auf das Kind Dilan ist es bereits der Hinweis darauf, dass sie besonders gut schauspielern könne, der dazu führt, dass sie schnell von anderen Kindern identifiziert wird; die anderen Kinder können dieses Wissen über Dilan ohne Probleme abrufen und ihr diese Eigenschaft zuordnen. Dadurch wird deutlich, dass die Schüler*innen der Klasse und die Lehrerin dieses Wissen über Dilan (und die anderen Kinder) teilen. Auch ist eine positive Bewertung dieser Eigenschaft erkennbar. Angereichert durch das Kontextwissen hinsichtlich der häufigen Erwähnung von Dilans schauspielerischen Fähigkeiten seitens der Lehrerin Frau Helfsberger kann gerade die wiederholte Erwähnung für die Bewunderung der Lehrerin stehen. Gegenüber dieser positiven und häufig hervorgehobenen Eigenschaft bestimmt sie Dilan jedoch noch in einer weiteren Hinsicht als speziell, nämlich als Kind, das „besonders auf den Keks gehen" könne. Diese verniedlichende Umschreibung von ‚auf die Nerven gehen' zeigt dabei einen wohlwollenden Umgang von Frau Helfsberger und Dilan an.

Auch hier gibt es eine Bezugnahme auf die zukünftige Berufswahl des Kindes, wenn die Lehrerin scherzhaft anmerkt, dass Dilan einen Job ausführen könnte, der aus der Tätigkeit „auf den Keks gehen" bestünde. Wie in Sequenz M536, wird auch hier die Referenz hergestellt, dass Dilan etwas so gut kann, dass sie es zu Geld machen könnte, indem sie es zu ihrem Beruf macht. Der (begabungs-) kulturelle Bezug wird hierdurch und auch durch Dilans ironisierende Erwiderung, dass dies ihre Leidenschaft sei, karikiert. In diesem Adressierungsgeschehen wird das Verhältnis zwischen Dilan und ihrer Lehrerin auf eine geradezu liebevolle

Weise als spannungsgeladen hervorgebracht. Die Positionierungen erscheinen geklärt, sie werden hier nicht erst noch ausgehandelt, sondern bestätigen und bestärken sich gegenseitig in der Re-Adressierung. Anders formuliert: Während Frau Helfsberger ihre autoritätstragende Position als Lehrerin reproduziert und von dort aus Dilan in scheinbar spöttischer Weise unterdrückt, gibt sie damit zugleich Dilan die Gelegenheit selbstbewusst zu zeigen, dass sie weiß, wer sie ist.

Frau Helfsbergers empathisches Eingehen auf Dilans spezifische Begabung bringt auch Thematisierungen in Bezug auf Bedürfniserfüllung hervor, wie die folgende Materialsequenz zeigt:

Dilan braucht eine Bühne – M539

Frau Helfsberger treffe ich am Fenster. Ich erzähle ihr, dass Dilan noch gekommen sei und dass sie verschlafen habe. Sie fragt, wie das Interview war und ich sage, dass es sehr gut gelaufen ist. Ich betone noch einmal, dass ich das schon erwartet hatte und wir es nicht mit Kindern machen würden, bei denen wir kein gutes Gefühl hätten. Frau Helfsberger sagt in diesem Zusammenhang, dass es für Dilan ja gut sei, wenn sie eine Bühne habe und lacht dann nett.

(3. Schuljahr)

Die Forscherin hat im Vorfeld der dargestellten Situation ein Interview mit Dilan geführt und ist deswegen auf der Suche nach dem Kind gewesen, das etwas verspätet zur Schule gekommen ist. Dies wird in der Sequenz zunächst im Gespräch mit der Lehrerin geklärt. Frau Helfsberger erkundigt sich bei der Gelegenheit nach dem Verlauf des Interviews und bekommt erzählt, dass die Erwartung der Forscherin, dass das Interview sehr gut verlaufen würde, sich bestätigt habe. Die Forscherin knüpft die Erwartung eines guten Interviewverlaufs an das „Gefühl", das im Forschungsteam bezüglich der Teilnahme des Kindes vorherrsche.[16] Frau Helfsberger nimmt diese Einordnung auf, indem sie auch einen Gewinn für Dilan darin sieht, interviewt zu werden, der darin besteht, eine Bühne geboten zu bekommen. Die Einschätzung, dass es für das Kind gut sei, eine Bühne zu haben, bringt Selbstinszenierung als ein Bedürfnis von Dilan hervor. Hier scheint die Verknüpfung durch, mit der das „Haben" einer „Bühne" als individuelles Bedürfnis entworfen wird und die Zuschreibung der schauspielerischen Fähigkeiten als Streben nach Bedürfniserfüllung plausibilisiert.

---

[16] Das genannte „Gefühl" bezog sich bei der Entscheidung, mit welchen Kindern Interviews geführt werden könnten, unter anderem auf die Einschätzung, ob das betreffende Kind bisher aktiv den Kontakt zu den Forscherinnen gesucht hat.

Zum Abschluss dieses Porträt-Ausschnitts zu Dilan wird zunächst ein Theater-auftritt von ihr beschrieben und werden anschließend Dilan selbst und ihre Mutter zu Wort kommen. In der folgenden Materialsequenz nimmt die Forscherin an der Abschiedsfeier für die 4. Klassen der Schule teil. Diese besteht unter anderem aus verschiedenen Aufführungen der Klassen.

Auftritt bei der Abschiedsfeier – M540

Im Anschluss an die [andere 4. Klasse] tritt die Theater AG der vierten Klassen mit verschiedenen kurzen Sketchen auf, die sich auch um das Thema Schule drehen. Bei einer der Aufführungen spielt Dilan eine Rolle und ich muss immer wieder grinsen, *weil sie ihre Rolle wirklich gut und lustig spielt*. Dann singt zunächst die Klasse [in die Dilan geht] einen ebenfalls umgedichteten Popsong, der allerdings etwas schneller und fröhlicher ist als der vorherige der [anderen 4. Klasse]. Daraufhin tritt erneut die Theater AG mit einem Stück zum Thema Glück auf.

(4. Schuljahr)

Die Tatsache, dass Dilan Mitglied der Theater-AG ist, kann an einer Selbstzu-schreibung als schauspielerisch begabt liegen und an einem eigenen Interesse an Schauspiel und Theater. Sie bestätigt den Eindruck von Frau Helfsberger, dass sie selbst für sich eine Bühne sucht und Möglichkeiten wahrnimmt, die da sind, um ihre Fähigkeiten auszuüben und gegebenenfalls weiterzuentwickeln.

Diese Sequenz wird an dieser Stelle jedoch nicht etwa zur Analyse des vor-gefundenen Geschehens herangezogen, sondern als eindrückliches Beispiel für den ko-konstruktiven Vorgang des ethnographischen Forschungsprozesses: Die Zuschreibung des bemerkenswerten schauspielerischen Könnens wird durch eine Forscherin als „wirklich" bestätigt und in der Beschreibung reproduziert. Dilan spielt ihre Rolle „wirklich gut und lustig", sie *kann* es und ruft bei dem Publikum, repräsentiert durch die Forscherin, positive Emotionen hervor.

Im Folgenden wird der Materialspur um Dilans schauspielerische Begabung nun in Bezug auf ihre Zukunftsperspektive weiter gefolgt. Im Interview mit Dilan, das im 4. Schuljahr geführt wurde, erklärt sie, dass sie bereits ihre Möglichkeiten an der weiterführenden Schule ausgelotet hat.

Schauspiel an der neuen Schule – M541

Forscherin	War das für dich schon immer klar dass du dann auf die Gesamtschule gehen möchtest?
Dilan	Ja das war schon immer für mich klar [...] und ich hab mich auch darauf entschlossen... weil... ich möchte Dramaklasse[17] gehen.

---

[17] Zum Zweck der Datenmaskierung umbenannt.

Forscherin	Ja.
Dilan	Weil ich hatte letztens, Theater AG, hier, und deshalb, weil's mir Spaß gemacht möchte ich jetzt dahin gehen.
Forscherin	Ja. Das stand doch sogar auch auf deinem Zeugnis drauf oder? Kannst du mir erzählen was genau da drauf stand?
Dilan	Da stand, Dilan hat, äh eine, gute Leistung bei, Deutsch und Reli und Englisch bei, dass die schauspielerisch, sich in Rollen versetzen kann und [*Forscherin:* Mhm] ja.
Forscherin	Das ist ja cool. Und da gibt's ne Theater AG, ne Theaterklasse wo du dann reingehen kannst?
Dilan	Ja.

(4. Schuljahr)

Dilan berichtet auf die Frage der Forscherin hin, dass sie ohnehin schon geplant hatte, auf die Gesamtschule zu gehen, die bei ihr in der Nähe des Wohnortes liegt. Doch auch das Vorhandensein einer Dramaklasse für Schauspiel sei für ihren Entschluss ausschlaggebend gewesen. Sie verweist auf ihre positive Erfahrung mit der Theater-AG in der Grundschule, an die sie anzuknüpfen wünscht. Das habe ihr Spaß gemacht. Dilan spricht nicht von einer eigenen Begabung, sondern setzt ihre Motivation relevant, die sie zur Teilnahme bewege. Die Bemerkungen ihrer Lehrerin werden nicht erwähnt und auch nicht als Grund genannt. Die Forscherin hakt noch einmal nach, da sie bereits das Halbjahreszeugnis mit der Schulformempfehlung für Dilan gesehen hat und ihr in Erinnerung geblieben ist, dass darauf etwas vermerkt war. Dilan gibt diese Bemerkung quasi in direkter Rede wieder und zitiert ihre „gute Leistung" beim schauspielerischen Hineinversetzen in Rollen.[18] Doch auch auf diesen Impuls der Forscherin hin, stellt Dilan keine Verbindung her zwischen ihrer schauspielerischen Ambition und der Zuschreibung von Begabung. Im Vordergrund steht für sie offenbar der „Spaß" und weniger ihre Außenwahrnehmung als Schauspieltalent.

Sie greift im Verlauf des Interviews jedoch die Fremdadressierungen auf, indem sie die Perspektive einnimmt, ihre Fähigkeiten letztendlich zu professionalisieren und Schauspielerei beruflich auszuüben. Zum Anlass dient die Frage der Forscherin nach ihren Zukunftsplänen.

---

[18] In der Schulformempfehlung, die zusammen mit dem Halbjahreszeugnis des 4. Schuljahres ausgeteilt wurde, ist die folgende Bemerkung festgehalten: „Dilan hat im Deutsch- wie auch im Religionsunterricht oftmals unter Beweis gestellt, dass sie ein besonderes Talent hat, in verschiedene Rollen zu schlüpfen und Szenen schauspielerisch darzubieten."

Berufswunsch Schauspielerin – M542

Forscherin	[...] Und ähm wenn du jetzt so an die neue Schule denkst, denkst du dann auch manchmal an deine Zukunft? Und überlegst dir, was du so in der Zukunft machen willst? Wie deine Zukunft aussehen könnte?
Dilan	Ich möchte entweder Schauspielerin werden [**Forscherin:** <<leise>> Mhm] oder... eine Modedesignerin.

(4. Schuljahr)

Nach ihrer Zukunftsvorstellung gefragt, könnte Dilan auf unterschiedliche Weise antworten. Sie könnte etwa ihre Vorstellung darüber, ob sie in einer Wohnung oder einem Haus wohnen möchte, oder ob sie sich ein Haustier anschaffen wird, zur Sprache bringen. Doch als erste Antwort auf diese Frage bringt Dilan ihren Berufswunsch bzw. ihre Berufswünsche ein: Schauspielerin oder Modedesignerin. Auf den ersten Eindruck handelt es sich um sehr unterschiedliche Berufszweige. Auf den zweiten Blick und unter Hinzuziehen der bisherigen Rekonstruktionen fällt jedoch eine gewichtige Gemeinsamkeit auf: Bei beiden Nennungen handelt es sich um Branchen, die in der Pop- und Medienkultur vor allem als einträgliche Berufe mit glamourösem Lebensstil inszeniert werden. Darüber hinaus handelt es sich jeweils um kulturelles Schaffen, dessen künstlerischer Kern darin besteht, sich auf kreativen Wegen mit der Welt zu kommunikativ zu verbinden, den eigenen Ideen in verschiedenen Ausdrucksweisen Gestalt zu geben.

Wir erfahren nichts weiter darüber, wie Dilan zur Äußerung dieser Berufswünsche gekommen ist. Der Berufswunsch Schauspielerin kann jedoch mit der Erfahrung, als schauspielerisch begabt bezeichnet zu werden, in Einklang gebracht werden und erscheint daher nicht als naive oder absurde Idee. Die hier als glamourös bezeichneten Aspekte können darüber hinaus mit ihrer offenen Einstellung und dem ihr zugeschriebenen Bedürfnis nach einer Bühne vereinbart werden.

Im abschließend dargestellten Ausschnitt des Elterninterviews, das in Anwesenheit von Dilan geführt wurde, geht es um näherliegende Zukunftsperspektiven als die Berufsorientierung.

Zukunftsausblick für Dilan – M543

Mutter	Dann schick ich sie lieber auf die Gesamtschule und dann, hat sie immer vielleicht, bessere Noten als wie auf der Realschule? Es also... so hab ich halt gedacht ne [**Forscherin:** Mhm] genau. Weil Dilan braucht immer so ne? So nen kleinen Stubser oder ne, auch mal die strengere Seite ne?

Forscherin	Mhm. Und dann gibt's da ja auch noch bestimmte Angebote das hatten Sie noch angekreuzt, irgendwie spezielle AGen oder Projekte…
Mutter	Genau wir [*Dilan:* DRAMA] die wurd jetzt in der [Dramaklasse][19] angenommen?
Forscherin	Mhm.
Mutter	Ja. Das hat Gottseidank auch geklappt.
Forscherin	Glückwunsch.
Mutter	Genau. JA wir haben auch nach so ähm… wie heißt das. Was Papa gemacht hat.
Dilan	Ähh. Was meinst du?
Mutter	…Schauspielschulen…
Dilan	Schau-, äh er wollte mich ähm auf ne Schauspielschule schicken aber, dann hat [Nachname1] gesagt-
Mutter	Aber die ähm, hier gibt's keine in [Stadt].
Dilan	Es gibt keine in [Stadt].
Forscherin	Mhm.
Mutter	Genau wir hatten halt Kontakt mit dem ähm, privat.
Dilan	Herr [Nachname1] von […]
Mutter	Und ähm, ja. Dann ist das erstmal nichts gewesen. Theater, weiß ich nicht, es gibt hier [das Schauspielhaus in der Stadt].
Forscherin	Mhm.
Mutter	Aber da ist es auch schwierig reinzukommen, ne? [*Forscherin:* Mhm.] Und auch ein bisschen teuer find ich.
Forscherin	Ach so das kostet was. Das wusst ich gar nicht [*Mutter:* Ja natürlich.]
Dilan	Das teuert richtig.
Forscherin	Okay ((lacht kurz auf)).
Dilan	Eine Stunde kostet […].
Mutter	Jaaa, sie tanzt auch gerne und ich dachte mir okay ich warte jetzt noch nen bisschen bis sie mit der anderen Schule anfängt dann können wir vielleicht wieder mal, ne was gucken ne, [*Forscherin:* Mhm] Dilan hat auch schon viel ausprobiert, die war in Ballett. Was hast du noch gemacht? […]
Dilan	Ballett war nicht so meins. […] […]
Mutter	Hm hat ihr keinen Spaß gemacht.
Dilan	<<verneinend>> M-m.

(4. Schuljahr)

Im Elterninterview wird zunächst Dilans Anmeldung auf der Gesamtschule besprochen. Die Forscherin spricht die Mutter auf den von ihr ausgefüllten

---

[19] Zum Zweck der Datenmaskierung umbenannt.

Elternfragebogen an, auf dem sie angekreuzt habe, dass es auf der Gesamtschule auch spezielle Angebote geben würde, die für Dilan attraktiv seien.[20]
Dilan reagiert direkt und hörbar darauf („DRAMA"), während die Mutter erläutert, dass Dilan an der Schule in einer speziellen Klasse „angenommen" wurde,
die sich Dramaklasse nennt. Das habe „Gottseidank auch geklappt", womit
eine Zugangsbegrenzung zu dieser Klasse suggeriert wird. Die Mutter berichtet
zudem, unterstützt durch Einschübe von Dilan, dass sie sich nach Schauspielschu-
len erkundigt hätten und dabei auch einen privaten Kontakt bemüht hätten. Da es
aber keine Schauspielschule in erreichbarer Nähe gebe, und die Angebote des ört-
lichen Theaterhauses zum einen Zugangsbarrieren und zum anderen hohe Kosten
mit sich brächten, ergibt sich die Dramaklasse als realistische Alternative. Dilans
Vater tritt in der Erzählung als derjenige auf, der sie auf eine Schauspielschule
habe schicken wollen. In dem Kurzbericht zeigt sich, dass einige Bemühungen
erfolgt sind, um Informationen zu schauspielerischen Fördermöglichkeiten für
Dilan zu erlangen.

Die Mutter berichtet in dem Zusammenhang, dass Dilan bereits verschiedene
außerschulische Aktivitäten ausprobiert habe. Neben Ballett wird – in der abgebildeten Sequenz aus Platzgründen ausgelassen – auch Kindersport und Hip Hop
Tanzen aufgezählt. Implizit wird dabei auf die Annahme rekurriert, dass die Teilnahme an außerschulischen Aktivitäten als positiv für die kindliche Entwicklung
gilt sowie als Möglichkeit, für die Ausbildung bestimmter Fähigkeiten und Fertigkeiten bereits früh eine Grundlage zu schaffen (vgl. Metsäpelto/Pulkkinen 2014,
S. 29 f.). Zwischen den Zeilen wird außerdem angedeutet, dass das Ausprobieren verschiedener Angebote nicht ohne Weiteres möglich ist. Der Zeitpunkt
des Schuljahresbeginns an der weiterführenden Schule wird als geeignete Gelegenheit benannt, wieder einmal zu „gucken". In Bezug auf die Erwähnung der
hohen Kosten für Angebote zur Schauspielförderung kann geschlossen werden,
dass die zu erwartenden Geldausgaben im Haushaltsbudget der Familie zu kal-
kulieren sind und die Teilnahme an solchen Angeboten folglich (auch) eine
Kostenfrage darstellt. In den Vordergrund gerückt wird jedoch Dilans Empfinden von „Spaß" als wichtigem Kriterium dafür, eine außerschulische Aktivität
aufzunehmen und weiterzuführen. Daraus lässt sich schließen, dass im Zusammenhang von Dilans zugeschriebener schauspielerischer Begabung abzuwarten
bleibe, ob ihre Freude an der Aktivität aufrechterhalten wird oder im Zuge der
Teilnahme an der Dramaklasse nachlässt.

---

[20] Es handelt sich um zwei verschiedene Forscherinnen, die einmal mit Dilan in der Schule
und einmal mit Dilan und ihrer Mutter in ihrem Zuhause ein Interview geführt haben.

5.3.4 Zusammenfassende Betrachtung

Im Ausschnitt des Datenbasierten Porträts zu Dilan wurde die wiederholte und sich verdichtende Vorstellung, das Kind verfüge über eine spezifische Begabung, rekonstruiert. Bei der nachgezeichneten Hervorbringung der schauspielerischen Begabung Dilans hat sich gezeigt, wie sich die Idee, Dilan sollte Gelegenheiten bzw. Möglichkeiten eingeräumt bekommen, ihre schauspielerischen Fähigkeiten einzusetzen und auszubauen, im Verlauf der Schuljahre entfaltet. Handelt es sich auch um eine schulisch weniger relevante Begabung, also um einen Bereich, der als nicht (unmittelbar) wichtig für das Erreichen von Schulerfolg gilt, konnte indes gezeigt werden, wie diese Begabung selbst im Kontext der Grundschule individualisiert hervorgebracht wird. Ein Drang aufzufallen und zur Dramatik wird suggestiv als Dilans Antrieb ihres manchmal ungewöhnlichen Tuns unterstellt, dem sie selbst auf die Gefahr hin nachgeht, zurechtgewiesen zu werden. So werden solche Verhaltensweisen, über die sie auffällt bzw. aus dem Rahmen des Erwarteten fällt, als typisch für sie hervorgebracht.

Direkt und indirekt verknüpft wird die Bezugnahme auf eine ungewöhnlich ausgeprägte Fähigkeit zum Rollenspiel mit der Hervorbringung einer aufgeschlossenen, kreativ-witzigen und teilweise anstrengenden Persönlichkeit des Kindes. So verknüpft und trianguliert, gerät die Begabungszuschreibung zu einem feststehenden Charakteristikum, das zeitlich überdauert und kontinuierlich aktualisiert wird. Die Berufung auf die Begabung und auf die aufgeschlossene Persönlichkeit scheinen sich dabei als Ursache für das jeweils andere abzuwechseln, bzw. wird nicht abschließend geklärt, woher die Begabung eigentlich stammt. Die konstatierte Tatsache, dass Dilan ihrer Lehrerin gelegentlich „auf den Keks" gehe, wird zu einer Problematik, die zwar bearbeitet werden soll, jedoch auch als Wesenszug gewissermaßen hingenommen wird, da sie eine Bühne brauche. Wiederholt werden ihr auch besondere sprachliche Fähigkeiten zugeschrieben sowie das Verstehen von Ironie als eine Fähigkeit benannt, in der sie der Normalitätserwartung in Bezug auf ihre Altersgruppe voraus sei.

Die schauspielerische Fähigkeit oder Begabung wird besonders von der Lehrerin überaus positiv gewertet. Das hier hervorgebrachte Konzept der schauspielerischen Begabung unterscheidet sich also von den ansonsten rekonstruierten Konzepten darin, dass es nicht bloß um eine Disposition für die Ausbildung eines Nicht-/Könnens geht, sondern um eine außergewöhnliche Basis zur Ausbildung hervorragenden Könnens, also im Prinzip um ein Hochbegabungskonzept. Dies wird vor allem von dieser Akteurin, Frau Helfsberger, fortan fast im Sinne einer Bestimmung kontinuiert und in Empfehlungen gemünzt, was einer Vereindeutigung der biographischen Richtung, die einzuschlagen sei, gleichkommt.

Möglicherweise wird damit suggeriert, dass Dilan eine Alternative zu Schulerfolg zur Verfügung steht, eine Option, die nur Menschen mit ungewöhnlichen Talenten zusteht. Für besondere Talente stehen häufig Optionen zur Verfügung, auch ohne einen Schulabschluss aufgenommen zu werden. Dabei wird auf die Logik verwiesen, das Können in Einkommen umzusetzen.

Auch Dilan selbst greift die Außenperspektive auf ihre Begabung auf. Doch lässt sich nicht abschließend herleiten, ob sie womöglich die Fremdansicht als Selbstkonzept übernimmt, oder ob sie unaufgeregt mit den Zuschreibungen umgeht und ihr Selbstkonzept davon einigermaßen unbehelligt hervorbringt.

5.4 Zwischenfazit: Biographisierende Positionierung in der Könnensordnung

In diesem Kapitel wurde der Schritt unternommen, Datensequenzen zu Positionierungspraktiken, die jeweils auf ein konkretes Kind bezogen sind, zu ethnographischen Collagen zu verdichten (vgl. Richter/Friebertshäuser 2012, S. 71). Als methodische Grundlage für dieses Unterfangen diente das Datenbasierte Porträt: Mittels des Datenbasierten Porträts wurden die jeweils vorliegenden ethnographischen Daten zu einem Schulkind zusammengestellt, womit die Daten eine erste Sortierung erfahren haben und der Analyse zugänglich gemacht wurden (vgl. Machold 2017, S. 160). Dabei wurden die unterschiedlichen Datensorten, die aufgrund der verschiedenen Praxisformen zustande gekommen sind, zugleich integriert und in ihrer je eigenen Qualität berücksichtigt (vgl. ebd., S. 166 ff.). Die Daten wurden auf die relevanten Fragestellungen hin analysiert. Indem die Daten über die Dauer der Forschung hinweg zueinander ins Verhältnis gesetzt werden, sollte die Aufschichtung situativer Praktiken in den Blick geraten (vgl. ebd., S. 169 f.).

Im vorliegenden Kapitel wurde die jeweils präsentierte ethnographische Collage als gegenstandsbezogener Ausschnitt eines zugrunde liegenden Datenbasierten Porträts verstanden. Entsprechend kann die jeweils stimmig und gebunden modifizierte Hervorbringung einer Persönlichkeit als vereindeutigende Hervorbringung eines biographischen oder biographierelevanten Narrativs konzipiert werden. Die betreffenden Narrative werden nicht nur wiederholt situativ und im Anschluss aneinander hergestellt, sondern bieten Anknüpfungsmöglichkeiten für zukünftige Praktiken. In der Logik der Grundschule wird bei den Ausschnitten zu Giselle und Maxie deutlich, dass die biographische Herstellung in Bezug auf die Positionierung in der Könnensordnung vor allem im Hinblick auf die Schulformempfehlung relevant gesetzt wird.

Die kulturelle Praxis der Charakterisierung

Die praktische Konstruktion einer individuellen Positionierung erfolgt in der Regel als Praxis der Charakterisierung, ob nun im reflexiven Sprechen über ein bestimmtes Kind, oder im regelhaften Durcheinander des Adressierungsgeschehens im Alltag. Der Begriff der Charakterisierung wird hier in Anlehnung an einen literaturwissenschaftlichen Begriff verwendet, der in der Regel für die umfassende Beschreibung einer fiktiven Figur gebraucht wird (vgl. Jannidis 2004, S. 209). Auch die über die Narrative der Datenbasierten Porträts hervorgebrachten Kinder bilden im vorliegenden Verständnis keine *realen* Kinder ab, sondern sind als Modelle zu verstehen, „die in der Verarbeitung von Texten, in Gesprächen, an Computern und in Gedanken entstanden sind" (Mecheril 2003, S. 44).[21] Von diesem ko-konstruktiven Verständnis der Modellierung ausgehend, sind auch die vorliegenden Porträts als Ergebnis der Herstellung fiktiver Figuren zu betrachten, deren Wert darin besteht, eine Bezugsgrundlage für die Analyse der sozialen Wirklichkeit auf einer allgemeinen Ebene darzustellen – und die in diesem Sinne als real betrachtet werden können (vgl. auch Mecheril 1997, S. 199, Anmerkung 7).

Gebräuchlich ist eine Verwendung von „Ist"-Beschreibungen in Bezug auf Menschen, bzw. Figuren, mit denen diese nicht nur als Beobachtungen von Handlungen beschrieben werden, sondern auch suggeriert wird, dass zukünftiges Verhalten in bestimmten Situationen mehr oder weniger vorausgesagt werden könne. Die Charakterisierungspraxis stellt demnach eine kulturell geteilte Methode dar, mit der Menschen eingeordnet und voneinander unterschieden werden, etwa um ihre Beweggründe oder Absichten verstehen zu können.

Bei Giselle konnte, zu Beginn auf Grundlage der Zuschreibung von Langsamkeit und Passivität, gezeigt werden, wie ein spezifischer Aspekt ihrer Persönlichkeit konstruiert wird, der wiederholt und kontinuierlich relevant gesetzt wird. Am Ende dieses Herstellungsprozesses steht eine Ungeeignetheit für Schulformen, in denen „eigenes Nachdenken" gefordert ist. Der Gebrauch von Fragen wie „Bin ich da gut oder schlecht?" verweist auf Giselles *Akzeptanz der hierarchischen Könnensordnung, auch dann, wenn sie eine niedrige Statusposition zugeordnet bekommt.*

---

[21] Machold (2015), die Mecherils Konzept der Modellierung – bei ihm auf biographisch-narrative Interviews bezogen – für die Analysearbeit von sozialen Praktiken adaptiert hat, konkretisiert dazu: „Modelle gelten als sozialwissenschaftliche Geschichten. Eine Geschichte kann eben auch anders erzählt werden und die entwickelten Lesarten stellen gerade keine notwendigen (sic) wohl aber im Hinblick auf ihre Angemessenheit notwendigerweise zu plausibilisierende Lesarten dar" (Machold 2015, S. 104).

Die Akzeptanz stellt in der Begabungskultur einen kompetenten Umgang mit Statuszuweisung dar. Bourdieu nennt das „Überzeugung" (Bourdieu 2001, S. 21): Mit der eliminatorischen Logik des schulischen Systems gehe auch eine Überzeugungskraft einher, die eine kulturelle Legitimationsgrundlage für Ungleichheit bilde. Giselles Schulformempfehlung lautet Hauptschule, angemeldet wird sie auf einer Gesamtschule.

Bei Maxie wird deutlicher, dass sie zwar einem bestimmten Typus zugeordnet wird: „stilles Mädchen", der dazu verwendet wird, ihr ein großes, wenn auch meist unsichtbares Leistungs*potenzial* zuzuschreiben. Dennoch kann die Passungsbestimmung entlang der Logik der Schulformempfehlung nicht eindeutig vollzogen werden. Die Konstruktion des stillen Typus geht mit der Möglichkeit einher, ihr individuelle Bedürfnisse nach Lob und Erfolgserlebnissen, aber auch die Notwendigkeit der Entwicklung von mehr Selbstbewusstsein zuzuschreiben. Die Einordnung Maxies zwischen Gymnasial- und Realschulempfehlung kann als Abwägen zwischen der Logik von Begabungskultur und einer Logik des kindlichen Wohlbefindens – etwa für die Persönlichkeitsentwicklung – betrachtet werden. Maxies Mutter vertritt einen starken Standpunkt, den sie argumentativ zu verteidigen weiß. Im Vordergrund steht für sie das positive Schulerleben Maxies, das Gewährleisten von Erfolg und die Verhinderung von Niederlagen. Maxie erhält eine (uneingeschränkte) Gymnasialempfehlung, wird auf der Realschule angemeldet.

In Bezug auf Dilan konnte in einer gewissen Distanz zur Logik schulischer Leistungsbewertung sehr deutlich gezeigt werden, *wie die individuelle Zuschreibung von Begabung über Wiederholung und Kontinuität in einem geteilten Wissen der beteiligten Akteur*innen resultiert.* Zudem wurde hier deutlich, dass die zugeschriebene Begabung mitunter ursächlich zu erklären versucht wird; als Bedürfnis nach einer Bühne, als begründet in familiären Inszenierungen (wenn es um das Thema Ironie geht) oder einfach als Freude am Rollenspiel. Dilans sprachliche Fähigkeiten, die mitunter als überragend markiert werden, können auch damit in Verbindung gebracht werden. Ihre Lehrerin beobachtet Dilans Kompetenz im Codeswitching, wenn sie in Rollen schlüpft: Sie „lebt die Rolle und [...] entwickelt ne ganz andere Sprache" (M533). So besteht ein loser Zusammenhang zwischen Dilans ständig thematisierter schauspielerischen Begabung und ihrem, als fortgeschritten markierten, sprachlichen Ausdruck.

Die kulturelle Praxis der Biographisierung
Dausien und Kelle beziehen die kulturelle Praxis der Biographisierung auf die Situiertheit von Praktiken, im Sinne eines Musters, „das zum Zweck des Identitätsmanagements in sozialen Situationen genutzt wird" (Dausien/Kelle 2005, S. 202). Darin spiegelt sich unter anderem die kulturelle Selbstverständlichkeit

(sogenannter moderner Gesellschaften) wider, eine Biographie zu haben (vgl. ebd., S. 200). Die Praxis der Charakterisierung, die bei den Datenbasierten Porträts im Sinne einer „diskursive[n] Temporalisierung" (Dausien/Kelle 2005, S. 195) re- und ko-konstruiert worden ist, erweist sich nicht nur funktional für die Einordnung von bestimmten Verhaltensweisen als ‚typisch' für das jeweilige Kind (ebd. vgl., S. 194 f.). Sie kann auch eine Bezugsgrundlage für die Herstellung eines Bildungs- bzw. Wissens*bedürfnisses* des Kindes darstellen.

Auf Grundlage der bisherigen rekonstruktiven Analyse kann zusammenge- fasst werden, dass charakterisierende Zuschreibungen im Hinblick darauf, ob bzw. inwiefern ein Kind sich für einen erfolgreichen Bildungsweg ‚interessiert', über begabungskulturelle Codes hervorgebracht werden. Die Praxis, eine Eignung der Kinder für eine bestimmte Schulform hervorzubringen, ist ideologisch mit der Idee „des individuellen schulischen Heils" (Bourdieu 2001, S. 21) verknüpft. Wird das verbreitete pädagogische Ideal, demnach Menschen ein Bedürfnis nach Wissen und Bildung haben, auch nur implizit vorausgesetzt und in Einklang mit der schulischen Konzeption von Bildung entworfen, so kann im Hinblick auf Kinder, die damit einhergehend entworfene Kriterien nicht erfüllen, die ‚Feststellung' konstruiert wer- den, ihre Bildungsaspirationen seien niedrig. Beispielsweise könnte in Bezug auf die Thematisierungs- und Hervorbringungsweisen zu Giselle die Zuschreibung plausi- bilisiert werden, sie verspüre kein Bedürfnis zu lernen und sich zu bilden (vgl. Abschnitt 5.1.3).

Die Schulkinder werden im Laufe der Zeit und im sich wiederholenden Rah- men der Schulklasse – scheinbar individualisiert – als einzelne Schüler*innen mit je eigenen besonderen Eigenschaften und Fähigkeiten bestimmbar gemacht (vgl. auch Machold/Wienand 2021, S. 160). Prinzipiell geht es nicht um die Individualität von Kindern im universellen Sinne, sondern, in einem limitierten Bedeutungsrahmen, um die funktionsgebundene Identifikation von brauch- und ver- wertbaren Eigenschaften und Fähigkeiten der Kinder, mit denen sie als ‚individuelle' Schulkindpersönlichkeiten definiert werden.

Auch auf analytischer Ebene geht es nicht darum, individuelle Persönlichkeiten herauszuarbeiten, da es nicht um die Analyse von Einzelfällen geht, sondern um die Analyse der kollektiven Praxis (und Erfahrung der Praxis), von der ausgegangen wird, dass sie Regelmäßigkeiten aufweist. In Bezug auf die Identifikation von Talen- ten, aber auch von Unbegabtheit, wird dabei eine Mystifizierung ihrer Ursprünge vollzogen: Es wird als Teil der Persönlichkeit hervorgebracht; bisweilen noch mit *Background*-Informationen ins Verhältnis gesetzt (z. B. indem mit „Ich glaube aber auch, weil es im Elternhaus oft vorkommt" ein Erklärungsansatz dafür angeboten wird, dass Dilan Ironie verstehen kann, vgl. Abschnitt 5.3.2). Werden bei der Posi- tionierung der Kinder Vorsprünge oder auch Rückstände in Bezug auf konkrete

Inhalte oder Fähigkeiten konstruiert, wird ebenfalls auf das Zuhause des Kindes verwiesen, oder auf dem Kind inne liegende Gründe, die mit „Potenzial", „Neigung", mitunter auch „Talent" oder ähnlichem umschrieben werden. Diese Praxis ist funktional für die Entlastung der Institution Schule als verantwortlich, zugunsten der Responsibilisierung von Kind und Eltern/Familie (vgl. Machold/Wienand 2021, S. 85 ff.). Daran wirken auch Eltern/Familien mit, wie am Beispiel einer mathematischen Unbegabtheit dargelegt wurde (vgl. M510, Abschnitt 5.1.2): Giselles Mutter deutet in der Aussage „Das hat sie von mir" die Behauptung an, Giselle habe ihre eher geringen mathematischen Fähigkeiten von ihrer Mutter vererbt bekommen. Damit vertritt sie eine Position, die mit neurowissenschaftlichen Studien untermauert werden kann: So wurde etwa belegt, dass ein „vorsprachlicher Sinn für Zahlen" (preverbal number sense) von Kleinkindern Vorhersagen über die mathematischen Fähigkeiten von Vorschulkindern ermöglichten (vgl. Starr et al. 2013, S. 18116). Vor dem Hintergrund einer schulischen Wettbewerbslogik interessiert jedoch weniger die Provenienz, als allein die Feststellung von Vorsprung oder Rückstand – da die Frage der Verantwortlichkeit ‚lediglich' als eine moralische erscheint, die Praxis der Selektion aber eine institutionelle Notwendigkeit darstellt (vgl. ausführlich hierzu Machold/Wienand 2021, S. 82 ff.).

Die Praxis der Biographisierung wurde in diesem Kapitel als einerseits situierte, andererseits akkumulierende Praxis der Charakterisierung nachgezeichnet. So konnte gezeigt werden, wie das Können von Giselle, Maxie und Dilan in alltäglichen Situationen in der Grundschule als individualisierende Zuschreibung hervorgebracht wird. Rekonstruiert wurde also keine ‚ganze' Biographie, sondern, geleitet durch das Forschungsinteresse, ein Ausschnitt davon – von Interesse ist der Analyse weniger das Produkt der Biographie, vielmehr wurde der Fokus auf den Herstellungsprozess gerichtet und die kulturellen Praktiken beleuchtet.

Im nächsten Kapitel wird der Fokus auf die Praxis der Hervorbringung von Begabungskonzepten ausgerichtet.

In Kapitel 4 wurde anhand von Praktiken im alltäglichen Vollzug nachgezeichnet, wie die schulische Könnensordnung hergestellt und reproduziert wird. Kapitel 5 veranschaulicht die Herstellung von Begabungszuschreibungen als individualisierende und temporalisierende Praktiken, über die in diachroner Anschauung eine biographische Vereindeutigung vollzogen wird. Der Zugriff auf Begabungskonzepte in reflexiven Darstellungen soll im Mittelpunkt dieses Kapitels stehen.

Mit dem Begriff „Darstellung" wird der Umstand berücksichtigt, dass Äußerungen gegenüber Forscherinnen von Feldteilnehmenden als Gelegenheit genutzt werden (können), nachgefragte Sachverhalte nach eigenen Relevanzsetzungen oder auch nach eigenen Vorlieben zu (re-)präsentieren (vgl. auch Breidenstein et al. 2015, S. 83 f.). Der Analyse von Interviews eröffnen sich also immer mindestens zwei Ebenen: Erstens die informative Ebene, die in sich wiederum hermeneutisch in eine Ebene des Gesagten und eine Ebene des Gemeinten strukturiert werden kann (vgl. Kruse 2015, S. 384). Zweitens die Praxisebene; mit einem Verständnis von formellen Interviewsituationen als Praxisform wird die „sprachlich-kommunikativ konstruierte Wirklichkeit" (ebd., S. 387) als „Vollzugswirklichkeit" (ebd., mit Verweis auf Garfinkel) verstanden. Informelle Interviews und Gespräche sind entsprechend als Teil der Alltagspraxis zu betrachten und damit in ihrer Hervorbringung als Teil des alltäglichen Vollzugs von Wirklichkeit einzuordnen.

Im Hinblick auf die zentrale Forschungsfrage, wie Begabung im Alltag der Grundschule hervorgebracht und relevant gesetzt wird, bzw. wie Begabung in Bezug auf konkrete Kinder als bedeutsam hervorgebracht wird, könnte es zunächst naheliegend erscheinen, vor Ort im Feld – etwa entlang eines Leitfadens – direkt nach entsprechenden Begabungskonzepten zu fragen. So legitim eine solche Herangehensweise im Rahmen eines entsprechend ausgerichteten

© Der/die Autor(en), exklusiv lizenziert an Springer Fachmedien Wiesbaden   197
GmbH, ein Teil von Springer Nature 2022
C. Y. Wienand, *Die Herstellung einer Begabungskultur in der Kindheit*,
Kinder, Kindheiten und Kindheitsforschung 31,
https://doi.org/10.1007/978-3-658-39014-3_6

Forschungsdesigns grundsätzlich wäre, so würde sie doch dem Anspruch der vorliegenden Studie zuwiderlaufen, eine Rekonstruktion über größtenteils unsichtbar gemachte kulturelle Codierungen von kindbezogenen Unterscheidungen leisten zu wollen. „Interviews über die Praktiken sind […] nicht die Praktiken selbst. Aber die geäußerte Rede im Rahmen von Interviews kann ein Mittel liefern, um indirekt jene Wissensschemata zu erschließen, welche die Praktiken konstituieren" (Reckwitz 2008, S. 196 f.). So spielt es auch keine gewichtige Rolle, dass die Worte „Begabung", „Talent" oder „Neigung" an sich nur selten im Material aufzufinden sind. Das explizite kognitive Wissen über Begabung und die eigenen Begabungsvorstellungen ist hier weniger gefragt, als die „durch praktische Mitgliedschaft erworbene[…] Vertrautheit mit den jeweiligen materiellen und symbolischen Bedingungen des Geschehens" (Alkemeyer et al. 2009, S. 9). In Bezug auf die Hervorbringung einer Bedeutsamkeit von Begabung wird nicht von einem rational-planvollen Subjekt ausgegangen, das sich jederzeit mit präziser Wortwahl ausdrückt, sondern es wird von einem impliziten Wissen um die Bedeutung des Könnens und des Un-/Begabtseins ausgegangen, das in alltäglichen Praktiken artikuliert wird und das die soziale Alltagswelt ordnet. „Die gegenüber sprachlichen Ausdrücken immer wieder angebrachte alltagstheoretische Argumentation: ‚Das sagt man halt so!' muss man im Rahmen rekonstruktiver Analysearbeit vergessen" (Kruse 2015, S. 385, Hervorhebung im Original).

Herausgearbeitet wird, wie Konzepte von Begabung etwa illustrierend oder argumentativ, implizit oder explizit, oder auf andere Weise und in anderem Modus, hervorgebracht und funktional eingesetzt werden. Anhand der in Interviews und Gesprächen getätigten Aussagen und Darstellungen der Feldteilnehmer*innen sollen überdies etwaige Bezüge auf die Könnens- und Begabungsordnung der Grundschule sowie auf Schüler*innenbiographien rekonstruiert werden. Ziel ist auch hier, die subtile Ordnung der Begabungskultur in den rekonstruierten Bezügen sichtbar zu machen. Die Analyse erfolgt sequenziell. Die Auswahl der Sequenzen erfolgte nach dem Prinzip der Kontrastierung, um möglichst facettenreiche Variationen von Begabungsbezügen vorzulegen.

Die analytische Aufmerksamkeit wird mit den folgenden zentralen Fragen auf das Material gerichtet (frei angelehnt an Kruse 2015, S. 471):

1. Welche Gesprächs- und Beziehungsdynamik liegt der Interviewsequenz zugrunde?
2. Welche Begriffe, Metaphern oder Auslassungen weisen wie auf Begabungskonzepte hin?

3. Welche (situative) Funktion erfüllt der Begabungsbezug und welche Anschlüsse lässt er zu?

So wird mit der Analyse deutlich, inwiefern eine Bedeutsamkeit von Begabung auch im reflexiven Rückgriff auf Erklärungsansätze über den eigenen Alltag bzw. die eigene Positionierung in der Lebenswelt hervorgebracht wird.

6.1 Darstellungen von Lehrer*innen (inkl. Einordnung und Empfehlung)

Die deutungsrelevanten Konzepte und Lesarten von Lehrer*innen interessieren unter anderem aus dem Blickwinkel, dass sie damit potenziell auch einen institutionellen Deutungshaushalt reproduzieren bzw. darauf rekurrieren, der für die rationale und zweckmäßige Präsentation der Ausstattung von Entscheidungen mit Sinn als gültiges Wissen argumentativ bereit liegt (vgl. Gomolla/Radtke 2009, S. 151). In praxistheoretischer Perspektive kann die Hervorbringung von Sinn bzw. von Plausibilität zwar grundsätzlich als Prozess betrachtet werden, an dem alle Teilnehmenden – nicht nur Lehrer*innen, sondern auch die Schüler*innen und ihre Eltern/Familien – ihren Anteil haben (vgl. Machold/Wienand 2021, S. 161 ff.). Lehrer*innen kommt eine besondere Position zu, da sie Entscheider*innen sind. Als Repräsentant*innen der Organisation Schule sind sie diejenigen, die „nach universalistischen Kriterien die Verteilung und Zuweisung knapper sozialer Ressourcen regeln. Damit sind Lehrer […] in organisatorische Machtzusammenhänge der Ausübung ‚symbolischer Gewalt‘ (Bourdieu/Passeron 1973) verstrickt" (Helsper 1996, S. 538).

Als zu analysierende Sequenzen wurden zwei unterschiedliche Settings gewählt: Ein Lehrer*inneninterview sowie ein informelles Gespräch im schulischen Alltag. Es handelt sich also um unterschiedliche Praxisformen, womit der oben wiedergegebenen analytischen Frage 1 auch die Aufgabe zukommt, das situativ hergestellte Verhältnis jeweils zu berücksichtigen. Zu untersuchender Gegenstand ist die Thematisierung von Begabung und die Herstellung von Begabungsbezügen. Auch in den Thematisierungsweisen unterscheiden sich beide Sequenzen.

Im Folgenden wird eine (formelle) Interviewsequenz beleuchtet, in der eine Erklärung für die Abwesenheit antizipierter (Bildungs-)Schwierigkeiten *nebenbei* als potenzielle „Sprachbegabung" angeboten wird. Kontrastiv wird anschließend eine (informelle) Gesprächssequenz untersucht, in der eine Kategorisierung von

Schüler*innen entlang der Logik der formal durch Lehrer*innen zu erbringen-
den Schulformempfehlungen vorgenommen wird und dabei *Selbstverständlichkeit*
hervorgebracht wird. In einem abschließenden Absatz wird eine zusammenfassende Betrachtung angeboten, um anschließend in das nächste Teilkapitel
überzugehen.

6.1.1 Begabung als Ausgleich von (unterstellten) Defiziten

Sprechen Lehrer*innen und pädagogische Fachkräfte über Bildungsverläufe
migrantisierter (vgl. Amirpur/Doğmuş 2022, i.E.) oder als migrantisch geltender
Schüler*innen, kann mitunter der Gebrauch von Begabungsrhetorik beobachtet
werden, wenn eine Lesart artikuliert wird, nach der eine „vermeintlich kulturell
begründete[...] Überforderung und Ungebildetheit mit Hilfe der *Begabung* und
der Unterstützung der Schule" (Wienand/Hasenjürgen 2016, S. 231, Hervorhebung im Original) überwunden wird. Mit einer solchen Lesart können soziale
Ungleichheitsverhältnisse de-thematisiert bleiben und die Aufmerksamkeit auf
eine individuelle Verantwortung gerichtet werden, Differenzen zu überwinden
(vgl. ebd., S. 232).

Ähnliches zeigt sich in der folgenden Sequenz, die ein Beispiel für die Verwendung des Begabungsbegriffs in Verbindung mit ethnisch codierten Zuschreibungen darstellt. Das Interview mit einer Klassenlehrerin findet im 1. Schuljahr
statt. Zu Beginn des Interviews verläuft die Gesprächsdynamik des Interviews
zwischen Forscherin und der Lehrerin Frau Kreutzer noch eher stockend. Als
Frau Kreutzer in ihrer Position der Expertin über Schulisches sprechen kann,
entwickelt sie schließlich einen Redefluss, der sich auf die Aufforderung hin
intensiviert, über die einzelnen durch die Forschung begleiteten Kinder zu
sprechen. Beim Sprechen über die Kinder werden unter anderem sprachliche
Fähigkeiten im Sinne einer Hürde für den Erwerb der deutschen Sprache als
defizitär problematisiert.

Während der Frage wird auf eine Vorkenntnis des Projekts abgehoben und eine
zentrale These des Forschungsprojekts, bzw. des dieses Projekt rahmenden Son-
derforschungsbereichs[1] wird genannt: „Wie aus Heterogenitäten Ungleichheiten
werden"; diese These und ein in ihr geführter Kausalzusammenhang wird hier
von der Interviewerin gesetzt und nicht beispielsweise vorsichtiger formuliert,

---

[1] Der Sonderforschungsbereich 882, in dem das Forschungsprojekt in der 1. Förderphase als
Teilprojekt angesiedelt war, trug den Titel „Von Heterogenitäten zu Ungleichheiten" (vgl.
Diewald/Faist 2011).

wie etwa ,*Ob* aus Heterogenitäten Ungleichheiten werden'. Die Begriffe stecken das Souveränitätsgebiet der Interviewerin ab; im Interviewverhältnis legitimiert sie dadurch ihre Rolle als Interviewerin und ermächtigt sich somit der Situation.

„Vielleicht ne Sprachbegabung…" – M601

Forscherin	Wir interessieren uns ja dafür, wie aus Heterogenitäten Ungleichheiten werden […]. Wenn Sie an die Kinder, die wir jetzt begleiten, denken […] gibt es da Unterschiede zu anderen Kindern, die Ihnen irgendwie auffallen, oder eher nicht.
Kreutzer	[…] Das einfach dass sie oft in der Freizeit so' ' bisschen unter sich bleiben. Also dass die Integration da noch so, nen bisschen… äh… schwieriger ist. Die Sprachkenntnisse sind, das ist unterschiedlich also ich denke Samira und Minou, obwohl die zu Hause ne andere Sprache sprechen durch viele Geschwister und. Vielleicht ne Sprachbegabung. Merkt man denen das nicht an. Und ähm bei Ravi ist das schon so dass der, was ich sagte, im Deutschen noch nicht so viele Wörter kennt.
Forscherin	Und, also wär das auch ein Grund dafür dass die sozusagen nicht sich so integrieren, das Sprachliche? [*Kreutzer:* Genau.] Oder [*Kreutzer: Also…*] oder oder keine Ahnung weil die waren ja zum Beispiel auch alle in der gleichen KiTa kann das sein ((lacht)).
Kreutzer	Hm ich denke das ist dann eher dass dann wirklich die Institution nicht den Einfluss hat wie äh wenn die, den ganzen Alltag mit den anderen Kindern zusammen verbringen würden. Dadurch dass die sich dann doch oft in ihre Familie oder in ihre Gruppen wo sie sich privat treffen dann zurückziehen und nicht, auch in der Freizeit immer den Kontakt haben dann läuft der Fernseher in ner anderen Sprache oder so dass dadurch denke ich, denen was fehlt.

(1. Schuljahr)

An dieser Stelle ist das Interview bereits seit etwa zwölf Minuten im Gange. Die Interviewerin thematisiert „Unterschiede" als Kernaspekt der Forschungsfragen. Inhaltlich scheint die Frage implizit auf bestimmte Unterschiede hinzuweisen, denn dass Unterschiede zwischen allen Kindern bestehen, liegt eigentlich auf der Hand. Es dürfte der Lehrkraft also prinzipiell deutlich sein, dass die Interviewerin sich etwas Bestimmtes vorstellt oder auf etwas Bestimmtes hinauswill, das sie aber nicht preisgibt. Es könnten sowohl temporäre bzw. situative als auch fortwährende Unterschiede gemeint sein. Die Interviewerin nennt jedoch nicht die Unterschiede, die sie sich selbst möglicherweise vorstellt. Damit bekommt ihre Aufforderung, sich die Kinder vor Augen zu führen, und die anschließende Frage den Anklang einer Thematisierungsregel, bestimmte Differenz nicht offen benennen zu dürfen. Eine solche Regel kann sich sowohl generell auf das Sprechen über Kinder beziehen, als auch auf die Interviewsituation, in der die Interviewerin interessiert ist an der Perspektive der Lehrerin und ihr deshalb keine suggestiven Antwortvorgaben unterbreiten möchte.

Angesprochen auf die Bedeutung von Heterogenitätsmerkmalen spricht die Lehrerin über ihre Vorstellungen von Integration. Grundsätzlich bringt sie Integration als problembehaftetes Thema hervor und positioniert sich als übergeordnete Beobachterin migrationsgesellschaftlicher Differenzverhältnisse. Frau Kreutzer greift die in der Fragestellung angedeutete Konstruktion einer Gruppe der Kinder auf und bringt sie als Gruppe hervor, die sich in einigen wesentlichen Aspekten von ihr selbst und von anderen Kindern ihrer Klasse zu unterscheiden scheint. Diese Praxis kann als Othering identifiziert werden:

> Das Konzept des Othering erläutert, wie die ‚Fremden' zu ‚Fremden' gemacht werden und dabei gleichzeitig ein ‚Wir' konstruiert wird, welches anders als das fremde ‚Nicht-Wir' beruhigend unambivalent, ohne grundlegende Spannungen erscheint und darin eine sichere Gemeinschaft symbolisiert. (Castro Varela/Mecheril 2010, S. 42)

Der Ausdruck eines nicht weiter definierten „unter sich bleibens" in der Freizeitgestaltung der Kinder ist durch das Merkmal gekennzeichnet, sich von dem ‚Wir' der (imaginierten) Mehrheitsgesellschaft abzugrenzen. Über Auslassungen hervorgebracht wird so eine Aussage dazu, mit wem die Kinder ihre freie Zeit nicht verbringen. Aufgegriffen wird das in rechten gesellschaftspolitischen Diskursen kursierende Motiv der Integrationsverweigerung.

Integration geschieht laut dieser Darstellung mindestens auch über Sprache. Dabei reproduziert Frau Kreutzer in ihrem Sprechen stereotype Vorstellungen, unter anderem zu problembehaftet dargestelltem mehrsprachigem Aufwachsen, indem sie eine Überraschtheit zum Ausdruck bringt: „Obwohl" die Kinder zu Hause eine „andere Sprache" sprechen, vermögen sie die deutsche Sprache wider Erwarten zu beherrschen. In dieser Äußerung ist ein Anschluss an den verbreiteten Mythos impliziert, mehrsprachiges Aufwachsen würde Kinder überfordern (vgl. kritisch dazu Dirim et al. 2018, S. 214). Hingegen gibt es empirische Hinweise darauf, dass Mehrsprachigkeit weder für Sprachentwicklungsstörungen verantwortlich zu machen ist, noch eine Hürde darstellt, wenn Kinder beispielsweise von Sprachentwicklungsstörungen, Autismus oder Trisomie 21 betroffen sind (vgl. Chilla/Niebuhr-Siebert 2017, S. 79).

Als Erklärungsansatz wird von Frau Kreutzer die Möglichkeit einer Sprachbegabung angesprochen. Das Wort „Sprachbegabung" wirkt wie ein hineingetupfter

Farbklecks, der zu einem größeren Bild beisteuert, aber für sich genommen kein konkretes Motiv darstellt – es wird nicht weiter vertieft, es werden auch keine alternativen Erklärungsversuche unternommen, vonseiten der Interviewerin wird dies auch nicht eingefordert. So verbleibt ein flüchtiger Eindruck, dass die ‚guten' Sprachkenntnisse der Kinder Samira und Minou weniger als Eigenleistung, im Sinne eines Resultats beispielsweise des Übens, gesehen werden müssten, denn als Zufallsprodukt. Eine Sprachbegabung würde einen Vorteil in der Disposition darstellen, die eine Aneignung von Sprachen trotz widriger Umstände ermöglichen könnte, also auch den als solchen konstruierten Nachteil des mehrsprachigen Aufwachsens ausgleichen kann. Zur Untermauerung der womöglich vorurteilsbehafteten Darstellung – wir erfahren nichts weiter darüber, wie genau Frau Kreutzer tatsächlich über die sprachlichen Verhältnisse im jeweiligen Zuhause der Kinder informiert ist – vergleicht sie die Kinder ihrer Klasse miteinander, die mehrere Sprachen beherrschen. Samira und Minou werden als Beispiele dafür genannt, mehrsprachig aufzuwachsen, jedoch entgegen der defizitären Erwartung sprachlich unauffällig zu sein. Ravi hingegen wird hier als Kind angeführt, bei dem ein Mangel als Folge des nicht-monolingual-deutschsprachigen Aufwachsens konstruiert wird: „dass dadurch, denke ich, denen was fehlt".

Das Begabungskonzept tritt im Interview nur kurz und sehr unbestimmt auf, als Konzept, mit dem der zugeschriebene Mangel des mehrsprachigen Aufwachsens ausgeglichen werden kann. Möglicherweise drückt Frau Kreutzer auch ihre Anerkennung für die Begabung aus. Es ist aber, mit dem Wort „Vielleicht" versehen, nur eine mögliche Erklärung unter mehreren. Kaum angeführt, wird sie direkt wieder übergangen, denn an dieser Stelle geht es im Adressierungsgeschehen des Interviews nicht darum, die Besonderheit einer Begabung herauszuheben, sondern auf die Unauffälligkeit zu verweisen, die mit einer Begabung vermeintlich hergestellt wird. Auffällig – wenn auch nicht unerwarteterweise – sei hingegen Ravi, der einen geringen Wortschatz im Deutschen aufweise. Den Kindern anzumerken, dass sie in ihrem Zuhause noch mindestens einer weiteren Sprache als der deutschen ausgesetzt sind, wird als Normalitätserwartung implizit vorausgesetzt. Auf Grundlage dieser Normalitätserwartung bleiben in der Position als Lehrerin die möglichen Gründe dafür, dass sich bei den mehrsprachigen Kindern unterschiedliche Fähigkeiten im Deutschen feststellen lassen, im Dunkeln. Deutlich wird aber das Gewicht, das Frau Kreutzer der Konnotation von „Integration" und von Mehrsprachigkeit bei Kindern beimisst: Diese Akzentuierung lässt die Deutung von Mehrsprachigkeit als problembehaftet zu, als Ausnahme von der als solcher konstruierten Regel des einsprachigen Spracherwerbs bzw. als pädagogisch zu beobachtende Abweichung von ihrer Normalitätserwartung, die sie vor ihrem professionellen Erfahrungshintergrund impliziert. In Bezug

auf das eingangs aufgerufene Forschungsinteresse daran, „wie aus Heterogenitäten Ungleichheiten werden", wird der Thematisierungsfokus in der Antwort der
Lehrerin vor allem auf die Frage der Responsibilisierung gelegt. Als verantwortlich für eine gelungene „Integration" werden die Familien befunden, bzw. die
„Gruppen wo sie sich privat treffen dann zurückziehen". Selbst positioniert als
Beobachterin, greift Frau Kreutzer eine hegemoniale, an völkische und rechts-
extreme Diskurse anschlussfähige (Des-)Integrationsdeutung auf und bringt diese
als wertneutrale Betrachtung hervor. Die Bezugnahme auf das Begabungskonzept
erfüllt dabei die Funktion, einen Sonderfall zu konstatieren, wo die Antizipation
einer defizitären Sprachentwicklung unter Bedingungen von Mehrsprachigkeit
nicht zutrifft.

6.1.2 Schulformempfehlung als begabungsbezogene Typisierung

Äußerst eindeutig, so kann erwartet werden, zeigt sich die Begabungsordnung
des Bildungssystems, wenn es im vierten Schuljahr um die Schulformempfehlung
für die weiterführende Schule geht.[2] Den Lehrer*innen obliegt mit der Empfehlung die Verantwortung, im Rahmen der Klassenkonferenz die Schulform für
ein Schulkind zu empfehlen, „die für die weitere schulische Förderung geeignet
erscheint" (§11 Abs. 5 SchulG NRW). Die Sequenz, die im Folgenden betrachtet
wird, stammt aus einem Beobachtungsprotokoll und gibt ein dort festgehaltenes
Gespräch zwischen dem Lehrer Herrn Dräger und der Forscherin wieder.

Kategorisierung als Handwerker – M602

Herr Dräger und ich begrüßen uns [in der Sporthalle, C.W.]. [...] Wir unterhalten uns
ein wenig; er erzählt mir, dass einige der Kinder am Samstag die weiterführenden
Schulen besucht hätten. Da er selbst ein Kind habe, das in die Sek. I wechselt, sei
auch er dort gewesen und habe einige bekannte Gesichter gesehen. Er erzählt mir,
dass manche Kinder sich Schulen ansehen würden, die nicht zur Empfehlung passen. [Name Kind] habe sich beispielsweise eine „sehr leistungsorientierte Realschule"
angesehen – er sagt den Namen der Schule nicht, aber später erfahre ich, welche
Realschule er meint – obwohl das Kind „ganz klar Hauptschüler*in" sei. Er nennt
ein weiteres Beispiel: der Eric habe sich ein Gymnasium angesehen, aber er sei eher
für die Realschule geeignet. Ich entgegne so etwas wie „Echt? Er wirkt auf mich so
clever." Nein, antwortet mir Herr Dräger, Eric sei „ein Handwerker", obwohl er natürlich „pfiffig" sei. Ich frage ihn, ob es viele Fälle von Schüler*innen gebe, die eine

---

[2] Für eine ausführliche Analyse der Praxis der Schulformempfehlung und Schulformwahl
siehe Machold/Wienand 2021, S. 161 ff.).

andere Schulform als die empfohlene anstreben, und er antwortet: „Eine Handvoll".
Auf meine Frage, ob diese Kinder bei den entsprechenden Schulen denn Chancen hätten, genommen zu werden, antwortet er verneinend. Er erzählt mir, dass er noch gar nicht wisse, auf welcher Schule Giselle angemeldet würde, da sie und ihre Mutter es selbst noch nicht wüssten. Er wisse aber, dass Rahim auf die [Name Realschule] gehen wolle. Bei Giselle gehe er von der [Name Gesamtschule] aus, da diese Schule in der Nähe ihres Zuhauses liege. Einen längeren Schulweg würde sie nicht schaffen, sagt er. Ich nicke verstehend zu allem, was er sagt.

(4. Schuljahr)

Die Protokollsequenz beginnt in der Sporthalle, kurz vor Beginn des Sportunterrichts. Die Schulformempfehlung stellt einen Gegenstand von zentralem Interesse für das Forschungsprojekt dar (das weiß Herr Dräger). In der vorliegenden Sequenz wird eine Thematisierung der Empfehlungen in Bezug auf das Geschehen am Wochenende vorgenommen, das Herr Dräger selbst erlebt hat. Der private Zeitraum des Wochenendes, so wird die Forscherin zunächst aufgeklärt, wurde von Familien für die Besichtigung von weiterführenden Schulen genutzt, die ein Kind im entsprechenden Alter haben. Es handelt sich um ein Informationsangebot der Schulen, das bei der Entscheidungsfindung unterstützen soll. Herr Dräger erzählt, dass er selbst als Vater an diesem Angebot teilgenommen habe und dabei auf Kinder seiner Klasse getroffen sei. Er deutet die Anwesenheit der Kinder an den Schulen als Interesse, sich dort anzumelden. Diese Deutung ist naheliegend (ob sie durch Gespräche vor Ort zwischen den betreffenden Kindern bzw. deren Eltern/Familien und Herrn Dräger unterstützt werden könnte, ist dem Beobachtungsprotokoll nicht zu entnehmen). Eine Kernaussage, die er tätigt, kann auf die Feststellung heruntergebrochen werden, dass eines der Kinder aus seiner Klasse sich unangemessen für eine Realschule interessiere, obwohl es auf eine Hauptschule gehöre. Die Kernaussage kann mit Gomolla und Radtke im Sinne einer „Bekräftigung einer institutionellen Wirklichkeitskonstruktion und Rechtfertigung einer etablierten Praxis aufgefaßt werden" (Gomolla/Radtke 2009, S. 152). Die Logik, die der Aussage zugrunde liegt, wird in der Protokollsequenz weiterverfolgt: Ein Kind namens Eric habe sich ein Gymnasium angesehen, gedeutet als Option, dort für das fünfte Schuljahr angemeldet zu werden, obwohl Eric eher für eine Realschule geeignet sei.

Die Forscherin äußert einen Einwand und scheint sich dabei darauf zu berufen, dass sie Eric vor Ort selbst im Unterricht erlebt hat. Mit ihrem Argument, Eric wirke auf sie „clever", reproduziert die Forscherin eine Idee der Gymnasialeignung, die an die Bedingung einer intellektuellen Eignung gebunden sei – Eric erfülle diese Bedingung ihrer Meinung nach. Auf den Einwand hin untermauert Herr Dräger seine Einschätzung und nimmt eine Klassifizierung Erics als

„Handwerker" vor. In der Verbindung mit der Thematisierung von Schulformen wird „Handwerker" hier als Schüler*innen-Typus hervorgebracht. Situativ wie übersituativ ergibt eine solche Typisierung Sinn, wenn auf die mit dem Realschulbesuch einhergehende Tradition und Normalitätserwartung geschaut wird. Die Realschule umfasst die Jahrgänge 5–10 und vergibt den sogenannten mittleren Schulabschluss (Fachoberschulreife). „Mit dem mittleren Schulabschluss wird nach Maßgabe der Ausbildungs- und Prüfungsordnung die Berechtigung zum Besuch der Einführungsphase, für Schülerinnen oder Schüler mit besonders guten Leistungen auch zum Besuch der Qualifikationsphase der gymnasialen Oberstufe erteilt" (§15 Abs. 4 SchulG NRW). Zum Vergleich: „Die Hauptschule vermittelt ihren Schülerinnen und Schülern eine grundlegende allgemeine Bildung, die sie entsprechend ihren Leistungen und Neigungen durch Schwerpunktbildung befähigt, nach Maßgabe der Abschlüsse ihren Bildungsweg vor allem in berufs-, aber auch in studienqualifizierenden Bildungsgängen fortzusetzen" (§14 Abs. 1 SchulG NRW). Demgegenüber vermittele die Realschule den Schüler*innen „eine erweiterte allgemeine Bildung, die sie entsprechend ihren Leistungen und Neigungen durch Schwerpunktbildung befähigt, nach Maßgabe der Abschlüsse ihren Bildungsweg in berufs- und studienqualifizierenden Bildungsgängen fortzusetzen" (§15 Abs. 1 SchulG NRW). Am Gymnasium geht es wiederum um „eine vertiefte allgemeine Bildung, die [die Schüler*innen, C.W.] entsprechend ihren Leistungen und Neigungen durch Schwerpunktbildung befähigt, nach Maßgabe der Abschlüsse in der Sekundarstufe II ihren Bildungsweg an einer Hochschule, aber auch in berufsqualifizierenden Bildungsgängen fortzusetzen" (§16 Abs. 1 SchulG NRW).[3]

Die Typisierung Erics als „Handwerker" bleibt an dieser Stelle in der Schwebe. Ob der bestehenden Unklarheit hätte die Forscherin genauer nachfragen können, was Herr Dräger damit konkret meint. Doch geht mit prüfenden Nachfragen in spontanen Gesprächen, zumal im Anschluss an die bereits erfolgte Formulierung eines Einwands seitens der Forscherin, auch das Risiko einher, die Adressierungsdynamik zu irritieren. Allzu forciertes Gegenhalten anderer Deutungsweisen kann „als Krise (der eigenen Beobachtungs- und Handlungspraxis) erlebt" (Gomolla/Radtke 2009, S. 153) werden und potenziell dazu führen, dass die Befragten zukünftig immer stärker aufpassen, was sie sagen. Was Herr Dräger also mit der Bezeichnung Erics als „Handwerker" genau meint oder beabsichtigt,

---

[3] Da es sich hier um die Analyse des Codes „Handwerker" handelt, der in der vorliegenden Lesart als Bezugnahme auf eine idealtypische Klassifizierung im Schulsystem rekonstruiert wird, werden Sekundar- und Gesamtschule in diesem Vergleich nicht mitberücksichtigt.

obliegt der Interpretation. In diesem Sinne ist davon auszugehen, dass ein solcher Code in einem Zusammenhang verwendet wird, in dem eine geteilte Lesart
vorausgesetzt wird. Herr Dräger muss demnach davon ausgegangen sein, dass
sein Gegenüber diese Wortwahl einordnen und deuten kann. Nach der Bekräftigung seiner Einschätzung, Eric habe sich auf einer für ihn ungeeigneten Schule
umgesehen, räumt Herr Dräger eine teilweise Zustimmung zum Eindruck der Forscherin ein, indem er Eric als „pfiffig" bezeichnet. Das Wort „pfiffig" ist ebenfalls
für verschiedene Lesarten offen. So kann es unter anderem als Verniedlichung von
Klugheit verstanden werden.[4]

Die aufeinander aufbauende Logik, die hier präsentiert wird, legt eine scheinbar objektive Ordnung im Passungsverhältnis von Schulform und Schüler*in
zugrunde. Der Erfahrungsbericht des Lehrers, der in seiner eigenen Freizeit zufällig mitbekommen habe, dass Kinder, deren eigentliche Eignung er aus seiner
Position als Lehrer kenne, an für sie ungeeigneten Schulen eventuell angemeldet
werden, enthält eine implizite Kritik: Kritik an möglichen Fehlentscheidungen
der Schulkinder und ihrer Eltern/Familien bezüglich der Anmeldung auf der für
sie passenden Schulform. Herr Dräger bedient sich damit, obwohl er aus einer
privaten Commonsense-Perspektive zu sprechen scheint, des „institutionellen
Deutungshaushaltes" (ebd., S. 151) und bringt die Umgehung der Schulformempfehlung als zu problematisierende Folge einer illusorischen Einschätzung
von Schüler*in und Eltern/Familien hervor. Dass der Elternwille in Nordrhein-
Westfalen für die Schulformentscheidung ausschlaggebend ist (vgl. § 1 Abs. 2
SchulG NRW) und die Empfehlung seitens der Schule, hervorgebracht auf Grundlage der Einschätzung der Lehrer*innen, gegebenenfalls übergangen wird, stellt
in dieser Perspektive einen Fehler dar.

Anschlussfähig ist diese Thematisierungsweise an einen Differenzierungsdis-
kurs, in dem das gegliederte Schulsystem der Bundesrepublik Deutschland mit
unterschiedlichen zu erreichenden Bildungsabschlüssen legitimiert wird, indem
auf Begabungs- bzw. Leistungsunterschiede bei den Schüler*innen verwiesen
wird (vgl. Hoyer et al. 2013, S. 81). Die gesetzliche Stärkung des Elternwillens
unter Wegfall einer Verpflichtung zur Befolgung der Schulempfehlung wird darin
als Hindernis für eine leistungsgerechte Beschulung gesehen, da nach dieser Auffassung „Eltern ihren Kindern eine Schulart zumuten, die nicht dem tatsächlichen
Leistungsvermögen des Lernenden entspricht" (Müller 2014, S. 9).

---

[4] Nicht zufällig schlägt der Duden zum Begriff das Beispiel „ein pfiffiges Kerlchen" vor
(https://www.duden.de/rechtschreibung/pfiffig, aufgerufen am 02.09.2021). Demgegenüber
erscheint diese Begriffsverwendung zur Beschreibung einer würdevollen, respektablen Klugheit – z. B. „ein pfiffiger Professor" – eher fernliegend.

In der hierarchischen Ordnung, die über die gewählte Thematisierungsweise mit dem Motiv des Handwerkers, der nicht auf das Gymnasium gehört, hervorgebracht wird, lässt sich der Begabungsbezug herauslesen. Dass diese Ordnung nicht bloß einer subjektiven Idee von Herrn Dräger entspricht, wird auf Nachfrage durch die Auffassung gestützt, die Schulen würden diese Kinder nicht aufnehmen. Für die situativ latent vorgenommene Herstellung einer Begabungsordnung kann in dreifacher Hinsicht eine Funktionalität herausgearbeitet werden: 1) Der Einsatz einer Gegenüberstellung von Schulempfehlung und unangemessenem Interesse an Schulformen mit höherwertigen Abschlüssen fungiert als Affirmation der Logik des gegliederten Schulsystems (und wird gemeinsam mit der Forscherin hervorgebracht). 2) Die Eignungszuschreibungen, die sich in der metaphorisch-prognostischen Zuschreibung zuspitzen, „Handwerker" zu sein, bringt die Idee einer individuellen, systematisch herauszufindenden Bestimmung für die geeignete gesellschaftliche Positionierung hervor. Gestützt wird eine stratifikatorische Idee des Bildungssystems als System rein leistungsbezogener Ressourcenverteilung. 3) Die Praxis der Schulformempfehlung wird plausibilisiert: Die kategorisierende Schulformempfehlung erscheint als objektive (oder zumindest objektivere) Leitlinie, die ohne Deutungsspielraum auf Grundlage der Leistungsbeurteilung gefällt wird, im Gegensatz zu einer subjektiven – und dabei unterstellt dem Wunschdenken entspringenden – Selbsteinschätzung des Kindes und seiner Eltern/Familie.

6.1.3 Zusammenfassende Betrachtung

Die präsentierten Sequenzen gewähren einen Einblick in die Verwendung von Begabungskonzepten durch Lehrer*innen im Sprechen über ihre Schüler*innen. Auf unterschiedliche Weise wird ein Konzept von Begabung relevant gesetzt und explizit oder implizit hervorgebracht. In der übergeordneten Betrachtung beider Sequenzen fällt eine Funktion auf, die sie gemeinsam haben und die in der isolierten Betrachtung bisher nicht auffallen konnte: Hergestellt wird, jeweils unterschiedlich, eine verallgemeinerbare, tendenziell homogenisierende Sichtweise auf und Kategorisierung von Schüler*innen. Auf diese Weise werden Schulkinder „weniger als individuelle Träger*innen von Lerndispositionen verstanden, betrachtet und behandelt, sondern vielmehr werden diese Dispositionen in ihrer Entstehung mit gesellschaftlichen Verhältnissen in Zusammenhang gebracht" (Dirim et al. 2018, S. 36 f.).

Eine ordnende Generalisierung und Homogenisierung kann mit Werner Helsper auch in Bezug auf Schule selbst mit Blick auf „gesetzliche Regeln, Lehrpläne, eine staatliche Lehrerausbildung, die Ausgestaltung von Schulformen und schulische[…] Abschlüsse[…]" (Helsper 2006, S. 20) festgestellt werden, womit „eine formale Strukturierung der Schule sichergestellt [wird]" (ebd.). Unter dem Anspruch einer gleichförmigen Behandlung wird auch die Position de*r Schüler*in generalisiert (vgl. ebd., S. 21) – was in der Lesart von Dirim, Mecheril und Shure (2018) „zu einer ‚Normschüler*in' [führt, C.W.], die im Anschluss an die Schullaufbahn eine bestimmte gesellschaftliche Funktion erfüllen soll" (Dirim et al. 2018, S. 88).

In Bezug auf mehrsprachig aufwachsende Schulkinder spiegelt eine Lehrerin die Regelerwartung in monolingual-deutschsprachigen Schulen wider, dass ihre Schüler*innen, „noch bevor sie beginnen, die Schule zu besuchen, in einer spezifischen Weise Deutsch können" (Dirim/Mecheril 2010, S. 131). Vor diesem Hintergrund unterliegen ihre mehrsprachigen Schüler*innen einem Generalverdacht, mit sprachlichen Defiziten ausgestattet zu sein (bzw. sich sprachlich noch nicht „integriert" zu haben). Widersprechen jedoch ihre Erfahrungen im Unterricht dieser Erwartung, so erscheint dies überraschend und erklärungswürdig. Das nur marginal eingebrachte Konzept einer Sprachbegabung, die als mögliche Erklärung für den unerwartet qualifizierten Ausdruck im Deutschen angeführt wird, zeigt sich funktional für die Herstellung von abgrenzbaren, differenten Anderen (*Othering*), ohne die Notwendigkeit, dies zu explizieren; die stereotypen Annahmen werden in stiller Differenz affirmativ hervorgebracht.

In Bezug auf die verbal hervorgebrachte Kategorisierung als Handwerker dient der Verweis auf eine handwerkliche Eignung eines Schülers als Beleg für eine Ungeeignetheit für das Gymnasium. Diese codierte Erklärung deutet auf unterschiedliche Einordnungen der Schüler*innen auf dieser Kategorienebene hin. Die Kategorisierung als Handwerker legt zunächst einen eher allgemeinen Bereich fest, der im Feld einer gesellschaftlichen Berufsordnung eine Entweder-Oder-Logik wiedergibt, in der entweder eine Handwerksausbildung oder ein akademisches Studium ergriffen werden. Die konstruierte Passung des Schülers zu einem handwerklichen Beruf bringt so die Nicht-Eignung für das Gymnasium implizit hervor – frei entlang der Prämisse, dass eine handwerkliche Ausbildung keine Hochschulreife erfordere. So wird eine Passung zur Realschulempfehlung als angemessenerer und anzuratender Schulform plausibilisiert. Die Einordnung stellt also eine unausgesprochene Einschränkung der Bildungswegoptionen dar. Gegründet ist diese Einordnung implizit auf die Erfahrung des Lehrers, derartige Sachverhalte professionell einschätzen zu müssen. Doch zeigt sich darin eine Abweichung von einer meritokratischen Perspektive, denn es handelt sich um eine implizite Begabungszuschreibung, die die eingeräumte ‚Pfiffigkeit' des

Schülers übertrumpft. Der Schüler *sollte* eine Laufbahn als Handwerker einschlagen, da dies zu ihm passt. Die selbstverständliche Verwendung einer solchen Kategorisierungspraktik lässt die Erklärung eines Schülers zum Handwerker als bereitliegende Erklärung erscheinen, von der ausgegangen wird, dass sie auf einen geteilten Verstehenshorizont trifft, dem Gegenüber also verständlich sei.[5]

In den untersuchten Sequenzen werden Begabungskonzepte also unterschiedlich eingesetzt. Doch scheint in beiden Fällen die begabungskulturelle Logik auf, die Einschätzung der Fähigkeiten der Schüler*innen nicht nur auf tatsächlich demonstriertes Können zu gründen, sondern auch auf Vorannahmen über konstruierte Gruppen. Die, unter anderem durch eine unterstellt zu geringe Integrationseigenleistung, zu *Anderen* gemachten Schüler*innen unterliegen der Regelerwartung geringer Deutschsprachkenntnisse. Schüler*innen, die zu „Handwerkern" gemacht werden, unterliegen der Regelerwartung, nicht zu einer akademischen Laufbahn zu passen.

Als kulturelles Phänomen lässt sich dieses Analyseergebnis betrachten, indem hier eine Verschleierung der Tatsache erkannt wird, dass bestimmte kulturelle Faktoren nicht als solche behandelt werden, sondern als begabungsabhängig hervorgebracht sind (vgl. Bourdieu 2001, S. 25). Die ungleichen Regelerwartungen an verschieden konstruierte Schüler*innengruppen bzw. -kategorien repräsentieren daher die bestehende Ordnung und bringen sie wieder hervor – und verleihen der Ungleichheit „den Anschein von Legitimität" (ebd.).

6.2   Darstellungen von Eltern/Familien

Mit „Eltern" werden organisatorisch und gesetzlich gesehen diejenigen Akteur*innen bezeichnet, die im Sinne der Erziehungsberechtigung die Entscheidungen für ihre und/oder mit ihren Kinder(n) treffen. Das heißt, dass die von ihnen angeführten Begründungen, Argumente, Einblicke, Deutungen auch über das Verhältnis zwischen Kind und Eltern/Familie Aufschluss geben können, vor allem aber Ansatzpunkte dafür liefern können, wie Schule, ihr Stellenwert in der Familie, ihre Verknüpfung mit Zukunftsperspektiven usw. innerhalb des Eltern-Kind-Verhältnisses konstituiert werden. Der Übergang von der Grundschule auf die weiterführende Schule stellt besonders die Schulkinder, aber

---

[5] So zeigt sich auch hier das Potenzial für die Verallgemeinerung, auch wenn die Äußerung von Herrn Dräger singulär zu sein scheint: Es wird auf eine Erklärung zurückgegriffen, deren Verstehziehbarkeit vorausgesetzt wird.

auch ihre Eltern/Familien vor unterschiedliche Herausforderungen (vgl. Munser-Kiefer/Martschinke 2018, S. 30). So bietet die Schulformentscheidung einen bedeutenden Anlass, um Perspektiven von Eltern/Familien auf den schulischen Werdegang ihres Kindes einzuholen.

Die ausgewählten Materialsequenzen wurden zwei formellen Interviews mit Eltern/Familien entnommen, die beide zum Ende des vierten Schuljahrs geführt wurden: Ein (telefonisch durchgeführtes) Interview mit der Mutter des Kindes Maxie sowie ein (im Zuhause des Kindes durchgeführtes) Interview mit der Mutter von Dilan im Beisein von Dilan und einem Geschwisterkind.[6] Handelt es sich nach der Taxonomie des Forschungsprojekts streng genommen nicht um unterschiedliche Praxisformen, ist die situative Hervorbringung der Interviewsituation doch unterschiedlich überformt: Ein Telefonat stellt eine andere Situation dar, als das Beisammensitzen in einem Wohnzimmer. Diese Rahmenbedingungen sind in der Analyse zu berücksichtigen.

Auch diese Sequenzen wurden nach dem zu untersuchenden Gegenstand der Thematisierung von Begabung und der Herstellung von Begabungsbezügen kontrastiv ausgewählt. Die Thematisierung weist Unterschiede im Hinblick auf die Bezugspunkte auf. Zunächst wird gezeigt, wie eine Mutter ihre Auffassung zu den Anforderungen der unterschiedlichen Schulformen begabungsbezogen darstellt; in der kontrastiv ausgewählten Sequenz wird eine gegenübergestellte Position eingenommen und eine begabungsbezogene Darstellung des Kindes als nur eines Kriteriums von vielen relevanten vorgenommen. Im Anschluss an die Analysen erfolgt wieder eine zusammenfassende Betrachtung, bevor in das nächste Teilkapitel übergegangen wird.

6.2.1 Begabungsordnung des Schulsystems

Das telefonische Interview, aus dem im Folgenden eine Sequenz analysiert wird, beginnt zunächst mit Formalitäten: Die Mutter wird von der Forscherin darüber aufgeklärt, dass, im Falle der Einwilligung der Interviewten, ein Audiomitschnitt des Gesprächs angefertigt wird und wie mit den erhobenen Daten im Anschluss verfahren wird. In einem kurzen Vorgespräch, oder per Email, wurden die jeweiligen Eltern/Familien bereits im Vorfeld über die vonseiten des Forschungsprojekts angestrebte Vorgehensweise für das telefonische Interview informiert und erhielten zudem den Hinweis, dass sie die Gesprächsaufzeichnung auch ablehnen

---

[6] Für die Konzeption der Elterninterviews vgl. Machold/Wienand 2021, S. 22.

können.[7] Sie signalisierte da bereits, dass die Aufnahme für sie in Ordnung sei. Nach der erneuten telefonischen Information willigt die Mutter nochmals in die Aufzeichnung ein. Im Anschluss wird das Interview sehr stark entlang des Interviewleitfadens strukturiert. Die Mutter antwortet ausführlich, zeigt Interesse am Forschungsprojekt und lässt den Eindruck aufkommen, sich auf das Interview vorbereitet zu haben.

In der folgenden, aufgrund der Länge zweigeteilten, Interviewsequenz formuliert Maxies Mutter ihre Ansichten bezüglich der Eignung für die verschiedenen Schulformen. Spezifisch nimmt sie dabei Bezug auf das Gymnasium und die Realschule. Zur Kontextualisierung des Materials ist die Information einzubeziehen, dass die Forscherin einige Wochen zuvor mit der Mutter auf dem Schulflur ein spontanes Gespräch geführt hat, in dem die Mutter ihre Bedenken bezüglich eines Gymnasialbesuchs ihrer Tochter – die eine Gymnasialempfehlung erhalten hat – darlegte. In der verabredeten und telefonisch geführten Interviewsituation wird sie dazu aufgefordert, ihre Überlegungen noch einmal wiederzugeben.

„Viele Kinder sind natürlich talentiert..." – M603

Forscherin	Sie hatten das jetzt eben auch schon angedeutet, dass ähm auch Maxie selbst sich das Gymnasium nicht so ganz zutraut, bisher [**Mutter:** Mhm.] aber Sie hatten da auch selber ne Meinung zu. Könnten Sie die nochmal wiedergeben?
Mutter	((lacht auf)) Ähm, jaaa. ((lacht)) Muss ich mal überlegen was ich damals gesagt habe. ((lacht))
Forscherin	Ähm also im Grunde ging' ' glaub ich vor allem um Leistungsdruck.
Mutter	Genau. (…) Also ich weiß ja, ähm, Gymnasium ist halt nicht einfach, dass von den Kindern was gefordert wird und ähm, viele Kinder sind natürlich talentiert, und können, Wissen aufnehmen, und wieder abgeben. Und ähm... denen fällt das leicht. [**Forscherin:** Mhm.] oder zumindest, die müssen nicht allzu viel, lernen um da mitzukommen und ich finde für solche Kinder ist, eh das Gymnasialkonzept total, gut. [**Forscherin:** Mhm.] Die sind die, werden da gefordert. Die brauchen das auch. Ähm aber ich denke, viele Kinder, ähm... müssen da wirklich, wirklich viel lernen, um dann wirklich auch gut zu sein. Und ähm ich weiß nicht ob das für die Kinder immer so gut ist wenn die dann gleich schon aufs Gymnasium kommen. Und alle sagen jetzt musst du lernen. Jetzt musst du selbstständig lernen. Du musst du musst du musst. [**Forscherin:** Mhm.] Ähm ich glaub dass das, für Kinder in dem Alter, weil die sind dann ja erst zehn elf, zwölf. Äh

---

[7] Dies wurde den Interviewteilnehmenden grundsätzlich bei allen Interviewsituationen angeboten. Im Fall einer Ablehnung würde die Interviewerin den Interviewverlauf über ihre angefertigten Notizen rekonstruieren.

schon so gut ist so unter Druck gesetzt zu werden [**Forscherin:** Mhm.]
weil die entwickeln sich in der Zeit ja auch erstmal zu…zu Erwachsenen [**Forscherin:** Mhm.] die, die wachsen ja erstmal heran. Und, ähm
der Körper entwickelt sich und der Geist entwickelt sich, und ähm,
dann find ich das nicht immer so gut wenn die so unter Druck gesetzt
werden.

(4. Schuljahr)

Maxies Mutter wird von der Forscherin mit Bezug auf die Vergangenheit auf
eine früher geäußerte Meinung hin befragt. Dabei wird die Erwartung vermittelt,
dass die Mutter nach wie vor diese Meinung vertrete und diese in der Interviewsituation noch einmal wiedergeben könne. Die Mutter signalisiert daraufhin
die Bereitschaft, der Aufforderung nachzukommen. Ihre Bemühung, sich an den
Inhalt zu erinnern, zeugt davon, dass sie die Erzählaufforderung als eng gefasste
Anweisung aufnimmt. Die Möglichkeit, sich frei zum vagen Erzählimpuls ‚eigene Meinung zum Gymnasium' zu äußern, wird von der Mutter anscheinend
nicht gesehen und auch von der Interviewerin nicht explizit eröffnet. Letztere gibt
einen Hinweis auf das in der Vergangenheit Gesagte, der den Redefluss der Mutter anzustoßen scheint, was darauf hindeutet, dass dies tatsächlich noch immer
der Meinung der Mutter entspricht.

Die Aussage „Gymnasium ist halt nicht einfach" geht von einem geteilten
Commonsense zwischen Interviewerin und Interviewter aus: Das Gymnasium,
das den höchsten Bildungsabschluss anbietet, gilt als elitebildend und somit als
anspruchsvoller als die Realschule wie auch die Gesamtschule, welche unter
anderem die allgemeine Hochschulreife anbietet. Der Einstiegssatz bildet einen
überblickartigen Ausgangspunkt, an dem die Mutter im Weiteren ihren Standpunkt entfaltet. Dabei spricht sie verallgemeinernd von „den Kindern", die das
Gymnasium besuchen, von denen „was gefordert" werde. Im Anschluss konkretisiert sie die konstruierte Gruppe der Kinder auf Eigenschaften hin, indem sie
„viele" als „talentiert" bezeichnet. „Viele" sind aber nicht ‚alle', womit deutlich wird, dass hier zunächst eine Teilgruppe der allgemeinen Gruppe der Kinder
betrachtet wird. Ähnlich wie auch Herr Dräger (vgl. 6.1.2) bezieht sich Maxies
Mutter auf die Annahme, dass manche Kinder auf dem Gymnasium dort nicht
hingehörten. Reproduziert wird ein Schlüsselelement einer begabungskulturellen
Argumentation: Talentierte Kinder, also Kinder, denen die Wissensaufnahme und
-wiedergabe leichtfalle, müssten keine allzu großen Anstrengungen aufbringen
um „mitzukommen". Damit ist die ideale Zielgruppe des Gymnasiums von der
Mutter bestimmt worden.

Die Metapher des Mitkommens verweist auf eine Vorstellung eines rigiden
Verlaufs der Wissensaufnahme, also auf das Curriculum als rhythmusangebend,
dem entweder gefolgt werden könne, oder dem höchstens mit großer Anstrengung
bzw. gar nicht gefolgt werden könne. Nicht mit Leichtigkeit „mitzukommen"
stellt nach dieser Darstellung einen sicheren Indikator dar, nicht für das Gymnasium geeignet zu sein; in der Metapher verbleibend, wäre das betreffende Kind
in dem Fall von den anderen ‚abgehängt' worden. Hier scheint in sehr subtiler
Form der Wettbewerbsgedanke in Bezug auf Wissenserwerb bzw. Bildung auf.
Klargestellt wird: Nicht das Gymnasialkonzept an sich wird hier kritisiert, sondern die möglicherweise entstehende problematische Situation eines Kindes, das
trotz mangelnder Eignung das Gymnasium besucht. Das Gymnasialkonzept ist
für bestimmte Kinder „total gut" und entspricht den Bedürfnissen der Kinder, die
dort hingehören („die brauchen das auch"). Auf der anderen Seite gibt es Kinder, für die das Gymnasium vor allem mit „Druck" einhergeht: „Du musst du
musst du musst". Das Müssen und der Druck stehen in Beziehung zu dem zuvor
angeführten Gefordertsein.

Talentierte Kinder treten in der Darstellung von Maxies Mutter als geeignete
Gymnasiast*innen mit anderen Bedürfnissen auf, als Kinder, die mehr Raum für
ihre körperliche und geistige Entwicklung benötigen. Die Frage, ob ihre Tochter
Maxie zu Ersteren oder Letzteren gehört, erweist sich daraus hergeleitet als nicht
unproblematisch, wie im Folgenden deutlich wird.

Raum für die „eigentliche Entwicklung" lassen – M604

Mutter	Und deshalb hab ich mir das für Maxie auch sehr gut überlegt. [**Forscherin:** Mhm.] Ob sie aufs Gymnasium gehen sollte. Oder nicht, weil, schulisch ist sie gut. Da hab ich mich selber erschrocken, wie gut ihr letztes Zeugnis war [**Forscherin:** *((lacht auf))*] Ähm, muss ich sagen. Ähm. Aber ich finde ich, ich weiß nicht ob für die Kinder dann, genug Raum und Platz ist für die, eigentliche Entwicklung. Und, halt auch noch, äh zu spielen. Mit Kindern zu spielen. Oder nen Sport aus-zuüben. [**Forscherin:** Mhm.] Die sind den ganzen Tag in der Schule und dann immer so gefordert zu werden weiß ich nicht. [**Forscherin:** Mhm.] Also. Mit Sicherheit (…) einigen Kindern wird' ' wahrschein-lich sehr guttun [**Forscherin:** Mhm.] die werden sich da wohlfühlen. Und ähm. Ist auch gar kein Thema. Aber viele Eltern wollen heutzu-tage halt die Kinder nicht auf die Realschule schicken sondern aufs Gymnasium. Weil aus den Kindern ja was werden soll [**Forscherin:** Mhm.] und ähm. Ich denke mal einige Kinder, sind da wirklich über-fordert und ich hör auch von einigen Kindern die (…) hm (…) die jetzt aufs Gymnasium gegangen sind, dass die zurückgestuft werden oder halt auf ne andere Schule gehen, sollen. [**Forscherin:** Mhm.] Und,

	wenn man, in der sechsten oder nach der sechsten Klasse, vom Gymnasium runtergehen soll. Kann man sich die... weiterführende Schule eigentlich nicht mehr aussuchen. Weil die Schulen, alle voll sind.
Forscherin	Mhm. Okay, ja.
Mutter	Und das finde ich auch für die Kinder, sehr schwierig. Die sind zwei Jahre in eine Klasse gegangen, in eine Gemeinschaft und werden dann herausgenommen. Weil sie, schlecht sind [**Forscherin:** Mhm.] ich glaub das ist ganz schlecht fürs... fürs Ego der Kinder [**Forscherin:** Mhm.] und sowas möchte ich meinen Kindern eigentlich ersparen. Und dann sind sie doch lieber GUTE Realschüler [**Forscherin:** Mhm.] und haben dann trotzdem noch hinterher noch die Möglichkeit weiterzugehen.

(4. Schuljahr, direkte Fortsetzung)

Von der dargelegten Vorstellung, wie das Schulsystem geordnet ist, auf das Passungsverhältnis zum Kind schließend, wird Maxies Eignung für das Gymnasium mit den einhergehenden Anforderungen und dem Druck hinterfragt. Indem sie Überraschung über Maxies gutes Zeugnis zum Ausdruck bringt, zeigt die Mutter, dass sie die Schulleistungen ihrer Tochter unterschätzt haben muss. Doch die Mutter zeigt auch, an ihre dargelegte Sichtweise auf die gymnasialen Anforderungen anknüpfend, dass die schulische Seite nur einen Aspekt darstellt, der von ihr berücksichtigt wird. „Schulisch" sei Maxie „gut", was als Anspielung darauf verstanden werden kann, dass Maxie auf dem Gymnasium bestehen könnte. Parallel zur schulischen Seite eröffnet sie „eigentliche Entwicklung" sowie Spiel und Sport als weitere Kriterien, die bei der Schulformentscheidung relevant für sie sind.

Im ständigen Abwägen zwischen der Kritik daran, dass Kinder übermäßig „gefordert" sein können, und dem Zugeständnis, dass dies einigen Kindern „guttun" kann, reproduziert sie noch einmal die Annahme, dass manche Eltern für ihre Kinder nicht die angemessene Schulform auswählten, sondern das Gymnasium bevorzugten. In leicht ironisierender Anspielung auf das vergleichsweise hohe Prestige, das ein Gymnasialbesuch mit sich bringt, meint sie auch um den Grund für eine solche Fehlbesetzung zu wissen: „Weil aus den Kindern ja was werden soll". Negative Konsequenzen einer solchen Entscheidung können Überforderung und ein Schulwechsel sein, den die Mutter hier als „Zurückgestuft werden" bezeichnet. Dies führt potenziell zu dem organisatorischen Problem, dass ein Mangel an Plätzen in den Schulen der aufnehmenden Schulformen bestehen kann und dadurch die Aufnahme an der gewünschten Schule womöglich verhindert wird.

Durch das Auffächern mehrerer Probleme, die mit einer undurchdachten, vielleicht aus vermeintlicher Vermessenheit gefällten Schulformentscheidung einhergehen können, bringt Maxies Mutter diese Entscheidung als komplexen Prozess hervor, der sie als Mutter herausfordert. Während sie diese schwierige Lage darstellt, geht sie auch auf die Perspektive der Kinder ein, in die sie sich einzufühlen versucht. Sie entwirft die soziale Situation als schwierig, wenn Kinder eine Klassengemeinschaft nach zwei Jahren wieder verlassen müssen. Überdies bezieht sie negative Spuren ein, die eine Erfahrung, „schlecht" zu sein, bei Kindern hinterlassen könnte: „ich glaub das ist ganz schlecht fürs Ego der Kinder und sowas möchte ich meinen Kindern eigentlich ersparen". Neben Überforderung und organisatorischen Hürden wird der Einfluss einer Fehlentscheidung auf das Selbstbewusstsein als mögliche Konsequenz unterbreitet, die es vorzugsweise zu vermeiden gilt.

Aus der strukturiert dargelegten Argumentation der Mutter folgt die Ableitung, dass ein Dasein als „GUTE" Realschüler*in einem solchen Risiko vorzuziehen sei. Schließlich bestünde die Möglichkeit, später immer noch „weiterzugehen" (und das Abitur zu machen).

Die Verwendung eines Begabungskonzepts erfolgt in der untersuchten Interviewsequenz zum einen als Bezugnahme auf „talentierte Kinder", zum anderen als Reproduktion einer Begabungsordnung der Schulformen. In beiden Fällen fungiert das Berufen auf die Bedeutsamkeit von Begabung als Legitimierung unterschiedlicher schulischer Anforderungen an Kinder – und eines gegliederten Schulsystems.

6.2.2 Potenzial, das nicht abgerufen wird

Das Elterninterview, aus dem die folgende Sequenz entnommen ist, fand mit Dilans Mutter im Zuhause von Dilan und in ihrem Beisein, zum Ende des vierten Schuljahrs statt. Auch ein Geschwisterkind, in der Sequenz als „Kind2" bezeichnet, ist mit anwesend. Die Forscherin sitzt mit der Familie auf Sofas im Wohnzimmer. Auf einem großen Couchtisch stehen Getränke, die angeboten wurden. Dilans Mutter ist im Vorfeld darüber informiert worden, dass das Interview mit einem Diktiergerät aufgezeichnet werden soll, sofern sie einwilligt. Die Forscherin hat die Dokumente zur Einwilligung und ein Informationsblatt zur Datenverarbeitung mitgebracht und holt zunächst die Unterschrift der Mutter ein. Währenddessen findet bereits eine Unterhaltung zwischen Mutter und Forscherin, unter gelegentlicher Beteiligung von Dilan, statt. Als das eigentliche Interview mit der ersten Frage des Leitfadens beginnt, herrscht bereits eine weitgehend unbefangene Atmosphäre in bequemen Sitzpositionen vor.

Die folgende Interviewsequenz bildet die Eröffnung des Interviews durch die Forscherin ab und spiegelt die Gesprächsdynamik wider, die teilweise spontan unterschiedlichen Themenimpulsen nachgeht. Dilans Mutter wird aufgefordert, auf Dilans bisherigen „Bildungsweg" seit der KiTa zurückzublicken. Daraufhin bietet sie eine Beschreibung ihrer Persönlichkeit bzw. ihrer „Art" dar.

„Ein richtig schlaues Köpfchen" – M605

Forscherin	Genau und ich würde gerne irgendwie versuchen mal einzusteigen. Würden Sie jetzt, vielleicht direkt einfach mal erzählen wie sie so Dilans Bildungsweg oder, Weg in der Kita und Grundschule bisher so, beschreiben würden? Oder gibt' ' da was Bestimmtes was Ihnen direkt dazu einfällt?
Mutter	Joa Dilan war eigentlich immer schon so' ', sehr selbstbewusstes Kind [*Dilan*: ((macht kurzes kicherndes Geräusch wie „hch"))] muss ich sagen. Und auch immer sehr neugierig, schon seit seit Kindergarten. Also schon von Anfang an?
Jaa…	Dilan hat sich eigentlich gar nicht so groß geändert überhaupt nicht bisher, also von der Art, [*Forscherin*: Mhm] diese Neugieeer öhm [*Dilan*: ((kichert))] jaaa ihre, schöne laute Art [*Dilan*: ((kichert))] ne? Aber gut.
Kind2	Die kriegt auch, sehr oft, gelbe Karten.
Dilan	Nein nicht oft.
Kind2	Manchmal.
Dilan	Ja.
Forscherin	Was ist mit Karten?
Dilan	Weil ich manchmal rein rufe.
Forscherin	Ach gelbe Karten. Ah okay.
Dilan	Ja wenn, du reinrufst, oder sowas.
Mutter	Ja Dilan kann auch hm nen bisschen besser sein in der Schule, wenn sie möchte. Wenn sie nur nen bisschen mehr lernen würde, ist sie eigentlich schon nen richtig schlaues Köpfchen ne?
Forscherin	Mhm.
Mutter	Nur sie macht sich [**Dilan**: Ich hab-] meistens nicht die Arbeit ((lacht)).
Dilan	Ich hab Realempfehlung.
Forscherin	Mhm.
Mutter	Genau. Aber wir haben uns letztendlich für die Gesamtschule entschieden WEIL, ich dachte mir das ist hier um die Ecke?

(4. Schuljahr)

Die Forscherin bietet der Mutter zwei Möglichkeiten an, in das Interview einzusteigen, die beide eine Aufforderung zum Rückblick beinhalten. Daraufhin beginnt die Mutter, Dilan zu beschreiben, wie sie „immer schon" war: selbstbewusst, neugierig, laut. Eine mögliche negative Konnotation des Lautseins wird verhindert, indem Wertschätzung für ihre „laute Art" ausgedrückt wird. Auf unterschiedliche Weisen zeigt die Mutter auf, dass sie diese Merkmale als konstante Charakterzüge Dilans ausmacht („von Anfang an", „hat sich nicht geändert bisher"). Dilan selbst kommentiert diese Charakterisierung mit amüsierten Lauten und Kichern. Das Geschwisterkind ergänzt die Beschreibung durch einen Hinweis darauf, dass Dilan „sehr oft gelbe Karten" bekommen würde. Dabei handelt es sich um ein Disziplinierungssystem der Klasse, demnach Kinder eine gelbe Karte als Ermahnung erhalten, wenn sie gegen Regeln verstoßen, z. B. ohne Meldung in den Unterricht rein rufen. Dilan korrigiert das Kind und erläutert der Forscherin kurz, was es mit den gelben Karten auf sich hat.

Mit der Thematisierung der gelben Karten und des Reinrufens lenkt die Mutter den Gesprächsfokus auf ein Potenzial, das sie in Dilan zu sehen meint: Sie könne „besser sein in der Schule", also bessere Leistungen erbringen, bessere Zensuren erlangen und möglicherweise weniger gelbe Karten erhalten. Dies allerdings unter der Bedingung, dass sie sich dies zum Ziel setzt („wenn sie möchte"). Es ist regelhaft formuliert, nicht hypothetisch, sondern wie eine Tatsache, die sich mitunter bereits bewahrheitet haben könnte in Bezug auf Erfolge, die Dilan in der Schule erzielen wollte und dann auch erzielt hat. Der Wille des Kindes wird als entscheidend für Dilans schulisches Abschneiden dargestellt.

Die Charakterisierung von Dilan als „schlaues Köpfchen" wird von ihrer Mutter als geknüpft an Lernbemühungen hervorgebracht. Der dabei eingesetzte Lernbegriff kann sich auf eine Praxis beziehen, die „Lernen" genannt wird und beinhaltet, sich die Mühe zu machen, ohne externe Anleitung Unterrichtsinhalte zu üben (zum schulischen Lernen als einem empirischen Phänomen vgl. Wiesemann 2008, S. 165 ff.). Diese Lesart wird plausibilisiert durch die Einschränkung der Mutter, dass sich Dilan „meistens nicht die Arbeit" mache. Bei der Aktivkonstruktion im Sprechen über das, was Dilan (nicht) mache – im Kontrast zu dem, was sie „eigentlich" sei oder könne – kann ein besonderes Augenmerk auf die sprachliche Herstellung von Handlungs- und Wirkmächtigkeit gelegt werden. Die Mutter *agentiviert* die anwesende Dilan, schreibt ihr also die Handlungsmächtigkeit und damit auch die Eigenverantwortung darüber zu, für die Schule zu lernen. Sie stellt Dilan als unabhängigen Menschen mit eigenem Willen dar, der sein eigenes Leben führe. Neben der Aktivkonstruktion zum Thema ‚Mühe geben' wird dies vor allem in der Wiedergabe dessen deutlich, was Dilan in den Augen der Mutter „möchte": Sie möchte nicht besser in der Schule sein und bemühe sich deshalb nicht um ein besseres Abschneiden bzw. darum, ihre Klugheit unter Beweis zu stellen.

Dies wird weder mit augenscheinlichem Bedauern noch mit Zustimmung seitens der Mutter kommentiert, jedoch deutet ihr Lachen darauf hin, dass dies hingenommen werde. Die Akzeptanz wird auf emotionaler Ebene mit dem Lachen als Auflockerung der Situation unterstrichen. Das Lachen kann zudem als Reaktion auf die Erzählpointe gedeutet werden, dass die relative Niedrigleistung in Relation zu Dilans ‚eigentlichen' Fähigkeiten eben nicht auf ihren Mangel an Klugheit oder Potenzial zur Klugheit, sondern nur auf ihren mangelnden Arbeitswillen zurückzuführen sei. Diese einfache Auflösung kann deshalb zum Lachen sein, da mit ihr, neben der positiven Eigenschaft der Klugheit, eine negative Eigenschaft Dilans offengelegt wird, nämlich Trägheit bzw. Faulheit. Der Realitätscheck aus der Gegenüberstellung von Positiv – der eigentlichen Potenziale – und Negativ – des zu wenig gezeigten Könnens – verleiht der Darstellung eine notwendige Ausgewogenheit, die einer möglichen Unterstellung einer allzu positiven Voreingenommenheit gegenüber dem eigenen Kind entgegenwirkt.

Die Rede davon, *eigentlich* schlau zu sein, ist ein allgemein bekanntes Motiv. Es zeugt davon, dass davon ausgegangen wird, dass Schlausein bzw. Klugheit eine unveränderlich inne liegende Eigenschaft sei, dies in der Schule jedoch aus Gründen – in diesem Fall: mit der Klugheit kollidierende Eigenschaften – nicht nach außen erkennbar geworden sei. Die durch das Wort „eigentlich" eingeschränkte Aussage über die potenzielle Klugheit Dilans kontextualisiert diese Eigenschaft einerseits im Hinblick auf schulische Anforderungen, andererseits offenbart sie zugleich auch die Kontextabhängigkeit: die Mutter wisse um die Klugheit Dilans, da sie ja ihre Mutter ist. Die Akteur*innen der Grundschule messen die Klugheit ihrer Schüler*innen aber an anderen Faktoren. Daher würde mehr Lernen, bzw. mehr Arbeit, auch zu besseren Ergebnissen führen. Es reicht also nicht aus, einfach schlau zu sein, sondern dies muss während der Grundschulzeit den Lehrerinnen als relevanten Akteur*innen unter Beweis gestellt werden.

Die Einmischung Dilans in das Gespräch, die anmerkt, dass sie eine Realschulempfehlung erhalten habe, stellt einen Zusammenhang zur erst vor Kurzem erfolgten Schulformempfehlung her. Die Bemerkung scheint zu bekräftigen, dass sie vielleicht eine Gymnasialempfehlung erhalten hätte, wenn sie ihre Klugheit bewiesen hätte. Darin ist mehrerlei impliziert: Was in der Grundschule gelernt wird, ist in dieser Logik nicht einfach nur an sich wichtig (‚fürs Leben', oder im Sinne zweckungebundener Bildung), sondern dient zur Identifikation von

Anhaltspunkten, anhand derer die in den Schulkindern steckende Klugheit identifiziert werden könnte. Die jeweilige Identifikation schlägt sich dann in der
Schulformempfehlung nieder.

Das hier vorgefundene Motiv des „eigentlich" schlauen Kopfes verweist auf
eine Erwartung, dass Klugheit bei Kindern in der Regel im schulischen Kontext
entdeckt (bzw. diagnostiziert) werde, und daraufhin ein entsprechend dazu pas-
sender Bildungsweg zu begehen sei. Der Darstellung der Mutter nach habe in
Dilans Fall die Klugheit mit ihrer Faulheit konkurriert, wodurch letztlich die
erhaltene Realschulempfehlung erklärt werden kann. Hätte Dilan mehr dafür
getan bzw. ‚gelernt', wäre auch ein Gang zum Gymnasium vorstellbar gewesen (so heißt es etwas später im Interview).[8] In der Formulierung „Wenn sie nur
nen bisschen mehr lernen würde..." ist die Vorstellung zu entdecken, dass auch
die Intensität des Lernens aussagekräftig im Hinblick auf die Klugheit zu sein
scheint: Richtig viel pauken zu müssen würde wieder gegen die natürliche Klugheit Dilans sprechen – nur *ein bisschen* hätte gelernt werden müssen, um ihr auf
die Sprünge zu helfen.

Begabungskulturell kann die Vorstellung davon, nur ein bisschen lernen oder
üben zu müssen, darauf zurückgeführt werden, dass jene Kompetenzen, die in der
Schule gefordert und abgefragt werden, in der Praxis des schulischen Alltags als
individuelle Gaben – auch etwa in Form von eigentlicher, ungezeigter Klugheit –
hervorgebracht werden. Daran kritisiert Bourdieu, dass eine solche Sichtweise die
„Gleichgültigkeit gegenüber der wirklichen Ungleichheit in Bezug auf den Unterricht und der im Unterricht vermittelten oder, genauer gesagt, verlangten Kultur"
(Bourdieu 2001, S. 39) perpetuiert. „Mit der Begabungsideologie werden Werte
wie Fleiß und Mühe, Ernsthaftigkeit und Plagerei, Strebertum und stundenlanges
Lernen abgewertet" (Ecarius/Wahl 2009, S. 26). Zugespitzt ausgedrückt: Wer sich
abmühen muss, verfügt nach einem begabungskulturellen Verständnis nicht über
die Gabe der Klugheit (und muss dies durch hartes Arbeiten kompensieren).

In den sprachlichen Praktiken von Dilans Mutter wird das darin eingelassene
begabungskulturelle Wissen offensichtlich. Zum einen schreibt sie Dilan Klugheit
als individuelle Fähigkeit zu. Zum anderen responsibilisiert sie ihre Tochter für
ihr Abschneiden, das hinter ihren eigentlichen Fähigkeiten zurückbleibt. Darüber
hinaus lässt sich in der Konstruktion der Willensabhängigkeit von Dilans Schulerfolg das Motiv des geringen Bildungsinteresses wiederfinden, modifiziert als
lustabhängiges Bildungsinteresse (siehe auch Abschnitt 5.3).

---

[8] Die Mutter sagt an anderer Stelle im Interview: „Also schulisch ist Dilan echt TOP. Sie
kann auch noch besser sein. Ich würde echt Dilan wirklich zutrauen nur Einser und Zweier
zu haben? Das ist halt ihre Faulheit manchmal."

Von dem so entworfenen Kind ausgehend schließt sie auf eine Schulformpassung; anders als Maxies Mutter, die es umgekehrt vornimmt.

6.2.3 Zusammenfassende Betrachtung

Mit den Interviewsequenzen aus zwei verschiedenen Elterninterviews konnten, in zeitlicher Nähe zur Schulformentscheidung im vierten Schuljahr, zwei Blickrichtungen von Müttern auf ihr Kind und auf die Ordnung des Schulsystems rekonstruiert werden: Erstens, indem von den antizipierten Anforderungen des Gymnasiums ausgehend die Passung des Kindes zu dieser Schulform in Frage gestellt wird und zweitens, indem von den zugeschriebenen Fähigkeiten des Kindes ausgehend die Passung zur Gesamtschule konstruiert wird.

Die Schulformentscheidung nach der Grundschule stellt für Eltern/Familien deshalb eine wichtige Angelegenheit dar, weil sie die Entscheidung für den weiteren Bildungsverlauf des Kindes im gegliederten Schulsystem darstellt (vgl. Maaz et al. 2018, S. 60). „Aufgrund des in vielen Bundesländern zu beobachtenden Trends zur Zweigliedrigkeit steht dabei mit Blick auf die besuchte Schulform vor allem die Wahl zwischen dem Gymnasium und einer nichtgymnasialen Schulform im Vordergrund" (ebd.). Ähnlich zeigt es sich in den vorliegenden Fällen: Für Maxie ist aufgrund ihrer Gymnasialempfehlung das Gymnasium eine naheliegende Option; für Dilan mit einer Realschulempfehlung stellt das Gymnasium eine Schulform dar, für deren Empfehlung sie sich, aus Sicht ihrer Mutter, hätte qualifizieren können, wenn sie es gewollt hätte.

In beiden Darstellungen wird die Selektionslogik des Schulsystems reproduziert. Das Gymnasium wird als anspruchsvolle Schulform hervorgebracht, für die ein Kind eine Eignung mitzubringen hat, die nicht nur aus der Empfehlung der Grundschule besteht – denn die liegt Maxie schließlich vor. Als relevant werden zudem die Bedürfnisse des Kindes hervorgebracht. In der bedürfnisorientierten Perspektive tritt das Gymnasium als Schulform auf, das für Kinder gut ist, denen Schule leicht fällt, ohne viel dafür tun zu müssen. Auch Dilans Mutter positioniert sich bedürfnisorientiert und entwirft das Gymnasium indirekt als Schule, auf der Dilan von ihrem Potenzial her bestehen könnte. Für eine entsprechende Empfehlung habe sie aber nicht genug getan. Im direkten Vergleich beider Sequenzen kann daher zusammengefasst werden, dass Maxies und Dilans Mutter zwar beide auf die Schulformempfehlung als relevanten Orientierungsaspekt rekurrieren, der Aussagekraft der Empfehlung für das individuelle Potenzial ihres jeweiligen Kindes jedoch widersprechen.

Ein Begabungskonzept kommt hier unterschiedlich zum Tragen. Maxies Mutter entwirft Maxie in Differenz zu „talentierte[n] Kinder[n]". Sie responsibilisiert sich selbst dafür, Maxie vor Überforderung, zu viel Druck und dem Risiko negativer Selbstwirksamkeitserfahrungen zu schützen. Dilans Mutter entwirft Dilan als „eigentlich" talentiertes Kind in Differenz zu ihren gezeigten Fähigkeiten. Sie responsibilisiert Dilan dafür, ihrem inne liegenden Potenzial nicht ganz gerecht zu werden, ohne dies zu kritisieren. In ihrer Akzeptanz von Dilans als solcher konstruierten eigenen Entscheidung, gelegentlich ihrer Faulheit nachzugeben, zeigt sich, dass diese Responsibilisierung konsequent vollzogen wird.

Bei allen feinen Unterschieden wird mit den Auslegungen der elterlichen Begabungskonzepte eines als Gemeinsamkeit hervorgebracht: Die Überzeugung, dass das Gymnasium etwas ist, das man entweder mit Anstrengung „schaffen" muss, oder mit Talent und Leichtigkeit bewältigt. Anhand der Thematisierung des Gymnasiums wird die Thematisierung der Selektionsfunktion, Bourdieu nennt sie auch „Eliminierung" (Bourdieu 2001, S. 21), sichtbar. Nicht nur Eliminierung bewahrt die bestehenden Verhältnisse, sondern auch die Überzeugung der Teilnehmenden an diesen Vorgängen, „dass sie selbst für ihre Eliminierung verantwortlich sind" (ebd.). Diese Logik kann als Grundlage einer Begabungskultur verstanden werden.

6.3   Darstellungen von Schulkindern

Welche Konzepte von Begabung von Schulkindern hervorgebracht werden, ist Thema dieses abschließenden Teilkapitels. Herausgearbeitet wird, wie solche Konzepte in den Darstellungen der Kinder auftreten und welche Funktion sie dabei erfüllen. An den auch hier kontrastiv ausgewählten exemplarischen Sequenzen können insbesondere Vorstellungen einer (globalen) sozialen Ordnung herausgearbeitet werden, die Hinweise auf Selbstkonzepte enthalten.

Einige der von der Forschung begleiteten Kinder erklärten sich zum Ende des vierten Schuljahrs bereit, an Einzelinterviews teilzunehmen. Neben solchen formellen Interviews, haben sie mitunter auch im Alltag der Schule während der Teilnehmenden Beobachtung Gespräche mit den Forscherinnen geführt. Des Weiteren waren manche der Kinder in den Elternsprechtagsgesprächen mit anwesend und brachten sich im Gespräch mal mehr, mal weniger aktiv ein. In diesem Teilkapitel werden ein Ausschnitt aus einem Elternsprechtagsgespräch sowie ein Interviewausschnitt untersucht.

6.3.1 Sorge, nicht gut genug zu sein

Elternsprechtagsgespräche stellen keine Gespräche mit Forscherinnen dar, sind aber in gewissem Sinne näher am formellen Interview. Sie werden im zugrunde liegenden Forschungsprojekt als eigene Praxisform verstanden. Im vorliegenden Gespräch sind Minous Vater und Minou anwesend.

Wo die Reise hingehen soll – M606

Maas	Minou du hast, zu Hause deinen Zettel abgegeben ne, mit [*Minou:* Ja.] den Kreuzchen. Und, bestimmt auch ne Idee und Papa auch, wo soll' ' hingehen. Die Reise. Im Sommer.
Vater	Also wirklich, wirklich äh wir haben noch nichts entschieden.
Maas	Nein.
Vater	Äh und ich, sie wollte <<lachend>> zum Gymnasium. Und [*Minou:* Ja.] sie sagt zu mir, vielleicht schafft sie's, schaff ich das nicht.
Minou	Ja ich bin mir nicht sicher ob ich das nicht [*Vater:* Und äh] schaffe, weil ich möchte sehr gerne aufs [Name des Gymnasiums] aber [*Maas:* Mhm.] [*Vater:* Hm] ich würd sehr gerne dort drauf aber <<Stimme wird leiser>> ich hab Sorge dass ich' ' nicht dann, dass ich, nicht gut genug bin und-
Maas	Du bist schon, du bist schon wirklich gut Minou. Das ist ganz klar.
Vater	Mhm.
Minou	Ja aber.
Maas	Ähm mit Herrn [Name des Lehrers1] hab ich gesprochen. Der sieht so nen bisschen Probleme in Mathe.
Vater	Mhm mhm.
Maas	Ähm, das was mir einfach im Moment, ähm ich will gar nicht sagen nicht gefällt, aber einfach so leid tut ähm, Minou ist im Moment so ähm… Minou hilf mir mal. Du weißt genau was ich meine ((holt hörbar Luft)). Minou braucht im Moment zu viel Energie für kleine Scharmützel, äh Streit… und da erlebe ich [*Vater:* Mhm.] dass Minou, dass im Unterricht dann die Aufmerksamkeit fehlt. Minou kann [*Vater:* Mhm.] das besser. *Minou guckt ihren Vater an.*

(4. Schuljahr)

Frau Maas bezieht sich zum Einstieg in das Gespräch explizit auf „den Zettel mit den Kreuzchen", der offenbar zentral für das vorliegend besprochene Thema ist, wo „die Reise im Sommer" hingehen soll. Die Anwesenheit eines Formblatts bürokratisiert die Angelegenheit, indem sie als etwas markiert wird, das nach Protokoll abläuft, bzw. sich an einer institutionalisierten Form zu orientieren hat. Die Lehrerin adressiert Minou direkt als das Kind, um dessen „Reise" es geht und erst anschließend den Vater, der mit dem Setting des Elternsprechtags angesprochen ist. Dabei geht es noch nicht um eine endgültige Entscheidung, sondern zunächst nur um die Besprechung einer „Idee". Die Formulierung einer „Reise im Sommer" mildert den Entscheidungsgegenstand – die Schulform, die den weiteren Bildungsverlauf bestimmt – ab.

Der Vater leitet zunächst eher ausweichend ein, dass noch nichts entschieden wurde, der Wille von Minou aber bekannt sei und laute, auf das Gymnasium zu gehen, dies aber mit der Unsicherheit einhergehe, es vielleicht nicht zu „schaffen". Minou stimmt dann zeitgleich ein und untermauert das Gesagte des Vaters: Ja, der Wunsch ist da, aber nicht die Gewissheit, es zu „schaffen". Der Ausdruck des Schaffens hat in diesem Kontext die Konnotation der Vervollkommnung bzw. des Erreichens eines Ziels. Es kann sich dabei sowohl auf das Erreichen der entsprechenden Übergangsempfehlung beziehen, als auch auf das Bestehen an der weiterführenden Schule: Das Gymnasium wird als eine Schulform dargestellt, die ihren Schüler*innen etwas abverlangt. So konkretisiert Minou denn auch, was sie mit „schaffen" meint: Gut genug zu sein.

Gut genug sein wird damit als eine Voraussetzung dafür hervorgebracht, es auf dem Gymnasium zu schaffen. Die selbstkritische Betrachtung Minous, ihr ‚Gutsein' – was auf eine Idee von Leistungsfähigkeit, Können oder Potenzial hindeutet – darauf zu hinterfragen, ob es für das Gymnasium reiche, lässt das Gymnasium als einen Ort erscheinen, an dem nur Auserwählte etwas zu suchen haben.

Minou bringt im Elternsprechtagsgespräch ihre Unsicherheit zur Sprache, ob sie zu diesen Erlesenen gehört. So stellt sie es vorliegend zur Debatte und gibt ihrer Lehrerin nicht nur Gelegenheit, darauf zu antworten, sondern fordert implizit die Außenbeurteilung ein, die sie bei der Selbsteinschätzung unterstützen kann. Frau Maas nimmt die Adressierung an und geht auf Minous geäußerte Besorgnis ein, indem sie klarstellt: „Du bist schon wirklich gut, Minou." Sie positioniert sich mit dieser affirmativen Aussage als pädagogisch-professionelle Lehrerin, deren Beurteilung verlässlich sei. Damit wird zunächst die Kategorie bestätigt, zu der sich Minou zählen darf: Zu den Guten. Damit ist das Thema aber nicht beendet. Minou wirft ein: „Ja, aber", was die Erwartung widerspiegelt, dass es dennoch weiterhin etwas zu besprechen gibt. Frau Maas re-adressiert Minou daraufhin wieder affirmativ und verweist auf Schwächen in Mathematik, die der Fachlehrer angemerkt habe. Die Gestaltung des Adressierungsgeschehens erfolgt als empathische Aushandlung – die Lehrerin zeigt Verständnis für Minous Bedenken und demonstriert, dass sie wisse, worauf sich diese Bedenken beziehen. Gleichzeitig wird die Problematik im Mathematikunterricht auch selbst zum Gegenstand.

Das Schulfach Mathematik wird als das Fach hervorgebracht, mit dem Minous Einordnung als gut möglicherweise eingeschränkt wird. Des Weiteren spricht

Frau Maas ein Verhalten Minous an, das ihr „im Moment" im Hinblick auf Minous Involvierung in Konflikte aufgefallen sei. Der Zusammenhang zu dem vorangegangenen Thema wird hergestellt, indem Frau Maas ihre Einschätzung platziert, dass Minou durch Streitigkeiten vom Unterricht abgelenkt sei. Der Satz „Minou kann das besser" ist als Überzeugung wiedergegeben. Er kann auffordernd gedeutet werden in Bezug darauf, dass Minou sich nicht so gut verhalte, wie sie eigentlich könnte (bzw. sollte).

Nicht nur Minous Konzept ist von Interesse für die Rekonstruktion einer Begabungskultur, sondern hier sind gerade auch die Praktiken spannend, mit denen sie ihre Besorgnis vorträgt und Besorgnis als Bestandteil eines innerlichen Reflexionsvorgangs produziert (vgl. Reckwitz 2003, S. 296). Die verwendeten Phrasen, „ich bin mir nicht sicher ob ich das nicht schaffe", „ich möchte sehr gerne aufs [Name des Gymnasiums]" und „ich hab Sorge [...] dass ich nicht gut genug bin" befolgen den Code der kritischen Selbstreflexion sowie der realistischen Selbsteinschätzung. In den durch das Ministerium für Schule und Bildung gemeinsam mit dem Ministerium für Kinder, Familie, Flüchtlinge und Integration herausgegebenen Bildungsgrundsätzen für Kinder im Alter von 0 bis 10 Jahren in Kindertagesbetreuung und Schulen im Primarbereich in Nordrhein-Westfalen (MSW/MKFFI NRW 2018) ist das Einschätzen der eigenen Fähigkeiten als Orientierungsziel für die Entwicklung von „Selbstkompetenz" aufgeführt (vgl. ebd., S. 72). Die ‚passenden' Formulierungen zu benutzen, Einblicke auch in die Schwierigkeiten der Selbsteinschätzung zu gewähren, sind Mittel, über die das Lernen, sich selbst einzuschätzen, hervorgebracht werden kann – auch andere Äußerungsmöglichkeiten bestehen, innerliche Reflexionsvorgänge zu ‚beweisen', können immer nur in einer Aufführung artikuliert werden.

Mit dem Konzept des Gutseins expliziert Minou ihre Vorstellung von der Könnensordnung und macht auch die darin enthaltene Wertung sichtbar: Eine Schulformempfehlung muss in diesem Verständnis daran orientiert sein, ob das betreffende Kind gut genug ist für die jeweilige Schulform. In einer Empfehlung spiegelt sich demnach auch die Qualität de*r Schüler*in wider. Als Bezugspunkt dafür, gut oder auch nicht gut genug zu ‚sein', dient Minous Ich – nicht primär ihr Können, ihre Fähigkeiten oder Leistungen (siehe auch Giselles Wording „Bin ich da gut oder schlecht?", M513). „Gut" verweist zum einen auf ein Spektrum, das eine Wertung zwischen „gut" und „schlecht" verlangt. Es verweist zum anderen darauf, dass das Tun das Sein hervorbringt – wie auch im Konzept Doing *being able* entworfen. Die Logik hinter diesem Konzept kann auf die Formel gebracht werden: Um das Gymnasium zu schaffen, muss ich gut genug sein. Wenn ich nicht gut genug bin, gehöre ich nicht auf das Gymnasium, bzw. steht mir Erfolg auf dem Gymnasium nicht zu. Die Logik erscheint zwingend, da sie

mit dem meritokratischen Gerechtigkeitsprinzip verwoben ist, das sich am Leit-
motiv des Verdienstes durch Leistung orientiert (vgl. Beck/Scholz 1995, S. 148 f.;
Machold/Wienand 2021, S. 83).

6.3.2 Charakterliche Befähigung als Berufung

Die folgende Sequenz wurde dem formellen Interview mit Samira entnommen,
das im vierten Schuljahr geführt wurde. Im Interview wurde Samiras Einschätzung zu ihren Zeugnisnoten und zu verschiedenen weiterführenden Schulen
eingeholt. Auch ihr Berufswunsch, der Chirurgin lautet, wird thematisiert. Samira
demonstriert ihre Kenntnisse darüber, zum Erreichen ihres Berufsziels Medizin studieren zu müssen und für den Eintritt ins Studium einen sehr guten
Notendurchschnitt zu benötigen.

„Ich liebe es einfach zu helfen" – M607

Forscherin	Sag mal du hast grad gesagt dass du Chirurgin werden willst wie stellst du dir denn deine Zukunft so vor? Warum [*Samira:* Ähm] willst du denn Chirurgin werden?
Samira	Weil also zum Beispiel, ich LIEBE es Leuten zu helfen [*Forscherin:* Mhm.] und, ähm... ich möchte dann wenn jemand mir sagt, ja du musst in diesem Land arbeiten oder in diesem Land würd ich da mit meinen Kindern und meinem Mann auch hinreisen und sagen [*Forscherin:* Mhm.] wenn die jetzt sagen, du musst das jetzt in Afrika ähm (unverständlich) werden dann würd ich das machen weil, zum Beispiel da auf' ' Bild sieht man dass Kinder ganz arm sind und, kein Essen haben und dann würd ich da auch durch die ganze Stadt rein-gehen und die Kinder [*Forscherin:* Mhm.] auf der Straße die arbeiten würd ich auch meinen LOHN für diesen Tag, würd ich denen geben und meine Familie, weil ich liebe es einfach (unverständlich) zu hel-fen.

(4. Schuljahr)

Verknüpft mit ihrer Berufsvorstellung, wird Samira von der Forscherin nach ihren
Zukunftsvorstellungen gefragt. Zwischen dem Grund für ihren Berufswunsch
und der Zukunftsvorstellung wird bereits über die Frage ein Zusammenhang
konstruiert.

Samira begründet ihren Berufswunsch damit, leidenschaftlich hilfsbereit zu
sein. Sie bringt diese Hilfsbereitschaft als ihren Wesenszug hervor, der einen

inneren Antrieb darstellt. Zur Untermauerung dieser Eigenschaft illustriert sie ihre Zukunftsvorstellung, in der sie beauftragt wird, die Welt zu bereisen. Sie schildert, dass sie dem Auftrag nachkommen würde und auch ihre Familie – sie stellt sich vor, Kinder und einen Ehemann zu haben – mitnehmen würde. Samira konkretisiert diesen Zukunftsentwurf in Bezug auf „Afrika".[9] Dabei bedient sie sich stereotyper Afrikabilder. Sie beruft sich auf ein konkretes Bild, möglicherweise eine bestimmte Fotografie, worauf arme und Hunger leidende Kinder zu sehen sein sollen („auf dem Bild sieht man, dass Kinder ganz arm sind und, kein Essen haben").[10] Diese Vorstellung zugrunde gelegt, lässt Samira sich selbst als Philanthropin auftreten, die ihr Geld auf der Straße verteilt. Die Menschen, denen Samira auf ihrer Reise in „Afrika" begegnet, sind „afrikanische" Kinder und werden in einer Passivkonstruktion hervorgebracht. Samira greift, wie sie in ihrem Hinweis auf ein Bild artikuliert, auf Konstruktionen zurück, die ihr in dieser Form so präsentiert worden sind. Auch ihr Ehemann und ihre Kinder werden als passive Figuren entworfen. Sie braucht diese Konstruktionen, um sich in dieser Geschichte als Heldin auftreten lassen zu können, um ihren Selbstentwurf (und ihr angestrebtes Können) darzustellen. In der Betonung ihrer Hilfsbereitschaft für die besonders Hilfebedürftigen wird ihr Wissen über Ungleichbehandlung und Ungerechtigkeit vermittelt. So bringt sie ihre Hilfsbereitschaft als Bedürfnis, die Welt zu verbessern, hervor. Idealismus und Aufopferungsbereitschaft sind zentrale Eigenschaften der erwachsenen Samira, die in ihrer Zukunftsvorstellung auftritt.

Die als Antwort konzipierte Geschichte repräsentiert Samiras Grund für ihren Berufswunsch. Das damit vorgebrachte Begabungskonzept bezieht sich auf Samiras Vorstellung, aufgrund ihrer schon immer vorhandenen Neigung, Menschen zu helfen, für den Beruf der Chirurgin geeignet zu sein. „Leuten zu helfen" ist ein verbreitetes Motiv in Bezug auf den Berufswunsch der Chirurgin, das mit höherer moralischer Legitimität ausgestattet ist, als das mit dem Beruf einhergehende gesellschaftliche Ansehen und die finanziellen Verdienstmöglichkeiten. Ihre Positionierung enthält dieses Wissen über die zu nennenden und die

---

[9] In der Bezugnahme auf die geäußerte Fantasie Samiras ist „Afrika" jeweils in Anführungszeichen gesetzt um zu verdeutlichen, dass dieses „Afrika", im Gegensatz zum realen Afrika, eine Fiktion darstellt.

[10] Das entsprechende Bild oder ein konkreter Verweis darauf ist nicht Bestandteil der Forschungsdaten. Möglich wäre es, dass sich Samira nicht auf ein in der Situation vorliegendes Bild bezieht, sondern auf ein Bild in einem Schulbuch, auf einer Werbetafel o.ä. Allein die Bandbreite der Interpretationsmöglichkeiten bezüglich des Bildursprungs verweist auf die Masse an armuts- und elendszentrierten Afrikabildern, die Samira in ihrem Alltag begegnen könnten.

ungenannt bleibenden Beweggründe für das Anstreben einer prestigeträchtigen Berufslaufbahn. Im Interviewverlauf zeigt sich des Weiteren, dass Samira über den erforderlichen Fortgang ihres Bildungswegs zum Erreichen ihres Ziels weiß, etwa die Notwendigkeit eines Abiturs mit einem bestimmten Notendurchschnitt betreffend, um zu einem Medizinstudium zugelassen zu werden. Sie hat sich zudem ein konkretes Gymnasium ausgesucht, auf dem sie angemeldet werden möchte.

Mit der Betonung ihrer ideologischen Eignung beruft sich Samira auf ein Begabungskonzept, mit dem ihre Liebe zum Helfen als Ausdruck einer inneren Motivation zu deuten ist. Die Zentrierung ihrer Positionierung als zukünftige Erwachsene verweist auf die Entfaltung eines Potenzials, das sie trägt. Aspekte, wie beispielsweise ein Interesse für Medizin, Biologie oder eine andere Wissenschaft, oder eine Bezugnahme auf Fingerfertigkeit, werden nicht einbezogen. Impliziert ist die Annahme, dass im Verweis auf den inne liegenden ‚guten‘ Menschen bereits das Wesentliche codiert ist, nämlich die Existenz individueller Motivationsfaktoren, oder auch Leidenschaften, die ähnlich wie etwa göttliche Zeichen daraufhin ausgedeutet werden müssen, für die angestrebte Position berufen zu sein.

6.3.3 Zusammenfassende Betrachtung

Die präsentierten Sequenzen aus den Darstellungen der Schulkinder geben Einblick in die Hervorbringungsweisen einer Begabungsordnung, wie sie für sie Sinn ergibt. Es ist eine Ordnung, in die sie sich seit vier Schuljahren eingeübt haben. Als Kontextthema zu den jeweiligen Materialsequenzen ist der anstehende Übergang in die weiterführende Schule ein relevanter Impuls, über den zukünftigen Bildungsverlauf zu reflektieren.

Minou, die auf eine Gymnasialempfehlung hofft, um auf dem konkreten Wunschgymnasium angemeldet zu werden, setzt Begabung als Eignungsgrundlage für das Gymnasium relevant. Kompetent bringt sie sich selbst als reflektierte und selbstkritische Schülerin hervor. Um Selbsteinschätzung bemüht, zeigt sie ihr Wissen um den Geltungsanspruch einer Schulformempfehlung und ordnet sich situationsangemessen der institutionellen Beurteilung unter.

Samira positioniert sich hingegen als Akteurin mit vergleichsweise konkreten Zukunftsvorstellungen, auch in Bezug auf die langfristigen Aussichten. Indem sie sich als Menschen entwirft, der zur Bekämpfung von Hunger und Armut berufen ist, liegt für sie auch die Folgerung der Notwendigkeit nahe, einer bestimmten Laufbahn nachzugehen. Im Kontrast zu Minou bringt Samira im Interview

Agency in Bezug auf die Verfolgung ihrer Ambitionen hervor, gegebenenfalls auch ungeachtet der Schulformempfehlung. Bei der Berücksichtigung dieses Unterschieds ist jedoch der Aspekt einzubeziehen, dass Minou eine dem Eltern-sprechtagsgespräch angemesse Darstellungsweise wählt, während sich Samira freiere Thematisierungsweisen aussuchen kann, den Anforderungen des formellen Interviews entsprechend, in dem ihre Perspektive im Zentrum des Interesses steht.

Beide Darstellungen enthalten reflexive Selbstpositionierungen, bei Minou im Hinblick auf die qualitative Selbsteinschätzung und bei Samira bezüglich der Eignung für den Wunschberuf. Anders gesagt: Während Minou infrage stellt, gut genug zu sein, um ihre Pläne umsetzen zu können, setzt Samira dies bereits voraus. Bei den Perspektiven der Schulkinder wird besonders auffällig, welche Relevanz Begabungsbezügen in ihrer Alltagskultur zukommt. Die Bewertung ihrer Qualität als Schüler*innen oder auch als zukünftige Erwachsene bestimmt, welcher Platz ihnen in der Ordnung zusteht.

6.4   Zwischenfazit: Die codierte Reproduktion von Begabungskonzepten

Dieses Kapitel befasste sich mit Begabungskonzepten in reflexiven Darstellungen. Dabei wurde der Annahme gefolgt, dass eigene Darstellungen der Feldteilnehmenden auf ihre thematischen Relevanzsetzungen und auch Thematisierungsweisen untersucht werden können. Sie greifen dabei, so wird des Weiteren angenommen, auf verbalisierte Repräsentationen ihrer Alltagswelt zurück:

> Solche verbalen Darstellungen im Interview geben also nicht einfach Realität im Sinne einer falschen oder richtigen Beschreibung wieder, sie konstituieren sie vielmehr, indem sie gesprächsweise zeigen, was normal und was außergewöhnlich ist, was akzeptabel und was abweichend. (Breidenstein et al. 2015, S. 84)

Das Analysematerial bildeten Sequenzen aus Interviews sowie Sequenzen aus dem Unterrichtsalltag bzw. dem Elternsprechtag.

Gegliedert ist die Analyse nach den jeweils unterschiedlichen Positioniert-heiten der Feldteilnehmenden: Lehrer*innen, Eltern/Familien und Schulkinder. Reflektierte bzw. reflexiv zugängliche Begabungskonzepte oder eigene Vorstel-lungen davon, was Begabung ist, bilden hier nicht den Analysegegenstand. Der Anspruch lautet, unterschwellige Begabungskonzepte, die im Alltäglichen und Selbstverständlichen enthalten sind, zu rekonstruieren, wie sie impliziert, nicht expliziert werden. Eine diese Analyse anleitende Technik verweist dabei auf die Art und Weise, wie kindbezogene Unterscheidungen hervorgebracht werden, indem eine Norm oder eine Orientierungsgröße hergestellt wird und eine gegenübergestellte Differenz unausgesprochen bleibt (vgl. auch Machold/Wienand 2021, S. 27). So können kulturelle Codierungen in Bezug auf klassen- und ethnisch codierte Differenz aus den Darstellungen herausgearbeitet werden.

Im Hinblick auf die Verwendung von Begabungskonzepten durch Lehrer*innen im Sprechen über ihre Schüler*innen konnte gezeigt werden, dass eine verallgemeinernde bis homogenisierende Sichtweise auf Schüler*innen angelegt wird. Diese zeigt sich funktional für *Othering*-Prozesse, ohne dass die betreffenden *Anderen* notwendig benannt werden müssen. Das ist dann von Nutzen, wenn man das explizite Aussprechen defizitärer oder abwertender Perspektiven vermeiden möchte. Entsprechend kann sowohl ein knapper Verweis auf eine mutmaßliche „Sprachbegabung", als auch eine Einordnung eines Schülers als „Handwerker" im Sinne einer begabungskulturellen, oder mit Bourdieu: begabungsideologischen, Verdeckung des Sachverhaltes verstanden werden, dass eine antizipierte kulturelle Nähe von Schulkindern als Ausdruck von Begabung gilt (vgl. Bourdieu 2001, S. 25).

Die aus den Elterninterviews herausgearbeiteten Begabungskonzepte zeigen sich anhand von zwei unterschiedlichen Zugangsrichtungen zu der Selektionslogik des Schulsystems. In einer von „oben nach unten" gerichteten Perspektive, also vom Schulsystem ausgehend auf die Persönlichkeit des Kindes schauend, wird die Passung zum Gymnasium, auf das „talentiert[e]" Kinder gehören, argumentativ abgewogen. In der umgekehrt ausgerichteten Blickrichtung von „unten nach oben" wird vom Kind und seiner Entscheidung, die gelegentliche Faulheit über den „eigentlich" klugen Kopf überbieten zu lassen, ausgegangen. Eine Passung zur letztlich gewählten Schule wird dann mit Bezug auf die Eigenverantwortlichkeit des Kindes als unkomplizierte Bildungsentscheidung hervorgebracht. Auf beiden Wegen wird die Selektionslogik des Schulsystems reproduziert.

Die Darstellungen aus Schulkindperspektive sind auf den anstehenden Übergang in die weiterführende Schule bezogen, der Anlass bietet, über den zukünftigen Bildungsverlauf zu reflektieren. Auch von einer Schülerin wird hier, wie in den Elterninterviews, von Begabung als Voraussetzung für den Gymnasialbesuch ausgegangen: Begabung in Form einer bestimmten Qualität als Schüler*in, umschrieben mit den Worten „gut genug". Kontrastiv dazu positioniert sich eine andere Schülerin mit einem Zukunftsentwurf von sich selbst. Zur Erklärung ihres Berufswunsches eine Geschichte über die erwachsene Samira der Zukunft erzählend, gibt sie so indirekt eine innerlich verspürte Berufung zu helfen als Grund für ihren geplanten Bildungsweg an.

Insgesamt betrachtet zeigen sich in den ausgewählten Materialsequenzen fragmentarische und vage, nur angedeutete oder herzuleitende Begabungskonzepte. Gemeinsam ist ihnen, dass eine zugrunde liegende Annahme von ursprünglicher Differenz, der Begabungsdifferenz, nicht hinterfragt wird. Nicht nur, dass es unterschiedliches Können gibt, kommt darin zum Ausdruck, sondern auch die Abstraktion auf eine ursprünglich gedachte, individuelle Erklärung ‚im Kind'.

Die verwendeten Hervorbringungsweisen dieser Darstellungen verdeutlichen die Verankerung in der begabungskulturellen Praxis: Nebenbei, diffus und wie selbstverständlich wird auf eine ‚letzte' Erklärung (eine Begabung, individuelle Eignung oder Berufung) verwiesen. Als Bestandteil der Kultur ist ein reflexiver Zugang nicht notwendig, da vorausgesetzt wird, dass alle Teilnehmenden an dieser Kultur dies in hinreichend ähnlicher Weise interpretieren, sodass gegenseitiges Verstehen hergestellt werden kann. Doch liegt hierin zugleich ein Spielraum für unreflektierte Auslegungen und Willkür, was insbesondere im Hinblick auf Lehrer*innen und Eltern problematisch sein kann, die als zuständige Bildungsakteur*innen und Entscheider*innen einflussreich positioniert sind.

Theoretisierende Betrachtung

7

In diesem Kapitel werden die Analyseergebnisse in eine Zusammenschau gebracht, um auf dieser Grundlage den empirischen Teil der Studie mit dem Ziel der dichten Beschreibung einer Begabungskultur in der Grundschule abzuschließen. Die Forschungsfrage nach der Gestalt und nach der Hervorbringung einer Begabungskultur wird damit insofern beantwortet sein, als die Analysen hinreichend gesättigt sind um einen umfassenden Einblick in den so ausgearbeiteten Gegenstand der Studie, Begabungskultur, zu geben (vgl. Charmaz 2006, S. 114).

Zunächst soll ein Gesamtüberblick über die zentralen Analyseergebnisse gegeben werden. Im Anschluss an die Zusammenfassung auf Basis der empirischen Rekonstruktionen erfolgt dann eine theoretisierende Betrachtung, die weiter von dem konkreten Material mit den analysierten Sequenzen wegführt und die mit differenztheoretischen Kategorien eine konzeptionell ausgerichtete Perspektive anlegt.

7.1 Zentrale Analyseergebnisse

Durch die analytische Betrachtung von Begabung als einem kulturellen Phänomen lässt sich nachzeichnen, dass die Begabungsidee das alltägliche schulische Miteinander ordnet. Kontinuierlich im grundschulischen Alltag wirksam ist sie nicht zuletzt, weil sie der Leistungsordnung und der Leistungsbewertung zugrunde liegt. Wird Leistung als „Kern pädagogischer Ordnungen" (Rabenstein et al. 2013, S. 675) verstanden, lässt sich etwa über die Rekonstruktion der Hervorbringung von Schulkindern als Leistungserbringer*innen erschließen, wie die Begabungsidee in der Ausdeutung ihres Könnens als Leistung wirkt.

© Der/die Autor(en), exklusiv lizenziert an Springer Fachmedien Wiesbaden   233
Gmbh, ein Teil von Springer Nature 2022
C. Y. Wienand, *Die Herstellung einer Begabungskultur in der Kindheit*,
Kinder, Kindheiten und Kindheitsforschung 31,
https://doi.org/10.1007/978-3-658-39014-3_7

Die Analyseperspektive der vorliegenden Studie wurde eingenommen über einen ethnographischen Zugriff auf die Praktiken, über die eine Kultur hervorgebracht wird, in der Begabung eine Bedeutung hat. Im Folgenden werden die zentralen Ergebnisse aus den empirischen Rekonstruktionen zusammengetragen. Dabei soll nicht bloß wiederholt werden, was in den Zwischenfazits bereits dargestellt wurde, sondern eine erste Ablösung von der empirischen Grundlage vorgenommen werden, um eine verallgemeinerbare Sichtweise auf die analysierten Praktiken gewinnen zu können.

7.1.1   Erster Schritt

Im ersten Schritt wurden die alltäglichen Routinen und Praktiken des Alltags der Grundschule untersucht (Kapitel 4). Praxistheoretisch wird davon gesprochen, dass Praktiken implizites Wissen ,enthalten', also ein Wissen darin verortet ist, „das kein explizierbares Aussagewissen (knowing that) von Überzeugungen darstellt, sondern einem ,praktischen Sinn' ähnelt" (Reckwitz 2003, S. 292). So sind die betrachteten Praktiken dadurch gekennzeichnet, dass sie das Wissen um die Notwendigkeit in sich tragen, sich können zu zeigen. Mit dem Konzept Doing *being able* wurde der Analysefokus auf die Rekonstruktion einer unterliegenden Könnensordnung vorgenommen. Doing *being able*, worunter Praktiken zusammenzufassen sind, mit denen sich die Feldteilnehmenden, mit Augenmerk insbesondere auf die Schulkinder, als könnend hervorbringen, wird auf unterschiedliche Weise prozessiert: Etwa über die Abwertung von Nicht-Können, über die Pädagogisierung von unterschiedlichen Könnens-Positionierungen oder über (vermiedene) Überlegenheitsgesten. Die Beschaffenheit der Hervorbringungsweisen ist unterschiedlich. Subtil und zurückhaltend oder aufdringlich und störend, in Erklärpraktiken oder Hilfspraktiken. Das Einhalten oder Nichteinhalten unterrichtlicher Regeln, wie beispielsweise die Melderegel oder auch die verbale Ordnung angemessener Unterrichtssprache, bildet dabei den Kontext, der aber nicht determiniert, ob eine Positionierung als könnend gelingt. Die schulische Könnensordnung zeigt sich beispielhaft auch als hierarchisches Deutungsmuster, wie es in der Abwertung von vermeintlich „einfachen" Aufgabenstellungen Anwendung findet. Die Positionierungspraktiken der Kinder sind mit der Akzeptanz ausgestattet, sich einem prüfenden und beurteilenden Blick unterzuordnen. Positionierungspraktiken bringen das Können als individuelle Stärke hervor, die Praktiken zeugen von dem in ihnen enthaltenen Wissen um die könnensbezogene Ordnung.

Diese Ordnung zeigt sich schließlich auch übersituativ als Begabungsordnung, indem auf der anderen Seite dieser Praxis eine Normalisierung stigmatisierender, ausschließender, schlechterstellender Praktiken auf Grundlage des Könnens, dessen Deutung als Ausdruck von (Un-)Begabung kulturell naheliegt, realisiert wird. Im Ergebnis wird dann eine Könnensordnung rekonstruiert, in der die Kinder relational positioniert sind. Ersichtlich wird Wissen um das Ideal, begabt zu sein, etwa darin, sich mühelos im Umgang mit den schulischen Anforderungen zu positionieren. Es geht also nicht in einem plakativen Sinn darum, dass sich Kinder z. B. in Bezug auf ihre guten Noten darstellen. Stattdessen geht es um die situative Einnahme einer Positionierung in der Könnensordnung, zu der sich auch spontane Gelegenheiten ergeben können. Deutlich wird in den Analysen, dass es ein implizites Verstehen und kollektiv geteiltes Verständnis in Bezug auf vorteilhafte Positionen in der Könnensordnung gibt. Insofern kann die Positionierung in der Könnensordnung als funktional für einen Wettbewerb um Besserstellung gesehen werden.

7.1.2 Zweiter Schritt

Im zweiten Schritt wurden anhand von Datenbasierten Porträts Praktiken untersucht, die als könnens- und leistungsbezogene Konstruktionen aneinander anschließen und auf spezifische Schulkinder bezogen werden (Kapitel 5). In diesen Porträtausschnitten orientierte die Analyseperspektive sich exemplarisch an der individuellen Positionierung der Kinder Giselle, Maxie und Dilan in der Könnensordnung. Biographieanalytisch informiert, wurden situierte Praktiken auf biographisierende Effekte bzw. Konsequenzen hin betrachtet. Es konnte gezeigt werden, wie in individualisierenden Praktiken systematisch eine Vereindeutigung vollzogen wird, die unter anderem für die Legitimierung der Empfehlung oder Entscheidung verwendet werden kann, einen bestimmten Bildungsverlauf anzustreben. Über temporalisierende Bezugnahmen wird charakteristische Musterhaftigkeit konstruiert, um eine biographische Kontinuität herzustellen. So wird eine Bezugsgröße hervorgebracht, die individualisierende und responsibilisierende Deutungen plausibel erscheinen lassen kann. Durch diese Übersetzung in die zeitliche Dimension können etwa Prognosen entworfen werden, die der individuellen ‚Bestimmung' der Kinder entsprechen (vgl. Dausien/Kelle 2005, S. 194). Sowohl könnensbezogene Praktiken als auch Praktiken des Zuschreibens und Absprechens von Begabung sind Teil dieser biographisierenden Praxis.

a) **Persönlichkeit als Ursprung geringen Könnens und Schulerfolgs (Giselle)**

In Bezug auf Giselle wurde die Herstellung von Unsicherheit und Zurückhaltung als musterhaft und charakteristisch rekonstruiert. Gezeigt wurde, wie auf der Grundlage des hergestellten Charakters die Verhaltensweisen von Giselle verstehbar gemacht werden – und im zeitlichen Verlauf auch als vorhersehbar hervorgebracht werden. Dabei kommt auch die Verwendung von Typisierungen zum Zuge. Giselle wird von einem Lehrer als „eine komplette Einzelgängerin" eingeordnet. Dies verweist auf eine Existenz des Typus Einzelgänger*in, dem sie „komplett" entspreche und positioniert sie zudem als aktiv ihren Status als Einzelgängerin hervorbringend. Mögliche Gründe dafür werden ‚im Kind' gesucht, beispielsweise Schüchternheit und Ängstlichkeit. Ihre (zugeschriebene) soziale Desintegriertheit kann in responsibilisierender Weise als selbstgewählt und selbst herbeigeführt dargestellt werden.

Trotz Irritationsmomenten, wie etwa einem zwischen Schülerin, bzw. Mutter in repräsentativer Funktion, und Lehrer bestehenden Deutungskonflikt zwischen quantitativem (Häufigkeit des Meldens, des Erhalts gelber Karten) und qualitativen (eigenes Nachdenken) Wert der Unterrichtsteilnahme, teilen alle Teilnehmenden eine grundlegende Praxis, die sich auf die Identifikation unterschiedlicher Wertigkeit von Können bezieht. Von Lehrer, Schulkind und Mutter wird dies auf jeweils spezifische Weise im Kind selbst verortet.

– Lehrer: Verweise auf Schüchternheit und Unselbstständigkeit stellen einen Zusammenhang zwischen Persönlichkeit und (gezeigten) Fähigkeiten her. In dieser Sichtweise würde mehr Selbstbewusstsein zu stärkerer Beteiligung führen, was wiederum in schulischen Erfolgen resultierte. Impliziert ist darin, dass nicht aufgebrachte Motivation zur (Selbst-)Verbesserung als Ausdruck eines geringen Bildungsinteresses gedeutet werden kann.
– Schulkind: Giselle reproduziert die Außenperspektive auf ihre Leistung als Bestandteil ihres Selbstkonzepts: „Bin ich da gut oder schlecht?" Darin ist das Wissen um die kulturelle Normalitätserwartung eingelassen, sich von einer äußeren Beurteilungsinstanz als bestimmtes Schulkind definieren zu lassen.
– Mutter: „Das hat sie von mir" verweist auf die Vorstellung einer genetischen oder sozialen Vererbung von Fähigkeiten. Ein solches Konzept ist funktional für die Akzeptanz von Schwächen, kann aber auch umgekehrt als Erklärung der Provenienz von Stärken eingesetzt werden.

Das Verwenden einer biographisierend-kontinuierenden Perspektive zeigt sich als kulturelle Methode, die sich zwar auf konkretes Können zu beziehen scheint, jedoch in der Explikation auf ‚dahinterliegende' Fähigkeiten oder Neigungen abhebt. Diese lassen sich als Ausdruck eines Begabungskonzepts im Sinne eines ‚natürlichen Vorhandenseins' von Fähigkeiten und Neigungen identifizieren. In einer so erfolgenden bindenden Charakterisierung wird, beispielhaft an der Schulformempfehlung zu sehen, Vereindeutigung vollzogen. Die Zuweisung einer Positionierung in Form der Schulformempfehlung lässt erkennen, inwiefern die Praktiken von der Annahme einer Folgerichtigkeit durchdrungen sind. So nimmt Giselle ihren zugewiesenen Platz entsprechend der zwingenden, bzw. überzeugenden, Logik an.

b) Schlummerndes Potenzial als Ursprung des Könnens (Maxie)

In Bezug auf Maxie ist als Ausgangspunkt der Konstruktion ebenfalls Schüchternheit und Unsicherheit auszumachen, dabei nimmt die biographisierende Vereindeutigung jedoch eine ganz andere Richtung als in Bezug auf Giselle. Die Typisierung als „ein stilles Mädchen" geht regelmäßig mit Richtigstellungen der ansonsten naheliegend erscheinenden Deutung einher, dass sie zugleich auch schwach oder nicht selbstbestimmt wäre. In der wiederholten Richtigstellung zeigt sich zunächst die Relevanz von Auslassungen, die als „propositionale[...] Löcher" (Ködel 2011, S. 207)[1] Unausgesprochenes als selbstverständlich voraussetzen. An ihr beobachtet wird ein konformer, aber als eigenständig gesehener Umgang mit schulischen Regeln, darüber hinaus wird ihr ein eigenes Interesse an Unterrichtsinhalten bzw. am Gelernten und schnelle Auffassungsgabe zugeschrieben. In der Lehrerinnenperspektive wird Maxie als kompetent, interessiert und motiviert entworfen. Indem zugleich die Beobachtung gegengehalten wird, dass die aktive Beteiligung hinter der Kompetenzzuschreibung zurückbleibt, wird das Motiv des schlummernden Potenzials angewendet: Die Konstruktion eines noch zu entfaltenden Könnens bzw. noch nicht ausgebildeten Vermögens. Auf dieser Grundlage können Fehler zu ‚Missverständnissen' umgedeutet werden, die eigentlich nicht passieren müssten. Der Entwurf von Maxie als Schulkind, das viel weiß und kann, lässt auftretende Fehler als Folge des noch untrainierten Abrufens von Wissen bzw. Können erscheinen. Als ein wichtiger Schlüssel zur Freischaltung ihres inne liegenden Potenzials wird der Aufbau von Selbstbewusstsein hervorgebracht.

---

[1] Ködel verwendet den Begriff der „propositionalen Löcher" nach Linke und Nussbaumer (1988, S. 46, zitiert nach Ködel 2011, S. 216), der zur Bezeichnung von Informationslücken im Text dient, die eine interpretative Rekonstruktionsleistung vonseiten der Rezipient*innen notwendig machen.

Dem entgegenstehend wird in Bezug auf Maxie eine vermeintlich selbst herbeigeführte Stressanfälligkeit widerholt als persönliche Schwäche – implizit auch als mögliches Zeichen von Verwöhntheit oder Verweichlichung abgewertet – reproduziert. Dieser hergestellte Charakterzug wird besonders relevant bei der Identifikation der passenden weiterführenden Schulform. Zum einen für die Empfehlung, zum anderen unter Berücksichtigung der Ermöglichung von Erfolgserlebnissen bzw. Vermeidung von Enttäuschungen in Form einer Erfahrung von Unterlegenheit. Das hervorgebrachte Interesse am Wohlbefinden des Kindes führt zu einer Orientierung an der Herbeiführung von Erfolgs- und Überlegenheitserfahrungen, in Abwägung der könnensbezogenen Eignung und dem zu erwartenden Leistungsdruck.

c) Inne liegendes Bedürfnis als Ursprung des Könnens (Dilan)

Wie Talent hervorgebracht wird und wie das Talent mit der Konstruktion einer ,typischen' Persönlichkeit individualisierend verknüpft wird, ist in Bezug auf Dilan Analysegegenstand gewesen. Das wiederholte Hervorheben der schauspielerischen Begabung Dilans fungiert unter anderem als Anerkennung ,außerschulischer' Fähigkeiten, ein pädagogischer Wert – in Bezug auf das Trainieren sprachlicher Kompetenz – und ein arbeitsmarktökonomischer Wert – in Bezug auf die potenzielle Professionalisierung des Schauspieltalents – werden hergestellt. Auch die Ungewöhnlichkeit des festgestellten Talents bringt an sich bereits Ansehen hervor.

Das verwendete Begabungskonzept wird dabei zwischenzeitlich annäherungsweise reflektiert. Die Lehrerin führt über das Phänomen von Dilans frühreifem Verstehen von Ironie ins Feld, dass diese im heimischen Alltag oft Anwendung finde. Auch in Bezug auf die Begabung zum Rollenspiel erscheint dies plausibel und so wird es auch von der Mutter hervorgebracht: Was Dilan Spaß mache, werde von ihr freiwillig durchgeführt – und damit auch trainiert. Entsprechend eines begabungsbezogenen Entwicklungsmodells vollzieht sich Talententwicklung während des Alltags durch Lernen, Trainieren und Üben (vgl. Kaufman/Sternberg 2008, S. 78), womit sich ebenfalls, wie bei Maxie, der Potenzialbegriff als relevant erweist. Die Spaßbezogenheit wird mitunter als Bedürfnis entworfen, etwa dem Bedürfnis nach einer Bühne bzw. nach Selbstinszenierung. So kann die Zuschreibung der schauspielerischen Fähigkeiten als Streben nach Bedürfniserfüllung plausibilisiert werden. Der im Hinblick auf Dilan besonders deutlich sichtbare Begabungsbezug lässt sich als Ausdruck einer Kultur begreifen, in der Begabung mitunter wie ein vorhersehendes Bestimmungsmerkmal behandelt wird.

7.1.3 Dritter Schritt

Im dritten Schritt erfolgte ein Zugriff auf Begabungskonzepte in Darstellungspraktiken. Unterschieden wurde zwischen der informativen und der Praxisebene. Dabei interessiert die Bedeutsamkeit von Begabung, wie sie etwa in Erklärungen über die eigene Positionierung hergestellt wird. Die Darstellungen können, auch wenn sie beispielsweise in formellen Interviews reflexiv hervorgebracht werden, als Teil des alltäglichen Vollzugs von Wirklichkeit betrachtet werden und damit als vertraute Praktiken des Umgangs mit Begabungsbezügen von Lehrer*innen, Eltern und Schulkindern beleuchtet werden. Sie teilen eine Gemeinsamkeit: Es wird mit der Annahme von ursprünglicher Begabung immer eine zugrunde liegende Differenzannahme hergestellt, die nicht hinterfragt wird; eine Begabungslogik wird codiert und reproduziert. Dabei wird von unterschiedlichem Können ausgegangen und in der weitergeführten Reflexion auf eine individualisierende Erklärung abstrahiert, die als ‚im Kind' liegende Kraft nicht weiter ergründet wird.

d) Codierte Affirmation von Dominanzverhältnissen (Lehrer*innen)

In Bezug auf die Praktiken der Lehrer*innen bietet dies einen problematischen Spielraum für willkürliche oder reflexhafte Deutungen der beobachteten Nicht-/ Erbringung geforderter Leistungen. Das zeigt sich in den zwei ausgewählten Sequenzen über die Produktion unterschiedlicher Kollektivzuschreibungen.

In Verbindung mit ethnisch codierten Differenzzuschreibungen an mehrsprachig aufwachsende Schulkinder wird das Wort „Sprachbegabung" als Code erkennbar, mit dem eine offene Benennung der eigentlich relevant gesetzten ethnischen bzw. migrantischen Differenz vermieden werden kann. Es geht also im Grunde nicht darum, eine Begabung zu identifizieren, was sich auch im schnellen Themenwechsel äußert, sondern darum, die Deutung von Mehrsprachigkeit, die repräsentativ für migrantische Differenz steht, als problembehaftet zu platzieren. Die Grundannahme der Lehrerin, mehrsprachig aufwachsende Kinder seien tendenziell nicht richtig „integriert" und dieser Mangel zeige sich üblicherweise auch in Sprachdefiziten im Deutschen, kann suggestiv eingebracht werden, indem die deutschsprachliche Unauffälligkeit zweier mehrsprachiger Schülerinnen mit dem Label „Sprachbegabung" als überraschendes Können markiert wird.

In Thematisierungen von Schulformeignung zeigt sich die Kategorisierung als „Handwerker" in Bezug auf einen Schüler, dem unangemessenes Interesse an einem Gymnasialbesuch zugeschrieben wird, ebenfalls als Code, mit dem offene Artikulationen relevant gesetzter Differenzannahmen umgangen werden können. Dabei wird davon ausgegangen, dass die Anspielung vom Gegenüber verstanden wird. Die Benennung einer handwerklichen Eignung eines Schülers wird als Indikator für eine gymnasialen Ungeeignetheit hervorgebracht und die Optionen des Bildungsverlaufs für diesen Schüler damit eingeschränkt. Untermauert wird dies auf Nachfrage durch einen Hinweis, dass die Kinder mit als zu hoch eingeordneten Aspirationen von den angestrebten Schulen ohnehin nicht aufgenommen würden. Die empirischen Rekonstruktionen zeigen eine begabungskulturelle Logik, die Fähigkeiten der Schüler*innen auch auf Vorannahmen über als *anders* konstruierte Gruppen zu gründen.

e) **Bedeutungsreproduktion in der Eliminierungslogik (Eltern/Familien)**

Perspektiven von Eltern/Familien auf den schulischen Werdegang ihres Kindes sind im Zusammenhang der Schulformentscheidung auf zwei Blickrichtungen hin rekonstruiert worden: Von den schulischen Anforderungen ausgehend, und von der kindlichen Fähigkeit und Anstrengungsbereitschaft ausgehend. So wird in beiden untersuchten Darstellungen die Passung des betreffenden Kindes zur jeweils gewählten Schulform (Realschule und Gesamtschule) hervorgebracht. Dabei wird als Deutungsgrundlage jeweils auf die schulische Selektionslogik – oder mit Bourdieu (2001, S. 21): Eliminierungslogik – rekurriert, indem das Gymnasium den Orientierungspunkt für die Passungsherstellung, sozusagen als Negativfolie, bildet.

In beiden Fällen werden Schulkinder (indirekt) als ‚talentierte Kinder' und ‚der Rest' unterschieden. Verallgemeinernd kann aus den Rekonstruktionen gezogen werden, dass eine erfolgreiche Grundschulzeit nicht universell als Indikator für (akademisches) Talent gedeutet wird: Maxie sei zwar eine gute Schülerin, gehöre aber aufgrund anderer Entfaltungsbedürfnisse womöglich nicht zu den talentierten Kindern. Demgegenüber könnte Dilan eigentlich zu den Gymnasialgeeigneten gehören, habe dies in der Grundschule nur nicht hinreichend unter Beweis gestellt.

So konnte in den Materialsequenzen rekonstruiert werden, wie die Sinngebungsprozesse von Eltern/Familien in individualisierendem Bezug auf ihr Kind die Eliminierungslogik des Schulsystems reproduzieren.

f) **Selbstkonzept und Positionierung in der sozialen Ordnung (Schulkinder)**

Die herausgearbeiteten Relevanzsetzungen in den Darstellungen der Schulkinder enthalten vor allem Hinweise auf ihre Selbstkonzepte und beziehen sich direkt oder indirekt auf die eigene (angestrebte) Positionierung. Gewährt wird dadurch ein Einblick in die Hervorbringungsweisen einer Begabungsordnung, wie sie für diese Kinder – nach einer kulturellen ‚Mitgliedschaft' von inzwischen vier Schuljahren – Sinn ergibt. So bildet auch hier der anstehende Übergang in die weiterführende Schule den Zusammenhang, an den anknüpfend der weitere Bildungsverlauf reflektiert wird. Die hervorgebrachten Begabungsbezüge erweisen sich als funktional für ihre qualitative Einordnung als Schülerin oder zukünftige Erwachsene: Beide streben einen Gymnasialbesuch an. Während Minou Begabung, codiert als ‚Gutsein', während des Elternsprechtags explizit als Eignungsgrundlage für das Gymnasium relevant setzt, beansprucht Samira in ihrer im Interview hervorgebrachten souverän zukunftsbezogenen, fiktiven Positionierung für sich den Zugang zu einer ärztlichen Ausbildung. Minou unterliegt dabei der situativen Anforderung, die Schulformempfehlung als maßgebliche Beurteilung darzustellen. Demgegenüber kann Samira diese im Interview vernachlässigen und stärker auf Aspekte verweisen, die in ihren Augen Gewicht haben: Innere Werte, die sie charakterlich zu einer gesellschaftlich relevanten Aufgabe befähigen.

7.1.4 Zusammenschau und Überleitung in den vierten Schritt

Als zentrale Funktionen einer Begabungskultur in der Grundschule können mit einem theoretisierenden Blick *Individualisierung*, *Responsibilisierung* und *Normalisierung* benannt werden.

Individualisierung kann vor dem Hintergrund, dass Positionierungspraktiken das Können als individuelle Stärke bzw. Produkt individueller Stärke hervorbringen, als funktional für die Herstellung eines Verweises auf ‚im Kind' verortete Ursprünge von Könnensunterschieden identifiziert werden (vgl. Merl 2019, S. 82) – und, in auf Individuen verengter Perspektive, für die Verschleierung von Ungleichheits*verhältnissen.*

Responsibilisierung zeigt sich als Responsibilisierung des Kindes (vgl. Machold 2019) oder bzw. und des Zuhauses, sowohl in der Zuweisung von Verantwortlichkeit als auch der Selbstresponsibilisierung. Über biographisierende Praktiken wird in gemeinsamer kontinuierlicher ‚Arbeit' ein Entwurf des Schulkindes als musterhafte Bezugsgröße zugrunde gelegt, der über die Zeit, bis zur Entscheidungsstelle des Übergangs in die weiterführende Schule, vereindeutigt wird. Die dabei erfolgende Plausibilisierung der individuellen Verantwortung erfüllt die Funktion, die Empfehlung sowie die Entscheidung für einen bestimmten Bildungsverlauf zu legitimieren.

Normalisierung, im Sinne einer Standardisierung von Bedingungen des Aufwachsens (vgl. Kelle 2013b, S. 21), zeigt sich etwa bezüglich der beobachtbaren
Akzeptanz der Unterordnung der Schulkinder unter eine Beurteilung und einen
prüfenden Blick, aber auch der Übernahme der Selektions- bzw. Eliminierungslogik durch Eltern/Familien. Geht es bei der Akzeptanz der eigenen Positionierung
einerseits um eine gelingende Enkulturation, wird andererseits auch die Akzeptanz und Normalisierung stigmatisierender, ausschließender, schlechterstellender
Praktiken erfüllt, die in responsibilisierender Hinsicht auf individuelles Können
rekurrieren.

Damit kommt auch die Akzeptanz der Machtförmigkeit schulischer Bildung
zum Ausdruck (vgl. Dirim et al. 2018, S. 199). Eine Kultur, die Akzeptanz für
selektive Besser- und Schlechterstellung in der Könnensordnung hervorbringt,
bringt durch diese Verstrickung gleichermaßen eine „Komplizenschaft" (Bühler-
Niederberger 2011, S. 213) der Teilnehmenden hervor.

In dieser abstrahierenden Zusammenfassung deutet sich bereits die erneute
Ausrichtung des Analysefokus an: Der nun erfolgende vierte Schritt stellt nun
differenztheoretische Bezüge entlang der oben aufgezählten Funktionen her, die
teilweise bereits in den empirischen Rekonstruktionen angedeutet wurden.

7.2   Vierter Schritt: Analyse entlang von Differenzlinien

In der bisherigen Betrachtung der Praxis ist die Hervorbringung von Begabung als
zugrunde liegender Differenz fokussiert worden, im Sinne einer Unterscheidungs-
grundlage, an die zudem weitere Differenzperspektiven angeschlossen werden
können. Es zeigte sich bisher die Herstellung einer Begabungskultur in der
Grundschule über Praktiken, mit denen strukturelle Differenzkategorien zwar
aufgerufen werden, aber über eine Kontextualisierung mit Begabung wiederum
verschleiert werden. Im nun folgenden Analyseschritt werden anhand von Differenzkategorien, die sich in der materialnahen Analyse als relevant erwiesen haben,
die Funktionen der Individualisierung, Responsibilisierung und Normalisierung
theoretisch eingeordnet und intersektional entfaltet (vgl. Crenshaw 1989). Entsprechend der Einsicht, dass „[n]icht alles klassifizierbar [ist, C.W.], theoretische
Kategorien [...] nicht unbedingt Kategorien der Empirie [sind, C.W.]" (Win-
ker/Degele 2009, S. 64) war die Praxisanalyse der Kapitel 4 bis 6 möglichst nahe
an der alltagsweltlichen Hervorbringung der Kultur der Teilnehmenden angelegt.
Der im Weiteren erfolgende Anschluss an theoretisch breit fundierte und ausgearbeitete Differenzkonzepte soll den analytischen Blick auf die Praxis und das
Wissen in den Praktiken erweitern und ergänzen.

Die Differenzkonzepte werden dabei auf soziale Strukturkategorien bezogen, welche im Sinne ungleichheitsgenerierender Ordnungskategorien aufgefasst werden, entlang derer spezifische Herrschaftsverhältnisse bestimmt (und in ihrer Verwobenheit anerkannt) werden können (vgl. ebd., S. 38). Während die Analyse in freier Anlehnung an den praxeologischen Intersektionalitätsansatz strukturiert ist (Winker/Degele 2009, S. 63 ff.), beziehe ich mich mit dieser Vorgehensweise und dem gewählten nächsten Schritt auf Emmerich und Hormel (2017, S. 114), die im Hinblick auf den Zusammenhang von Praxis (Mikroebene) und Ungleichheit (Makroebene) erklären: „Erst wenn sich zeigen lässt, *wer* ungleich behandelt wird, kann beobachtet werden, *dass* überhaupt eine Ungleichbehandlung als Sachverhalt vorliegt" (Hervorhebung im Original). Diese Überlegung kann, sensibilisiert dafür, dass die *Be-* auch eine *Zu*schreibung von Differenz darstellt, umformuliert werden als Notwendigkeit, zu zeigen, „*als wer* jemand benachteiligt, aber möglicherweise auch privilegiert wird" (Machold/Wienand 2018, S. 143, Hervorhebung im Original). Konkret geht es um Praktiken, in denen Differenzordnungen entlang von generationaler, ethnisch codierter, klassen- bzw. statusbezogener und auf Behinderung bzw. *Dis/Ability* bezogener Differenz als Ordnungen struktureller Herrschaftsverhältnisse hervorgebracht werden. Diese werden im Folgenden als adultistische, rassistische, klassistische und ableistische Differenzordnungen betrachtet. Auch ihre Überschneidungen bzw. Intersektionen geraten dabei in den Blick. Mit der in diesem vierten Schritt erfolgenden Analyse soll dem Anspruch Rechnung getragen werden, „bei Praxen anzufangen und dann zu relationieren" (Winker/Degele 2009, S. 67) unter Berücksichtigung der Strukturebene. In dem Sinne des hier vorliegenden praxistheoretischen Verständnisses wird damit die Ebene der Ordnung angesprochen und werden die theoretischen Differenzkategorien als Ordnungskategorien begriffen.

7.2.1 Adultistische Ordnung

Leena Alanen (2009) versteht unter dem Begriff der generationalen Ordnung eine spezifische Organisiertheit des sozialen Verhältnisses von generationalen Kategorien. Diese Ordnung entsteht durch soziale Praktiken, in denen diese generationalen Kategorien hervorgebracht werden (vgl. Alanen 2009, S. 161). Die generationale Ordnung stellt dabei also keine starre Struktur dar, sondern wird praxistheoretisch als situativ hervorgebracht begriffen (vgl. Bollig/Kelle 2014, S. 275). Demnach ist auch in der Schule nicht automatisch oder deterministisch von der situativen Relevanz einer Machtasymmetrie zwischen Erwachsenen und

Kindern auszugehen. Wie auch Sabine Bollig und Helga Kelle hinweisen, kann dieses Machtverhältnis situativ changieren (vgl. ebd.). Mit der Perspektive des Adultismus wird der Fokus von der Notwendigkeit, eine Machtausübung zu beobachten, um in der Lage zu sein sie analytisch aufzugreifen, stärker zu der Vorannahme hin verlagert, dass Erwachsene über Macht verfügen, also grundsätzlich mächtiger positioniert sind als Kinder (vgl. auch Ritz 2017, S. 188):

> Adultismus beschreibt die Machtungleichheit zwischen Kindern und Erwachsenen und infolge dessen die Diskriminierung jüngerer Menschen allein aufgrund ihres Alters. Dies geschieht zumeist in der Konstellation Erwachsener – Kind, kann jedoch ebenso zwischen älteren und jüngeren Kindern auftreten. (Richter 2013, S. 5)

Wurden aus dem Material bisher Praktiken der Herstellung generationaler Differenz herausgearbeitet, wird im Folgenden ein Fokus auf adultistische Praktiken gerichtet, in denen generationale Differenz auf spezifische Weise hervorgebracht wird, nämlich mit (implizitem) Verweis auf ein generationales Machtverhältnis. Diese Praktiken knüpfen vor allem an eine ideologische Grundlegung an, die auf die Idee einer Nützlichkeitsforderung abhebt. Zur Veranschaulichung: Zum kulturellen Differenzwissen über Erwachsene gehört auch das Wissen, dass Erwachsene arbeiten (sollen); Arbeit wird als wichtig und als Beitrag zur gesellschaftlichen Teilhabe verstanden (vgl. Ritz 2017, S. 187). Praktiken rund um „Können", „noch mehr können" und „besser können" sind als Ausdruck einer besseren bzw. vorteilhaften Positionierung identifizierbar, unter anderem, weil sich darin eine solche Nützlichkeit abbildet. Die letzte Deutungshoheit über das Können der Schulkinder verbleibt bei den Lehrer*innen als erwachsenen und mit institutioneller Autorität ausgestatteten Teilnehmenden (vgl. Weitkämper 2019, S. 78 f.). Die zu fällenden Werturteile verleihen den sozialen Situationen im intergenerationalen Alltag ihren Sinn und stellen die Konsequenz ihrer praktischen Hervorbringung dar. Situativ ‚abschließende' Aussprüche wie „Super!" sind hierfür eindrückliche Beispiele, wenn sie weniger als konkrete Bewertung, denn als angemessene Anschlusspraktiken hervorgebracht werden (vgl. M403, M411).

Laut Ritz verweist der Begriff Adultismus „auf die Einstellung und das Verhalten Erwachsener, die davon ausgehen, dass sie allein aufgrund ihres Alters intelligenter, kompetenter, schlicht besser sind als Kinder und Jugendliche" (Ritz 2017, S. 185). Kennzeichnend für das Machtungleichverhältnis von Erwachsenen und Kindern sei die Praxis, sich als Erwachsene über Ansichten und Bedürfnisse von Kindern hinwegzusetzen (vgl. ebd.) – eine Praxis, die in der Schule institutionalisiert ist. Doch wird dies nicht so häufig dermaßen anschaulich verbalisiert.

Das Wissen und die Akzeptanz, der Bewertung durch erwachsene Lehrer*innen unterstellt zu sein, und der Gebrauch von Praktiken, mit denen diese Akzeptanz hervorgebracht wird, gehören zur Enkulturation in eine adultistische Begabungskultur. Die empirisch rekonstruierte Teilnahme von Kindern an solchen Praktiken kann (in einer stärker subjektzentrierten Perspektive) auch als adultistische Verinnerlichung verstanden werden: „Adultistische Verinnerlichung findet in erster Linie dann statt, wenn Kinder die Attribute, die Erwachsene für sie finden, annehmen und in ihr Selbstbild integrieren" (Ritz 2017, S. 191). In der vorliegend angelegten Perspektive ist dieser Prozess hingegen als Funktion der Normalisierung einzuordnen: Sie besteht in der Hervorbringung von Akzeptanz für die Ungleichverteilung von Positionen und schließlich auch von damit verbundenen Bildungsprivilegien.

Über sprachliche Praktiken wie „Pipileicht" (M406) und „Erwachsenenschrift" (M414) wird die hergestellte Differenz mit einer dominanten und einer unterlegenen Differenz besonders ersichtlich und eine adultistische Sinnzuschreibung explizit zum Ausdruck gebracht. In ihrer Verwendung zeigt sich das Wissen um die wert- und statuszuweisende Bedeutung, die mit der Verweisung auf diese Differenz reproduziert wird. Am Beispiel des „Selbstständiger werden" von Giselle (M511) werden ebenfalls adultistische Lesarten in einzelnen Formulierungen einer Lehrerin ersichtlich, wobei die Zuschreibungen eng an die Beobachtungen geknüpft und in erwachsenenzentrierter Perspektive ausgedeutet werden: Giselle habe anfangs, als sie noch zur Schule begleitet wurde, „wahrscheinlich schon den ganzen Weg so ein bisschen rumgebockt" – eine adultistische Lesart, mit der eine „altersbezogene Charaktereigenschaft manifestiert [wird, C.W.], die eindeutig den erwachsenen Normen von Einsicht, Geduld und Nachgiebigkeit konträr entgegensteht" (Ritz 2017, S. 188) – und die Motive des Kindes dafür, widerspenstiges Verhalten zu zeigen, nicht interessieren. An solchen Darstellungen, die unter Erwachsenen etwa in Interviews und Elternsprechtagsgesprächen zum Einsatz kommen, wird die Akzeptanz und auch Akzeptanzerwartung in Bezug darauf deutlich, Kinder und ihre Praktiken adultistisch zu beurteilen.

Auch Höflichkeitspraktiken, wie beispielsweise das Siezen, referieren die generationale Ordnung als eine adultistische (vgl. M409). Erscheint es im Grundschulalter noch akzeptabel, das Siezen nicht anzuwenden, bzw. dabei ‚Fehler' zu machen, wird Siezen in der weiterführenden Schule von den Schüler*innen gefordert – so antizipieren zumindest einige Schüler*innen unter Bestätigung durch den Lehrer. Solches Wissen um die Höflichkeitsregeln, die ab einem bestimmten Zeitpunkt eingefordert werden, muss als inoffizielles Wissen, da es nicht in z. B. Gesetzen oder Bildungsplänen festgehalten ist, kulturell erlernt werden. In der Implizitheit dieses Wissens ist dabei das Potenzial enthalten, diejenigen, die eine solche Regel nicht kennen oder nicht mitbekommen haben, für ihr Nichtwissen zu responsibilisieren. Mit Bourdieu kann bezüglich dieses konkreten Beispiels auch auf eine klassismusrelevante Dimension des kulturellen Wissens hingewiesen werden: „Wenn der Lehrer die einfachsten Dinge als bekannt voraussetzt, ist es sehr gut möglich, dass viele Kinder (zumal die Kinder aus den kulturell benachteiligten Milieus) sie nicht kennen, was diese früher oder später zum Scheitern verurteilt" (Bourdieu 2001, S. 24). An der Unterrichtssequenz M409 wird erkennbar, dass die Thematisierung des Siezens in der weiterführenden Schule nicht notwendig zu den vom Lehrer anvisierten Themen gehört hat. Mit Bourdieus Hinweis könnte dennoch gefragt werden, ob die hervorgebrachte Explikation, in der weiterführenden Schule werde von den Schüler*innen erwartet, die Lehrer*innen zu siezen, sich für manche Kinder in der Klasse als Glücksfall in Form einer wertvollen und ansonsten unbekannten Information erwiesen hat. Das Aussprechen der zugrunde liegenden, hier als kulturelle Regeln verstandenen, Normen und Erwartungen entspricht letztlich der Empfehlung, die Bourdieu im Hinblick auf seinen Wunsch nach einer „rationalen Pädagogik" erteilt: „Um das Unterrichtswesen zu demokratisieren, ist es unabdingbar, immer so vorzugehen, als müsse man *allen alles* unterrichten" (ebd., Hervorhebung im Original).

7.2.2 Rassistische Ordnung

Zu zeigen, wie Lehrer*innen, Schulkinder und Eltern/Familien an der Hervorbringung einer ethnisch codierten Differenzordnung mitwirken, war unter anderem Gegenstand der Studie zur „Herstellung von Differenz in der Grundschule" (Machold/Wienand 2021, S. 29 ff.), die auf dem Forschungsprojekt beruht, aus dem heraus auch diese vorliegende Arbeit entstanden ist. Unter anderem konnte dort anhand von Identifikationspraktiken der Schulkinder eine Deutung ihres Lebensmittelpunkts Deutschland als binär strukturiertem Kontext rekonstruiert werden, in dem die Differenz zwischen Deutschsein und Nichtdeutschsein als dominantes Deutungsmuster hervorgebracht wird (vgl. ebd., S. 29). Als ein zentrales Analyseergebnis wurde herausgearbeitet, dass „ethnisch codierte Kategorisierungen bei Mehrheitsangehörigen als *nicht* zur Selbstbeschreibung relevant [gesetzt werden, C.W.], letztere werden damit als ethnisch neutral hervorgebracht" (ebd., S. 54, Hervorhebung im Original).

Für die vorliegende Studie lässt sich dieses Ergebnis in Bezug auf die unsichtbare Ordnung darauf wenden, dass sich unter anderem in der unterrichtlichen Verwendung eines „Indianerheftes" (M518) die verbreitete Praxis widerspiegelt, gesellschaftliche Machtverhältnisse zu enthematisieren (vgl. Ha 2004, S. 231).

Der materielle Kontext einer Sequenz mit dem Kind Maxie bildet auch den Kontext dieser Praxis. Das Unterrichtsmaterial für den Mathematikunterricht des 3. Schuljahres ist der Klasse als „Indianerheft" bekannt. Dabei handelt es sich um eine Reihe von Übungsheften mit Illustrationen einer Kinderfigur, die einen „Indianer" repräsentieren soll. Damit einhergehend wird die rassistisch pauschalisierende Fremdbezeichnung „Indianer" reproduziert, in der sich das kolonialistische Überlegenheitsdenken des Eurozentrismus widerspiegelt (vgl. Heyn 2015, S. 11 f.). Ein unkritischer, normalisierender Umgang mit solchen Repräsentations- und Bezeichnungspraktiken, wie er sich im Gebrauch von Unterrichtsmaterialien mitunter zeigt, kann als relevant für ethnisch codiertes bzw. rassistisches Überlegenheitsdenken betrachtet werden, denn auf diese Weise werden Vorurteile und soziale Bewertungsunterschiede als Bestandteil des Alltags hervorgebracht (vgl. vom Orde 2018, S. 10).[2] Die hier vorgefundene Herstellung von ‚Anderen' steht exemplarisch für die latente, jedoch alltägliche Herstellung einer Differenzordnung, in der Kinder ihren Blick auf die Welt, auf sich und auf ‚die Anderen' einüben: „Was wir in sozialen Zusammenhängen für uns und für andere sind, sind wir jeweils auch mit Bezug auf unsere in kontextspezifischen Praxen und Imaginationen und Erfahrungen bestätigten Differenzposition(en)" (Mecheril 2008, S. 63). Es handelt sich um eine Ordnung, die sich bereits in frühen Jahren biographisch strukturierend auf Erfahrungen, Verständnisweisen und Praxisformen auswirkt (vgl. ebd., S. 64). Da die Unterscheidungen nicht bloß neutrale Differenzfeststellungen sind, sondern auf soziale Werte und Werturteile bezogen sind, schlagen sich solche sozialen Differenzierungen letztlich auch auf kindliche Selbstkonzepte nieder (vgl. Ergün-Hamaz 2016, S. 27).

In praxisanalytischer Perspektive kann dieses Wissen in den Praktiken wieder über die Funktion der Normalisierung beschrieben werden: Eine solche, scheinbar nur hintergründig eine Rolle spielende Herstellung des ‚Fremden' als unterhaltsame Figur bringt diese, nicht selten unter dem Deckmantel einer kulturinteressierten Weltoffenheit, als Konsumprodukt hervor. Solche unterschwelligen Formen der Wissensvermittlung über exotisierte *Andere* entsprechen einer Normalisierung von *Othering*. In seiner rassismuskritischen Lesart des sogenannten heimlichen Lehrplans bezieht Thomas Quehl diesen Umstand mit ein:

---

[2] In der Zwischenzeit wurde das Unterrichtsmaterial aufgrund kritischer Einwände umbenannt (siehe rnd.de vom 09.09.2020, URL: https://www.rnd.de/panorama/nach-rassismusvorwurfen-verlag-benennt-mein-indianerheft-um-FHAEWTOWJZE67EGWEGXKP L6TEE.html [Zugriff: 27.12.2021]). Seit 2020 werden die Hefte unter dem Namen „Anoki-Übungshefte" geführt. Auch das Design der titelgebenden Kinderfigur wurde verändert.

Eine rassismuskritische Schulpädagogik, die von der Annahme ausgeht, dass das offizielle Curriculum nur einen Teil dessen darstellt, was in der Schule gelernt wird, muss folglich klären, wo rassistisches Wissen möglicherweise durch jene Mechanismen und Organisationsformen des schulischen Alltags vermittelt wird, die man in der allgemeinen soziologischen Auseinandersetzung mit der Institution Schule als ‚heimlichen Lehrplan' (Zinnecker 1975) bezeichnet hat. Wenn es beim heimlichen Lehrplan ‚um die *lautlosen Mechanismen* der Einübung in die Regeln und Rituale der Institution' und ‚um die Einübung in hierarchisches Denken, in Leistungskonkurrenz und Normkonformität' (Meyer 1987, 65, Hervorh. im Orig.) geht, so lässt sich diese Beschreibung um eine rassismuskritische Perspektive erweitern. (Quehl 2009, S. 233)

Wenn also auch ‚nur' nebenbei, nicht explizit, vermittelt wird, dass alle indigenen Bevölkerungen Amerikas mit einer universalen Bezeichnung als „Indianer" zu benennen seien, wird die homogenisierende Repräsentationsweise, illustriert mit der dazugehörigen Figur, ‚heimlich' gelehrt und gelernt.

Aufschlussreich bezüglich einer rassismuskritischen Analyse ist auch die Interviewdarstellung von Samira (M607), in der sie das Motiv des Helfenwollens auf eine spezifische Weise zum Ausdruck bringt. Die von Samira reproduzierte und auf ein bestimmtes Bild bezogene Idee, als weiß positionierte[3] Ärztin aus Deutschland bzw. Europa nach „Afrika" zu reisen um „afrikanischen" Menschen zu helfen, reproduziert das kolonialistisch geprägte, rassistische Motiv des *White Saviorism.*[4] Vor allem aus Film und Fernsehen bekannt, geht es diesem Motiv um die Darstellung einer weißen Erlöserfigur, die Schwarzen Menschen bzw. Menschen of Color zu einem besseren Leben verhilft (vgl. Sirota 2013). Eng verknüpft mit dem Phänomen des Voluntourism – einer Wortschöpfung aus Volunteer (Freiwillige*r/Ehrenamtler*in) und Tourism – steht im Zentrum der weiße bzw. weiß positionierte Mensch, der die koloniale Idee einer Zivilisierungsmission perpetuiert (vgl. Bandyopadhyay/Patil 2017). Die Verwendung rassistischer Praktiken kann bereits früh als ein Teil des Aufwachsens betrachtet werden, was für weiße bzw. weiß positionierte Kinder wie folgt beschrieben werden kann:

Gleichzeitig mit den anderen ‚Tatsachen' lernen Kinder, zwischen Schwarz und Weiß zu unterscheiden und zu wissen, wozu sie selbst gehören. Die Haltung weißer Kinder gegenüber schwarzen Menschen wird dabei nicht so sehr von dem Kontakt mit

---

[3] Samiras weiße Positionierung in „Afrika" entspringt meiner Mutmaßung. Im deutschen, wie auch im europäischen weißzentrierten Kontext, ist die muslimische Samira nicht automatisch weiß positioniert.

[4] Susan Arndt findet hierfür auch den Ausdruck des „Tarzan-Syndroms", womit sie „das Phänomen beschreibt, dass in Weißen Mythen wie sie sich etwa in zahlreichen Filmen [...] manifestieren, zugereiste Weiße Afrikaner/innen die Natur erklären und sie vor dessen Gefahren beschützen" (Arndt 2004, S. 96).

schwarzen Menschen geprägt, als vielmehr durch den Kontakt mit den herrschenden Auffassungen über schwarze Menschen, schreibt Kenneth Clark. Weiße Kinder können rassistische Gefühle vermittelt bekommen, ohne je wirklich mit schwarzen Menschen in Berührung gekommen zu sein. (Meulenbelt 1988, S. 173)

Samiras Praktiken sind nicht mit kritisch-reflexivem Wissen über Rassismus ausgestattet. Sie spiegeln dennoch Wissen über Rassismus wider, und so kann ihre imaginierte Intervention in globale Ungleichheitsverhältnisse als ihr Entwurf einer antirassistischen Praxis gedeutet werden. Mit dem forschungsprojektinternen Kontextwissen um Samiras Selbstpositionierung als Marokkanerin und Muslimin kann davon ausgegangen werden, dass Samira Rassismus in ihrem Lebensmittelpunkt Deutschland – ihrem selbstverständlich geltenden Alltagszusammenhang (vgl. Mecheril 1997, S. 196) – auch als Praxis erlernt hat, die in Bezug auf sie selbst oder ihre Familie erfahrbar ist. Doch handelt es sich nicht zwangsläufig um reflexiv zugängliches Wissen. Ähnlich verhält es sich mit dem von Samira reproduzierten Afrikabild: Über homogenisierende Repräsentationen wird Wissen hergestellt, das nicht nur eine elendszentrierte Perspektive auf „Afrika" einnimmt, sondern immer auch mit der gegenübergestellten Konstruktion eigener Überlegenheit verbunden scheint. Dabei reproduziert Samira lediglich, was ihr und anderen Kindern im Alltag als gültiges Wissen über Afrika vermittelt wurde, und aktualisiert es indem sie sich dazu vorteilhaft ins Verhältnis setzt (vgl. Wagner/Sulzer 2009, S. 212).

In den empirischen Rekonstruktionen bildet des Weiteren Sprache einen anschaulichen Gegenstand, an dem die ethnisch codierte Differenzordnung der Grundschule als über rassistische Praktiken hergestellte analysiert werden kann. An zwei Beispielen für sprachliches Können wird die mit unausgesprochener – bisweilen auch euphemisierter – Defizitzuschreibung und Abwertung einhergehende begabungskulturelle Positionierung aus verschiedenen Perspektiven aufgezeigt: Bei der beispielhaften Nennung einer möglichen „Sprachbegabung", die als Ausgleich der ansonsten problematisch dargestellten Mehrsprachigkeit in Betracht gezogen wird (M601), geht es weniger darum, ob die Lehrerin wirklich an eine Sprachbegabung glaubt. Es geht vielmehr darum, welche Funktion das zufällig wirkende Anführen einer möglichen Begabung hier übernimmt: Auf diese Weise können explizite Ausdrucksweisen vermieden werden (vgl. Ködel 2009, S. 205). Das Risiko, mit der Behauptung potenzieller Nachteile mehrsprachigen Aufwachsens (vgl. kritisch dazu Panagiotopoulou 2017, S. 270 ff.; Chilla et al. 2013, S. 112 f.) und der Verknüpfung der Behauptung mit dem Motiv der Desintegration womöglich auf Kritik zu stoßen, kann somit minimiert werden. Wird im Interviewverlauf nicht durch ein Gegenüber um Konkretisierung

gebeten oder das Implizierte nicht in Frage gestellt, kann hingegen wortlos darauf geschlossen werden, dass das in den propositionalen Löchern vorausgesetzte
Ungesagte als unstrittig gilt (vgl. Ködel 2009, S. 207).

Neben der codierten Implikation von (vorurteilsbehafteten) Problematisierungen im migrationsgesellschaftlichen Kontext, kann auch die Kommentierung des
sprachlichen Ausdrucks im Deutschen – ein reguläres Alltagsvorkommnis – als
spezifische Markierung von Differenz gelesen werden: „Die Einen haben das
Recht, über die Kompetenz der Anderen evaluative Feststellungen zu treffen,
und die Anderen müssen prinzipiell nachweisen, dass dies nicht der Fall ist. Es
geht nicht um Sprache", so Franz Hamburger (2005, S. 9), „sondern um Unter-
werfung". Das Wissen um eine solche Lesart von sprachlicher Kompetenz und
Differenz spiegelt sich wider in der Praktik eines Schülers, wenn er ironisch
erklärt: „Wir können nicht gut Deutsch, weil wir Ausländer sind!" (M417) Im
ironisierenden Doing *being unable* identifiziert sich das Schulkind gemeinsam mit
seinem Mitschüler und repräsentiert ihn und sich als zusammengehörig. Er zitiert
einen rassistisch aufgeladenen medialen und politischen Diskurs, in dem „aus-
ländische" Kinder, die kein Deutsch können, problematisiert werden (vgl. Quehl
2009, S. 229). Mit der expliziten Benennung der Differenz von „Ausländer[n]"
und (unausgesprochen) Deutschen zeigt sich in der Praktik zum einen, dass das
Wort Ausländer mit Bedeutung und Relevanz versehen ist, und zum anderen, dass
ein Machtgefälle in der Differenz enthalten ist. In der Re-Adressierung durch
die Lehrerin taucht dieses Wort jedoch nicht mehr auf: Es wird tabuisiert. Die
von dem Kind Omar genutzte Gelegenheit, in ironisierender Weise sein Wissen über das Herrschaftsverhältnis ins Gespräch zu bringen, in dem er mit der
Fremdpositionierung als „Ausländer" konfrontiert ist, wird in pädagogisierender
Adressierung individualisiert, indem der Thematisierungsanlass des sprachlichen
Könnens an die Kinder zurückgebunden wird („Natürlich könnt ihr gut Deutsch").
So wird Omar durch die verkürzte Re-Adressierung als jemand hervorgebracht,
der sich selbst als „Ausländer" positionieren würde. Die Praktik der Lehrerin Frau
Maas, auf den Satz nur teilweise einzugehen, der mit dem Potenzial ausgestattet
ist, Alltagsrassismus explizit zu thematisieren, spiegelt ein Vermeidungswissen
in Bezug auf rassistische Verhältnisse wider. Die strukturelle und symbolische
Ebene, die in dem Satz *auch* angesprochen sind, wird ausgeblendet. Sie erkennt
lediglich die personale Ebene an und bringt dadurch eine Lesart des *Fishing for
Compliments* nach der Bestätigung, gutes Deutsch zu sprechen, hervor. So wird
Omars vermeintlich verzerrtes Selbstbild zum Thema gemacht. Die Thematisierung einer mitunter rassistischen Qualität der (sprachbezogenen) Könnensordnung
wird somit im Keim erstickt.

Wenn es so ist, dass Omar die alltägliche Erfahrung macht, als „Ausländer" hervorgebracht zu werden, stellt dies einen wesentlichen Teil seiner Lebenswelt dar (vgl. Melter 2009, S. 284). Indem darüber hinweggegangen wird, dass er sich und seinen Freund so bezeichnet, wird Desinteresse an der von Omar relevant gesetzten Kritik am Rassismus der Könnensordnung vermittelt.

Rassismus erfüllt eine zentrale Funktion: Durch die Zuweisung von bestimmten Eigenschaftspaketen (Differenzierung) und die Festlegung auf negative Hervorhebungen (Markierung) trägt Rassismus zur Rechtfertigung einer systematischen Besserbehandlung von bestimmten Menschen und Gruppen bei. Er bildet somit ein wesentliches Fundament für die Herstellung und Aufrechterhaltung von sozialen Hierarchien. (Auma 2018, S.4)

In Bezug auf die hier analysierten Praktiken kann mit Melter auch von sekundärem Rassismus gesprochen werden (vgl. Melter 2009, S. 285): Während offene Abwertungen vermieden werden und auch die Bedeutung von Rassismus und Rassismuserfahrungen geleugnet wird, wird signalisiert, dass die Thematisierung von Rassismus unerwünscht sei. Nicht nur das, die Aufmerksamkeit wird von den Verhältnissen weggelenkt und der Thematisierungsversuch individualisiert. Die Thematisierung einer mitunter rassistischen Qualität der (sprachbezogenen) Könnensordnung wird somit im Keim erstickt.

Mit diesem rassismuskritisch informierten Blick auf die Könnensordnung sind zwei Ebenen deutlich geworden: Erstens die Praxisebene, auf der die beobachteten Praktiken von einer ethnisch codierten Differenzannahme ausgehen, die gegebenenfalls auf das Können der Kinder angelegt wird; zweitens die Kontextebene, auf der unterschwellig in eine Differenzlogik eingeübt wird und sich so Selbstkonzepte in Differenz zu exotisierten *Anderen* konstituieren können. Während auf der Praxisebene Individualisierung und daraufhin auch Responsibilisierung (etwa für das sprachliche Können) stattfinden, sind Normalisierungsprozesse stärker auf der Kontextebene zu verorten. Bei der Funktion der Responsibilisierung geht es darum, die Verantwortung für Schulerfolg bei Akteur*innen – anstatt z. B. in der Institution – zu verorten, also bei dem jeweiligen Kind. In der Normalisierung der impliziten und expliziten Abwertung von *Anderen*, unter anderem auf Können bezugnehmend, wird zugleich eine Überlegenheitsannahme hervorgebracht, auf die im Weiteren noch näher eingegangen werden soll.

7.2.3   Klassistische/klassismusrelevante Ordnung

Folgt man Bourdieu (2001, S. 41) in seiner Annahme, dass „die Kultur der Elite
[…] der Kultur der Schule so nah[steht, C.W.], dass die Kinder aus einem klein-
bürgerlichen (oder, a fortiori, bäuerlichen bzw. Arbeiter-)Milieu das nur mühsam
erwerben können, was den Kindern der gebildeten Klasse gegeben ist", dann
lässt sich das den einen Gegebene, den anderen nur mühsam Erwerbbare, als
Voraussetzung für erfolgreiche Teilnahme an Schule begreifen. Darin zeigt sich
ein Mechanismus, der vorliegend als klassismusrelevant eingeordnet wird: Schulkinder, die der Kultur der Schule nahestehen, können gegebenenfalls souveräner
auftreten und sich leichter im schulischen Umfeld zurechtfinden, weil sie die
kulturell codierten Signale verstehen können. In Bourdieus Lesart ist es die kulturelle Souveränität, die Schüler*innen als Kompetenz oder als Begabung ausgelegt
werden können (vgl. ebd.).

In der vorliegenden Arbeit wird jedoch nicht in einem solchen Ausmaß davon
ausgegangen, dass die Reproduktion von Klassenverhältnissen derart von der kulturellen Passung und der Beurteilung durch Lehrer*innen bestimmt ist. Daher
wird der theoretisierende Fokus eher darauf gerichtet, inwiefern Praktiken für eine
Reproduktion der Klassenverhältnisse relevant sein können, anstatt von Beobachtungen auf direkte Effekte zu schließen. Dies kann auch dem Umstand geschuldet
sein, dass im Gegensatz zu Kategorien wie etwa generationaler und ethnisch
codierter Differenz direkte Adressierungen einer Klassenpositionierung in den
kapitalistischen Produktionsverhältnissen stärker verschlüsselt sind. Mit „Klasse"
als Ordnungskategorie kann die Aufmerksamkeit auf den Umstand gelegt werden, dass „Menschen bereits durch ihre Geburt in Familien mit verschiedener
Ressourcenausstattung unterschiedliche sozio-ökonomische Ausgangsbedingun-
gen" (Winker/Degele 2009, S. 43) haben; jedoch nicht nur das. „Klassismen
beziehen sich explizit nicht ausschließlich auf Ökonomie und Politik, sondern
wirken in allen gesellschaftlichen Feldern" (ebd., S. 44). Mit der Verwendung
der Klassenkategorie geraten also „Phänomene sozio-ökonomischer Deprivilegie-
rung, Inferiorisierung und Marginalisierung und Versuche ihrer Legitimation in
und mittels schulinstitutioneller Strukturen (etwa gegliederter Schulsysteme) und
subjektivierenden Praktiken […] in den Blick" (Dirim et al. 2018, S. 145).

Klassenwissen der Feldteilnehmenden zeigt sich indes nicht in einer Selbsti-
dentifikation bzw. einem Klassenbewusstsein, sondern es zeigt sich beispielsweise
dann, wenn eine Mutter die Luft zwischen den Zähnen einzieht, wenn sie über
die Hauptschulempfehlung ihres Kindes informiert wird (M515). Stefan Wellgraf
(2008) konnte für den Kontext Hauptschule die „gesellschaftliche Produktion von
Verachtung" eindrucksvoll nachzeichnen. Er kam aber auch zu der Erkenntnis,

dass den Hauptschüler*innen (und „der gesamten Gesellschaft", ebd., S. 108), obwohl mit rassismus- und sexismuskritischer Sprache einigermaßen vertraut, kein Vokabular zur Verfügung stand, um klassistische Verhältnisse zu benennen (vgl. ebd.).

> Die Frage drängt sich auf, was diese Verschleierung von sozialstrukturellen Problemlagen bei gleichzeitiger Betonung ethnischer oder geschlechtlicher Fragen zur Folge hat. Auf der individuellen Ebene führt sie tendenziell zu einer verstärkten Selbstzuschreibung von schulischen oder beruflichen Misserfolgen, während sie auf der gesellschaftlichen Ebene eine Privatisierung und Kulturalisierung von sozialer Ungleichheit zur Folge hat. (Wellgraf 2008, S. 103)

In dieser Erkenntnis spiegelt sich die Individualisierung und Responsibilisierung von Schüler*innen in Bezug auf ihren Bildungsverlauf, auf der Grundlage ihrer Akzeptanz der Eliminierungslogik des Bildungssystems. „Die Ausblendung der klassenspezifischen Grundierung und Normalisierung von Schule und Unterricht weist damit die Leistungsperformanzen der ‚Anderen' als deren eigenen Defizite aus" (Dirim et al. 2018, S. 155).

In der mit Bourdieu informierten Perspektive kann das kulturelle Kapital, das familiär vermittelt wird, als entscheidender Faktor für die schulische Reproduktion von Ungleichheit gelten (vgl. Bourdieu 2001, S. 26). Das weiter oben bereits angesprochene Beispiel des Siezens (7.2.1, bzw. M409) eignet sich zur Veranschaulichung. Die als Tatsache hervorgebrachte Erwartung, in der weiterführenden Schule müssten die Schüler*innen mit dem Siezen beginnen, scheint einer ansonsten üblicherweise unausgesprochenen Regel zu entsprechen, die implizit vermittelt wird. Beim Siezen handelt es sich also einerseits um eine kulturelle Praxis. Andererseits kann ein unaufgefordert rechtzeitiger und korrekter Einsatz des Siezens durch Kinder als Kompetenz erscheinen.

Als weiteres Beispiel kann die Beurteilung von unterrichtlichem Meldeverhalten betrachtet werden (M509): Wie oft melden ist oft genug? In einer nachträglichen Analyse eines Elternsprechtagsgesprächs können Hinweise darauf herausgearbeitet werden, dass Lehrer und Mutter zwei unterschiedliche ‚Paradigmen' in Bezug auf die qualitative Aussagekraft von Meldehäufigkeit zugrunde legen. Situativ erscheint es herausfordernd, hier die Erwartung in Richtung der Schule bzw. ihrer Repräsentant*innen anzulegen, solche unterschiedlichen Verständnisse spontan zu erkennen und daraufhin aufzuklären. Wird jedoch einbezogen, dass das Bildungssystem mit seiner Praxis so organisiert ist, dass Unterschiede „entstehen und bekräftigt werden" (Dirim et al. 2018, S. 152), kann dieses ‚Missverständnis' um Meldeverhalten als systematisch hervorgebracht verstanden werden. So spielt hier die Responsibilisierungsfunktion eine zentrale

Rolle. Eltern/Familien sind am Elternsprechtag im Rahmen von *Doing Background* bestrebt, eine bildungsförderliche Familienpraxis zu repräsentieren (vgl. Machold/Wienand 2021, S. 99). Auch Kotthoff (2012) arbeitet in ihrer ethnomethodologischen und soziolinguistischen Analyse, im Anschluss an Bourdieus (1993) Habituskonzept, Bemühungen seitens der Eltern heraus, im schulischen Elterngespräch „eine kulturelle Mittelschichtsidealversion des schulorientierten Eltern-Seins" (Kotthoff 2012, S. 293) zu repräsentieren. Es zeigt sich hierin, dass es ein kulturell geteiltes Wissen darum geben muss, dass Eltern/Familien im Kontext Schule einer Art *Background*-Check unterzogen werden.

Auch in weiteren Materialsequenzen, etwa zur Verwendung einer als unangemessen hervorgebrachten Sprache in Form von Wörtern wie „scheiße" und „ballaballa" (M537), oder der Kategorisierung „Handwerker" (M602) erweisen sich Praktiken als klassismusrelevant. Die analytische Ausrichtung auf die impliziten kulturellen Voraussetzungen, die gegebenenfalls Konsequenzen der Affirmation bzw. Reproduktion von klassistischen Verhältnissen nach sich ziehen, zeigt eine reichhaltige analytische Kategorie. Begabungskulturelle Codes verschleiern indes eine solche Perspektivierung und kleiden die Bedingungen tendenziell in eine Wendung der bedürfnisorientierten Ausrichtung am Wohl des Kindes. „Mit dem Klassenbegriff wird [...] nicht nur das hierarchische Moment der Strukturiertheit von gesellschaftlichen Verhältnissen in den Blick genommen, sondern auch der Umstand, dass einige von diesen Verhältnissen profitieren und andere nicht" (Dirim et al. 2018, S. 144).

7.2.4 Ableistische/ableismusrelevante Ordnung

Die voraussetzungsvolle Ordnung der Schule baut nicht nur auf Normalitätserwartungen bezüglich des Könnens von Schüler*innen auf, sondern auch darauf, Behinderung oder *Disability* nicht zu berücksichtigen. Das kann unter anderem infrastrukturell beobachtet werden, etwa in Bezug auf das Fehlen architektonischer Zugangsmöglichkeiten (z. B. Rampen und Aufzüge) wie auch in Bezug auf technische Ausstattung und Software (z. B. Screenreader), oder die Marginalisierung von Brailleschrift und Gebärdensprache(n). Letztlich ist ein ableistischer Grundtenor der schulischen Ordnung und seine Normalisierung vor allem feststellbar über die Abwesenheit von Kindern mit Behinderung. In Deutschland bilden Förder- und Sonderschule eine Art paralleles Schulsystem (Fischer/Markowetz 2016, S 14). Diese strukturelle Gegebenheit kann auf das Konstrukt einer ‚normalen' kindlichen Entwicklung zurückgeführt werden, die sich in der Idee als „Akkumulation von motorischen, sensorischen und kognitiven

Fähigkeiten sowie deren Optimierung" (Buchner/Pfahl 2017, S. 214) beschreiben lässt. Die Feststellung einer „altersgemäßen Entwicklung" (M523) ist in diesem Sinne in Differenz zur Möglichkeit der nicht-altersgemäßen Entwicklung zu verstehen.

Die Erwartung einer altersbezogenen Gleichförmigkeit von Könnensanforderungen kann auf das normative Konzept ‚normaler' kindlicher Entwicklung zurückgeführt werden (vgl. Kelle 2007). Dies fassen Buchner und Pfahl (2017, S. 213) als „ableistisch-diskursives Rückgrat" für spezifische Adressierungen und die Identifikation von Abweichungen – welche unter anderem durch Auslachen abwertend markiert werden könnte. In der Sequenz M416 werden in subtiler Weise Überschneidungen deutlich, die zwischen der Hervorbringung von Behinderung bzw. *Dis/Ability* und dem analytischen Konzept Doing *being able* bestehen. Die Lehrerin erklärt die Ordnung der drei Heftablagen mit unterschiedlichen Arbeitsblättern und spricht dabei aus, was im Zusammenhang mit der Annahme des unterschiedlich viel Könnens nicht passieren werde: „Hier lacht keiner jemanden aus." Mit dem angesprochenen Auslachen wird die Möglichkeit offengelegt, dass eine Feststellung geringeren (bzw. als geringer geltenden) Könnens die abwertende Praxis des Auslachens nach sich ziehen könne. Durch die präventive Praktik der Lehrerin, in der sich eine Erwartbarkeit von Abwertungspraktiken ausdrückt, wird zugleich suggeriert, dass es nicht bloß um ein situatives Auslachen gehen würde, etwa aus Schadenfreude oder ähnlichem. Es liegt vielmehr nahe, dass es sich um das Benennen einer exemplarischen Abwertungspraxis handelt, die für eine systematische Abwertung geringeren Könnens in einem ableistischen Sinne steht: Als Zitation einer gesellschaftlich produzierten Ab- oder Geringwertung von Menschen, die als mit geringeren Fähigkeiten ausgestattet gelten, mithin als weniger nützlich.

Dieser Umstand wirft wiederum die Fragen auf, was „unter welchen Bedingungen als ‚Können' oder gar ‚Leistung' [gilt, C.W.]" (Buchner/Pfahl 2017, S. 220) und wer „unter welchen Bedingungen als fähig [gilt, C.W.] und wer nicht" (ebd.). Angesichts der Tatsache, dass Kinder ‚mit Migrationshintergrund' überproportional häufig auf Sonder- oder Förderschulen überwiesen werden (vgl. Hasenjürgen et al. 2014, S. 152; Amirpur 2021, S. 150), scheinen die Einordnungskriterien in Bezug auf die Feststellung, oder besser: Zuschreibung von Behinderung relativ flexibel zu sein:

> Ob ein Mensch als ‚behindert' gilt, wird anhand ihrer oder seiner Fähigkeiten entschieden – mit einer sehr flexiblen Grenze, ab wann die Fähigkeiten noch als ‚nicht behindert' durchgehen. [...] Die Fähigkeit ist deshalb auch der Dreh- und Angelpunkt des essentialisierenden Denkens über Behinderung. Ob jemand etwas kann oder nicht kann ist Ausgangspunkt nicht nur für Auf- und Abwertung, sondern zuweilen auch für

eine umfangreichere Bewertung [...]. (Maskos 2010, zitiert nach Dirim et al. 2018, S. 42)

Verschränkt sich eine ableistische Ordnung mit weiteren Differenzlinien, wie etwa ethnisch codierter Differenz, wird somit eine jeweils eigene Qualität erzeugt. In der Feststellung, Schwierigkeiten beim „eigenen Nachdenken" zu haben (M514), ist insofern eine ableismusrelevante Verschränkung mit generationaler, aber auch klassenbezogener Differenz zu erkennen: Die hervorgebrachte Schwäche wird als Unfähigkeit zugeschrieben und nicht als möglicherweise lösbares Problem diskutiert. Eine potenzielle ‚Lösung' oder mögliche Lösungswege für das Erlernen eigenen Nachdenkens wird am Elternsprechtag nicht expliziert. Stattdessen wird vage als gemeinsamer Common Ground hervorgebracht, es sei klar, was nun zu tun sei (die Mutter sagt: „Müssen wir üben", doch von außen betrachtet ist zu fragen, was genau diesbezüglich geübt werden könnte). Die Feststellung an sich repräsentiert eine Hierarchie der Intellektualität, in der Menschen, die nur reproduzieren können, jedoch nicht eigenständig nachdenken, als weniger wertvoll und weniger nützlich gelten. Wird einbezogen, dass es eine „zentrale Aufgabe des Bildungssystems ist [...], mittels Qualifikationen bzw. Bildungstiteln und Habitualisierungen die Berechtigung von Menschen, an den unterschiedlichen, hierarchisch gegliederten Feldern gesellschaftlicher Wirklichkeit teilzuhaben, unterschiedlich zu vergeben" (Dirim et al. 2018, S. 153), erweist sich aber genau dieses abwertende Moment als funktional.

7.3   Zwischenfazit: Elemente einer Begabungskultur

Kultur kann zunächst allgemein „als der von Menschen erzeugte Gesamtkomplex von Vorstellungen, Denkformen, Empfindungsweisen, Werten und Bedeutungen aufgefaßt [werden, C.W.], der sich in Symbolsystemen materialisiert" (Nünning/Nünning 2003, S. 6). Differenztheoretisch akzentuiert, wird Kultur darüber hinaus als auf Differenzen beruhend verstanden, deren Definition stets Aushandlungsprozessen unterliegt (vgl. Spivak 2010, S. 52): Mit der Annahme, dass die soziale Wirklichkeit der menschlichen Wahrnehmung nicht unmittelbar zugänglich ist, geht ein Kulturbegriff einher, mit dem soziale Wirklichkeit als Gegenstand von Interpretations- (und damit Definitions-)Prozessen hervorgebracht wird (vgl. Hormel/Jording 2016, S. 213). In praxistheoretischer Sicht kann Kultur als „relative Strukturiertheit, Verstehbarkeit und ‚Geordnetheit' der Sozialwelt" (Reckwitz 2003, S. 294) verstanden werden, die „sich nicht primär aus einer Komplementarität von Interessen, aus einem normativen Konsens oder der

Übersubjektivität abstrakter Symbolsysteme und Überzeugungen [ergibt, C.W.], sondern aus dem Routinehandeln, das durch ein implizites praktisches Wissen und Verstehen ermöglicht wird" (ebd.).

Angeleitet durch das Interesse an der Bedeutung von Begabung im Alltag der Grundschule wurde die Gestalt und die Hervorbringung einer Begabungskultur nachgezeichnet. Als elementare Praktiken wurden *positionierende, biographisierende* und *codierend-reproduzierende* Praktiken mit den zentralen Funktionen *Individualisierung, Responsibilisierung* und *Normalisierung* herausgearbeitet.

Im vorliegenden Kapitel wurden die begabungskulturellen Elemente zusammengefasst dargestellt und in einer intersektional informierten Analyseperspektive entlang von Differenzkategorien erneut betrachtet. Daraus zeigte sich die Bedeutung der *hierarchisch* aufgebauten Ordnung als eine weitere relevante Säule der untersuchten Kultur: Hervorgebracht wird *eine Ordnung, in der gesellschaftlich unterschiedlich bewertete Positionierungen vollzogen werden.* Die Praxis ist dabei an den gesellschaftlichen Differenzordnungen durchaus orientiert; eine Verwendung etwa von Begabungskonzepten (vgl. Kapitel 6) erweist sich im theoretisierenden Perspektivwechsel als Praxis, die potenziell ungerechte, weil auf homogenisierenden Herstellungsprozessen beruhende, privilegierende und benachteiligende Praktiken verschleiert und mystifiziert. Die Mystifizierung von Begabung besteht in ihrer Funktion als ‚letzte' Erklärung für Nicht/Können, die ‚im Kind' verortet wird. So erhält die Idee einer Klassifizierung von Menschen aufgrund von Können, das auf das Innere des Kindes zurückgeführt wird, den Anschein einer natürlichen Ordnung.

Damit wird zugleich die Möglichkeit für Lehrer*innen eröffnet, Willkür auf der Grundlage subjektiver unreflektierter Deutungsmuster (unabhängig von Intentionalität) anzulegen, wenn beispielsweise eine Sympathie bzw. Antipathie oder kulturelle Un/Ähnlichkeit besteht. Schließlich kann angenommen werden, dass die Praktiken der homogenisierenden Hervorbringung von Schüler*innen durch eine Verschleierung in individualisierenden und responsibilisierenden kulturellen Codes reflexiv nicht oder nur schwer zugänglich sind. Dabei sind „die ‚kulturellen Codes' [...] aus praxeologischer Sicht nicht wie ein theoretisch-intellektuelles Sinnsystem ‚im Kopf' oder ‚im Diskurs' zu begreifen, sondern als ein – nur hochabstrahiert zu einem ‚Code' zu verdichtendes – nicht unbedingt systematisch aufgebautes Netz von sinnhaften Unterscheidungen, das allein im Aggregatzustand des praktischen Wissens, als ‚tool kit' wirksam ist" (Reckwitz 2003, S. 293). Sie haben den Effekt, dass beispielsweise prognostisch eingesetzte Begabungsbezüge weniger im Narrativ von ‚Bestimmung' (oder Berufung) eingeordnet werden, sondern auf Grundlage der meritokratischen Idee der Leistungsgebundenheit der sozialen Positionierung als Individualisierung und gegebenenfalls Responsibilisierung eingeordnet werden bzw. gelten können.

Letztendlich geht es dieser Studie jedoch nicht darum, „die ‚alte Klage‘
der Bewertungsforschung" (Kalthoff 1996, S. 107) zu wiederholen und einmal mehr darauf aufmerksam zu machen, dass die Bewertungsvorgänge durch
Lehrer*innen nicht per se objektiv und verlässlich sind. Ebenso wenig geht es
darum, zu beweisen oder widerlegen, dass oder inwiefern Begabung ‚wirklich‘
existiert. Die Studie kann vielmehr aufzeigen, dass der Ordnung der (Grund-)
Schule mit Begabung eine Differenz zugrunde liegt, die in die kulturelle Praxis
eingeschrieben ist, ohne Begabung notwendigerweise zu explizit zu benennen.
Als problematisch erweist sich die kulturelle Verankerung der Begabungsidee
in ihrer plausibilisierenden Funktion, im daraus hervorgehenden Anschein von
schicksalhafter Bestimmung oder Naturgegebenheit, der die Akzeptanz für die
Ungleichverteilung von Positionen und damit verbundenen Bildungsprivilegien
begünstigt.

Während Bourdieu darauf aufmerksam gemacht hat, dass „der ausschlagge-
bende Faktor für die Fortsetzung der schulischen Ausbildung die Einstellung der
Familie zu sein" (Bourdieu 2001, S. 35) scheint und dies auf „das kulturelle
Kapital und das Ethos" (ebd.) zurückzuführen sei, konnte vorliegend etwa ein
Hinweis darauf herausgearbeitet werden, wie dies in der Schule selbst – konkret
im Elternsprechtagsgespräch – hervorgebracht wird: Indem einem Kind Passivität
und geringe Ambitionen zugeschrieben werden und darauf eine Persönlichkeit in
Form eines leistungsschwachen Schulkinds konstruiert wird, kann eine implizite
‚Diagnose‘ geringer Bildungsaspirationen leicht plausibilisiert werden. Das Kind
wird dann als weniger bildungsinteressiert hervorgebracht, was möglicherweise
in einer reflexiven Betrachtung durch Bezüge auf Hintergrundwissen über das
Zuhause des Kindes – *Doing Background* – affirmiert wird.

In Anlehnung an ein Zitat von Castro Varela und Dhawan (2007) kann daraus
pointiert der Schluss gezogen werden, dass, wann immer ein*e Schüler*in in biographisierenden Praktiken *bestimmt* wird, nicht nur Wissen produziert, sondern
auch Ignoranz hervorgebracht wird, mit der die bestehenden Ungleichheitsverhältnisse nicht problematisiert, sondern stabilisiert werden.[5]

---

[5] Das Originalzitat bezieht sich auf die Hervorbringung einer vermeintlich authentischen
Stimme, die Migrant*innen in einem homogenisierenden Verständnis zu repräsentieren
beansprucht: „Wann immer die Migrantin über *ihre* Kultur spricht, wird nicht nur Wissen
erzeugt, sondern [...] auch Ignoranz hervorgebracht. Denn das Sprechen der Migrantin über
ihre Kultur stabilisiert nicht nur die Idee statischer Kulturen als Container, sondern erzeugt
auch eine Vorstellung von Wissen, welches sich [...] qua Geburt einstellt. Solcherlei Wissen, welches von den Mitgliedern der Dominanzkultur immer wieder gerne abgerufen wird,
erweist sich als risikoreich, weil es hegemoniale Strukturen nicht problematisiert, sondern
vielmehr stabilisiert" (Castro Varela/ Dhawan 2007, S. 39 f., Hervorh. im Orig.).

Schluss: Begabungskultur und Kindheit

Die vorliegende Studie verortet sich an der Schnittstelle von Kindheits-, Ungleichheits- und Grundschulforschung und ist dem Anspruch nachgegangen, einen Beitrag zur Beantwortung der Frage zu leisten, welche Bedeutung dem Begabungskonstrukt im Kontext der Grundschule zukommt. Mit der Annahme, dass ungleiche Bildungswege systematisch, institutionell und kulturell hergestellt werden, ist kultur- und sozialwissenschaftliche Ungleichheitsforschung in der Lage „nach der gesellschaftlichen Hervorbringung, nach den Mechanismen und multifaktoriellen Prozessen der Reproduktion bzw. Überwindung von sozialer Ungleichheit" (Pfaff/Rabenstein 2018, S. 5) zu fragen. In diesem Zusammenhang ist Grundschule auch als Teil eines Schulsystems zu betrachten. Die institutionelle Ordnung von Schule sieht das Erreichen von Bildungsabschlüssen als Zielstellung vor, die als systemübergreifende Schnittstellen zum Ausbildungs- und Arbeitsmarkt fungieren. Durch das Schulsystem werden demnach relevante Zugänge zu beruflichen Positionen und gesellschaftlichem Prestige geschaffen. Werden die verschiedenen Schulformen durch Verweise auf eine Begabungsheterogenität unter den Schüler*innen legitimiert (vgl. Hoyer et al. 2013, S. 81), so war zu fragen, worin solche Begabungsunterschiede in der Praxis konkret bestehen, also was sie genau sind, beziehungsweise: Wie sie als solche hervorgebracht werden.

Die empirischen Rekonstruktionen konnten insofern Aufschluss geben über die Herstellung von Sinn, Logiken und Ordnungen in der Begabungskultur, und damit auch über spezifische kulturelle Herstellungs- und Legitimierungsweisen von gesellschaftlicher Ungleichheit. Konkret kann eine zentrale Erkenntnis in Bezug auf die Funktion der schulischen Begabungskultur mit Birgit Rommelspacher als Erlernen von Dominanz beschrieben werden: „Wie lernen Kinder, daß sie zu den ‚Besseren' gehören?" (Rommelspacher 1998, S. 159), fragt sie in sozialpsychologischer Perspektive. Sie beleuchtet daraufhin Narrationen aus Gesprächsgruppen mit Frauen aus der Mittelschicht und formuliert auf dieser

© Der/die Autor(en), exklusiv lizenziert an Springer Fachmedien Wiesbaden 259
GmbH, ein Teil von Springer Nature 2022
C. Y. Wienand, *Die Herstellung einer Begabungskultur in der Kindheit*,
Kinder, Kindheiten und Kindheitsforschung 31,
https://doi.org/10.1007/978-3-658-39014-3_8

Grundlage, wie sich das Erlernen der eigenen Position innerhalb der gesellschaftlichen Machtverhältnisse als „*Sozialisation in die Rangordnung der Gesellschaft*" (ebd., S. 158, Hervorhebung im Original) vollzieht. In diesem Sinne lässt sich auch die Begabungskultur der Grundschule als Dominanzkultur herausarbeiten.

Bei der Analyse dieser Begabungskultur ging es darum, die kulturelle Praxis zu untersuchen, über die der Kategorie „Begabung" in Bezug auf Grundschulkinder Bedeutung zugewiesen und Relevanz beigemessen wird. Zugrunde gelegt ist dabei ein Verständnis von Kultur als Alltagswissen bzw. „als kulturelle Codes im beständigen ‚interpretative work'" (Hillebrandt 2014, S. 19 f.) und als „alltagspraktisches ‚tool kit' (Swidler 1986)" (Reckwitz 2003, S. 286). Davon ausgehend, wurde dargelegt, wie bestehende gesellschaftliche Dominanzverhältnisse – unter Partizipation der Lehrer*innen, Schüler*innen sowie deren Eltern/Familien – als Normalität reproduziert und mitgetragen werden (vgl. Rommelspacher 1998, S. 30). Die zentralen Elemente des kulturellen Erlernens der sozialen Begabungsordnung wurden in den empirischen Analysen entfaltet und anschließend auf die wesentlichen Funktionen Individualisierung, Responsibilisierung und Normalisierung zentriert. Pointiert formuliert: Indem schulische Prozesse der Einübung in Begabungslogiken in einer kollektiven Akzeptanz von Begabungs- bzw. Fähigkeitsunterschieden resultieren, werden von systematischer Benachteiligung betroffene Menschen von ihrer Kindheit an in der Überzeugung geübt, für ihre De-/Privilegierung selbst verantwortlich zu sein. Bourdieu wendet diese Erkenntnis auf die gesellschaftlichen Machstrukturen hin: „Diese Strukturen können nur dank der Komplizenschaft der Akteure funktionieren, die die Strukturen verinnerlicht haben, nach denen die Welt organisiert ist" (Bourdieu 2001, S. 166).

Bei den kulturellen Praktiken, die in der vorliegenden Studie beschrieben worden sind, handelt es sich um Praktiken, die von einem kollektiv geteilten, impliziten Wissen gekennzeichnet sind. Aus den empirischen Rekonstruktionen selbst lassen sich diesbezüglich keine unmittelbaren Anwendungsbezüge für „pädagogische" Interventionen ableiten, die darauf abzielen, bestimmte Konsequenzen auszumerzen und andere gezielt herbeizuführen. Solche Ansprüche von Kontrolle und Steuerung sind direkt an die Institutionen gekoppelt und daher als problematisch anzusehen. Die Darlegung der Praktiken der Herstellung einer Begabungskultur und des in ihnen enthaltenen Wissens kann jedoch eine Grundlage dafür darstellen, die Akzeptanz für diese Praktiken kritisch-reflexiv zu befragen. Kultureller Wandel findet kontinuierlich statt, beispielsweise dann, wenn die gesellschaftliche Akzeptanz für bestimmte Verhältnisse und mit ihnen in Kontext stehende Praktiken abnimmt. So versteht sich die vorliegende Arbeit auch als ein Beitrag zur kritischen Auseinandersetzung der Pädagogik mit ihrer Position – dazu zählt auch ihre Instrumentalisierung – in der Institution Grundschule.

In theoretisch-konzeptioneller und methodologischer Perspektive hat sich die Entwicklung des Konzepts der Begabungskultur als voraussetzungsvoll gezeigt. Indem auf ein weites Verständnis des Begabungsbegriffs aufgebaut wurde, konnten zwar unterschiedliche Elemente einer Begabungskultur rekonstruiert werden, zugleich wurde aber auch ersichtlich, wie schwierig sich die konzeptuelle Systematisierung der begabungskulturellen Elemente gestaltete. Indem dem Begabungsbegriff eine so umfassende Bedeutung zuteilwurde, konnte zum einen verdeutlicht werden, dass es sich um ein reichhaltiges und dehnbares, womöglich aber auch leeres Konzept handelt. Zum anderen zeitigte dies in Bezug auf die analytischen Ergebnisse die Konsequenz, dass etwaige unterschiedliche Bedeutungsdimensionen von Begabung nicht mehr unterscheidbar hervorgebracht wurden. In hier anknüpfenden Forschungsarbeiten kann diesbezüglich eine Differenzierung anvisiert werden, unter anderem um auch die Darstellung der inneren Logik der Begabungskultur systematischer weiterzuentwickeln.

Des Weiteren haben sich in der Erarbeitung dieser Studie auch Herausforderungen und Fragen ergeben, die bisweilen unerwartete Entscheidungen erforderten. So hat sich die Einbettung der Studie in einen relativ großen Projektkontext, aus dem heraus über viele Jahre Publikationen mehrerer Wissenschaftlerinnen entstanden sind, als komplexer Sachverhalt erwiesen. Insbesondere im Hinblick auf die Beschränkung von Informationen zur Gewährleistung der Anonymität der Teilnehmenden zeigen sich die Limitationen von Mehrfachanalysen ethnographischer Daten. Dieser Herausforderung wurde zum einen mit der Bemühung begegnet, möglichst eine Auswahl von noch unveröffentlichten Materialsequenzen zu treffen. Darüber hinaus wurde eine doppelte Datenmaskierung (erneute Pseudonymisierung der anonymisierten Daten) vorgenommen. Hieraus lassen sich Desiderata in Bezug auf Fragen ableiten, die den besonderen Stellenwert ethnographischer Daten hinsichtlich analytischer, aber auch forschungsethischer und datenschutzrechtlicher Fragen in den Blick nehmen, unter anderem ihre Mehrfachnutzung betreffend. Anknüpfen können hier auch weiterführende Überlegungen zur partizipativen Kindheitsforschung, die vor allem auf eine informierte und verstehende Mitwirkung von Kindern am Forschungsprozess ausgerichtet ist (vgl. Büker et al. 2018, S. 109 f.).

Ein Desiderat, das sich im Verlauf der Analyse als besonders relevant erwiesen hat, betrifft die Schnittstelle von Inklusionsforschung und *Disability Studies* mit der erziehungswissenschaftlichen Erforschung von Leistungs- und Begabungsherstellung im Schulunterricht. Aufzeigen lässt sich etwa ein möglicher Anschluss an die Analyse von Doing *being able* als Praxis der (Selbst-)Positionierung. Interessante und innovative Anhaltspunkte dafür könnten unter anderem im kritischen Diskurs um inklusive Lesarten von *Disability* und im *Neurodiversity* Diskurs gefunden werden (vgl. exempl. Woods 2018; Pickard et al. 2020).

Mit diesen Anregungen zur weiteren Erforschung des Zusammenhangs von Begabungskultur, Kindheit und Ungleichheit endet diese Studie. Es sollte anschaulich geworden sein, dass die dichte Beschreibung einer Kultur im Rahmen einer praxistheoretischen Ethnographie *praktisch* abgeschlossen werden kann und dennoch weiterhin neue Ansatzpunkte *hervorzubringen* vermag.

Literatur

Ackermann, Ulrike (2014): Soziale Positionierungen von LehrerInnen in der Elternsprech-stunde: Zur ‚Gesprächssteuerung‘ im institutionellen Gesprächstyp ‚Elterngespräch‘. Freiburger Arbeitspapiere zur germanistischen Linguistik 21. URL: http://portal.uni-fre iburg.de/sdd/fragl/kotthoff2014.21 [letzter Zugriff: 14.02.2022].

Aeppli, Jürg/Gasser, Luciano/Gutzwiller, Eveline/Tettenborn, Annette (2014): Empirisches wissenschaftliches Arbeiten. Ein Studienbuch für die Bildungswissenschaften. Bad Heil-brunn: Julius Klinkhardt.

Alanen, Leena (2009): Generational Order. In: Qvortrup, Jens/Corsaro, William A./Honig, Michael-Sebastian (Hg.): The Palgrave handbook of childhood studies. Houndmills, Basingstoke, Hampshire, New York: Palgrave Macmillan, S. 159–174.

Alkemeyer, Thomas/Brümmer, Kristina/Kodalle, Rea/Pille, Thomas (2009): Einleitung: Zur Emergenz von Ordnungen in sozialen Praktiken. In: Dies. (Hg.): Ordnung in Bewe-gung. Choreographie des Soziale. Körper in Sport, Tanz, Arbeit und Bildung. Bielefeld: transcript, S. 7–19.

Amann, Klaus/Hirschauer, Stefan (1997): Die Befremdung der eigenen Kultur. Ein Pro-gramm. In: Dies. (Hg.): Die Befremdung der eigenen Kultur. Zur ethnographischen Herausforderung soziologischer Empirie. Frankfurt am Main: Suhrkamp, S. 7–52.

Amirpur, Donja (2021): „Vielleicht hätte mein Sohn dabei bleiben können“. Eine ethno-graphische Collage zu Othering auf behinderten Schulwegen. In: Schondelmayer, Anne-Christin/Riegel, Christine/Fitz-Klausner, Sebastian (Hg.): Familie und Normalität. Dis-kurse, Praxen und Aushandlungsprozesse. Opladen: Barbara Budrich, S. 149–167.

Amirpur, Donja/Doğmuş, Aysun (2022, i.E.): „Der ist nichts“ – Die Praxis der Verunfä-higung des migrantisierten Kindes. Zur Intersektion von Ableismus und Rassismus in der frühen Kindheit. In: Bak, Raphael/Machold, Claudia (Hg.): Kindheit und Kindheits-forschung intersektional denken. Theoretische, empirische und praktische Zugänge im Kontext von Bildung und Erziehung. Wiesbaden: Springer VS (im Erscheinen).

Arndt, Susan (2004): Kolonialistische Mythen und Weiß-Sein. Rassismus in der deutschen Afrikaterminologie. In: ADB Köln/CyberNomads (Hg.): The Black Book. Deutschlands Häutungen. Frankfurt am Main, London: IKO-Verlag, S. 91–115.

Auma, Maureen Maisha (2018): Rassismus: Eine Definition für die Alltagspraxis. Ber-lin: Regionale Arbeitsstellen für Bildung, Integration und Demokratie (RAA) e.V.

© Der/die Herausgeber bzw. der/die Autor(en), exklusiv lizenziert an Springer Fachmedien Wiesbaden GmbH, ein Teil von Springer Nature 2022
C. Y. Wienand, *Die Herstellung einer Begabungskultur in der Kindheit*, Kinder, Kindheiten und Kindheitsforschung 31, https://doi.org/10.1007/978-3-658-39014-3

URL: https://raa-berlin.de/wp-content/uploads/2019/01/RAA-BERLIN-DO-RASSIS
MUS-EINE-DEFINITION-F%C3%9CR-DIE-ALLTAGSPRAXIS.pdf [letzter Zugriff: 13.02.2022].

Autorengruppe Bildungsberichterstattung (2014): Bildung in Deutschland 2014. Ein indikatorengestützter Bericht mit einer Analyse zur Bildung von Menschen mit Behinderungen. Bielefeld: W. Bertelsmann. www.bildungsbericht.de/de/bildungsberichte-seit-2006/bildungsbericht-2014/pdf-bildungsbericht-2014/bb-2014.pdf [letzter Zugriff: 13.02.2022].

Autorengruppe Bildungsberichterstattung (2016): Bildung in Deutschland 2016. Ein indikatorengestützter Bericht mit einer Analyse zu Bildung und Migration. Bielefeld: W. Bertelsmann. www.bildungsbericht.de/de/bildungsberichte-seit-2006/bildungsbericht-2016/pdf-bildungsbericht-2016/bildungsbericht-2016 [letzter Zugriff: 13.02.2022].

Autorengruppe Bildungsberichterstattung (2020): Bildung in Deutschland 2020. Ein indikatorengestützter Bericht mit einer Analyse zu Bildung in einer digitalisierten Welt. www.bildungsbericht.de/de/bildungsberichte-seit-2006/bildungsbericht-2020/pdf-dateien-2020/bildungsbericht-2020-barrierefrei.pdf [letzter Zugriff: 13.02.2022].

Balzer, Nicole/Bergner, Dominic (2012): Die Ordnung der ‚Klasse‘. Analyse zu Subjektpositionen in unterrichtlichen Praktiken. In: Ricken, Norbert/Balzer, Nicole (Hg.): Judith Butler: Pädagogische Lektüren. Wiesbaden: Springer VS, S. 247–279.

Balzer, Nicole/Ricken, Norbert (2010): Anerkennung als pädagogisches Problem. Markierungen im erziehungswissenschaftlichen Diskurs. In: Schäfer, Alfred/Thompson, Christiane (Hg.): Anerkennung. Paderborn: Schöningh, S. 35–87.

Bandyopadhyay, Ranjan/Patil, Vrushali (2017): 'The white woman's burden' – the racialized, gendered politics of volunteer tourism. Tourism Geographies. An International Journal of Tourism Space, Place and Environment Vol. 19, 2017, 4, S. 644–657.

Barlösius, Eva (2006): Pierre Bourdieu. Frankfurt am Main: Campus.

Baudson, Tanja Gabriele (2014): Zum Experten geboren? Wie zwei Forschungsrichtungen dazu beitragen, Begabung zu erklären. MinD-Magazin. Die offizielle Zeitschrift von Mensa in Deutschland, S. 8–10. URL: https://www.uni-trier.de/fileadmin/fb1/prof/PSY/HBF/mindmag101-tgb.pdf [letzter Zugriff: 14.02.2022].

Baumert, Jürgen/Maaz, Kai/Neumann, Marko/Becker, Michael/Dumont, Hanna (2017): Die Berliner Schulstrukturreform: Hintergründe, Zielstellungen und theoretischer Rahmen. In: Neumann, Marko/Becker, Michael/Baumert, Jürgen/Maaz, Kai/Köller, Olaf (Hg.): Zweigliedrigkeit im deutschen Schulsystem. Potenziale und Herausforderungen in Berlin. Münster: Waxmann, S. 7–38.

Beck, Gertrud/Scholz, Gerold (1995): Soziales Lernen – Kinder in der Grundschule. Reinbek: Rowohlt.

Bollig, Sabine (2013): ‚Individuelle Entwicklung‘ als familiales Projekt. Zur Normativität von Normalisierungspraktiken in kindermedizinischen Vorsorgeuntersuchungen. In: Helga Kelle, Johanna Mierendorff (Hg.): Normierung und Normalisierung der Kindheit. Weinheim: Beltz Juventa, S. 99–118.

Bollig, Sabine/Kelle, Helga (2014): Kinder als Akteure oder als Partizipanden von Praktiken? Zu den Herausforderungen für eine akteurszentrierte Kindheitssoziologie durch Praxistheorien. ZSE 3/2014, S. 263–279.

Bourdieu, Pierre (2001): Wie die Kultur zum Bauern kommt. Über Bildung, Schule & Politik. Hamburg: VSA.

Breidenstein, Georg (2006): Teilnahme am Unterricht. Ethnographische Studien zum Schülerjob. Wiesbaden: Springer VS.

Breidenstein, Georg (2020): Ungleiche Grundschulen und die meritokratische Fiktion im deutschen Schulsystem. ZfG 13, S. 295–307.

Breidenstein, Georg/Kelle, Helga (1998): Geschlechteralltag in der Schulklasse. Ethnographische Studien zur Gleichaltrigenkultur. Weinheim: Juventa.

Breidenstein, Georg/Hirschauer, Stefan/Kalthoff, Herbert/Nieswand, Boris (2015): Ethnografie. Die Praxis der Feldforschung (2., überarb. Aufl.). Konstanz und München: UVK Lucius.

Breuer, Franz/Dieris, Barbara/Lettau, Antje (2010): Reflexive Grounded Theory. Eine Einführung für die Forschungspraxis (2. Aufl.). Wiesbaden: Springer VS.

Breuer, Franz/Muckel, Petra/Dieris, Barbara (2019): Reflexive Grounded Theory. Eine Einführung für die Forschungspraxis (4., durchges., aktual. Aufl.). Wiesbaden: Springer VS.

Budde, Jürgen/Scholand, Barbara/Faulstich-Wieland, Hannelore (2008): Chancen und Blockaden einer geschlechtergerechten Schule. Weinheim, München: Juventa.

Buchner, Tobias/Pfahl, Lisa (2017): Ableism und Kindheit: Fähigkeitsorientierte Praktiken in Medizin und Pädagogik. In: In: Albers, Timm/Armipur, Donja/Platte, Andrea (Hg.): Handbuch Inklusive Kindheit. Opladen: Barbara Budrich, S. 210–222.

Bühler-Niederberger, Doris (2011): Lebensphase Kindheit. Theoretische Ansätze, Akteure und Handlungsräume. Weinheim, München: Juventa.

Büker, Petra/Hüpping, Birgit/Mayne, Fiona/Howitt, Christine (2018): Kinder partizipativ in Forschung einbeziehen – ein kinderrechtsbasiertes Stufenmodell. Diskurs Kindheits- und Jugendforschung/Discourse. Journal of Childhood and Adolescence Research, 13 (1), 109–114.

Carnin, Jennifer (2020): Übergänge verkörpern. Adressat*innenpositionen institutioneller Grenzzonen der (frühen) Kindheit. Wiesbaden: Springer VS.

Castro Varela, María do Mar/Mecheril, Paul (2010): Grenze und Bewegung. Migrationswissenschaftliche Klärungen. In: Mecheril, Paul/Castro Varela, María do Mar/Dirim, İnci/Kalpaka, Annita/Melter, Claus (2010): Migrationspädagogik. Weinheim und Basel: Beltz, S. 23–53.

Castro Varela, María do Mar/Dhawan, Nikita (2007): Migration und die Politik der Repräsentation. In: Broden, Anne/Mecheril, Paul (Hg.): Re-Präsentationen. Dynamiken der Migrationsgesellschaft. Düsseldorf: IDA-NRW, S. 29–46.

Castro Varela, María do Mar/Dhawan, Nikita (2010): Mission Impossible: Postkoloniale Theorie im deutschsprachigen Raum? In: Reuter, Julia/Villa, Paula-Irene (Hg.): Postkoloniale Soziologie. Empirische Befunde, theoretische Anschlüsse, politische Intervention. Bielefeld: Transcript, S. 303–329.

Charmaz, Kathy (2000): Grounded Theory. Objectivist and Constructivist Methods. In: Denzin, Norman K./Lincoln, Yvonna S. (Hg.): Handbook of Qualitative Research (2nd Ed.). Thousand Oaks: Sage Publications, S. 509–535.

Charmaz, Kathy (2006): Constructing Grounded Theory. A Practical Guide through Qualitative Analysis. London: Sage Publications.

Charmaz, Kathy/Puddephatt, Antony J. (2011): Grounded Theory konstruieren. Kathy C. Charmaz im Gespräch mit Antony J. Puddephatt. In: Mey, Günter/Mruck, Katja (Hg.), Grounded Theory Reader (2., aktual., erw. Aufl.). Wiesbaden: Springer VS.

Chilla, Solveig/Niebuhr-Siebert, Sandra (2017): Mehrsprachigkeit in der KiTa. Grundlagen – Konzepte – Bildung. Stuttgart: Kohlhammer.

Chilla, Solveig/Rothweiler, Monika/Babur, Ezel (2013): Kindliche Mehrsprachigkeit. Grundlagen – Störungen – Diagnostik (2., aktual. Aufl.). München, Basel: Ernst Reinhardt.

Crabtree, Lenora M./Richardson, Sonyia C./Lewis, Chance W. (2019): The Gifted Gap, STEM Education, and Economic Immobility. Journal of Advanced Academics 30, 2, S. 203–231.

Crenshaw, Kimberlé (1989): Demarginalizing the intersection of race and sex: A Black Feminist Critique of Antidiscrimination Doctrine, Feminist Theory and Antiracist Politics. The University of Chicago Legal Forum, 1, S. 139–167.

Dausien, Bettina (2017): „Bildungsbiographien" als Norm und Leistung gesellschaftlicher Teilhabe. Biographietheoretische Perspektiven. In: Miethe, Ingrid/Tervooren, Anja/Ricken, Norbert (Hg.): Bildung und Teilhabe. Zwischen Inklusionsforderung und Exklusionsdrohung. Wiesbaden: Springer VS, S. 87–110.

Dausien, Bettina/Kelle, Helga (2005): Biographie und kulturelle Praxis. Methodologische Überlegungen zur Verknüpfung von Ethnographie und Biographieforschung. In: Völter, Bettina/Dausien, Bettina/Lutz, Helma/Rosenthal, Gabriele (Hg.): Biographieforschung im Diskurs. Wiesbaden: Springer VS, S. 189–212.

Deckert-Peaceman, Heike/Scholz, Gerold (2016): Vom Kind zum Schüler. Diskurs-Praxis-Formationen zum Schulanfang und ihre Bedeutung für die Theorie der Grundschule. Opladen: Barbara Budrich.

Deiglmayr, Anne/Schalk, Lennart/Stern, Elsbeth (2017): Begabung, Intelligenz, Talent, Wissen, Kompetenz und Expertise: eine Begriffsklärung. In: Trautwein, Ulrich/Hasselhorn, Marcus (Hg.): Begabungen und Talente. Göttingen: Hogrefe, S. 1–16.

Diehm, Isabell/Kuhn, Melanie/Machold, Claudia (2010): Die Schwierigkeit, ethnische Differenz durch Forschung nicht zu reifizieren – Ethnographie im Kindergarten. In: Heinzel, Friederike/Panagiotopoulou, Argyro (Hg.): Qualitative Bildungsforschung im Elementar- und Primarbereich. Bedingungen und Kontexte kindlicher Lern- und Entwicklungsprozesse. Baltmannsweiler: Schneider Verlag Hohengehren, S. 78–92.

Diehm, Isabell/Kuhn, Melanie/Machold, Claudia (2013): Ethnomethodologie und Ungleichheit? Methodologische Herausforderungen einer ethnographischen Differenzforschung. In: Budde (Hg.): Unscharfe Einsätze: (Re-)Produktion von Heterogenität im schulischen Feld. Wiesbaden: Springer VS, S. 29–51.

Diehm, Isabell/Kuhn, Melanie/Machold, Claudia/Mai, Miriam (2013): Ethnische Differenz und Ungleichheit. Eine ethnographische Studie in Bildungseinrichtungen der frühen Kindheit. In: Zeitschrift für Pädagogik (ZfPäd), 59, 5, S. 644–665.

Diehm, Isabell/Kuhn, Melanie/Machold, Claudia/Mai, Miriam (2015): Ethnische Differenz und Ungleichheit. Eine Studie zu Bildungsungleichheit im Kindergarten am Beispiel von Sprachstandserhebungen in Nordrhein-Westfalen. Österreichische Pädagogische Zeitschrift Erziehung & Unterricht, 3–4, S. 344–353.

Diehm Isabell/Kuhn, Melanie/Machold, Claudia (Hg.) (2017): Differenz – Ungleichheit – Erziehungswissenschaft. Verhältnisbestimmungen im (Inter-)Disziplinären. Wiesbaden: Springer VS.

Diewald, Martin/Faist, Thomas (2011): Von Heterogenitäten zu Ungleichheiten: Soziale Mechanismen als Erklärungsansatz der Genese sozialer Ungleichheiten. Berliner Journal für Soziologie, Heft 21 (1). S. 91–114.

Dirim, İnci/Mecheril, Paul (2010): Die Sprache(n) der Migrationsgesellschaft. In: Mecheril, Paul/Castro Varela, María do Mar/Dirim, İnci/Kalpaka, Annita/Melter, Claus (Hg.): Migrationspädagogik. Weinheim: Beltz, S. 99–120.

Dirim, İnci/Mecheril, Paul (2018), Heinemann, A.M.B./Khakpour, N./Knappik, M./Thoma, N./Thomas-Olalde, O./Vorrink, A. (Mitarb.): Heterogenität, Sprache(n), Bildung. Bad Heilbrunn: Julius Klinkhardt.

Ecarius, Jutta/Wahl, Katrin (2009): Bildungsbedeutsamkeit von Familie und Schule. Familienhabitus, Bildungsstandards und soziale Reproduktion – Überlegungen im Anschluss an Pierre Bourdieu. In: Ecarius, Jutta/Groppe, Carola/Malmede, Hans (Hg.): Familie und öffentliche Erziehung. Theoretische Konzeptionen, historische und aktuelle Analysen. Wiesbaden: Springer VS, S. 13–33.

Elias, Norbert (2006 [1970]): Was ist Soziologie? Frankfurt am Main: Suhrkamp.

Emerson, Robert/Fretz, Rachel/Shaw, Linda (1995): Writing Ethnographic Fieldnotes. Chicago: The University of Chicago Press.

Emmerich, Marcus/Hormel, Ulrike (2013): Heterogenität – Diversity – Intersektionalität. Zur Logik sozialer Unterscheidungen in pädagogischen Semantiken der Differenz. Wiesbaden: Springer VS.

Emmerich, Marcus/Hormel, Ulrike (2017): Soziale Differenz und gesellschaftliche Ungleichheit. Reflexionsprobleme in der erziehungswissenschaftlichen Ungleichheitsforschung. In: Diehm, Isabell/Kuhn, Melanie/Machold, Claudia (Hg.): Differenz – Ungleichheit – Erziehungswissenschaft. Wiesbaden: Springer VS, S. 103–121.

Ergün-Hamaz, Mutlu (2016): Doing Race. Wie werden Menschen zu „Anderen" gemacht? In: Karim Fereidooni, Antonietta P. Zeoli (Hg.): Managing Diversity. Die diversitätsbewusste Ausrichtung des Bildungs- und Kulturwesens, der Wirtschaft und Verwaltung. Wiesbaden: Springer VS, S. 19–33.

Fine, Gary Alan (1993): Ten Lies of Ethnography. Moral Dilemmas of Field Research. Journal of Contemporary Ethnography, 22 (3), S. 267–294.

Fischer, Christian/Fischer-Ontrup, Christiane/Käpnick, Friedhelm/Neuber, Nils/Solzbacher, Claudia/Zwitserloo, Pienie (2012): Vorwort. In: Dies. (Hg.): Begabungsförderung, Leistungsentwicklung, Bildungsgerechtigkeit – für alle! Beiträge aus der Begabungsforschung. Münster: Waxmann, S. 11–12.

Fischer, Erhard/Markowetz, Reinhard (2016): Schulische Inklusion: Paradiesmetapher und/oder langer Weg zu einer inklusiven Schule? In: Dies. (Hg.): Inklusion im Förderschwerpunkt geistige Entwicklung. Stuttgart: Kohlhammer, S. 13–29.

Friebertshäuser, Barbara/Panagiotopoulou, Argyro (2010): Ethnographische Feldforschung. In: Friebertshäuser, Barbara/Langer, Antje/Prengel, Annedore (Hg.): Handbuch Qualitative Forschungsmethoden in der Erziehungswissenschaft (3., vollst. überarb. Aufl.). Weinheim, München: Juventa.

Friebertshäuser, Barbara/Richter, Sophia/Boller, Heike (2010): Theorie und Empirie im Forschungsprozess und die „Ethnographische Collage" als Auswertungsstrategie. In: Friebertshäuser, Barbara/Langer, Antje/Prengel, Annedore (Hg.): Qualitative Forschungsmethoden in der Erziehungswissenschaft. Weinheim, München: Juventa, S. 379–396.

Friese, Nina (2013): Körperbilder in gegenwärtigen Modernisierungsprozessen – Konstruktionsprozesse von Geschlechtsidentität. In: Bütow, Birgit/Kahl, Ramona/Stach, Anna (Hg.): Körper – Geschlecht – Affekt. Selbstinszenierungen und Bildungsprozesse in jugendlichen Sozialräumen. S. 137–156.

Gardner, Howard (2001): Abschied vom IQ. Die Rahmen-Theorie der vielfachen Intelligenzen. Stuttgart: Klett-Cotta.

Gomolla, Mechtild/Radtke, Frank-Olaf (2009): Institutionelle Diskriminierung. Die Herstellung ethnischer Differenz in der Schule (3. Aufl.). Wiesbaden: Springer VS.

Gruber, Hans/Ziegler, Albert (1996): Expertise als Domäne psychologischer Forschung. In: Gruber, Hans/Ziegler, Albert (Hg.): Expertiseforschung. Theoretische und methodische Grundlagen. Wiesbaden: Springer VS, S. 7–16.

Ha, Kien Nghi (2004): Hybridität und ihre deutschsprachige Rezeption. Zur diskursiven Einverleibung des ‚Anderen'. In: Hörning, Karl H./Reuter, Julia (Hg.): Doing Culture. Neue Positionen zum Verhältnis von Kultur und sozialer Praxis. Bielefeld: transcript, S. 221–238.

Hamburger, Franz (2005): Der Kampf um Bildung und Erfolg. Eine einleitende Feldbeschreibung. In: Hamburger, Franz/Badawia, Tarek/Hummrich, Merle (Hrsg.): Migration und Bildung. Über das Verhältnis von Anerkennung und Zumutung in der Einwanderungsgesellschaft. Wiesbaden: Springer VS, S. 7–22.

Hasenjürgen, Brigitte/Schmidt-Koddenberg, Angelika/Genenger-Stricker, Marianne (2014): Zur Bildungssituation von eingewanderten „Roma". Migration und Soziale Arbeit, 2, S. 150–157.

Hasenjürgen, Brigitte/Spetsmann-Kunkel, Martin (2019): Kulturalisierungsprozesse in Bildungskontexten. Bildungsaspirationen von Jugendlichen aus Südosteuropa. Baden-Baden: Nomos.

Heller, Kurt/Perleth, Christoph/Hany, Ernst (1994): Hochbegabung – ein lange Zeit vernachlässigtes Forschungsthema. In: Ludwig-Maximilians-Universität München (Hg.): Einsichten. Forschung an der Ludwig-Maximilians-Universität München (1), S. 18–22. URL: https://epub.ub.uni-muenchen.de/2547/1/2547.pdf [letzter Zugriff: 05.02.2022].

Helsper, Werner (1996): Antinomien des Lehrerhandelns in modernisierten pädagogischen Kulturen. Paradoxe Verwendungsweisen von Autonomie und Selbstverantwortlichkeit. In: A.Combe/W.Helsper (Hg.): Pädagogische Professionalität. Untersuchungen zum Typus pädagogischen Handelns. Frankfurt am Main: Suhrkamp, S. 521–569.

Helsper, Werner (2006): Pädagogisches Handeln in den Antinomien der Moderne. In: Krüger, Heinz-Hermann/Helsper, Werner (Hg.): Einführung in Grundbegriffe und Grundfragen der Erziehungswissenschaft. Einführungskurs Erziehungswissenschaft band 1 (7., durchges. und aktual. Aufl.). Opladen: Budrich, S. 15–34.

Herrlitz, Hans-Georg/Hopf, Wulf/Titze, Hartmut/Cloer, Ernst (2009): Deutsche Schulgeschichte von 1800 bis zur Gegenwart (5., aktual. Aufl.). Weinheim, München: Juventa.

Heyn, Susanne (2015): Postkoloniale Perspektiven auf Gesellschaft. In: Bildungsstätte Anne Frank (Hg.): Deutscher Kolonialismus – Ein vergessenes Erbe? Frankfurt am Main: Bildungsstätte Anne Frank, S. 9–19. https://www.bs-anne-frank.de/fileadmin/content/Publikationen/Themenhefte/Deutscher_Kolonialismus.pdf [letzter Zugriff: 08.02.2022].

Hillebrandt, Frank (2014): Soziologische Praxistheorien. Eine Einführung. Wiesbaden: Springer VS.

Hirschauer, Stefan (2001): Ethnographisches Schreiben und die Schweigsamkeit des Sozialen. Zu einer Methodologie der Beschreibung. In: Zeitschrift für Soziologie (ZfS), 30. Jg., 6/2001, S. 429–451.

Hirschauer, Stefan (2004): Praktiken und ihre Körper. Über materielle Partizipanden des Tuns. In: Hörning, Karl H./Reuter, Julia (Hg.): Doing Culture. Neue Positionen zum Verhältnis von Kultur und sozialer Praxis. Bielefeld: transcript, S. 73–91.

Hofstetter, Daniel (2017): Die schulische Selektion als soziale Praxis: Aushandlungen von Bildungsentscheidungen beim Übergang von der Primarschule in die Sekundarstufe I. Weinheim und Basel: Beltz Juventa.

Honer, Anne (2000): Lebensweltanalyse in der Ethnographie. In: Flick, Uwe/Kardorff, Ernst v./Steinke, Ines (Hg.): Qualitative Forschung. Ein Handbuch. Reinbek: Rowohlt, S. 194–204.

Honig, Michael-Sebastian (2018): Kindheit als praxeologisches Konzept. Von der generationalen Ordnung zu generationierenden Praktiken. In: Budde, Jürgen/Bittner, Martin/Bossen, Andrea/Rißler, Georg (Hg.): Konturen praxistheoretischer Erziehungswissenschaft. Weinheim Basel, S. 193–209.

Hopf, Christel (2016): Forschungsethik und qualitative Forschung. In: Hopf, Christel (Hg.): Schriften zu Methodologie und Methoden qualitativer Sozialforschung. Wiesbaden: Springer VS, S. 195–205.

Hormel, Ulrike/Jording, Judith (2016): Kultur/Nation. In: Mecheril, Paul (Hg.); Kourabas, V./Rangger, M. (Mitarb.): Handbuch Migrationspädagogik. Weinheim: Beltz, S. 211–225.

Hoyer, Timo (2012): Begabungsbegriff und Leistung. Eine pädagogische Annäherung. In: Hackl, Armin/Pauly, Claudia/Steenbruck, Olaf/Weigand, Gabriele (Hg.): Werte schulischer Begabtenförderung. Begabung und Leistung. Frankfurt am Main: Karg-Stiftung, S. 14–22.

Hoyer, Timo/Weigand, Gabriele/Müller-Oppliger, Victor (2013): Begabung. Eine Einführung. Darmstadt: WBG.

Humboldt, Wilhelm von (1851 [1792]): Ideen zu einem Versuch, die die Grenzen der Wirksamkeit des Staats zu bestimmen. Breslau: Trewendt. URL: https://www.deutschestextarchiv.de/book/show/humboldt_grenzen_1851 [letzter Zugriff: 05.02.2022].

Hummelsheim, Stefan/Timmermann, Dieter (2018): Bildungsökonomie. In: Tippelt, Rudolf/Schmidt-Hertha, Bernhard (Hg.): Handbuch Bildungsforschung (4., überarb. u. aktual. Aufl.). Wiesbaden: Springer VS, S. 101–153.

Hünersdorf, Bettina (2008): Ethnographische Forschung in der Erziehungswissenschaft. In: Hünersdorf, Bettina/Maeder, Christoph/Müller, Burkhard (Hg.): Ethnographie und Erziehungswissenschaft. Methodologische Reflexionen und empirische Annäherungen. Weinheim/München: Juventa, S. 29–44.

Idel, Till-Sebastian/Rabenstein, Kerstin/Ricken, Norbert (2017): Zur Heterogenität als Konstruktion. Empirische und theoretische Befunde einer ethnographischen Beobachtung von Ungleichheiten im Unterricht. In: Diehm, Isabell/Kuhn, Melanie/Machold, Claudia (Hg.): Differenz – Ungleichheit – Erziehungswissenschaft. Verhältnisbestimmungen im (Inter-)Disziplinären. Wiesbaden: Springer VS, S. 139–156.

iPEGE – International Panel of Experts for Gifted Education (2009): Professionelle Begabtenförderung. Empfehlungen zur Qualifizierung von Fachkräften in der Begabtenförderung. Salzburg: ÖZBF. URL: https://www.oezbf.at/wp-content/uploads/2017/09/iPEGE_1_web.pdf [letzter Zugriff: 14.02.2022].

James, Allison (2004): Ethnography in the Study of Children and Childhood. In: Atkinson, Paul/Coffey, Amanda/Delamont, Sara/Lofland, John/Lofland, Lyn (Hg.): Handbook of Ethnography. Thousand Oaks: Sage, S. 246–257.

Jannidis, Fotis (2004): Figur und Person. Beitrag zu einer historischen Narratologie. Berlin: Walter de Gruyter.

Kalthoff, Herbert (1996): Das Zensurenpanoptikum. Eine ethnographische Studie zur schulischen Bewertungspraxis. Zeitschrift für Soziologie, Jg. 25, 2, S. 106–124.

Kalthoff, Herbert (2011): Beobachtung und Ethnographie. In: Ayaß, Ruth/Bergmann, Jörg (Hg.): Qualitative Methoden der Medienforschung. Mannheim: Verlag für Gesprächsforschung, S. 146–182.

Kalthoff, Herbert (2014): Unterrichtspraxis. Überlegungen zu einer empirischen Theorie des Unterrichts. Zeitschrift für Pädagogik 60 (2014), 6, S. 867–882.

Kant, Immanuel (1798): Der Streit der Fakultäten/Anthropologie in pragmatischer Hinsicht. Königsberg: Nicolovius. URL: https://korpora.zim.uni-duisburg-essen.de/Kant/aa07/ [letzter Zugriff: 05.02.2022].

Kaufman, Scott/Sternberg, Robert (2008): Conceptions of giftedness. Pfeiffer, Steven I. (Hg.): Handbook of Giftedness in Children. Psychoeducational Theory, Research, and Best Practices. Boston: Springer US, S. 71–91.

Kelle, Helga (2004): Ethnographische Ansätze. In: In: Glaser, Edith/Klika, Dorle/Prengel, Annedore (Hg.): Handbuch Gender und Erziehungswissenschaft. Bad Heilbrunn: Klinkhardt, S. 636–650.

Kelle, Helga (2007): „Altersgemäße Entwicklung" als Maßstab und Soll. Zur praktischen Anthropologie kindermedizinischer Vorsorgeuntersuchungen. In: Mietzner, Ulrike/Tenorth, Heinz-Elmar/Welter, Nicole (Hg.): Pädagogische Anthropologie – Mechanismus einer Praxis. Weinheim, Basel: Beltz, S. 110–122.

Kelle, Helga (2013a): Theorie-Empirie-Verhältnis und methodische Standards in der qualitativen Forschung. In: Einsiedler, Wolfgang/Fölling-Albers, Maria/Kelle, Helga/Lohrmann, Katrin (Hrsg.): Standards und Forschungsstrategien in der empirischen Grundschulforschung: eine Handreichung. Münster: Waxmann, S. 59–91.

Kelle, Helga (2013b): Normierung und Normalisierung der Kindheit. Zur (Un)Unterscheidbarkeit und Bestimmung der Begriffe. In: Kelle, Helga/Mierendorff, Johanna (Hg.): Normierung und Normalisierung der Kindheit. Weinheim: Beltz Juventa, S. 15–37.

Kelle, Helga/Mierendorff Johanna (2013): Normierung und Normalisierung der Kindheit. Zur Einführung. In: Kelle, Helga/Mierendorff, Johanna (Hg.): Normierung und Normalisierung der Kindheit. Weinheim: Beltz Juventa, S. 7–14.

Key, Ellen (1992 [1902]): Das Jahrhundert des Kindes. Weinheim, Basel: Beltz.

Kiegelmann, Mechthild (2010): Ethik. In: Mey, Günter/Mruck, Katja (Hg.): Handbuch Qualitative Forschung in der Psychologie. Wiesbaden: Springer VS, S. 382–394.

Kincheloe, Joe/Sünker, Heinz (2004): Begabungsideologie, Hegemonie der Eliten und Bildungspolitik. Widersprüche 93 (2004), S. 29–44.

Klafki, Wolfgang (2007 [1985]): Neue Studien zur Bildungstheorie und Didaktik. Zeitgemäße Allgemeinbildung und kritisch-konstruktive Didaktik (6. Aufl.). Weinheim: Beltz Juventa.

Ködel, Carolin (2011): „…weil hier der Täter aus dem Milieu der Einwanderer kommt". Diskurslinguistische Analyse ethnozentristischer und kulturrassistischer Konstruktionen in deutschen Qualitätstageszeitungen. In: Melter, Claus/Mecheril, Paul (Hg.): Rassismuskritik. Band 1: Rassismustheorie und -forschung (2. Aufl.). Schwalbach: Wochenschau, S. 199–219.

Koller, Hans-Christoph (2006): Grundbegriffe, Theorien und Methoden der Erziehungswissenschaft. Eine Einführung (2. Aufl.). Stuttgart: Kohlhammer.

Kotthoff, Helga (2012): Lehrer(inne)n und Eltern in Sprechstunden an Grund- und Förderschulen - Zur interaktionalen Soziolinguistik eines institutionellen Gesprächstyps. Gesprächsforschung - Online-Zeitschrift zur verbalen Interaktion 13 (2012), S. 290–321. URL: http://www.gespraechsforschung-ozs.de/fileadmin/dateien/heft2012/ga-kotthoff. pdf [letzter Zugriff: 13.02.2022].

Kruse, Jan (2015): Qualitative Interviewforschung. Ein integratives Basisverfahren. Weinheim: Beltz Juventa.

Langbehn, Julius (1890): Rembrandt als Erzieher. Von einem Deutschen (Julius Langbehn). 4. Aufl. Leipzig: Verlag von C. L. Hirschfeld. URL: https://archive.org/details/rembrandt alserz01langgoog [letzter Zugriff: 05.02.2022].

Langer, Antje (2008): Disziplinieren und entspannen. Körper in der Schule – eine diskursanalytische Ethnographie. Bielefeld: transcipt.

Lawrence, Samuel G. (1996): Normalizing stigmatized practices: Achieving co-membership by 'doing being ordinary'. Research on Language and Social Interaction, Jg. 29 (1996), 3, S. 181–218.

Lucius-Hoene, Gabriele/Deppermann, Arnulf (2004): Narrative Identität und Positionierung. In: Gesprächsforschung – Online-Zeitschrift zur verbalen Interaktion, Ausgabe 5, S. 166–183. URL: http://www.gespraechsforschung-online.de/heft2004/ga-lucius.pdf [letzter Zugriff: 08.02.2022].

Lüders, Christian (2006): Gütekriterien. In: Bohnsack, R./Marotzki, W./Meuser. M. (Hg.): Hauptbegriffe qualitativer Sozialforschung. Opladen: Budrich, S. 80–82.

Maaz, Kai/Zunker, Nicky/Neumann, Marko (2018): Schulwahlverhalten von Eltern im Übergang nach der Grundschule. Theorie und Forschungsstand. In: Porsch, Raphaela (Hg.): Der Übergang von der Grundschule auf weiterführende Schulen. Grundlagen für die Lehrerausbildung, Fortbildung und Praxis. Münster: Waxmann, S. 59–88.

Machold, Claudia (2015a): Kinder und Differenz. Eine ethnografische Studie im elementarpädagogischen Kontext. Wiesbaden: Springer VS.

Machold, Claudia (2015b): Wie Individuen zu ,ethnisch anderen' Kindern werden. Ethnizitätsrelevante Unterscheidungspraktiken in Kindertagesstätten und ihr Beitrag zur (Re-) Produktion von Ungleichheit. Soziale Passagen. Journal für Empirie und Theorie sozialer Arbeit, 7 (1), S. 35–50.

Machold, Claudia (2017): Datenbasierte Porträts als Instrumentarium einer ethnografischen Ungleichheitsforschung. In: Diehm, Isabell/Kuhn, Melanie/Machold, Claudia (Hg.): Differenz – Ungleichheit – Erziehungswissenschaft. Verhältnisbestimmungen im (Inter-) Disziplinären. Wiesbaden: Springer VS, S. 157–176.

Machold, Claudia (2018): Kinder positionieren. Positionierung als Perspektive ethnografischer Kindheitsforschung zu Differenz. In Thon, Christine/Menz, Margarete/Mai, Miriam/Abdessadok, Luisa (Hg.): Kindheiten zwischen Familie und Elementarbereich. Differenzdiskurse und Positionierungen von Eltern und pädagogischen Fachkräften. Wiesbaden: Springer VS, S. 139–149.

Machold, Claudia (2019): Das responsibilisierte Kind. Die Prozessierung von Übergangs-entscheidungen zur Sekundarstufe I und die Konstitution von Bildungskindheit. Dis-kurs Kindheits- und Jugendforschung/Discourse. Journal of Childhood and Adolescence Research, 14 (2), S. 189–200.

Machold, Claudia (2022, i.E.): Forschungsethische Reflexionen einer langzeitethnografi-schen Kindheitsforschung zu Differenz. In: Joos, Magdalena/Alberth, Lars (Hg.): For-schungsethik in der Kindheitsforschung. Weinheim: Beltz Juventa, S. 24–38 (im Erschei-nen).

Machold, Claudia/Carnin, Jennifer (2018): Re-Präsentationspraktiken von Kindsein und Kindheit in der Migrationsgesellschaft und ihre Ungleichheitsrelevanz. Sprechen über Kinder in Kindertagesstätte und Grundschule. In: Betz, Tanja/Bollig, Sabine/Joos, Magdalena/Neumann, Sascha (Hg.): Gute Kindheit: Wohlbefinden, Kindeswohl und Ungleichheit. Weinheim: Beltz Juventa, S. 233–248.

Machold, Claudia/Wienand, Carmen (2018): Ethnizitätsrelevante Unterscheidungspraktiken in Bildungseinrichtungen. Re-Konstruktion der Genese von Ungleichheit in der Migra-tionsgesellschaft als Anspruch einer längsschnittlichen Ethnografie. In: Zeitschrift für qualitative Forschung, Themenschwerpunkt: Rekonstruktive Ungleichheitsforschung, 19, 1–2, S. 131–146.

Machold, Claudia/Wienand, Carmen (2021): Die Herstellung von Differenz in der Grund-schule. Eine Langzeitethnographie. Weinheim: Beltz Juventa.

Markard, Morus (2014): Begabung – Motivation – Eignung – Leistung. Schlüsselbegriffe der aktuellen Hochschulregulierung aus kritisch-psychologischer Sicht. In: Forum Wissen-schaft, URL: http://www.bdwi.de/forum/archiv/uebersicht/7292428.html [letzter Zugriff: 13.02.2022]

Mecheril, Paul (1997): Rassismuserfahrungen von Anderen Deutschen – eine Einzelfallbe-trachtung. In: Mecheril, Paul/Teo, Thomas (Hg.): Psychologie und Rassismus. S. 175–201.

Mecheril, Paul (2003): Prekäre Verhältnisse. Über natio-ethno-kulturelle (Mehrfach-) Zugehörigkeit. Münster: Waxmann.

Mecheril, Paul (2008): „Diversity". Differenzordnungen und Verknüpfungen. In: Heinrich Böll Stiftung (Hg.): Dossier Politics of Diversity, S. 63–67, URL: https://heimatkunde. boell.de/sites/default/files/dossier_politics_of_diversity.pdf [letzter Zugriff: 08.02.2022].

Mecheril, Paul/Melter, Claus (2011): Rassismustheorie und -forschung in Deutschland. Kon-tur eines wissenschaftlichen Feldes. In: Dies. (Hg.): Rassismuskritik. Band 1: Rassismus-theorie und -forschung. Schwalbach/Ts.: Wochenschau, S. 13–22.

Mecheril, Paul/Vorrink, Andrea J. (2012): Diversity und Soziale Arbeit: Umriss eines kritisch-reflexiven Ansatzes. In: ARCHIV für Wissenschaft und Praxis der sozialen Arbeit 1/2012, S. 92–101.

Mecheril, Paul/Thomas-Olalde (2016): Kritik. In: Mecheril, Paul (Hg.); Kourabas, V./Rangger, M. (Mitarb.): Handbuch Migrationspädagogik. Weinheim: Beltz, S. 493–507.

Melter, Claus (2009): Rassismus*un*kritische Soziale Arbeit? Zur (De-)Thematisierung von Rassismuserfahrungen Schwarzer Deutscher in der Jugendhilfeforschung. In: Melter, Claus/Mecheril, Paul (Hg.): Rassismuskritik. Band 1: Rassismustheorie und -forschung (2. Aufl.). Schwalbach: Wochenschau, S. 277–292.

Merl, Thorsten (2019): un/genügend fähig. Zur Herstellung von Differenz im Unterricht inklusiver Schulklassen. Bad Heilbrunn: Julius Klinkhardt.

Messerschmidt, Astrid (2012): Über Verschiedenheit verfügen? Heterogenität und Diversity zwischen Effizienz und Kritik. In: Kleinau, Elke/Rendtorff, Barbara (Hg.): Differenz, Diversität und Heterogenität in Erziehungswissenschaftlichen Diskursen. Opladen: Budrich, S. 47–61.

Metsäpelto, Riitta-Leena/Pulkkinen, Lea (2014): Die positiven Auswirkungen von außerschulischen Aktivitäten auf das sozioemotionale Verhalten und schulische Leistungen in der mittleren Kindheit: Ein Überblick über die aktuelle Forschungslage. Journal for Educational Research Online, Vol. 6 (2014), 3, S. 10–33.

Meulenbelt, Anja (1988): Scheidelinien. Über Sexismus, Rassismus und Klassismus. Reinbek: Rowohlt Taschenbuch.

Mey, Günter/Mruck, Katja (2011): Grounded-Theory-Methodologie: Entwicklung, Stand, Perspektiven. In: Dies. (Hg.): Grounded Theory Reader. Wiesbaden: Springer VS, S. 11–48.

Miethe, Ingrid (2010): Forschungsethik. In: Friebertshäuser, Barbara/Langer, Antje/Prengel, Annedore (Hg.): Handbuch Qualitative Forschungsmethoden in der Erziehungswissenschaft. Weinheim, München: Juventa, S. 927–937.

Miller, Susanne/Kottmann Brigitte (2017), Gauglitz, Franziska (Mitarb.): Kinder mit Lernschwierigkeiten in der Grundschule. Lehrkräfte im Entscheidungsdilemma. In: Diehm, Isabell/Kuhn, Melanie/Machold, Claudia (Hg.): Differenz – Ungleichheit – Erziehungswissenschaft. Verhältnisbestimmungen im (Inter-)Disziplinären. Wiesbaden: Springer VS, S. 219–237.

Ministerium für Kinder, Familie, Flüchtlinge und Integration des Landes Nordrhein-Westfalen (MKFFI)/Ministerium für Schule und Bildung des Landes Nordrhein-Westfalen (MSW NRW) (2018): Bildungsgrundsätze. Mehr Chancen durch Bildung von Anfang an. Grundsätze zur Bildungsförderung für Kinder von 0 bis 10 Jahren in Kindertagesbetreuung und Schulen im Primarbereich in Nordrhein-Westfalen. Freiburg, Basel, Wien: Herder (2. korr. Auflage). URL: www.mkffi.nrw/sites/default/files/asset/document/bildungsgrundsaetze_161219.pdf [letzter Zugriff: 13.02.2022].

Mitchell, Davie T./Snyder, Sharon L. (1997): Introduction – Disability Studies and the Double Bind of Representation. In: Mitchell, Davie T./Snyder, Sharon L. (Hg.): The Body and Physical Difference. Discourses of Disability. Ann Arbour: The University of Michigan Press, S. 1–31.

Müller, Frank (2014): Methodenbuch Differenzierung. Alltäglicher Umgang mit Heterogenität 1. Grundschule. Schwalbach/Ts.: Wochenschau.

Müller, Hans-Rüdiger/Krinninger, Dominik (2014): Theorie Gestalten. Auf dem Weg zu einer empirisch gestützten Bildungstheorie. In: Tervooren, Anja/Engel, Nicolas/Göhlich, Michael/Miethe, Ingrid/Reh, Sabine (Hg.): Ethnographie und Differenz in pädagogischen Feldern. Internationale Entwicklungen erziehungswissenschaftlicher Forschung. Bielefeld: transcript, 2014, S. 63–78.

Munser-Kiefer, Meike/Martschinke, Sabine (2018): Begriff, Bedeutung und Bewältigung des Übergangs auf die weiterführenden Schulen. In: Porsch, Raphaela (Hg.): Der Übergang von der Grundschule auf weiterführende Schulen. Grundlagen für die Lehrerausbildung, Fortbildung und Praxis. Münster: Waxmann, S. 13–39.

Nünning, Vera/Nünning, Ansgar (2003): Kulturwissenschaften: Eine multi-perspektivische Einführung in einen interdisziplinären Diskussionszusammenhang. In: Dies. (Hg.): Konzepte der Kulturwissenschaften Theoretische Grundlagen – Ansätze – Perspektiven. Stuttgart, Weimar: J. B. Metzler, S. 1–18.

Panagiotopoulou, Argyro (2017): Mehrsprachigkeit und Differenzherstellung in Einrichtungen frühkindlicher Erziehung und Bildung. In: Diehm, Isabell/Kuhn, Melanie/Machold, Claudia (Hg.): Differenz – Ungleichheit – Erziehungswissenschaft. Verhältnisbestimmungen im (Inter-)Disziplinären. Wiesbaden: Springer VS, S. 257–274.

Pfaff, Nicolle/Rabenstein, Kerstin (2018): Einführung in den Schwerpunkt: Rekonstruktive Ungleichheitsforschung. Zeitschrift für qualitative Forschung, Themenschwerpunkt: Rekonstruktive Ungleichheitsforschung, 19, 1–2, S. 5–12.

Pickard, Beth/Thompson, Grace/Metell, Maren/Roginsky, Efrat/Elefant, Cochavit (2020): "It's Not What's Done, But Why It's Done": Music Therapists' Understanding of Normalisation,Maximisation and the Neurodiversity Movement. Voices: A World Forum for Music Therapy, Vol. 20, 3. URL: https://voices.no/index.php/voices/article/view/3110 [letzter Zugriff: 14.02.2022].

Plößer, Melanie (2010): Differenz performativ gedacht. Dekonstruktive Perspektiven auf und für den Umgang mit Differenzen. In: Kessl, Fabian/Plößer, Melanie (Hg.): Differenzierung, Normalisierung, Andersheit. Soziale Arbeit als Arbeit mit den anderen. Wiesbaden: Springer VS, S. 218–232.

Prengel, Annedore (1999): Vielfalt durch gute Ordnung im Anfangsunterricht. Opladen: Leske + Budrich.

Prengel, Annedore (2019): Pädagogik der Vielfalt. Verschiedenheit und Gleichberechtigung in Interkultureller, Feministischer und Integrativer Pädagogik (4., ergänzte Aufl.). Wiesbaden: Springer VS.

Quehl, Thomas (2009): Rassismuskritik auf dem Weg in die Schule. In: Scharathow, Wiebke/Leiprecht, Rudolf (Hg.): Rassismuskritik. Band 2: Rassismuskritische Bildungsarbeit. Schwalbach/Ts.: Wochenschau, S. 226–243.

Rabenstein, Kerstin/Reh, Sabine/Ricken, Norbert/Idel, Till-Sebastian (2013): Ethnographie pädagogischer Differenzordnungen. Methodologische Probleme einer ethnographischen Erforschung der sozial selektiven Herstellung von Schulerfolg im Unterricht. In: Zeitschrift für Pädagogik (ZfPäd), 5 (59), S. 668–689.

Reckwitz, Andreas (2003): Grundelemente einer Theorie sozialer Praktiken. Eine sozialtheoretische Perspektive. In: Zeitschrift für Soziologie, 32, 4, S. 282–301.

Reckwitz, Andreas (2008): Praktiken und Diskurse. Eine sozialtheoretische und methodologische Relation. In: Kalthoff, Herbert/Hirschauer, Stefan/Lindemann, Gesa (Hg.): Theoretische Empirie: zur Relevanz qualitativer Forschung. Frankfurt am Main: Suhrkamp, S. 188–209.

Reckwitz, Andreas (2015): Praktiken und ihre Affekte. In: Mittelweg, 36, 1–2, S. 27–45.

Reh, Sabine/Ricken, Norbert (2012): Das Konzept der Adressierung. Zur Methodologie einer qualitativ-empirischen Erforschung von Subjektivation. In: Miethe, Ingrid/Müller, Hans-Rüdiger (Hg.): Qualitative Bildungsforschung und Bildungstheorie. Opladen, Berlin, Toronto: Budrich, S. 35–56.

Reh, Sabine/Fritzsche, Bettina/Idel, Till-Sebastian/Rabenstein, Kerstin (2015): Lernkulturen. Rekonstruktion pädagogischer Praktiken an Ganztagsschulen. Wiesbaden: Springer VS.

Renzulli, Joseph (1978): What Makes Giftedness? Reexamining a Definition. Phi Delta Kappan 60 (3), S. 180–184, 261. URL: https://gseuphsdlibrary.files.wordpress.com/2013/03/what-makes-giftedness.pdf [letzter Zugriff: 05.02.2022].

Reuter, Julia/Villa, Paula-Irene (2010): Provincializing Soziologie. Postkoloniale Theorie als Herausforderung. In: Dies. (Hg.): Postkoloniale Soziologie. Empirische Befunde, theoretische Anschlüsse, politische Intervention. Bielefeld: transcript, S. 11–46.

Richter, Sophia/Friebertshäuser, Barbara (2012): Der schulische Trainingsraum. Ethnographische Collage als empirische, theoretische und methodologische Herausforderung. In: Friebertshäuser, Barbara/Kelle, Helga/Boller, Heike/Bollig, Sabina/Huf, Christina/Langer, Antje/Ott, Marion/Richter, Sophia (Hrsg.): Feld und Theorie. Herausforderungen erziehungswissenschaftlicher Ethnographie. Opladen: Verlag Barbara Budrich, S. 71–87.

Richter, Sandra (2013): Adultismus: die erste erlebte Diskriminierungsform? Theoretische Grundlagen und Praxisrelevanz. KiTa Fachtexte. URL: https://www.kita-fachtexte.de/fileadmin/Redaktion/Publikationen//KiTaFT_richter_2013.pdf [letzter Zugriff: 12.02.2022].

Richter, Martina (2013): Orte ‚guter‘ Kindheit – Neujustierung von Verantwortung im Kontext von Familie und Ganztagsschule. In: Bütow, Birgit/Pomey, Marion/Rutschmann, Myriam/Schär, Clarissa/Studer, Tobias (Hrsg.): Sozialpädagogik zwischen Staat und Familie. Alte und neue Praktiken des Eingreifens. Wiesbaden: Springer VS, S. 205–220.

Ritz, ManuEla (2017): Adultismus – (un)bekanntes Phänomen: „Ist die Welt nur für Erwachsene gemacht?" In: Wagner, Petra (Hg.): Handbuch Inklusion. Grundlagen vorurteilsbewusster Bildung und Erziehung. Freiburg: Herder, S. 185–193.

Röhl, Tobias (2015): Auffordern. Postphänomenologische Überlegungen zur Materialität schulischen Unterrichtens. In: Alkemeyer/Kalthoff/Rieger-Ladich (Hg.): Bildungspraxis. Körper – Räume – Objekte. Weilerswist: Velbrück Wissenschaft, S. 235–260.

Rommelspacher, Birgit (1998): Dominanzkultur. Texte zu Fremdheit und Macht. Berlin: Orlanda.

Rosenthal, Gabriele (2015): Interpretative Sozialforschung. Eine Einführung (5. Aufl.). Weinheim: Beltz Juventa.

Rost, Detlef H./Sparfeldt, Jörn/Schilling, Susanne (2006): Hochbegabung. In: Schweizer, Karl (Hg.): Leistung und Leistungsdiagnostik. Wiesbaden: Springer VS, S. 187–222.

Rost, Detlef H. (2008): Hochbegabung: Fiktionen und Fakten. In: Ullrich, Heiner/Strunck, Susanne (Hg.): Begabtenförderung an Gymnasien. Entwicklungen, Befunde, Perspektiven. Wiesbaden: Springer VS, S. 60–77.

Rost, Detlef H. (2009): Intelligenz. Fakten und Mythen. Weinheim, Basel: Beltz PVU.

Sacks, Harvey (1984): On doing being ordinary. In: Atkinson, J. Maxwell/Heritage, John (Hg.): Structures of Social Action. Studies in Conversation Analysis. Cambridge: Cambridge University Press, S. 413–429.

Schatzki, Theodore (2002): The site of the social. A philosophical account of the constitution of social life and change. University Park: Pennsylvania State University Press.

Scherr, Albert (2008): Diskriminierung – eine eigenständige Kategorie für die soziologische Analyse der (Re-)Produktion sozialer Ungleichheiten in der Einwanderungsgesellschaft? In: Rehberg, Karl-Siegbert (Hg.): Die Natur der Gesellschaft: Verhandlungen des 33. Kongresses der Deutschen Gesellschaft für Soziologie in Kassel 2006. Frankfurt am Main: Campus Verlag, S. 2007–2017.

Scherr, Albert/Niermann, Debora (2015): Wider den Forschungsmethodenzwang. Ein Plädoyer für die theoriegeleitete Entdeckung interessanter Daten. In: Mührel, Eric/Birgmeier, Bernd (Hg.): Perspektiven sozialpädagogischer Forschung. Methodologien – Arbeitsfeldbezüge – Forschungspraxen. Wiesbaden: Springer VS, S. 123–140.

Scherschel, Karin (2006): Rassismus als flexible symbolische Ressource. Eine Studie über rassistische Argumentationsfiguren. Bielefeld: transcript.

Schmidt, Robert (2012): Soziologie der Praktiken. Konzeptionelle Studien und empirische Analysen. Berlin: Suhrkamp.

Schütz, Alfred (1971): Über die Mannigfaltigen Wirklichkeiten. In: Ders.: Gesammelte Aufsätze. Das Problem der sozialen Wirklichkeit. Den Haag: Martinus Nijhoff, S. 237–298.

Sirota, David (2013): Oscar loves a white savior. If a movie features white people rescuing people of color from their plight, odds are high an Oscar will follow. Salon, 21.02.2013. URL: https://www.salon.com/2013/02/21/oscar_loves_a_white_savior/ (letzter Zugriff: 07.02.2022).

Solga, Heike (2013): Meritokratie – die moderne Legitimation ungleicher Bildungschancen. In: Berger, Peter A./Kahlert, Heike (Hrsg.): Institutionalisierte Ungleichheiten. Wie das Bildungswesen Chancen blockiert. Weinheim: Beltz Juventa, S. 19–38.

Spivak, Gayatri Chakravorty (2010): Kultur. In: Reuter, Julia/Villa, Paula-Irene (Hg.): Postkoloniale Soziologie. Empirische Befunde, theoretische Anschlüsse, politische Intervention. Bielefeld: transcript, S. 47–68.

Stadelmann, Willi (2020): Begabung und Intelligenz aus Sicht der Genetik und der kognitiven Neuropsychologie. In: Fischer, Christian/Fischer-Ontrup, Christiane/Käpnick, Friedhelm/Neuber, Nils/Solzbacher, Claudia/Zwitserloo, Pienie (Hg.): Begabungsförderung, Leistungsentwicklung, Bildungsgerechtigkeit – für alle! Beiträge aus der Begabungsforschung. Münster: Waxmann, S. 115–129.

Stangl, Werner (2021). Stichwort: ‚Expertiseforschung – Online Lexikon für Psychologie und Pädagogik‘. Online Lexikon für Psychologie und Pädagogik. URL: https://lexikon.stangl. eu/17131/expertiseforschung [letzter Zugriff: 05.02.2022].

Starr, Ariel/Libertus, Melissa E./Brannon, Elizabeth M. (2013): Number sense in infancy predicts mathematical abilities in childhood. PNAS November 5, 2013 110 (45) S. 18116–18120; https://doi.org/10.1073/pnas.1302751110

Stedtnitz, Ulrike (2008): Mythos Begabung. Vom Potenzial zum Erfolg. Bern: Hans Huber.

Steinke, Ines (1999): Kriterien qualitativer Forschung. Ansätze zur Bewertung qualitativ-empirischer Sozialforschung. Weinheim, München: Juventa.

Sternberg, Robert J. (2005): WICS: A Model of Positive Educational Leadership Comprising Wisdom, Intelligence, and Creativity Synthesized. In: Educational Psychology Review 17 (3), S. 191–262.

Strauss, Anselm/Corbin, Juliet (1996): Grounded Theory. Grundlagen Qualitativer Sozialforschung. Weinheim: Beltz Psychologie Verlags Union.

Strauss, Anselm/Legewie, Heiner/Schervier-Legewie, Barbara (2004): „Forschung ist harte Arbeit, es ist immer ein Stück Leiden damit verbunden. Deshalb muss es auf der anderen Seite Spaß machen". Anselm Strauss im Interview mit Heiner Legewie und Barbara Schervier-Legewie. Forum Qualitative Sozialforschung (FQS) Volume 5, 3, Art. 22. URL: https://www.qualitative-research.net/index.php/fqs/article/view/562/1218 [letzter Zugriff: 13.02.2022].

Strübing, Jörg (2008): Grounded Theory. Zur sozialtheoretischen und epistemologischen Fundierung des Verfahrens der empirisch begründeten Theoriebildung (2., überarb. u. erw. Aufl.). Wiesbaden: Springer VS.

Stumpf, Eva (2012): *Förderung bei Hochbegabung*. Stuttgart: Kohlhammer.

Stumpf, Eva (2020): Hochbegabung [online]. socialnet Lexikon. Bonn: socialnet, 26.06.2020. URL: https://www.socialnet.de/lexikon/Hochbegabung [letzter Zugriff: 06.02.2022]

Subotnik, Rena F./Olszewski-Kubilius, Paula/Worrell, Frank C. (2011): Rethinking Giftedness and Gifted Education. A Proposed Direction Forward Based on Psychological Science. Psychological Science in the Public Interest, 12 (1), S. 3–54. DOI: https://doi.org/10.1177/1529100611418056

Tillmann, Klaus-Jürgen (2008): Die homogene Lerngruppe – oder: System jagt Fiktion. In: Otto, Hans-Uwe/Rauschenbach, Thomas (Hg.): Die andere Seite der Bildung. Zum Verhältnis von formellen und informellen Bildungsprozessen. Wiesbaden: Springer VS, S. 33–39.

Trautmann, Thomas (2010): Interviews mit Kindern. Grundlagen, Techniken, Besonderheiten, Beispiele. Wiesbaden: Springer VS.

Ullrich, Heiner/Strunck, Susanne (2008): Begabtenförderung und Elitenbildung an Gymnasien: Einführung in den Themenbereich. In: Dies. (Hg.): Begabtenförderung an Gymnasien. Entwicklungen, Befunde, Perspektiven. Wiesbaden: Springer VS, S. 9–35.

Ullrich, Heiner (2010): Das Konzept der Kindheit – ein aktuelles Problemfeld der Waldorfpädagogik. In: Paschen, Harm (Hg.): Erziehungswissenschaftliche Zugänge zur Waldorfpädagogik. Wiesbaden: Springer VS, S. 101–123.

Velten, Katrin/Höke, Julia (2021): Forschung partizipativ und inklusiv gestalten? Ethische Reflexionen zu Interviews mit Kindern unter besonderer Berücksichtigung von Erwachsenheit. Zeitschrift für Grundschulforschung (ZfG) 14, S. 421–436.

Venkatesh, Sudhir (2008): Gang Leader for a Day. A Rogue Sociologist Crosses the Line. London: Penguin Books.

Vogl, Susanne (2015): Interviews mit Kindern führen. Eine praxisorientierte Einführung. Weinheim: Beltz.

vom Orde, Heike (2018): Vorurteile: Entwicklung, Einflussfaktoren und Prävention. Ausgewählte Befunde aus der sozialpsychologischen Vorurteilsforschung. Televizion 31/2018/2, S. 8–12. URL: https://www.br-online.de/jugend/izi/deutsch/publikation/televizion/31_2018_2/vom_Orde-Vorurteile.pdf [letzter Zugriff: 13.02.2022].

Wagner, Petra/Sulzer, Angelika (2009): Kleine Rassisten? Konturen rassismuskritischer Pädagogik in Kindertageseinrichtungen. In Scharathow, Wiebke/Leiprecht, Rudolf (Hg.): Rassismuskritik. Band 2: Rassismuskritische Bildungsarbeit. Schwalbach/Ts.: Wochenschau, S. 211–225.

Walgenbach, Katharina (2017): Heterogenität – Intersektionalität – Diversity in der Erziehungswissenschaft. Opladen, Toronto: Budrich.

Weber, Christian (2013): Begabung für Mathematik: Ja, da ist was angeboren. Zeitungsartikel, Süddeutsche Zeitung vom 23.10.2013. URL: https://www.sueddeutsche.de/bildung/begabung-fuer-mathematik-ja-da-ist-was-angeboren-1.1801345 [letzter Zugriff: 13.02.2022].

Wegner, Lars (2016): Lehrkraft-Eltern-Interaktionen am Elternsprechtag. Eine gesprächs- und gattungsanalytische Untersuchung. Berlin: De Gruyter.

Weigand, Gabriele/Müller-Oppliger, Victor (2021): Einleitung. In: Weigand, Gabriele/Müller-Oppliger, Victor (Hg.): Handbuch Begabung. Weinheim, Basel: Beltz, S. 11–29.

Weitkämper, Florian (2019): Lehrkräfte und soziale Ungleichheit: Eine ethnographische Studie zum un/doing authority in Grundschulen. Wiesbaden: Springer VS.

Wellgraf, Stefan (2008): Hauptschüler. Zur gesellschaftlichen Produktion von Verachtung. Bielefeld: transcript.

Wienand, Carmen (2019): „Handwerklich begabt" – Begabungsrhetorik am Beispiel der Berufsorientierung. In Hasenjürgen, Brigitte/Spetsmann-Kunkel, Martin (Hg.): Kulturalisierungsprozesse in Bildungskontexten. Baden-Baden: Nomos, S. 55–70.

Wienand, Carmen/Hasenjürgen, Brigitte (2016): Begabungsideologie reloaded. Eine empiriebasierte Kritik. Der pädagogische Blick. Zeitschrift für Wissenschaft und Praxis in pädagogischen Berufen 4 (24), S. 223–234.

Wiesemann, Jutta (2008): Was ist schulisches Lernen? In: Breidenstein, Georg/Schütze, Fritz (Hg.): Paradoxien in der Reform der Schule. Ergebnisse qualitativer Sozialforschung. Wiesbaden: Springer VS, S. 161–176.

Wiesemann, Jutta (2010): Ethnographie (machen) mit Kindern in der Schule: Die Beobachtung der Beobachter. In: Heinzel, Friederike/Thole, Werner/Cloos, Peter/Köngeter, Stefan (Hg.): „Auf unsicherem Terrain". Ethnographische Forschung im Kontext des Bildungs- und Sozialwesens. Wiesbaden: Springer VS, S. 143–151.

Wilson, Thomas P. (1970): Conceptions of Interaction and Forms of Sociological Explanation. American Sociological Review, 35 (4), S. 697–710.

Winker, Gabriele/Degele, Nina (2009): Intersektionalität. Zur Analyse sozialer Ungleichheiten. Bielefeld: transcript.

Woods, Richard/Milton, Damian/Arnold, Larry/Graby, Steve (2018): Redefining critical autism studies: A more inclusive interpretation. Disability & Society, 33(6), S. 974–979.

Zaborowski, Katrin U. (2011): An den Grenzen des Leistungsprinzips. In: Zaborowski, Katrin U/Meier, Michael/Breidenstein, Georg (Hg.): Leistungsbewertung und Unterricht. Ethnographische Studien zur Bewertungspraxis in Gymnasium und Sekundarschule. Wiesbaden: Springer VS, S. 163–320.

Zander, Helmut (2009): Rudolf Steiners Rassenlehre. Plädoyer, über die Regeln der Deutung von Steiners Werk zu reden. In: Puschner, Uwe/Großmann, Ulrich (Hg.): Völkisch und national. Zur Aktualität alter Denkmuster im 21. Jahrhundert. Darmstadt: WBG, S. 145–155.

Ziegler, Albert (2018): Hochbegabung (3., erw. Aufl.). München: Ernst Reinhardt.

Ziegler, Albert/Stöger, Heidrun (2009): Begabungsförderung aus einer systemischen Perspektive. In: Journal für Begabtenförderung 9 (2), S. 4–31.

Zinnecker, Jürgen (2000): Pädagogische Ethnographie. Zeitschrift für Erziehungswissenschaft, 3. Jg., 3, S. 381–400.

Lightning Source UK Ltd.
Milton Keynes UK
UKHW020733020922
408232UK00009B/677